高等院校"十二五"规划教材

市场调研
理论与实务
Marketing Research

胡瑞卿　董成武　主编

中山大学出版社
SUN YAT-SEN UNIVERSITY PRESS
·广州·

版权所有　翻印必究

图书在版编目（CIP）数据

市场调研理论与实务/胡瑞卿，董成武主编．—广州：中山大学出版社，2014.9
ISBN 978 - 7 - 306 - 05006 - 9

Ⅰ.①市… Ⅱ.①胡… ②董… Ⅲ.①市场调研 Ⅳ.①F713.52

中国版本图书馆 CIP 数据核字（2014）第 196344 号

出版人：徐　劲
策划编辑：金继伟
责任编辑：曾育林
封面设计：曾　斌
责任校对：三　原
责任技编：黄少伟
出版发行：中山大学出版社
电　　话：编辑部 020 - 84111996，84113349，84111997，84110779
　　　　　发行部 020 - 84111998，84111981，84111160
地　　址：广州市新港西路 135 号
邮　　编：510275　传真：020 - 84036565
网　　址：http://www.zsup.com.cn　E - mail：zdcbs@ mail. sysu. edu. cn
印　刷　者：虎彩印艺股份有限公司
规　　格：787mm×960mm　1/16　21 印张　580 千字
版次印次：2014 年 9 月第 1 版　2019 年 1 月第 3 次印刷
定　　价：40.00 元

如发现本书因印装质量影响阅读，请与出版社发行部联系调换

前 言

从事统计和市场调研实际工作多年后，我踏上了高校教学与科研之路，并一直从事统计学、市场调查、计量经济学等课程的教学实践工作。在教学过程中，我组织、指导学生进行问卷设计、抽样设计、实地调查、文献调查及调查数据的处理、分析报告的撰写等，取得了一定的成效，深受学生的欢迎。与此同时，我也深深地感到，市场调研理论与实务相结合的书籍很少。因此，编写一本这方面的书籍一直是我多年来的愿望。

本书共有六个部分：第一部分为导论，主要是对市场调研进行相关概述；第二部分为调查设计，主要包括市场调查方法及其选择与技巧、抽样设计、问卷设计；第三部分为调查的实施与管理；第四部分为市场调查数据处理与分析，主要包括数据整理与描述性分析、抽样分布与推断性分析，相关与回归分析，属性数据分析；第五部分为市场调研报告的撰写；第六部分为市场调研综合性案例分析。第一章由胡瑞卿、董成武、李远编写，第二章由胡钧浪编写，第三章、第六章由胡瑞卿编写，第四章由黄文娣、胡瑞卿编写，第五章由齐韦存编写，第七章、第八章、第九章、第十章由徐永贵、谢永杰、胡瑞卿编写，综合性案例由徐永贵、谢永杰提供。第七章、第八章、第九章案例和书尾的综合案例，及其他章节的部分案例均来源于编写者近年来在实际工作中积累下来的市场调研资料。

全书由胡瑞卿教授和董成武老师设计、组织、审核、统稿。在总体设计上得到尤玉平教授、王宏教授的指导；在内容修改上谢鸿飞博士提供了宝贵的意见。在此深表感谢！

本书具有如下特色：

第一，整体性。全书从市场调研的基础知识出发，展开对市场调研的设计、市场调研的实施及其数据处理与分析、市场调研报告的撰写等方面的讲解和阐述，具有很强的整体性，读者可以从中系统地学到并掌握市场调研技能，且能轻松地将之应用于实际。

第二，实用性。全书基本上做到了通俗易懂，将市场调研理论与实务紧密结合，在比较重要或较难理解、把握之处，一般都配有相关例子或案例进行解释或剖析，力求使读者易于掌握和运用。在数理理论较强的第三章、第七章、第八章、第九章，没有太多的理论讲解和推导，而是侧重于对读者进行"如何运用市场调研理论于实际"的分析思路、分析能力、分析技巧的培养和训练。

第三，层次性。本书是按层次梯度来编写的。读者掌握了第一章、第二章、第四章、第五章、第六章、第十章内容及第三章部分内容后，就可以从事一般的市场调研工作。以上各章不需要太多的数理知识，具有高中水平就行了。而对于较为专业的或大型的或需深入研究的市场调研项目，就要运用第三章、第七章、第八章、第九章的理论知识和分析方法，而这几章涉及较多、较深的数理知识，读者必须先学习统计学和概率论与数理统计等课程，才能很好地掌握。因此，本书为不同的读者设计了循序渐进的学习内容，具有较好的层次性，以适应不同层次的学生和市场调研工作人员的需要。

本书从构想到定稿，虽经历较长时间，花了不少功夫，但由于编者水平有限，难免存在一些不足之处，敬请读者批评指正。

惠州学院　胡瑞卿
2014 年 7 月

目 录

第一章 导论 … 1
第一节 市场调研概述 … 1
一、市场调研的含义 … 1
二、市场调研的特点 … 2
三、市场调研的类型 … 3
四、市场调研的步骤 … 4
五、市场调研的功能 … 4
六、市场调查行业的发展 … 5
第二节 市场调研方案设计 … 6
一、明确调研目的 … 7
二、确定调研对象和调研单位 … 7
三、确定调研内容和调查表 … 7
四、确定调研地区范围 … 7
五、设计样本的抽取方案 … 8
六、确定资料的调查方法 … 8
七、制订调查工作计划 … 8
八、组织实地调查 … 9
九、调查资料的整理和分析 … 9
十、撰写调研报告 … 9
第三节 市场调研方案的可行性研究与评估 … 10
一、调研方案的可行性研究 … 10
二、调研方案评估的方法 … 10
【思考与练习】 … 11

第二章 调查方法与技巧 … 12
第一节 文案调查法 … 12
一、文案调查的定义 … 12
二、文案调查的作用 … 12
三、文案调查的要求 … 13
四、文案调查的工作程序 … 13
五、寻找资料信息来源 … 14
六、资料筛选、分析 … 15
七、文案调查的方法 … 15
八、文案调查资料来源 … 16
九、收集资料的价值评定 … 17
第二节 实地调查法 … 17
一、现场观察法 … 17
二、访问法 … 19
第三节 网络调查法 … 25
一、网络及其功能 … 25
二、网络调查的特点和分类 … 27
三、网络调查的途径 … 29
四、网络调查的步骤 … 31
第四节 实验调查法 … 33
一、实验调查法的概念及特点 … 33
二、实验调查法的工作程序 … 33
三、实验调查法的类型 … 33
第五节 调查方法的比较 … 35
一、实地调查几种不同调查方法的比较 … 35
二、调查方法的选择 … 36
第六节 调查技巧 … 37
一、实施调查前的准备 … 37
二、访问调查的技巧 … 37
【思考与练习】 … 44

第三章 抽样设计 … 46
第一节 抽样设计概述 … 46
一、抽样调查的概念和特点 … 46
二、抽样设计的作用 … 48
三、抽样设计的目标与准则 … 48

四、抽样设计中的基本概念 …… 49
　　五、抽样调查的流程 …………… 53
第二节　简单随机抽样 …………… 53
　　一、含义 ………………………… 53
　　二、样本单元的抽取方法 ……… 55
　　三、样本容量的确定 …………… 56
　　四、设计效应分析 ……………… 58
第三节　分层随机抽样 …………… 58
　　一、含义与作用 ………………… 58
　　二、样本容量的确定及其在
　　　　各层中的分配 ……………… 59
　　三、抽样效果分析 ……………… 63
　　四、层的划分和层数的确定 …… 63
第四节　整群抽样 ………………… 65
　　一、整群抽样的定义与特点 …… 65
　　二、群的划分 …………………… 66
　　三、群的规模 …………………… 67
　　四、抽样效果分析 ……………… 67
第五节　系统抽样 ………………… 70
　　一、系统抽样的定义与特点 …… 70
　　二、总体单元的排列 …………… 71
　　三、系统抽样的一般方法 ……… 72
　　四、抽样效果分析 ……………… 73
【思考与练习】……………………… 75

第四章　问卷设计 ………………… 77
第一节　问卷设计概述 …………… 77
　　一、问卷设计的含义 …………… 77
　　二、设计问卷的作用 …………… 77
　　三、问卷的基本类型 …………… 78
　　四、问卷的基本结构 …………… 78
第二节　问卷设计的基本原则 …… 80
第三节　问卷设计的程序 ………… 82
第四节　问题设计的技术 ………… 85
　　一、问题的类型 ………………… 85
　　二、问题的措辞 ………………… 89
　　三、问题选项的设计 …………… 91
　　四、问题的次序 ………………… 93

第五节　问卷中的量表 …………… 94
　　一、量表的概述 ………………… 94
　　二、量表的类型 ………………… 95
【思考与练习】……………………… 97

第五章　市场调研的实施与管理 …… 98
第一节　市场调研伦理与管理
　　　　目标 ………………………… 98
　　一、市场调研伦理 ……………… 98
　　二、市场调研管理目标 ………… 101
第二节　市场调研组织 …………… 102
　　一、市场调研组织机构 ………… 102
　　二、市场调研现场实施人员 …… 104
　　三、项目管理在市场调研中的
　　　　应用 ………………………… 108
第三节　市场调研过程的沟通 …… 109
　　一、信息的沟通 ………………… 109
　　二、有效的沟通 ………………… 110
　　三、影响沟通的因素 …………… 111
第四节　市场调研实施的质量
　　　　控制 ………………………… 112
　　一、市场调研质量控制的含义 …… 112
　　二、市场调研误差 ……………… 112
　　三、市场调研的质量控制 ……… 113
　　四、市场调研的主要控制点和
　　　　控制方法 …………………… 114
【思考与练习】……………………… 118

第六章　数据整理与描述性分析 …… 119
第一节　数据的审核与编录 ……… 119
　　一、数据的审核 ………………… 119
　　二、数据的编码 ………………… 122
　　三、数据的录入 ………………… 129
第二节　数据的整理与显示 ……… 129
　　一、数据整理的概念与意义 …… 129
　　二、数据整理的原则 …………… 130
　　三、调查资料汇总的组织和
　　　　技术 ………………………… 130

四、数据分组 …………… 131
　　五、数据的显示 …………… 133
　第三节　数据的描述 …………… 137
　　一、集中趋势的描述 …………… 137
　　二、离中趋势的描述 …………… 143
　　三、形态的描述 …………… 148
　【思考与练习】 …………… 152

第七章　抽样分布与推断性分析 …… 160
　第一节　抽样分布与参数估计 …… 160
　　一、基本思路 …………… 160
　　二、基本理论介绍 …………… 161
　　三、案例分析 …………… 162
　第二节　参数检验 …………… 169
　　一、基本思路 …………… 169
　　二、基本理论介绍 …………… 170
　　三、案例分析 …………… 171
　　四、几点说明 …………… 177
　第三节　方差分析 …………… 179
　　一、基本思想 …………… 179
　　二、基本理论介绍 …………… 180
　　三、案例分析 …………… 183
　第四节　非参数检验 …………… 195
　　一、基本思想 …………… 195
　　二、基本理论介绍 …………… 196
　　三、案例分析 …………… 200
　　四、非参数检验与参数检验的
　　　　一些问题 …………… 210
　【思考与练习】 …………… 211

第八章　相关与回归分析 …… 213
　第一节　相关分析 …………… 213
　　一、基本思想 …………… 213
　　二、基本概念和理论介绍 …… 214
　　三、案例分析 …………… 215
　第二节　回归分析 …………… 218
　　一、基本思想 …………… 218
　　二、基本概念和理论介绍 …… 219

　　三、案例分析 …………… 222
　第三节　回归模型的评估与
　　　　　优化 …………… 230
　　一、回归常见问题 …………… 230
　　二、回归模型的优化 …………… 230
　　三、回归分析与模型优化的
　　　　一些问题 …………… 244
　【思考与练习】 …………… 244

第九章　属性数据分析 …… 248
　第一节　因子分析 …………… 248
　　一、因子分析的思想 …………… 248
　　二、因子分析的理论知识 …… 249
　　三、案例分析 …………… 250
　第二节　聚类分析 …………… 274
　　一、聚类分析的思想 …………… 275
　　二、聚类分析的基本理论 …… 276
　　三、案例分析 …………… 277
　第三节　判别分析 …………… 284
　　一、判别分析的思想 …………… 284
　　二、判别分析的数学原理 …… 285
　　三、案例分析 …………… 286
　【思考与练习】 …………… 295

第十章　调研报告的撰写 …… 299
　第一节　书面报告的制作 …… 299
　　一、书面报告的重要性 …… 299
　　二、书面报告的基本要求 …… 299
　　三、书面报告的写作步骤 …… 301
　　四、书面报告的基本格式和
　　　　内容 …………… 301
　　五、书面报告的写作方法 …… 304
　　六、书面报告的注意事项 …… 305
　第二节　口头报告的制作 …… 306
　　一、口头报告的重要性及
　　　　特点 …………… 306
　　二、口头报告的制作 …………… 306
　　三、口头报告的注意事项 …… 307

【思考与练习】 …………………… 308

综合案例 ………………………… 309
案例1 市场占有率的计算及分析
　　　——某商场市场占有率
　　　　实例分析 …………… 309
　一、基本原理 …………………… 309
　二、数据获得与录入格式 ……… 310
　三、指标计算 …………………… 310
　四、分析及结论 ………………… 311
案例2 市场占有率的预测
　　　——马尔可夫链在市场研究
　　　　中的应用 …………… 311
　一、基本原理 …………………… 311
　二、案例分析 …………………… 312
　三、终极市场占有率 …………… 312
　四、补充说明 …………………… 313

案例3 通过聚类分析实现市场细分
　　　——根据消费习惯对消费者
　　　　进行分类 …………… 314
　一、所需收集的数据 …………… 314
　二、确定细分因素 ……………… 316
　三、解释细分结果 ……………… 319
　四、补充说明 …………………… 321
案例4 正交试验设计在市场研究中的
　　　应用
　　　——消费者最喜欢的
　　　　洗发水 ……………… 322
　一、基本原理 …………………… 322
　二、案例介绍 …………………… 323
　三、补充说明 …………………… 326

参考文献 ………………………… 327

第一章 导 论

市场调研虽是伴随着近代商品生产的发展而出现的，但它广泛应用于社会、经济、文化、生活各个不同的领域，为其管理和决策提供有效依据。本章主要内容包括：市场调研的含义、特点、内容、类型、步骤、功能；市场调研方案设计；市场调研方案的可行性研究与评估等。

第一节 市场调研概述

市场调研是伴随着近代商品生产的发展而出现的，商品经济的发展是市场调查产生和发展的根本动力。起初，市场调研只应用于实物产品的营销领域；后来，它进一步应用于非实物产品的服务营运领域以及行政管理和决策领域。

一、市场调研的含义

市场调研，即市场调查研究的简称。在大部分的教材和专著里，对市场调研的概念都是从商品和服务出发，将其主要含义概括为：市场调研是对商品和服务从生产者到消费者的过程中所发生的与市场营销有关的情况的系统收集、整理和分析，以了解商品和服务的现实市场和潜在市场并得出结论的工作过程。

大部分专家和学者认为，市场调研是整个市场营销领域中的一个重要元素，它把消费者、客户、公众和营销者通过信息联系起来。这些信息有以下作用：识别、定义市场机会和可能出现的问题，制定、优化营销组合并评估其效果。市场调研要确定说明问题所需的信息，设计收集信息的方法，监测和执行数据收集的过程，分析结果，并把调查中的发现及分析结果提供给客户。

有的人还认为市场调研有三层含义：一是市场调查的对象，即产品或服务的购买者或使用者，以及市场营运的各阶段；二是市场调查的科学性，即系统地计划、收集、记录、分析及解释其资料；三是市场调查的作用，即支持管理人员的决策。

以上定义和观点，如果针对市场营销来讲都没错，但是社会经济发展到今天，市场涵盖的内容已相当广泛，商品市场和服务市场仅是其中的一部分内容。因此，仅从商品和服务定义市场调研，显然不太适合。

本书从广义的市场出发来定义市场调研。市场调研就是首先从社会、经济、文化、生活等各个不同的领域，确定其具体的调查目的、调查任务、调查对象；然后采用科学的调查方法有效收集有关资料；再对调查资料进行科学、系统、全面的分析，得出结论，并对有关结论进行统计检验；最后把市场调研结果提供给相关的管理和决策部门，以做出正确决策或制定正确的制度、方案等。

市场调研的定义包含以下五层意思：第一，市场调研的目的是为管理决策部门提供参考依据，利用市场调研的不仅可以是企业、公司等盈利机构，还可以是党政机关、学校、医院、团体等的管理决策层或个人。市场调研的目的可能是为制定长远的战略性规划，也可能是为制定某阶段或是针对某问题的具体政策或策略提供参考依据。研究可以是实用性的，也可以是学术性的。当然，市场调研中运用得最多的是商业性的市场调研。第二，市场调研的对象可以是广泛的民众，也可以是具有某些特征的民众群体。第三，市场调研的内容可以是具体的习惯或行为，如常见的媒介接触的习惯、对商品品牌的喜爱、购物的习惯和行为等；也可以是抽象的观念，如人们的理想、信念、价值观和人生观等，即民众的意见、观念、习惯、行为和态度等任何问题，都可纳入调研的范畴。第四，市场调研的原则是科学性和客观性。调研人员应自始至终保持客观的态度去寻求反映事物真实状态的准确信息，去正视现实，接受调查的结果。不允许带有个人主观的意愿或偏见，也不应受任何委托人或管理部门的影响去从事市场调研工作。市场调研工作的科学性，其实是强调研究人员的职业道德问题。第五，市场调研的结果是经过科学方法处理分析后的基础性数据和资料，可以用各种公开的调研报告向社会或委托人公布（如有合同或协议，应根据相关要求执行）。调查中发现的问题、受到的启示以及有关建议都应在报告中提出，以帮助管理决策部门利用这些信息并作出相应的反应或行为。

二、市场调研的特点

市场调研具有以下四个特点：

一是全过程性。市场调研是对市场状况进行调查研究的整体活动，它包括调查设计、收集资料、整理资料、分析资料和撰写调研报告等完整的过程。

二是目的性。市场调研的最终目的是为有关部门或企业进行预测和决策提供科学的依据。

三是不确定性。市场调研不能完全确保有关部门、机构、企业的预测和决策一定能成功。这是由于市场是一个受众多因素综合影响和作用的场所，市场调研有可能只掌握部分信息或有些资料在调查时被忽视了。由于观察、测量、登记、计算上的差错，也可能引起调查误差，这是进行市场调查研究时应当注意的。但是，只要调查误差控制在一定的范围内，市场调研结果还是可以为有关部门提供有效的决策依据的。

四是科学性。市场调研的方法是科学的，不是凭主观臆断的。它所采用的收集、整理和分析资料的方法都是在一定的科学原理指导下进行的。

三、市场调研的类型

市场调研按照不同的标准分类有以下几种类型。

1. 按调研的研究性质分类

按市场调研的研究性质分类，主要有探索性研究、描述性研究和因果关系研究几种类型。探索性研究的目的是提供一些资料以帮助研究者认识和理解所面对的问题，启发思维和洞察内部。常用于在大规模的正式调查之前，帮助研究者将问题定义得更准确些，将解决问题的方案定得更明确些，为问卷的设计提供更好的思路和更多的相关资料，等等。常用的方法有专家咨询或调研、试点调研、个案研究、二手资料分析、定性研究等。描述性研究的目的是描述总体（市场）的特征或功能。前提是假定研究者事先已对所研究的问题有了许多相关的知识。一般以有代表性的大样本为基础。常用的方法有二手资料分析、抽样调研、固定样本连续调研、观察调研、模拟调研等。因果关系研究的目的是获取有关起因和结果之间关系的证据。管理部门常常根据一些假设的因果关系来做决策，例如"现场广告可以促进冲动购买"等，这些假设应该通过正式的因果关系研究来检验其有效性。因此，一般要了解哪些是起因变量，哪些是结果变量，以及它们之间的相互关系的性质。常用的方法有实验法等。

2. 按调研的组织形式分类

按调研的组织形式分类，有专项调研、连续性调研和搭车调研。专项调研一般是指受某个机构、企业、个人的委托针对某些问题进行一次性的调研，即从给定的总体中一次性地抽取样本进行调研，并且只从样本中获取一次性信息。专项调研可以是定量的，也可以是定性的。连续性调研一般指的是对一个（或几个）固定的样本进行定期的、反复的调研。样本中的被调查对象（人或单位）一般不随调查时间的变化而变化。搭车调研是指主体目标（任务）利用一个样本进行调研。根据各个主体搭车调研问题的个数和类型，来决定各主体的调研费用。由于搭车调研的实施一般都是定期的，因此经常将搭车调研归入连续性调研类，但是需要注意的是，搭车调研每次所用的样本不一定是固定的。

3. 按调研的分析方法分类

按调研的分析方法分类，有定量调研和定性调研两大类。其中定量调研类方法又可以分为：邮寄调研、电话调研、街道或商城拦截调研、中心地调研、入户调研、借助其他电子手段（传真、互联网等）的调研等。定性调研类方法又可以分为：小组座谈调研、深层访谈调研、观察调研、投影调研等。

4. 按调研的资料来源分类

按调研的资料来源分类，有文案调研和实地调研两种。文案调研也叫做二手资料分析或二手数据分析，是通过收集已有的资料、数据、调研报告、已发表的文章等有关的二手信息，加以整理和分析的一种市场调研方法，经常在探索性的研究阶段中使用。实地调研与文案调研不同，它必须在制订详细的调研方案的基础上，由调研员直接地向被访者收集第一手资料，再进行整理和分析，从而写出调研报告。

四、市场调研的步骤

市场调研包括以下六个步骤。

1. 提出问题

这个步骤要注意的是，问题一定要明确，如调研的目的和任务是什么，调研内容是什么，向谁调查等。只有问题明确，调研结果才有用，才能为决策者和管理者起到参考作用。

2. 制订方案

一般而言，调研人员都会根据委托人提出的问题，从市场调研专业的角度出发制订调研方案。调研方案中要包括抽样设计、调查问卷、调查表或调查提纲等内容。

3. 实地调查

这一步是由调查执行者独立完成的，也是工作量比较大、比较关键的一个步骤，没有准确的基础数据，再高明的分析人员也分析不出调查结果来。

4. 数据处理

通常数据分析员会用专业的统计软件进行数据处理，有时也会根据委托人的需要或项目的性质开发专用的数据处理软件或数据库来进行数据处理。

5. 撰写调研报告

通常调研人员会向委托人提交四份性质不同的报告：数据报告、综合文字报告、提要报告、报告会概要（即口头报告会用的概要）。

6. 总结应用

这一步骤通常由委托人自行运作。有些委托人往往忽视了这一步骤，主要原因是这些委托人调研目的不明确，所以调研结果可有可无。还有一种情况是，有的委托人调研之前实际上决策已经定了，只是想验证一下，当然调研结果对他们来说也无需总结应用了。

五、市场调研的功能

市场调研在现代企业管理中扮演着重要的角色，具有重要的作用和功能。市场调研是市场情报反馈过程的一部分，是向决策者提供关于当时有关问题的有效性信息和进行必要变革的线索，同时又是探索新的发展机会的基本工具。

实际上，市场调研的作用就是给管理者和决策者提供信息，以帮助他们认识他们想研究或决策的问题，并作出反应。总之，市场调研能帮助管理者或决策者更好地决策和管理，它主要有以下功能：

1. 描述功能

市场调研的描述功能是收集并陈述事实。例如，某个行业的历史销售。其趋势是什么样的？消费者对现有的某产品及其广告的态度如何？对比之下，可以发现：企业的战略是与所在行业的历史销售趋势一致，还是背道而驰？现有的产品是引导了消费者的需求还是迎合了消费者的需求？广告诉求和品牌体现是否给消费者留下深刻鲜明的印象？又如，家庭联产承包责任制这项农村政策的贯彻实施，在农村经济发展中起了什么样的作用，且在各个不同阶段所起的作用有何不同，等等。

2. 诊断功能

市场调研的诊断功能是解释信息或活动。例如，最低生活保障对人们生活有何影响？最低生活保障线应如何划分？最低生活保障适合哪些群体？应如何健全和完善最低生活保障制度？又如，改变产品的包装对销售会产生什么影响？改变产品的"卖点"会对产品产生什么影响？目前的产品有什么需要改进的？换句话说，为了更好地服务于顾客和潜在的顾客，应该如何对产品或服务进行调整？

3. 预测功能

市场调研的预测功能是预测并适应未来。例如，企业如何更好地利用持续变化的市场提供的机会？企业如何把危机转化为机会？如何把潜在的机会转变为现实的机会？企业如何把机会转变为现实的成果？企业又如何预测机会的成本效益比？实践证明，谁掌握了市场的先机，谁就有可能把潜在的机会转变为现实的成果。又如，中国的高考制度变革会给中国人才培养带来什么样的变化？现有高考制度是否会磨灭青少年潜在的创造力及个性的发展？对未来中国经济建设会带来怎样的影响？

4. 反馈功能

市场调研的反馈功能是指被调研对象对某种产品或服务、某项政策、某件事物、某种现象的看法、评价、观点等信息的反馈，以供管理者或决策者参考、研究，作出改善或加大执行力度等决策。例如，顾客怎么看待产品？顾客怎么评价服务？满意点在哪里？不满意点在哪里？有没有切入机会？机会的切入点在哪里？机会的支撑点在哪里？机会成本有多大？

六、市场调查行业的发展

市场调查是一个新兴行业，只有近百年的历史。20世纪初，国外一些大企业纷纷成立市场调查机构，对市场从事系统的研究。1911年美国当时最大的柯蒂斯出版公司率先设立了市场调查部门，并编写了《销售机会》一书。这是第一本有关市场研究的专著，内容包括美国各大城市的人口、地图和各地区的人口密度、收入水平以及相关资料，被推崇为市场调查学科著作的先驱。

在市场调查的发展历史上有一个典型的事件，发生在1936年，美国总统大选前夕，当时，市场调查在美国也刚刚起步，该届总统大选的候选人有两位，就是兰登和罗斯福。当时有一本杂志叫《文学文摘》，它随杂志发了1000万张预选票，最后收回237万张，统计结果是兰登以57%的选票获胜。同时，有一位市场研究人员叫乔治·盖洛普，他运用了与前者不同的方法即科学抽样的调查方法，在全美国抽取了几千个调查对象，他的分析结果是罗斯福以54%的选票获胜。大选结果是罗斯福以62%的选票再次连任。这件事使得盖洛普所采用的这种调查方法在全球引起了轰动。从此，抽样调查在西方得到了普遍认可，盖洛普用他的名字创办的市场调查公司也长盛不衰。到现在为止，盖洛普调查公司还是全球声誉最好的调查公司。中国申办奥运会时，就请盖洛普调查公司来做民意调查，调查结果是中国有94.9%的支持率。这个数据没有人怀疑，它也是中国申奥成功的一个重要砝码。

我国的市场调查业起步较晚，市场调查在我国的发展比较缓慢。新中国成立以后，国家、地方和各部门都成立了统计机构，对国民经济、社会发展等资料进行全面收集、整理和分析，并在20世纪50年代建立了城市抽样调查队伍。但是，由于长期以来否认市场的存在，忽视市场信息的价值，造成整个社会对市场信息的重视程度不高。大约在1990年前后，真正的专业市场调查在我国兴起，广州首先出现了专业的市场调查公司。早期的市场调查公司主要集中在北京、上海、广州等大城市。

我国在20世纪80年代中后期才出现商业性的市场调查机构，但近几年来国内调研业已呈现高速发展的势头。市场调查业作为新兴行业，正逐渐为大众所熟悉。目前关于国内调研业的研究零散而不系统，有些内容完全缺失。据不完全统计，目前全国业内有两千多家调研企业不包括纯咨询公司），其中大多数为中小型规模的执行公司，研究性质的公司只有几百家。这几百家公司中，生存能力较稳定且规模较大的企业多为国外知名调查机构在中国的独资或合资公司，共20多家，它们主要以各行业内较知名的外资或合资客户为服务对象。相反，内资企业的调研需求却普遍不足，那些以内资客户为主要服务对象的调研机构由于很难生存而先后倒闭。在参加CMRA最新调查的全国范围内130多家调研企业中（多数为研究性质的公司），年营业额超过2亿元人民币的排名前几位的超大型调研公司全国共4家，都在北京，分别为RI China（华南国际）、CTR（央视市场研究）、CSM（央视索福瑞媒介研究）IPSOS（益普索）；年营业额在1亿～2亿元人民币的调研公司全国共5家，分布在北京、上海、广东三地，分别为北京特恩斯市场研究、新华信国际信息咨询（北京）AC Nielson China（上海）、AGB Niels（艾杰比尼尔森市场研究）、广州诚予国际市场信息研究；年营业额在0.5亿～1亿元人民币的调研公司数目就更多些，有慧聪、勺海、零点、盖洛普、思纬、新生代等。

综合来看，目前国内调研业的现状可概括如下：起步晚，规模偏小，地域发展不平衡，业务面较窄，经验欠缺，现实需求不足，收费及服务标准不一致，缺乏成熟完善的行业规范和管理。另外，专业人才匮乏、调查分析技术水平较低这些因素使本应成为知识密集型的国内调研业目前还基本处于劳动密集型阶段，尤其绝大多数内资调研企业能够提供给客户的也仅仅是原始或粗加工的数据。所谓粗加工是指对整理后的数据进行一些浅层的加工分析，与发达的国外调研服务相比还远没有达到高知识高技术含量的程度。以上这些都是我国调研业发展中的不利因素，然而它同时也存在着有利因素，即市场潜力巨大且正在快速发展，这又意味着其发展前景相当可观。

第二节　市场调研方案设计

市场调研是有关部门、机构、团体、企业、个人等制定正确方针政策、规章制度、改善管理及正确决策的基础。市场调研的总体方案设计是对调研工作各个方面和全部过程的通盘考虑，包括整个调研工作过程的全部内容。一个完善的市场调研方案一般包括以下主要内容。

一、明确调研目的

调研目的是调查所要达到的具体目的，即通过调查要解决什么问题，解决到什么程度；是一般性地了解情况，还是要验证某些假设，探究因果关系；调查的结果是用于学术研究，还是为某个市场行动提供信息或建议。目的决定调研内容和调研方式，在方案设计中，调研目的是需要首先明确的。

二、确定调研对象和调研单位

市场调研对象是根据调研目的确定的调研总体。调研单位是调研项目和指标的承担者或载体。调研对象所解决的是向谁调研的问题，调研单位所解决的是由谁来提供所需数据的问题。在以消费者为调研对象时，要注意到有时某一产品的购买者和使用者不一致，如对婴儿食品的调研，其调研单位应为孩子的母亲。此外，还应注意一些产品的消费对象主要针对某一特定消费群体或侧重于某一消费群体，这时调研单位应注意选择产品的主要消费群体，如对于酒类产品，其调研单位主要为男性。

三、确定调研内容和调查表

调研内容是收集资料的依据，是为实现调研目的服务的，可根据市场调研的目的确定具体的调研内容。如调研消费者行为时，可按消费者购买、使用及使用后评价三个方面列出调研的具体内容或项目。调研内容的确定要全面、具体，条理清晰、简练，避免面面俱到、内容过多、过于繁琐，避免把与调研目的无关的内容列入其中。

调查表是市场调研的基本工具，调查表的设计质量直接影响到市场调研的质量。设计调查表要注意以下四点：第一，调查表的设计要与调研主题密切相关，重点突出，避免可有可无的问题。第二，调查表中的问题要容易让被调研者接受，避免出现被调研者不愿回答或令被调研者难堪的问题。第三，调查表中的问题次序要条理清楚，顺理成章，符合逻辑顺序，一般将可遵循容易回答的问题放在前面，较难回答的问题放在中间，敏感性问题放在最后；封闭式问题在前，开放式问题在后的原则。第四，调查表的内容要简明，尽量使用简单、直接、无偏见的词汇，保证被调研者能在较短的时间内完成调研表。

四、确定调研地区范围

调研地区范围应与调研对象范围相一致，当在某一城市做市场调研时，调研范围应为整个城市；但由于调研样本容量有限，调研范围不可能遍及城市的每一个地方，一般

可根据城市的人口分布情况，主要考虑人口特征中收入、文化程度等因素，在城市中划定若干个小范围调查区域，划分原则是使各区域内的综合情况与城市的总体情况分布一致，将样本总体按比例分配到各个区域，在各个区域内实施访问调研。这样可相对缩小调研范围，减少实地访问工作量，提高调研工作效率，减少费用。

五、设计样本的抽取方案

市场调研中，调研样本要在调研对象中抽取，由于调研对象分布范围较广，应制定一个抽样方案，以保证抽取的样本能反映总体情况。样本单位的抽取数量可根据市场调研准确程度的要求来确定，一般可根据市场调研结果的用途情况确定适宜的样本容量。实际市场调研中，按调研项目的要求不同，样本的抽取可采用统计学中的抽样方法。如在人口抽样调查中，要注意对抽取样本的人口特征因素的控制，以保证抽取样本的人口特征分布与调研对象总体的人口特征分布相一致。

六、确定资料的调查方法

资料的调查方法有多种，常用的有实地调查法、观察法和实验法等。实地调查法又可分为面谈法、电话调查法、邮寄法、留置法等。这几种调查方法各有优缺点，适用于不同的调查场合，调查者可根据实际调研项目的要求来选择。资料调查方法应该适应调查课题的需要，但同一个调查课题可以采用不同的调查方法，同一调查方法也可以适用于不同的调查课题。因此，如何选择最适当、最有效的调查方法，是设计调查方案的一个重要内容。一般来说，实地调查法适宜于描述性研究，观察法和实验法适宜于探测性研究。如企业做市场调查时，采用实地调查法较为普遍。

七、制订调查工作计划

1. 组织领导及人员配备

建立市场调查项目的组织领导机构，可由相关部门来负责调查项目的组织领导工作，针对调查项目成立市场调查小组和配备适当人员，负责项目的具体组织实施工作。

2. 招聘及培训访问员

访问员可从高校经济管理类专业的大学生中招聘，根据调查项目中完成全部问卷实地访问的时间来确定每个访问员一天可完成的问卷数量，核定需招聘访问员的人数。对访问员必须进行必要的培训，培训内容包括：访问调查的基本方法和技巧，被调查产品的基本情况，实地调查的工作计划，调查的要求及需要注意的事项等。

3. 制定工作进度

将市场调查项目的整个进行过程安排一个时间表，确定各阶段的工作内容及所需时间。市场调查包括以下四个阶段：①调查工作的准备阶段，包括调查表的设计、抽取样本、访问员的招聘及培训等；②实地调查阶段；③问卷的统计处理和分析阶段；④撰写调研报告阶段。

4. 确定调查经费预算

市场调查费用的多少通常视调查范围和难易程度而定。经费预算是整个调查方案的主要内容之一，因为不管什么调查，经费问题总是十分重要和难以回避的。经费预算主要有调查资料印刷费、访问员培训费、访问员劳务费和礼品费、调查表统计处理费用等。调研项目的组织者应核定市场调查过程中将发生的各项费用支出，合理确定市场调查总的费用预算。

八、组织实地调查

组织实地调查，要做好以下两方面工作：一是做好实地调查的组织领导工作。实地调查是一项较为复杂繁琐的工作。要按照事先划定的调查区域确定每个区域调查样本的数量、访问员的人数、每位访问员应访问样本的数量及访问路线，且每个调查区域需配备一名督导人员；明确调查人员及访问员的工作任务和工作职责，做到工作任务落实到位、工作目标和责任明确。当需要对调查样本某些特征进行控制时，要分解到每个访问员。二是做好实地调查的协调、控制工作。调查组织人员要及时掌握实地调查的工作进度、完成情况，协调好各个访问员间的工作进度；要及时了解访问员在访问中遇到的问题并帮助解决，对于调查中遇到的共性问题，要提出统一的解决办法；要做到每天访问调查结束后，访问员首先对填写的问卷进行自查，然后由督导员对问卷进行检查，找出存在的问题，以便在后面调查中及时改进。

九、调查资料的整理和分析

实地调查结束后，进入调查资料的整理和分析阶段，收集好已填写的调查表后，由调查员对调查表进行逐份检查，剔除不合格的调查表，然后将合格调查表统一编号，以便于调查数据的统计。调查数据的统计可利用Excel电子表格软件完成，将调查数据输入计算机，经统计软件运行后，即可获得已列成表格的大量的统计数据，利用上述统计结果，就可以按照调查目的的要求，针对调查内容进行全面的分析工作。

十、撰写调研报告

撰写调研报告是市场调研的最后一项工作内容。市场调研工作的成果将体现在最后的调研报告中，调研报告将提交管理者和决策者，作为该单位或部门制定策略的依据。市场调研报告要按规范的格式撰写，一个完整的市场调研报告格式由题目、目录、概要、正文、结论和建议、附件等组成。

第三节　市场调研方案的可行性研究与评估

一、调研方案的可行性研究

在对复杂的社会经济现象进行调研时，所设计的调研方案通常不是唯一的，需要从多个调研方案中选取最优方案。同时，调研方案的设计也不是一次性完成的，而是需要经过必要的可行性研究，对方案进行试点和修改。可行性研究是科学决策的必经阶段，也是科学设计调研方案的重要步骤。调研方案的总体评价可以从不同角度来衡量，但在一般情况下，对调研方案进行评价应包括四个方面的内容，即调研方案是否体现调研目的和要求，调研方案是否具有可操作性，调研方案是否科学和完整，调研方案是否能使调研质量高、效果好。

二、调研方案评估的方法

对调研方案进行评估的方法很多，现主要介绍逻辑分析法、经验判断法和试点调查法。

1. 逻辑分析法

逻辑分析法是利用事物的各种已知条件，根据事物之间内在的相互关系，对未知事物的结果进行推理判断的一种科学分析方法。逻辑分析法用于检查所设计的调研方案的部分内容是否符合逻辑和情理。例如，要调查某城市居民的消费结构，而设计的调研指标却是居民消费结构或职工消费结构，按此设计所调查出的结果就无法满足调研的要求，因为居民包括城市居民和农民，城市职工也只是城市居民中的一部分。显然，居民、城市居民和职工三者在内涵和外延上都存在着一定的差别。又如，对于学龄前的儿童，要调查其文化程度；对于没有通电的山区，要进行电视广告调查；等等，都是有悖于情理的，也是缺乏实际意义的。逻辑分析法可对调研方案中的调研项目设计进行可行性研究，而无法对其他方面的设计进行判断。

2. 经验判断法

经验判断法是组织一些具有丰富调查经验的人员，对设计出的调研方案加以初步研究和判断，以说明方案的可行性。例如，对家教市场中的师资情况进行调研，就不宜用普查方式，而适合采用抽样调查；对于棉花、小麦等集中产区的农作物的生长情况进行调研，就适宜采用重点调查等。经验判断法能够节省人力和时间，在比较短的时间内作出结论。但是这种方法也有一定的局限性，主要是因为人的认识是有限的、有差异的，事物在不断地发生变化，各种主客观因素都会对人们判断的准确性产生影响。

3. 试点调查法

试点是整个调研方案可行性研究中的一个十分重要的步骤，对于大规模市场调研来讲尤为重要。试点的目的是使调研方案更加科学和完善，而不仅仅是收集资料。试点也是一种典型调查，是"解剖麻雀"。从认识的全过程来说，试点是从认识到实践，再从实践到认识，兼备了认识过程的两个阶段。因此，试点具有两个明显的特点：一是实践性；二是创新性。两者相互联系，相辅相成。试点正是通过实践把客观现象反馈到认识主体，以便起到修改、补充、丰富、完善主体认识的作用。同时，通过试点，还可以为正式调查获取实践经验，并把人们对客观事物的了解推进到一个更高的阶段。

试点调查的任务，一是对调查方案进行实地检验。调研方案的设计是否切合实际，还要通过试点进行实地检验。检查目标的制定是否恰当，调查指标设计是否正确，哪些需要增加，哪些需要减少，哪些说明和规定需要修改和补充。试点完成后，要分门别类地提出具体意见和建议，使调研方案的制订既科学合理，又解决实际问题。二是作为实战前的演习，试点可以了解调研工作的安排是否合理，哪些是薄弱环节。

此外，试点调查应注意以下问题：一是应建立一支精干有力的调查队伍。其成员应包括有关负责人、调研方案设计者和调研骨干，这是搞好试点工作的组织保证。二是应选择适当的调研对象。要选择规模较小、代表性较强的试点单位。必要时可采取少数单位先试点，再扩大试点范围，然后全面铺开的做法。三是应采取灵活的调研方式和方法。调研方式和方法可以多用几种，经过对比后，从中选择适合的方式和方法。四是应做好试点的总结工作，即要认真分析试点的结果，找出影响调研成败的主客观原因。不仅要善于发现问题，还要善于结合实际，来探求解决问题的方法，充实和完善原调研方案，使之更加科学和易于操作。

【思考与练习】

1. 简述市场调研的含义及特点。
2. 市场调研如何分类？
3. 市场调研有何功能？
4. 怎样进行市场调研？
5. 怎样设计市场调研方案？
6. 请选择1～2个调研主题，对其设计调研方案。
7. 怎样评估市场调研方案？

第二章 调查方法与技巧

方法问题历来被人们所重视，市场调查方法是指在市场调查中发掘资料来源，了解情况，捕捉信息或收集资料的途径和方法。随着经济的发展，市场调查方法的应用越来越广泛，也越来越重要。同时，在具体运用市场调查方法去实现调查目的时，又必须掌握一定的调查技巧。本章主要内容为：介绍几种常用的市场调查方法，即文案调查法、实地调查法、网络调查法、实验调查法；比较不同的调查方法；分析调查过程中的调查技巧等。

第一节 文案调查法

一、文案调查的定义

市场信息来自两个方面：一是第一手资料，即实地调查资料；二是第二手资料，即已经发表并已为某种目的而被收集的资料。

文案调查，又称间接调查方法，是指通过查阅、阅读、收集历史和现实的各种资料，并经过甄别、统计分析得到调查者想要的各类资料的一种调查方法。

当人们对某个市场拟作出某种情况的分析，若这个市场的资料有限但已有一些可靠的文字资料时，文案调查就是一种比较有效的调查方法。而当需要更深入地了解和分析这一市场的情况时，就需要进行实地调查了。应该说，文案调查和实地调查是市场调查中相互依存、相互补充的两种调查方法。而网络调查不仅扩展了文案调查的资料来源渠道，同时也为实地调查提供了更节省、更有效的手段和工具。

二、文案调查的作用

第一，为调研单位或有关部门的管理和决策提供依据。通过对相关统计资料的收集和整理，了解该单位诸如财务结构、生产状况、技术水平、职工现状、市场情况等信息。通过对有关资料的收集，分析竞争对手的情况、技术发展趋势、管理理论的发展、市场供需状态等可为调研单位制定总体发展战略提供基础依据。例如，在对市场的研究中，文案调查经常对以下四种情况进行研究：①市场供求趋势分析。通过收集各种市场动态资料并加以分析对比，以观察市场发展方向。②市场现象之间的相关与回归分析。即利用一系列相互联系的现有资料进行相关和回归分析,以研究现象之间相互影响的方向和程度,并在此基础上进行预测。③市场占有率分析。根据各方面的资料,计算出本企业某种产品的市场销售量占该市场同种商品总销售量的份额,以了解市场需求及本企业所处的市场地位。④市场覆盖率分析。用本企业某种商品的投放点与全国该种商品市场销售点总数的比较,反映企业商品销售的广度和宽度。

第二,可用于有关部门和企业进行经常性的市场调查。文案调查和实地调查相比更省时、省力,组织工作也比较好做,尤其是在建立企业内部及外部文案市场调查体系的情况下,具有较强的机动性和灵活性,随时能根据企业经营管理的需要收集、整理和分析各种市场信息,为决策者和管理者提供有关市场的调研报告。

第三,为实地调查提供基础性资料。文案调查为实地调查提供经验和大量背景资料,具体表现在:①通过文案调查可以初步了解调查对象的性质、范围、内容和重点等,并能提供实地调查无法或难以取得的市场环境等方面的宏观资料,便于进一步开展和组织实地调查,取得良好的效果。②文案调查所收集的资料还可以用来证实各种调查假设,即可通过对以往类似调查资料的研究来指导实地调查的设计,将文案调查资料与实地调查资料进行对比,鉴别和证明实地调查结果的准确性和可靠性。③利用文案资料并经实地调查可以推算所需掌握的数据资料。④利用文案调查资料可以帮助探讨现象发生的各种原因并进行说明。在中国企业市场调查费用过高的情况下,如果在开展实地调查活动前,通过文案调查对整个形势有较充分的认识,提出一些假设,并分析现象发生的各种因素,确定实地调查的数量、种类、方式、重点等,可大大降低实地调查的费用。尤其是要分析的细分市场很多时,文案调查可以提供很多的基础资料,以便从中选择最有希望的市场。

三、文案调查的要求

第一,资料要广泛、全面。文案调查收集资料的面要广。收集资料时应通过各种信息渠道,利用各种机会,采取多种方式广开信息源,大量收集各方面有价值的信息,且应注意信息的时序性,以便获得反映客观事物发展变化的资料。

第二,资料要有价值,有针对性。由于第二手资料大多是针对其他目的而形成的,因此在兼顾广泛和全面的同时,一定要有针对性地重点收集与调查项目主题关系最密切的资料,对企业生产经营有用的资料,以及市场调查活动需要的、准确的资料。

第三,资料要有时间性。在收集资料时,要注意资料的时间性,资料反映的情况变化了,这些资料就失去了价值。所以,要用最快的速度及时了解、及时收集、及时分析、及时利用各种最新资料、最新信息,以保证各种资料的时间价值。

四、文案调查的工作程序

文案调查工作应用范围广泛,要想高效而又节省地搜索已公布的数据资料就需要拟订一份计划,以帮助调查人员知道何时何地开始文案调查工作。在确定计划时,应十分

明确整个工作及每一步工作的目标,只有在明确了目标、地点、形式后,每个调查人员才能以最小的投入实现调查的目的。例如,利用在线数据库搜索时制定一个目的明确、计划周全的方法程序,对于节省上网时间及费用特别重要。尽管每个调研课题都有它特殊的一面,但一些基本的工作程序是调查人员必须共同遵守的。调查人员必须在预定期限内完成分派的具体调查项目,因此在确认每项工作程序时应同时有一个时间计划表。文案调查的工作程序如下:

1. 明确所需调查的资料

对于任何事情,目的越明确,人们完成工作所花费的时间、精力、财力就会越少,并能做到事半功倍。在文案调查工作开始前,应明确每次调查工作的现实目的和长远目的。现实目的是这次文案调查工作完成后需要提供的资料和解决的问题;长远目的是通过资料的查阅、搜寻、统计、分析,为企业或其他组织经常性的管理活动和制订方案提供基础性的资料。

2. 调查与分析现有资料

现有资料是指本单位和其他部门已取得的或已经积累起来的第二手资料。在信息时代,文案资料可能很多,但关键是调查人员如何根据他们的特殊需要对现有资料作出评价。现有资料包括:①公司有关产品的生产、销售的记录资料。②已公布的统计资料。③有关定性分析的资料。④检查是否欠缺或需要补充的资料。

对于上述资料审查与分析的标准是,①内容:是否全面、可靠,是否符合调查的要求。②水平:资料的专业程度。③重点:资料是否针对调查的有关内容。④时间:资料所涉及的时间是否恰当,是否能满足某些资料的时序性要求。⑤可信度:资料是否可信。

现有资料若能满足调查的要求,则可节省许多时间、人力和财力。为此,应要求调查人员与企业内部的档案室、资料库和企业外部图书馆、政府机构、各类商会、有关单位、在线数据库保持密切联系。

五、寻找资料信息来源

从一般线索到特殊线索,这是每个调查人员收集情报的必由之路。当着手一个正式调查项目时,调查人员寻找的第一类资料是向其提供总体市场概况的那类资料,该类资料应包括市场基本特征、一般结构、发展趋势和交易情况等。调查人员可能会从报纸或杂志上的调查文章开始工作,随着调查工作的深入,资料的选择性和详细程度会越来越细。对于这个问题将在以后专门研究。

[例2-1] 某企业发明了一种能够对假牙在口腔中活动情况进行三维测量的仪器,将这种仪器批量生产推向市场之前需确定市场的销售潜力,因此决定开展市场调查。由于目的十分明确,所需的各种资料也就十分清楚了。主要所需的资料有:①国内牙医诊所的绝对数;②全国每10万人口拥有牙医的平均数;③即将开业的牙医诊所数;④未来10年新增牙医数;⑤现有牙医年龄结构;⑥全国牙医诊所在各省的分布情况。为获得上述有关资料,经分析确定出其资料来源的途径为:①全国卫生部门的年度统计;②全国

牙医卫生状况普查资料；③有关牙医医学发展动态的学术会议、论文等；④行业协会的调查和研究报告。

六、资料筛选、分析

文案调查所收集的资料种类、格式较多，对其整理、分析是一项重要工作。其基本要求是围绕调查的目的和内容，依据事先制订的清单或资料分析计划，选择正确的统计方法和统计指标，必要时制成图表来分析比较，去除虚伪资料。这里需特别注意，有时会因误信公布的数据资料而影响文案调查的结果。有经验的文案调查人员懂得公布的市场信息数字需要用两三种来源做交叉检查。在资料的筛选、分析过程中，也可采用一些方法将资料进行处理。

七、文案调查的方法

方法是人们达到目的的手段和工具，下面介绍几种筛选、分析和收集资料的方法。

1. 文献资料筛选法

文献资料筛选法，是指从各类文献资料中分析和筛选出与企业营销活动有关的信息和资料的一种方法。在我国主要是从印刷文献资料中筛选。印刷文献一般有图书、杂志、统计年鉴、会议文献、论文文献、论文集、科研报告、专利文献、档案文献、政府政策条例文献、内部资料、地方志等。采用此法收集资料，主要是根据调查的目的和要求有针对性地去查找有关的文献资料。

[例2-2] 日本某公司进入美国市场前，通过查阅美国有关法律和规定得知，美国为了保护本国工业，规定美国企业收到外国公司商品订单，一律无条件将价格提高50%。而美国法律中规定，本国商品的定义是"一件商品，美国制造的零件所含价值必须达到这件商品价值50%以上"。这家公司根据这一条款，思考出一条对策：进入美国的产品共有20种零件，在日本生产19种零件，从美国进口1种零件，这1种零件价值最高，其价值超过50%以上，在日本组装后再送到美国销售，就成了美国商品，可直接与美国厂商竞争。

2. 报刊剪辑分析法

报刊剪辑分析法，是指调查人员平时从各种报刊上所刊登的文章、报告中分析和收集情报信息的一种方法。市场情况的瞬息万变在日常新闻报道中都有所体现，只要用心去观察、收集、分析，便可从各种报刊上获得与企业营销活动有关的资料信息，以扩大视野。例如，上海有家制药厂从报纸刊登的"多毛姑娘"反映其苦闷的来信中获得信息，集中力量开发研制一种脱毛霜剂，产品投放市场后收到了良好的经济效益。

3. 情报联络网法

情报联络网法，是指调研单位在一定范围内设立情报联络网，使资料收集工作可延伸至该单位想要涉及的地区。尤其是互联网的普及，可使此种方法成为文案调查的有效方法。调研单位建立情报网可采用重点地区设立固定情报点，单位派专人或地区销售人员兼职，一般地区可与同行业同部门以及有关的情报资料部门挂钩，定期互通情报，以获得各自所需资料。若调研单位无力建立自己独立的情报网，可借助其他部门的情报网。当然这应该是有偿的，只有支付适当的报酬，才能获得自己所需的真实资料。

八、文案调查资料来源

文案调查所需资料包括调研单位的内部资料和外部资料。内部资料主要是组织内部的各种业务、统计、财务及其他有关资料。外部资料主要是组织外部单位所持有的资料。外部资料在线数据库出现以前，图书馆及各类情报单位是文案调查的主要资料来源。

1. 内部资料来源

内部资料的来源主要有：①业务资料，包括与组织业务活动有关的各种资料。如发货单、订货合同、发票销售记录、原材料订货单、销售记录、业务员访问报告、顾客反馈信息等。通过对这些资料的了解和分析，可以掌握本单位所生产和经营商品的供应情况，以及分地区、分用户的需求变化情况。②统计资料，包括各类统计报表，本单位生产、销售、库存记录，各类统计资料的分析报告等。对企业而言，统计资料是研究企业经营活动数量特征及规律的重要依据，也是企业进行预测和决策的基础。③财务资料，包括各种财务报表、会计核算和分析资料、成本资料、销售利润、税金资料等。财务资料反映本组织活劳动和物化劳动的占有和消耗情况及所取得的经济效益，通过对这些资料的研究，可以确定组织的发展背景，考核组织的经济效益。④其他资料，包括调研单位积累的各种调研报告、经验总结、各种建议记录等。这些资料对市场研究都有一定的参考价值。

2. 外部资料来源

外部资料是指各类机构提供的已出版或未出版的资料。这些机构可能是政府机构，也可能是其他的非政府机构。它们提供资料，有的是属于政府的一项工作，有的是为了赢利，还有的是为了增加机构的声誉。作为调查人员要想及时获得有用的资料，一定要熟悉这些机构，熟悉它们所能提供的资料种类。对于与本组织生产、营销活动联系密切的机构，更要熟悉该机构的工作人员，良好的人际关系是及时获取有价值资料的必要条件。外部资料来源主要有：①国家统计机关公布的统计资料，包括工业普查资料、统计资料汇编、商业地图等。这些信息都具有综合性强、辐射面广的特点。②行业协会发布的行业资料和各种专业信息咨询机构提供的市场信息，这些机构的信息系统资料齐全，信息灵敏度高。为了满足各类用户的需要，它们通常还提供资料的代购、咨询、检索和定向服务。不过这些机构的服务大多是有偿服务。③图书馆存档的商情资料、技术发展资料。④出版单位提供的书籍、文献、报纸杂志、工商企业名录、商业评论、产业研究、市场行情报告、各类分析报道等。⑤银行的经济调查、商业评论期刊。⑥各类专业组织的调研报告、统计数字、分析报告。⑦研究机构的各种调研报告、研究论文集。⑧国内外各种博览会、展销会、交易会、订货会等促销会议以及专业性、学术性经验交流会议上所发放的文件和材料。

3. 国际互联网、在线数据库

国际互联网是全球互相联结的网络。对于调查人员来说，国际互联网有两个重要信息源：一是公司、各类组织机构、个人创设的推销或宣传其产品、服务或观点的网址。二是由对某一主题感兴趣的人们组成的用户群组。

在线数据库可用计算机与调制解调器很容易地搜索到，可得到存放在全世界各地服务器上的文章、报告与资料。现在借助国际互联网可以很便捷地进入各种数据库。

以上介绍的是目前收集外部资料的重要方式。具体做法将在本章第三节重点介绍。

九、收集资料的价值评定

资料的价值是指资料的真实性和可用性。对资料的价值确定是文案调查中一项很重要的工作。

1. 资料的真实性确定

资料的真实性确定主要是看资料的出处或资料的作者，对于有疑问的资料出处或作者应该排除，以保证其真实性。

2. 资料的可用性确定

资料的可用性确定是指检查资料的属性，特别是对数据性文献资料，要检查数据测量精度、分组状态是否与调查内容要求相适应。资料的可用性确定还应包括对资料的时效性、完整性的确认。

第二节　实地调查法

实地调查法有多种不同方式，按照所采用的形式不同可将其分为现场观察法、访问法，也有人将实验调查法归纳到实地调查法之中。选择哪一种调查方法，与调查目标、调查对象和调查员的素质等有直接关系。每一种调查方法的反馈率、真实性及调查费用都有不同特点。所以，学习时应注意不同调查方式的特点、适用范围、需注意的问题，在实际操作时应注意各种方法之间的相互配合。

一、现场观察法

现场观察法是调查人员凭借自己的眼睛或借助录音摄像器材，在调查现场直接记录正在发生的市场行为或状况的一种有效的收集资料的方法。其特点是被调查者是在不知情的情况下接受调查的。

1. 现场观察法的类型

（1）直接观察法。即在现场凭借自己的眼睛观察市场行为的方法。具体包括：①目标对象观察法。目标对象观察法是指在各种市场中以局外人的方式秘密注意、跟踪和记录目标对象的行踪和举动以取得调查资料的方法。目标对象观察法常常要求配备各种记数仪器,如录音摄像器材、录数仪器、记数表格等,以减轻调查者记数的负担和提高资料的可信度,如企业对顾客的客流量、顾客购物的偏好、顾客对商品价格的反映、顾客购物的路径、顾客留意商品时间的长短、顾客产生冲动购物的次数、顾客付款是否方便等方面的调查。为了使调查更深入,有时往往辅之以商场中堵截访问的方法。②环境观察法。环境观察法是指以普通人的身份对调查对象的所有环境因素进行观察以获取调查资料的方法。商业企业有时也称此种方法为"假装购物法"或"神秘购物法"。这种方法是让接受过专门训练的"神秘顾客"作为普通的消费者进入其所调查的环境,其任务一般有两种:一是观察其购物的环境,如颜色、布局、货架摆放、通道的宽窄、装饰等因素,以分析是否符合此调查对象的实际需求和达到上级有关部门的要求。二是了解服务质量。"神秘顾客"作为普通消费者进入调查的市场环境,可买也可不买商品,买了也可退货,退了货可以再买。通过这些"普通消费者"的消费行为,了解并详细记录他们购物或接受服务时发生的一切情况,然后填写一份仔细拟订的调查表。这种方法对于已由以价格竞争为主的硬性竞争渐渐转变为以服务为主的软性竞争的现代企业来说,是实施监督控制及贯彻服务标准的一种有效方法。

[例2-3] 帕科·昂得希尔是著名的商业密探,他所在的公司叫恩维罗塞尔市场调查公司。他通常的做法是坐在商店的对面,悄悄观察来往的行人。而此时,他的属下正在商店里努力工作,跟踪在商品架前徘徊的顾客。他们的目的是要找出商店生意好坏的原因,了解顾客走进商店以后如何行动,以及为什么许多顾客在对商品进行长时间挑选后还是失望地离开。通过他们的工作给许多商店提出了许多实际的改进措施。如一家主要是青少年光顾的音像商店,通过调查发现这家商店把磁带放置过高,孩子们往往拿不到。昂得希尔提出应把商品降低放置,结果销售量大大增加。再如一家伍尔沃思的公司发现商店的后半部分的商品的销售额远远低于其他部分,昂得希尔通过观察和拍摄现场解开了这个谜:在销售高峰期,现金出纳机前顾客排着长长的队伍,一直延伸到商店的另一端,妨碍了顾客从商店的前面走到后面,针对这一情况,商店专门安排了结账区,结果使商店后半部分的商品的销售额迅速增长。

(2)间接观察法。即通过对现场遗留下来的实物或痕迹进行观察以了解或推断过去的市场行为。例如,国外流行的食品柜观察法,即调查人员通过察看顾客的食品柜,记下顾客所购买的食品品牌、数量和品种,来收集家庭食品的购买和消费资料。这种方法对一些家庭日常用品的消费调查非常重要。又如,通过对家庭丢掉的垃圾等痕迹的调查,也是较为重要的间接调查方法。被誉为美国市场调查创始人之一的查里斯·巴林,为了向羹汤公司证明蓝领工人的妻子买罐头汤而不是自己做,把城市各处的垃圾经过科学抽样后收集起来,清点罐头汤盒的个数。

[例2-4] 一次,一个美国家庭住进了一位日本人,奇怪的是,这位日本人每天都在做笔记,记录美国人居家生活的各种细节,包括吃什么食物,看什么电视节目等。

一个月后，日本人走了。不久丰田公司推出了针对当今美国家庭需求而设计的物美价廉的旅行车。如美国男士喜爱喝玻璃瓶装饮料而非纸盒装的饮料，日本设计师就专门在车内设计了能冷藏并能安全防止玻璃瓶破碎的柜子。直到此时，丰田公司才在报纸上刊登了它们对美国家庭的研究报告，同时向收留日本人的家庭表示感谢。

2. 现场观察法的优缺点

（1）现场观察法的优点：①自然、客观、准确。观察者对被观察者的活动或可能影响被观察者的因素，皆不加以干预，使被观察者动作极为自然，毫无掩饰，所获资料准确性高。②直接、简单易行。观察法是对现场发生现象的观察和记录，或通过摄像、录音如实反映，直接测度、记录现场的特殊环境和事实，直接性非常强。

（2）现场观察法的缺点：①时间长、费用高。为全面客观地反映事实，防止偶发因素的影响，需用较长时间的观察才能发现某种规律。②观察深度不够。观察只能看到最后的行为，但对行为发生的原因和动机无法确定。③限制性较大。观察一般只适用于较小的微观环境，且同时受到观察人员自身的身体条件、观察能力、记忆能力、心理分析能力的限制。

二、访问法

访问法是指将所调查的事项，以当面电话或书面的形式向被调查者提出询问，以获得所需调查资料的调查方法。这是一种最常用的市场实地调查方法，也可以说是一种特殊的人际关系或现代公共关系。正因如此，调查人员应清楚地认识到，通过调查不仅要收集到调查所期望的资料，而且要在调查中给调查对象留下良好的印象，树立公司的形象，可能时应将被调查者作为潜在用户加以说服。

1. 直接访问法

直接访问法又称家庭访问法或个人访问法，是指调查者与单个的被调查者面对面地进行交谈收集资料的方法。直接访问法可以采用提前设计好的问卷或提纲依问题顺序提问的"标准式访谈"形式，也可采用围绕调查主题进行"自由交谈"的形式。

（1）直接访问的程序，参见表2-1。

表2-1 直接访问程序

工作程序	工作内容
培训访问人员	传授形象、礼仪、访谈技巧
确定访问者	依据调查目的设定样本
预约	说明理由及条件
访问	标准化或自由化交谈
访问结果检查	判定资料真实性，是否需二次访问
致谢	以书面或电话形式表示感谢

(2) 直接访问的优点：①调查有深度。调查者可以提出许多不宜在人多的场合讨论的问题，深入了解被调查者的状况、意愿或行为。②直接性强。由于是面对面的交流，调查者可以采用一些方法来激发被调查者的兴趣，如图片、表格、产品的演示等。③灵活性较强。调查者可以根据情况灵活掌握提问的次序，随时解释被调查者提出的疑问。④准确性强。调查者可充分解释问题，把问题的不回答程度及答复误差降到最低，同时可根据被调查者回答问题的态度，判别资料的真实可信程度。⑤拒答率较低。这是直接访问法的最大优点。通过直接访问，被调查者一般不会拒绝回答问题。遇到拒绝回答时，也可通过访谈技巧得到问题的回答。

(3) 直接访问的缺点：①调查成本高、时间长。直接的逐一访谈需要的时间较长，对调查人员的素质要求较高，最终使调查成本加大。尤其是大规模的、复杂的市场调查更是如此。②调查的质量容易受到气候、调查时间、被访者情绪等其他因素的干扰。

(4) 直接访问的适用范围：①调查范围较小而调查项目比较复杂的情形。②要得到顾客对某个产品的构想或某个广告样本的想法的情形。③需了解某类问题能否通过解释或宣传取得谅解的情形。

[例2-5] 纺织企业家乔·海曼于20世纪60年代接管了一家纺织厂。正当他对工厂进行改造时，他收到了许多颜色、品种不同的商品订货单。当工厂经过改造快要投产时，他收到了政府部门的通知，必须减少两个染缸中的一个，因为排水系统承受不了。对企业来讲这是一场灾难，如果没有两个染缸就不能生产出那么多颜色的商品。在绝望之中，乔·海曼决定采用直接访问的方式了解顾客对改变颜色的看法，并希望通过当面的解释使已订货的顾客接受。通过有效的直接访问，已订货的顾客接受了解释，改选了其他颜色，从而使更多的顾客接受了企业可以生产的颜色。这样企业不仅没有减少订单，反而由于只设一个染缸而大大降低了生产成本。

2. 堵截访问法

堵截访问法又称拦截法或留置调查法。它有三种方式：一种是由经过培训的调查员在事先选定的若干地区选取访问对象，征得其同意后在现场按问卷进行面访调查；另一种是先租定地点，然后由经过培训的调查员在事先选定的若干地区选取访问对象，征得其同意后带到租定的房间内进行面访调查；第三种往往是与企业市场营销活动紧密相连的，其方法是在商场这个特定的环境中针对某些顾客群在商场的适当位置进行拦截，将事先准备好的问题（主要是针对商场中环境的布局、商品的满意度、服务态度的满意程度、商场的信誉度、商品功能满足程度等）提交给堵截对象，征得其同意后进行访问。

计算机直接访问（DGI）是堵截访问法的新的发展形式，它是指调查人员堵截到被调查者并征得其同意后，直接带到安放有计算机的地方，告诉其操作方法后，由被调查者按计算机上的提问自行输入要回答的问题。在回答问题时，调查者应随时检查被调查者是否按要求回答问题，或在一定的情况下由调查人员代为输入。这样可节省访问的时间和资料录入整理的时间，同时也可提高被调查者的兴趣。

(1) 堵截调查法的程序，参见图2-1。

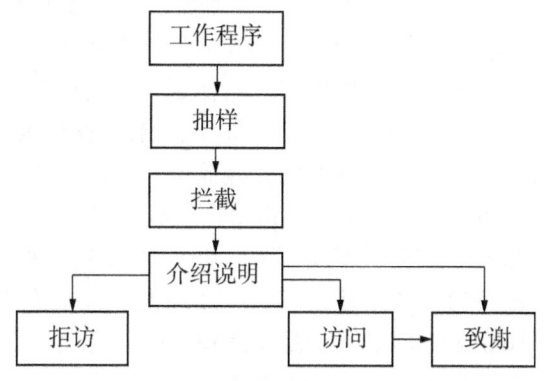

图2-1 堵截调查法的程序

(2) 堵截访问应注意的事项：①问卷内容不宜过长，问题简单明了，且不能涉及有关个人隐私方面的问题。②在访问过程中要控制其他人包括受访者的同伴对受访者的影响。对主动要求接受采访的人，调查人员要善于甄别，如果是不适合的对象，要婉言谢绝。

(3) 堵截访问法的优点。堵截访问法的优点表现在：①克服了入户访问困难等不足。②由于访问地点比较集中，时间短，可节省对每个样本的访问费和交通费等。③由于被调查者有充分的时间来考虑问题，因而调查答案的正确率高。

(4) 堵截访问法的缺点。堵截访问法的缺点主要表现在：①堵截访问法不适合内容较长、较复杂或不能公开的问题的调查。②由于调查对象在调查地点出现带有偶然性，这会影响调查的精确度。③堵截调查法拒访率高，因此在使用时应附有一定的物质奖励。

[例2-6] Chi-Chi's墨西哥饭店一度生意很不景气，营销调研问题被界定判断Chi-Chi's在整个市场中的竞争劣势。具体而言，下列问题必须得到说明：①当地经济发展的特点是什么？②市场上哪些饭店受欢迎？③什么因素导致顾客光临Chi-Chi's饭店以外的其他饭店？经分析认为，所回答的问题集中、简明，且堵截地点比较集中，出现在此地点的人群在特定时间偶然性较小，故决定采用堵截访问法开展实地调查活动。经过调查后发现，当地的经济正处于萧条时期，而Chi-Chi's饭店给当地人的感觉是赚当地人的钱，同时损害了当地旅馆的利益。为了改变这种形象，Chi-Chi's饭店制订了一个公关型的社区网络计划，其中包括组织女童子军参观饭店和进行一系列公益及社区赞助活动。后来，饭店的生意开始好起来。

3. 电话访问法

电话访问法是指通过电话向被调查者询问有关调查内容和征询市场反映的一种调查方法。这是为解决带有普遍性的急需解决的问题而采用的一种调查方法。

(1) 电话访问程序：①根据调查目标及范围划分地区。②每区确定要调查的样本单位数。③编制电话号码单。④按地区分给调查者，调查者一般利用晚上或假期时间与被

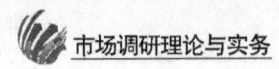

调查者通电话；或采用全自动电话访谈（CATS），使用内置声音回答技术取代调查员的分别通话，但全自动电话访谈无法替代调查者与被调查者通话之间的交流所获得的资料。

（2）电话访问法的优点：①成本低。在几种调查方式中，电话访问法成本较低。②快速与节省时间。对于一些急于收集到的资料而言，采用电话调查法最快。例如，某一商品广告播出后若想了解其收视率，以打电话方式来调查最为快速。③统一性较高。用电话调查，大多按已拟好的标准问卷询问，因此资料的统一程度较高。④易控制。电话访问员的声调、语气及用字等是否正确，可由控制员纠正。

（3）电话访问法的缺点：①问题不能深入。电话访问法询问时间不能太长，因而调查内容的深度远不如直接访问法和堵截访问法。②调查工具无法综合使用。在电话访问中，有关照片、图表、样品无法显示，会影响调查访问的效果。③辨别真实性及记录准确性较差。由于调查员不在现场，对于回答问题的真实性很难作出准确判断。

鉴于以上电话访问的缺点，在采用电话访问时若有可能，应提前寄一封信或卡片告诉被调查者将要进行的电话访问及访问的目的。在询问时，最好选用两项选择法进行询问，以便于资料的汇总。

[例2-7]　克林顿的调研开始于他在美国的第一次演说。在这次演说中，他提出了"不确定需求的产品"，即包括提高税收在内的一揽子新经济政策。白宫采用市场调查的方法来使这套粗糙的政策变得圆滑，并把它们推销给美国民众。提高税率是其中最难进行推销的一项政策，克林顿政府利用群体调查和电话调查的方法来决定如何使之受到大家的欢迎。调查结果显示的是民众愿意缴纳较高的税来减少国家的债务，但它同时还表明民众希望克林顿总统和国会能着手处理浪费性的联邦支出。因此，削减预算赤字就成了这一揽子政策的重要内容。一位广告经理曾说过这样一句话："制定新的政策和提供新产品完全相同，在推销时你要密切关注最终的利益。"克林顿就是为了达到这一目的而广泛使用了市场调研的方法。

4. CATI法（Computer Assistant Telephone Investigation，计算机辅助电话调查）

CATI法是指在一个中心地点安装CATI设备，其软件系统包括四个部分：自动随机拨号系统、问卷设计系统、自动访问管理系统、自动数据录入和简单统计系统。计算机辅助电话调查的特点：一是速度快。计算机辅助访问可向研究分析人员迅速提交数据。因为在访问过程中既不需要数据的再输入，也不需要再做数据编辑，其速度方面的优势十分明显。二是质量高。电脑访问可避免调查人员的逻辑性错误。电脑的自动跳问功能可控制调查员在适当的时候和适当的条件下提出正确的问题。电脑自动循环提问顺序功能可使被调查者在回答问题时更加中肯。三是效率高。电脑系统可以进行随机或配额抽样。如果已经知道被调查者的背景资料，那么电脑可根据要求自动抽出符合条件的被调查者。四是灵活性。电脑除了对数据和访问员能进行控制以外，其辅助访问系统还具有处理复杂情况的功能。

[例2-8] 当日本电气公司（NEC）重新设计它的个人笔记本电脑时，它首先找的是用户，而不是自己的工程师。公司观察了许多用户使用笔记本电脑的方法，结果发现人们在开机时通常要执行很多任务。因此，使用双手的开关就很不方便。掌握这个信息后，公司设计出了只需一只手就可操作的开关系统。进一步的研究采用了群体调查和计算机辅助的个人调查方法，研究结果表明，多功能和标准化是大多数用户最关心的特征。因此，公司重新设计了它的笔记本电脑，使之在外形上分为几个部分以满足多功能的标准，如包括一个和其他部分不相连的能旋转让他人看到的屏幕。标准化也是非常重要的，许多消费者希望能在长途旅行过程中，在无法找到电源的情况下，延长电池的寿命。NEC新设计制造的电池盒达到了这一目的。调查结果还发现，人们越来越多地随身携带笔记本电脑，笔记本电脑也因此成为一般商人生活的一部分。根据这些情况，NEC设计了Ultralite Versa，这种电脑较其他笔记本电脑线条更圆滑，给人的感觉更像消费者的一个工具，而不是办公产品。对产品的重新设计显然给日本电气公司（NEC）带来了好处，在Ultralite Versa电脑投放市场后仅四个月，NEC的笔记本电脑的市场占有率就上升了5%，Versa在1年之内就抢夺了大约10%的市场。而与NEC的做法相反，Zenirh找了一位工业设计顾问来帮助他重新设计了自己的笔记本电脑产品。尽管这一产品获得了很多设计大奖，但由于没有考虑顾客的要求，结果导致改进的电脑的销售只占到市场的1%。

5. 邮寄调查法

邮寄调查法，也可以说是堵截调查的一种特殊形式，它是指调查人员将印制好的调查问卷或调查表格，通过邮政系统寄给选定的被调查者，由被调查者按要求填写后再寄回来，调查者通过对调查问卷或调查表格的整理分析，得到市场信息。在这里，邮递员取代了调查人员，并以邮资的形式取代了访问员的支出。邮寄调查克服了堵截调查拒答率高和问题简单的缺点，但它完全依赖问卷与被调查者之间进行交流。因此，邮寄调查对问卷设计有较高的要求。

（1）邮寄调查法的步骤：①根据调查目的确定调查对象。选定调查样本是邮寄调查的关键，样本选定的准确与否直接影响最终的调查结果，需要收集调查对象的名单、通讯地址和电话号码。②通过电话与选定的调查对象联系，请求他们协助填写问卷。若此次调查活动有一定的奖励应在这时加以说明。③向被调查人员寄出邮件。这步工作应特别注意在邮件中除了调查问卷外，还必须附有向被调查人致谢的信以及贴好邮票的回邮信封。④通过电话与调查对象再次接触，确认是否收到问卷，并再次请求合作。⑤收回问卷并整理。首先应统计收回问卷的数量，对数字化的资料应做概率统计分析，并登记问卷寄回的日期及地址。⑥问卷的回收率必须达到一定的要求，一般至少要达到40%。否则，应再次联系没有寄回问卷的调查对象，再次请求合作，再次寄出问卷，如果还不能达到要求，可以从没有回答的调查对象中随机抽样，最后通过面访的方式来提高应答率。

（2）邮寄调查法的优点：①调查的区域较广，问卷可以有一定的深度。②调查费用低。在没有物质奖励时只需花少量的邮资和印刷费用。③回答问题准确。被调查者有充分的时间填写问卷，可以较准确地回答问题。④被调查者所受影响小。被调查者可以避免受调查者态度、情绪等因素的影响,回答问题更客观。⑤无需对调查人员进行专门的培训和管理。

(3)邮寄调查法的缺点:①调查表回收率低。造成这一结果的因素很多,如被调查者对问题不感兴趣、问卷过长或复杂和无趣味、被调查者个人原因等。②调查时间长。由于需要联系、等待、再联系、再等待,使调查时间过长。③问卷回答可靠性较差。由于无法交流,故不能判断被调查者回答问题的可靠程度,如被调查者可能误解问题的意思或受他人影响,问卷不是由被调查者本人填写等。

(4)邮寄调查法应用范围。邮寄调查法的应用范围较窄,与直接访问和电话访问相比应用面较小。对于时效性要求不高,名单、地址比较清楚,费用比较紧张的调查可考虑使用这种方法。如果公司有几次邮寄调查的先例,积累了几个不同的样本群体,并建立了良好的合作关系,使用这种方法就变得比较简单了。

(5)邮寄调查法应注意的事项。由于邮寄调查有一定的缺陷,使用此种调查方法应注意以下六点:①用电话或跟踪信提醒。②注意提前通知和致谢。③需有一定的物质奖励。④附上回信的信封并贴足邮资。⑤增加问答卷的趣味性,比如填空、补句、判断、分析图片等。⑥最好由一个知名度较高而且受人尊敬的机构主办。其顺序首选是大学,其次是政府机构,然后是私人调查机构。

[例2-9] 强生公司是一家国际知名的婴儿用品生产公司,公司想利用强生公司在婴儿用品市场的高知名度开发婴儿用的阿司匹林,但不知市场的接受程度如何。由于强生公司有一些关系较好的市场调查样本群体,且问题比较简单但需由被调查者作出解释,故决定采用费用较低的邮寄方法进行市场调查。通过邮寄方法的调查分析,强生公司得出了这样一个结论:该公司的产品被消费者一致认为是温和(这种反应也和强生公司所做广告的宣传效果相一致),但温和并不是一个合乎消费者愿望的特征。相反,许多人认为温和的阿司匹林可能不具有很好的疗效。为此,强生公司认为如果开发这样一个产品,并作出适合产品的宣传就会损坏整个公司的形象和多年努力的结果。如果按以往的形象作出宣传又无法打开市场。因此,强生公司最终决定放弃这个产品的开发。

[例2-10] 《航空周刊》(Aviation Weekly)和《空间技术》(Space Technology)为一家卫星电信公司举办调研,以确定其一系列广告的有效性。直接邮寄调查方式被两次采用,一次是在广告竞赛开始之前,另一次是在竞赛之后。每个调查都是在《航空周刊》于私人企业、政府和军队中的750个订户中进行的。第一次调查总共收到257封回信(应答率是38%),第二次调查总共收到330封回信(应答率为44%)。尽管绝大多数直接邮寄调查采用奖励措施来帮助提高应答率,但这次调研没有这么做,因为政府和军队雇员不被允许接受奖励。相反,这次调研通过尝试使调查的需要变得合法来获得更高的应答率。与第一次调查相比,第二次调查的结果表明广告竞争是成功的。例如,59%以上的应答者同意这种说法,即电信公司"在技术上是先进的"。其他特征显示了增加的幅度是从31%到59%。这些研究结果使得卫星电信公司确信其在《航空周刊》和《空间技术》上的广告费用花得值得。

6. 固定样本调查法

固定样本调查法是指以消费者为调查对象，从中抽取样本，将其固定下来，通过各种方式和手段与这些被调查对象保持稳定的合作关系，经常性地进行邮寄问卷调查。对有些问题可进行公开反馈式的讨论，由此获得时序性较强和价值较高的资料。这种持续性的实地调查方式，由于样本规模较大且时间长，一般花费巨大，但这种方式的确有助于企业探讨市场发展变化趋势、进行新产品开发和制定企业总体发展战略。为降低调查费用，可以利用实际消费者样本群体，从帮助消费者有效使用产品的角度出发，编制经过一定技巧处理的邮寄问卷，进行长期跟踪式的调查。

第三节　网络调查法

互联网的迅速发展，为调研单位进行市场调查提供了最现代化的技术工具。世界已开始进入信息时代，组织（企业）的外部环境出现了新变化，消费者需求呈现出多样化、个性化和要求快速反应等特点。组织（企业）若不借助网络获得市场信息，将难以快速地了解市场和消费者需求的变化，在竞争中就会处于劣势。因此，组织（企业）应该充分利用互联网这一现代化科技手段。

一、网络及其功能

网络调查与文案调查和实地调查的主要区别在于它的技术性。开展网络调查必须充分考虑网络的特点，了解有关的网络知识，根据其特有规律来发挥网络调查的优势。因此，学习基本的网络知识是必要的。

1. 网络的概念

网络泛指像网的东西或纵横交错的组织或系统，网络在信息技术领域专指计算机网络。计算机网络是指独立自主的计算机的互联体。两台计算机相连就构成一个最简单的计算机网络，但二者必须是独立的系统，能够相互交换信息。早期的计算机是作为独立的计算实体而存在的，随着计算机在各个领域的广泛应用，人们对计算机与计算机之间的信息交换提出了要求，计算机网络应运而生。现在人们提到的网络一般指互联网，它是网络之间的互联，即由千百万个计算机网络相互联结而成；网络又是一个网络体系，既包括互联网（Internet），还包括万维网（WWW 或 Web）、内联网（Intranet）和外联网（Extranet）等。

计算机网络有两个基本功能，一是计算机之间的通信；二是信息资源共享。实现计算机之间的通信是达到信息资源共享的前提和基础，实现信息资源共享则是计算机网络的主要价值。一台计算机所拥有的信息量是有限的，但若将成千上万台计算机联在一起，将彼此拥有的信息进行交换，信息量就被"无限"地放大，其价值不可估量。网络的意义就在于此。企业或组织开展网络调查，就是要充分利用网络能够传递和交换信息的技术优势，把企业或组织需要的市场及相关信息通过网络收集起来，进行分析和处理，获取有价值的资料和数据。

2. 互联网的基本功能

要了解网络，掌握网络的基本功能是必要的前提。网络包括互联网和万维网等。这里仅就互联网的基本功能作一简要介绍。

（1）电子邮件（E-mail）。互联网最基本的功能是传送电子邮件。电子邮件是利用计算机网络来接收和发送的电子信件。信件的内容可以是文字，也可以是声音和图像。同传统邮件相比，电子邮件最大的好处是不受时间和地点的限制，只要能通过电话线联入互联网，就可以随时随地收取信件。电子邮件不仅方便、快捷，而且费用低廉。电子邮件的工作方式是在中心服务器上运行相应的软件，在硬盘上划出一块区域作为"邮局"，再分成许多小区域作为用户租用的电子邮箱。每个邮箱都有一个唯一的标志，称作 E-mail 地址。

（2）信息查询。互联网的信息资源极为丰富，在互联网上，用户可以利用查询工具查找所需要的信息。互联网提供的信息查询工具有：文件查询工具 Archie，基于菜单的查寻服务 Gopher，基于关键字的网络地址查询工具 WAIS，以及基于超文本和多媒体图形界面的全球超文本链接信息查询服务系统 WWW（万维网）。其中，WWW 是互联网最重要的信息查询工具。Archie 是用来查找文件服务器的一种服务系统，它为互联网上信息查询提供了索引功能，从而使互联网上大量的文件地址成为一个可以检索的数据库。Gopher 是一种分类信息查询系统，它将互联网上的文件组织成某种索引，很方便地将用户从网上的一处带向另一处，它可以查询到分类的数据，拥有世界上最大的编目。WAIS 作为一种广域信息服务系统，是供用户查询分布在互联网上各类数据库的一个通用接口软件，用户只要在数据库菜单中输入关键词，就可以找出满足条件的全部记录。

（3）远程登录（Telnet）。远程登录是指在 TCP/IP 的 Telnet 协议的支持下，能够使用户的计算机暂成为网络上另外一台计算机仿真终端的过程。用户在这台远程主机上拥有自己的账号和口令，通过远程登录，用户可以直接使用远程计算机的软、硬件和数据资源。有些远程计算机上的一些信息资源是免费使用的，查询这些信息无需注册账号和口令，如上网浏览新闻和股票信息等。远程登录可以使用户在本地计算机上看到网上其他计算机上对外开放的信息资源，无疑使互联网成为获取信息资源的巨大宝库。

（4）文件传输（FTP）。文件传输服务是互联网最早的服务功能之一。FTP 是用来从互联网上某个站点将文件下载到本地计算机上的一种协议。在互联网上有许多有用的文件，包括大量的共享软件和免费软件。用户使用 FTP 协议能够将一台计算机上的文件传输到另一台计算机上。使用 FTP 可以传输各种文件，包括文本文件、可执行文件、声音文件、图像文件和数据压缩文件等。目前，世界上有成千上万的文件服务系统为用户提供各种信息资源，如通用程序、研究报告和各类论文等。用户可以使用 FTP 将自己感兴趣的文件下载到自己的计算机上，也可以将自己的作品上传到各文件系统中。

（5）网络新闻（internet news）。网络新闻是有共同爱好或专业相近的互联网用户借助于网络上一些被称为新闻服务器的计算机而展开的各种专题讨论。其中，新闻组织（newsgroup）是一种供用户自由参与活动的系统。UseNet 由多个新闻组组成。每个新闻组都围绕某个特定的主题,如医药、哲学、计算机等,其中一些只限于地区和本地爱好,但至少有一半以上涉及一般性爱好,可以被世界各地的人们阅读。UseNet 上的信息随时都在更新,发往本地新闻服务器上的信息在几分钟内就会在世界各地的新闻服务器上出现。除了接收信息外,还可以通过 UseNet 参加新闻组讨论,帮助解决一些实际问题。当问题被送上 UseNet 后,就会有众多网友提供解决方案或者发表意见。

(6) 电子公告牌 BBS。BBS 是用电子手段"张贴"各种公告和信息的一种传播工具,其优势是能将信息迅速传播给范围更广、距离更远的读者,它的威力要比现实中的公告牌大得多。用户可以通过 BBS 来发布信息,与不相识的网友交谈,组织沙龙,讨论问题,寻求帮助等。在互联网上有免费的公共 BBS,也有收费的商业 BBS。商业 BBS 站的服务比较齐全,可以提供会议电视、在线交谈、文档存取、各类信息查看等多种服务。互联网上的 BBS 大多建立在工作站上,在线人数可以很多,一般经由远端使用的 Telnet 或者调制解调器,其范围覆盖世界各地。

此外,随着互联网的迅速发展,提供的服务功能也越来越丰富,如网上聊天、网上寻呼和网络会议以及微博、微信、IP 电话等。利用网络调查进行国际和国内通话可以大幅度节省通讯费用,是将来通讯业发展的主要途径之一。互联网上述强大的信息传输和查询功能,为市场调查提供了"精确制导"的武器。企业、组织应该积极利用网络手段,充分发挥它的各项信息功能,为企业等组织调查和了解市场走向与竞争对手的信息服务,抢占网络制高点,赢得竞争优势和主动权。

[例 2-11] 安徽省岳西县深处大别山区,属国家级贫困县。该县青天乡有个叫王永安的农民想做布鞋的生意。山里乡亲做的布鞋远近闻名,若要把这上等的纯手工制作的布鞋销往城里甚至国外,在这机器制造的商品世界里不失为一个好主意。但在地处深山的青天乡,信息极端闭塞,整日与土地打交道的人们对外面的世界感到很陌生。在外打工的王永安想到了互联网。当时全县只有三台电脑。他买了一台电脑,费了半个月的功夫才连接上互联网。开始在网上发布信息,结果杳无音信。后来在中央电视台的网站做卖鞋的网络广告,结果两个月内一双鞋也没有卖出去。王永安并不气馁,深信网络能把他卖鞋的信息传播给需要的人们。终于有一天,他接到了第一笔订单:一位美国洛杉矶的华人订了 700 双布鞋。两个月后,就接到了 1 万双鞋的订单。1999 年总共获得 3 万双鞋的订单。后来有一次,台湾一家公司订了 10 万双鞋转销日本。这样,王永安自家的鞋子已经远远不够了,他与当地 1000 多农户签订了加工合同,还在周边建了 4 个加工点。现累计已销售了 200 多万双布鞋。王永安注册了国际域名,成立了"养生鞋业公司",现有 7 名员工。互联网使封闭的山区与世界连接起来。互联网把一个神话变成了现实,农民能做到的,企业或组织应该做得更好。

二、网络调查的特点和分类

网络调查也叫网上调查,是指调研单位利用互联网了解和掌握市场信息的方式。网络调查与传统调查方式相比,在组织实施、信息采集、信息处理、调查效果等方面具有

明显的优势,充分认识这一调查方式的特点,是开展好网络调查的前提。

1. 网络调查的特点

(1) 组织简单,费用低廉。网络调查在信息采集过程中不需要派出调查人员,不受天气和距离的限制,不需要印刷调查问卷。调查过程中最繁重、最关键的信息采集和录入工作是通过分布在众多网上的用户终端完成的,可以无人操作和不间断地接受调查填表,信息检验和信息处理由计算机自动完成。

(2) 调查结果的客观性高。与传统调查不同,网络调查使被调查者主动性增强,因而增强了调查结果的客观性。这种客观性体现在两个方面,一是被调查者是在完全自愿的原则下参与调查的,调查的针对性更强;二是被调查者是在完全独立思考的环境下接受调查的,不会受到调查员及其他外在因素的误导和干预,能最大限度地保证调查结果的客观性。

(3) 多媒体问卷使调查效果增强。网络调查能设计出多媒体问卷,顾客可以直观地通过文字、图形和其他各种表现方式作出选择和回答,有些项目则可以通过下拉菜单轻松选取,大大增强了调查效果。

(4) 采集信息的质量可靠。这主要表现在,一是网络调查问卷上可以附加全面、规范的指标解释,有利于消除因对指标理解不清或调查员解释口径不一而造成的调查偏差。二是问卷的复核检验由计算机依据设定的检验条件和控制措施自动实施,可以有效地保证对调查问卷100%的复核检验和保持检验与控制的客观性、公正性。三是通过被调查者身份验证技术,可以有效地防止信息采集过程中的虚假行为。

(5) 没有时空、地域限制。这种调查方法与受区域制约的传统调查方式有很大不同。例如,某家用电器企业利用传统方式在全国范围内进行市场调查,需要各个区域代理的配合,复杂程度、可信程度和成本之高都不容忽视。而澳大利亚一家市场调查公司(www.consult)在1999年8月,仅用一个月的时间进行了包括中国在内的7个国家的互联网用户在线调查活动。其在中国的在线调查活动是与10家访问率较高的ISP和在线网络广告站联合进行的。这样的调查活动如果利用传统方式是无法想象的。此外,网络调查还能进行24小时全天候的调查。

(6) 调查周期大大缩短。传统方式的调查活动需要耗费大量人力,周期比较长,网络调查可以大大缩短周期。如现在很多洗涤用品和食品等调查需进行入户调查,既要担心被拒绝,又要考虑时间的冲突问题。互联网调查就免除了这种尴尬,因为填写调查问卷的人是主动参与的,如果对调查问卷没有兴趣,他不会花费时间在线填写调查问卷。

[例2-12] 澳大利亚一家出版公司计划向亚洲推出一本畅销书,但是不能确定用哪一种语言、在哪一个国家推出。后来该出版公司决定在一家著名的网站做一下市场调研,方法是请人将这本书的精彩章节和片段翻译成亚洲多种语言,然后刊载在网上,看一看究竟用哪一种语言翻译的摘要内容最受欢迎。过了一段时间,他们发现,网络用户访问最多的网页是用中国内地的简化汉字和朝鲜文字翻译的摘要内容。于是他们跟踪一些留有电子邮件地址的网上读者,请他们谈谈对这本书的摘要的反馈意见,结果大受称赞。于是该出版公司决定在中国和韩国推出这本书。书籍出版以后,受到了读者的普遍

欢迎，获得了可观的经济效益。

2. 网络调查的分类

按照调查者组织调查样本的行为，网络调查可以分为主动调查法和被动调查法；按照网络调查采用的技术，网络调查可以分为站点法、电子邮件法、随机 IP 法和视讯会议法等。

（1）主动调查法和被动调查法。主动调查法是指调查者主动组织调查样本，完成统计调查。被动调查法是指调查者被动地等待调查样本造访，完成统计调查。被动调查法的出现是统计调查的一种新形式。

（2）站点法。站点法是将调查问卷的 HTML 文件附加在一个或几个网络站点的 Web 上，由浏览这些站点的网上用户在此 Web 上回答调查问题。站点法属于被动调查法，这是目前网络调查的基本方法，也将成为近期网络调查的主要方法。

（3）电子邮件法和随机 IP 法。电子邮件法是指通过给被调查者发送电子邮件，将调查问卷发给一些特定的网上用户，由用户填写后以电子邮件的形式反馈给调查者。电子邮件法属于主动调查法，与传统邮件法相似。其优点是邮件传送的时效性大大提高。随机 IP 法是以产生一批随机 IP 地址作为抽样样本进行调查的方法。随机 IP 法属于主动调查法，其理论基础是随机抽样。利用该方法可以进行纯随机抽样，也可以依据一定的标准排队进行分层抽样和分段抽样。

（4）视讯会议法。视讯会议法是基于 Web 的计算机辅助访问（CAWI），它是将分散在不同地域的被调查者通过互联网视讯会议功能虚拟地组织起来，在主持人的引导下讨论调查问题。这种调查方法属于主动调查法，其原理与传统调查法中的专家调查法相似，不同之处是参与调查的专家不必实际地聚集在一起，而是分散在任何可以连通互联网的地方，如家中、办公室里等。因此，网上视讯调查会议的组织比传统的专家调查法要简单一些。视讯会议法适合于对关键问题的定性调查研究。

三、网络调查的途径

网络调查分为在组织（企业）自己的网站进行调查和在其他公共网站进行调查两种。这里主要介绍在企业网站进行调查的方法。

1. 监控在线服务

企业调查人员可通过软件程序监控在线服务来观察访问者挑选和购买何种产品，以及他们在每个产品主页上花费的时间。通过研究这些数据，调查人员能分析出哪种产品是最受欢迎的，产品在一天内的哪个时间段销售情况最好，以及何种产品在哪个地区销售数量最多。调查人员将这些信息加以统计分析得出销售测评结果，供企业决策人员参考。

2. 测试产品的不同价格组合

在企业站点页面上修改调查问卷上的内容是很方便的。因此，调查人员能测试不同调查内容的组合。像产品的价格、名称和广告封页等顾客比较敏感的因素，更是调查人员调查中重点涉及的内容。通过不同因素的组合测试，调查人员能分析出哪种因素对产品来说是重要的，以及哪些因素的组合对顾客最具吸引力。

3. 请求反馈信息

顾客的意见对企业营销人员来说至关重要。顾客需要什么样的产品和顾客对企业产品的评价，是市场调查的重要内容。在网络上，企业营销人员应鼓励顾客参与企业的调查，让他们填写问卷或者发送电子邮件来发表他们的意见。

4. 发送信息给目标对象

如果知道访问者来站点以前还光顾过其他站点，企业就应该发送迎合他们需要的信息页面。例如，假设访问者会浏览企业竞争者的网站，就应在自己的页面中着重提及本企业产品的比较优势和服务特色。并且，发送的网页内容应有针对性。例如，在作汽车功能的介绍时，对年轻人应该突出时尚，而对其父母则应突出汽车的安全性能。

5. 发送电子调查表单给目标对象

如果在网上发现顾客或潜在顾客对企业新产品感兴趣，就应该请求他们填写电子调查表单。他们会从中挑选出不同价格范围、颜色、造型等因素的组合。通过研究这些结果，企业可以把握产品的发展模式和市场潮流。可以在电子调查表中设置让顾客自由发挥的板块，请他们描述对同类产品的期望。例如，公司生产高档服装，但顾客群最感兴趣的是物美价廉的中档服装，公司则应考虑由生产高档服装逐渐转向生产中档服装。因此，营销人员应着重分析顾客群的期望，以便调整公司的产品策略。

6. 使用电子邮件直接调查目标市场

如果营销人员在目标市场中收集了顾客和潜在顾客的电子邮件地址，就可以向他们发出有关产品和服务的询问信息。营销人员可在电子邮件中列出若干问题，请求顾客回答。通过这种直接询问，营销人员能清楚地知道顾客对企业的满意程度和顾客对企业产品的期望，这些信息对企业的营销策划十分重要。

7. 结合传统媒体开展调查

网上调查尽管有种种优越性，但其局限性可能使企业不能获得预期的调查结果。因此，可以将网络媒体与传统媒体结合起来运用，这是弥补目前网络局限的有效方法。在报纸上刊载调查问卷，通过电子邮件来收集答案是一种有效的调查方法。报纸为大众广泛接受，可使更多的潜在顾客参与调查，然后通过电子邮件收集问卷。无论哪种问卷调查，都需调动顾客的兴趣和积极性，如采用给予某种小奖品等鼓励措施。

[例 2-13] Gleat Bscapes 是一个全球旅游服务代理机构，是由两位60多岁受人尊敬的老妇人开办的。它充分地展示了一个小型公司是如何以网络科技为工具，以不断进取的精神获得成功的。桑德拉·克里斯摩尔和戴比·普尔顿利用电子邮件这一网络工具办起了这家旅游代理公司。她们被称为"具有超前意识"的人。这说明在21世纪要建立一个成功的商业企业除了需要企业家精神外，还需要掌握一些网络技术。

四、网络调查的步骤

1. 选择搜索引擎

在网络上进行市场调查之前要选择方便实用的搜索引擎。搜索引擎能阅读、分析并储存从该搜索网站数据库中网页上获得的信息。这些信息可以借助于一系列的关键词和其他参数识别，如调查开始和结束的日期。利用搜索引擎，你可以进入有关的主题搜索。每个搜索引擎都有相对的优势。选择哪个搜索引擎，要根据市场调查的对象和内容而定。那些主要的搜索引擎一般通过键入关键词就可以找到公司、企业或组织的信息。互联网上最有名的搜索引擎有Google，Yahoo等。国内像百度、新浪、搜狐和网易等著名的网站都能提供中文搜索服务。

通过以下途径可以搜寻到需要的信息：只需键入市场调查对象的名称，点击"确定"后搜索引擎就会自动搜寻互联网上的有关信息。之后，搜索引擎的界面上会出现一系列调查对象的主题图标和简称，点击有关图标就可进入相关主题检索。另外，按照搜索引擎上出现界面的菜单结构一直浏览下去，会发现有关公司的情况和以前不知晓的产品介绍。例如，调查人员可以进入商业站点浏览，接着进入产品站点、软件站点，还能进入营销心理学家的站点，了解顾客的消费心理状况。

2. 确定调查对象

以企业为例，网络调查的对象可分为三类：①公司产品的消费者。他们可以通过网上购物的方式来访问公司站点。调查人员（营销人员）可以通过互联网来跟踪消费者，了解他们对产品的意见及建议。这些消费者是公司的宝贵财富，一定要通过消费者留下的电子邮件地址，定期对他们进行回访，还要对他们的购买情况和职业、收入以及其他感兴趣的购买欲望进行分类，以便从中发现潜在的消费需求。②公司的竞争者。调查人员可以进入互联网上竞争者的站点来查询面向公众的所有信息，如年度报告、季度评估、公司决策层个人简历、产品信息、公司简讯以及公开招聘的职位等。通过分析这些信息，调查人员可以准确地把握该公司的优势和劣势，并及时调整营销策略。对竞争对手公开信息的新创意、新动向和新技术，企业应跟踪观察，以发现对本企业发展有价值的情报。③公司的合作者和行业内的中立者。这些公司可能会提供一些极有价值的信息和评估分析报告。特别要注意国内一些有影响的大企业的新动向，以及国外同行业的一些大公司的发展动向。此外，还应注意理论界发表的关于行业发展的真知灼见。从这一系列网上信息中，进行综合、归纳，以得出对企业有价值的结论。

调查人员（营销人员）在市场调查过程中，应兼顾到这三类对象，但也必须有所侧重。特别是在市场激烈竞争的今天，对竞争者的调查显得格外重要，竞争者的一举一动都应引起调查人员的高度重视。互联网为调查人员及时掌握市场情况提供了方便。

3. 查询相关调查对象

在确定了调查对象后，调查人员通过电子邮件向互联网上的个人主页、新闻组和邮箱列表发出相关询问信息。互联网上的个人主页是非常重要的。调查人员利用搜索引擎对个人站点进行访问，公司产品的消费者和潜在消费者都可以成为调查对象。只要被访问者愿意，他们会以电子邮件的形式通过互联网作出相应的回复。

新闻组是互联网上针对人们感兴趣的主题而设立的公告板块。新闻组涉及的内容很广泛，像棒球、篮球、计算机程序设计等，它们为人们讨论各类话题提供了机会。例如，若想在互联网上的 UseNet 新闻组中发现人们讨论该公司和公司的产品或者公司竞争者的详细情况，可以使用 DejaNews（www.dejanews.com）搜索引擎，它会搜寻每个新闻组并找到相关内容。在新闻组板块中，调查人员能观察到发送信息的个人的电子邮件地址、已发信息的新闻组名称和发送信息的标题，并能阅读到新闻组信息的具体内容和个人发表的文章。新闻组对调查人员来说是个功能强大的工具。通过阅读和分析新闻组的文章，调查人员可以发现所在行业的发展趋势。调查人员还可针对本公司、企业或组织的发展情况提出一些问题发送到新闻组中让公众讨论。但要注意这些问题不必纯商业化，以吸引更多人加入讨论，从而提供许多意想不到的信息和建议。

邮件列表与新闻组大体相似，也是为方便公众讨论相关话题而设立的公告板块。与新闻组不同的是，每天在邮件列表中发表的信息会发送到个人的邮件箱中，而且这些信息不能被 DejaNews 搜寻到。邮件列表能在 www.network.com 中找到。调查人员可以针对邮件列表中的信息提出问题，并得到回复。

4. 确定运用的信息服务

调查人员利用互联网进行市场调查的一大优势就是反应迅速。在互联网上，调查人员可以不定期地查看本公司的电子邮件信箱，向个人和公开站点发出调查请求。这样就能及时准确地把握市场动态，制定出相应的营销策略。调查人员在确定调查对象和调查地区后，可以选择相应的站点。

互联网上提供了数量巨大的信息数据库。世界上发行的多数报纸、杂志、政府出版物和人口统计报告等都可能被查看到，获取这些媒体提供的原始材料。在这些材料中，调查人员能看到诸如产品报价、销售报表、市场活动报告等信息。这些新闻发布站点是原始商业信息的有效来源。互联网与报纸不一样，它能将一个公司所公开发布的信息全部公之于众，即使像通用、壳牌和微软这样的国际性大公司也不例外。调查人员能从互联网上获取充足的信息并从中得出有说服力的结论。

调查人员在选择互联网上的信息服务时，应考虑如下五个因素：①所选择的信息服务由谁提供？②所提供的信息是否符合调查要求？③信息发布的更新速度如何？④信息是如何传递的？能不能直接传送到个人计算机上？⑤在网络上分享信息或者打印信息时有什么特殊的规定？在确定了适用的信息服务后，调查人员应建立专门的跟踪和处理信息的服务系统，来配合对消费者或特定对象的调查工作，以便客观地作出决策。

互联网上的信息服务不仅能让调查人员掌握大量调查对象的信息，而且开辟了公告板块，以便访问者提出询问从而获得更进一步的信息。由此看来，互联网上的信息服务为调查人员拓展了调查的空间，为调查工作的顺利开展提供了一条捷径。

5. 分析市场变化

调查人员从互联网上获取大量信息后，必须对这些信息进行整理和分析，在面对数量巨大的信息和数据时，调查人员可以利用计算机来快速地进行分析。这种分析结果通常是真实可信的。在分析完信息后，调查人员要写一份市场分析报告，反映出市场的动态，以便决策者针对组织的情况及时地调整组织策略。

在组织与外部的信息交流中，由于业务发展的要求，组织需要具有快速应变的能力。同时，业务的多样性必然导致业务数据形式和结构日益复杂多样，信息处理量日益庞大，复杂的数据类型层出不穷，如多媒体数据、超文本、空间数据、时间序列、多维数据等。如何实现这些数据的有效存储和管理，是信息系统进一步发展必须解决的课题。现代企业或组织需要在充分保护现有投资（包括设备、应用和数据）的基础上，迎接挑战，构筑新一代的信息系统。

第四节 实验调查法

一、实验调查法的概念及特点

实验调查法是指在调查中，通过在一定条件下改变某些变量而保持其他变量不变，以此来衡量这些变量的影响效果，从而取得第一手资料的调查方法。例如，实验调查法常用来研究某种商品在改变包装、价格、广告等因素时会产生的效果。

实验调查法的特点是通过实验调查所取得的资料，具有一定的可靠性、主动性和较高的精确度。它最主要的缺点是花费的时间较长，容易出现可变因素，并且费用比较高。

二、实验调查法的工作程序

实验调查法的工作程序如下：①根据调查项目和要求，提出需研究的假设，确定实验自变量。②进行实验的设计，确定实验检定方法。③严格按实验设计的进程进行实验，并对实验结果进行认真观测和记录。④对观测结果进行整理分析，得出实验结果。⑤写出调研报告。

三、实验调查法的类型

1. 实验组事前事后对比实验

实验组事前事后对比实验，是指实验前对正常情况进行测量，然后再测量实验后的结果，并将二者进行比较，通过对比分析来了解实验变化的结果。这是实验调查法中最简单的一种方法。

[例 2-14] 某烟酒公司对该公司所经营的五种牌子的白酒，用实验组事前事后对比实验的方法对白酒调价后的变化进行分析，其步骤如下：①选取一定的实验单位"A，B，C，D，E"。②对实验单位在实验前（即没有改变白酒的价格）的一个月销售量进行实验统计。③对实验单位改变价格，统计实验后一个月的销售量。④测定前后不同时期

销售量的增减量及其变化幅度。⑤实验变数。白酒的价格,实验变数效果 = $Y_2 - Y_1$。注意:实验前和实验后间隔相同的时间。对比结果如表2-2所示。

表2-2　白酒调价实验汇总表

白酒品牌	每瓶零售价（元）		销售数量（箱）		销售结构百分比（%）	
	实验前 Y_1	实验后 Y_2	实验前 Y_1	实验后 Y_2	实验前 Y_1	实验后 Y_2
A	12.60	10.60	40	55	19.80	26.19
B	12.20	10.20	41	50	21.30	23.81
C	7.80	9.60	36	35	17.82	16.67
D	7.10	8.50	38	36	18.81	17.14
E	6.50	8.20	45	34	22.27	16.19
总　计			200	210	100	100

通过表2-2可以看出,改变五种牌子的白酒价格以后,每种牌子的销售量和销售结构都发生了变化,其中A和B的价格降低了2元,其销售量分别增加了15箱和9箱,销售结构分别提高了6.39%和2.51%;C、D和E的价格分别提高了1.80元、1.40元和1.70元,其销售量分别减少了1箱、2箱和11箱,分别降低了1.15%、1.67%和6.08%;总的销售量增加了10箱,销售额增加了5%。由此可见,改变价格可以有效地增加销售量。不过,需要注意的是,做这种实验需在不受季节性等因素影响的前提条件下进行。

2. 控制组与实验组对比实验

控制组与实验组对比实验,是指在同一时间内,控制组与实验组进行对比的一种实验调查法。在同一实验期内,把两组情况相似的实验对象中的一组指定为实验组,另一组指定为控制组,两组按一定的实验条件进行实验,然后对两组的实验结果进行比较和分析。

[例2-15]　某百货公司决定用控制组与实验组对比实验的方法测量该公司经营的某品牌洗发液的新包装效果,来加强消费者对该品牌洗发液的认识,其具体做法为:①选定1500个家庭为实验组 Y_2,免费赠送该品牌的样品,并给予价格折扣券,到指定的超市去购买。②选定1500个家庭为控制组 Y_1,不赠送该品牌的样品,也给予价格折扣券,到指定的超市去购买。③实验期为1个月。④测定两组的情况,分析实验结果;⑤实验变数。免费赠送样品,实验变数效果 = $Y_2 - Y_1$。注意:实验组和控制组是在相同的时间内进行实验,实验组和控制组的情况相似。实验结果是,实验组的家庭所用的折扣券为500张,而控制组的家庭所用的折扣券为400张。说明免费赠送样品可以增加消费者的购买量。

3. 有控制组的事前事后对比实验

有控制组的事前事后对比实验,是指在实验对象中选出两组,一组指定为实验组,按一定的实验条件进行实验;另一组指定为控制组,在正常、没有变化的情况下实验。

在事前、事后两段相同的实验期内,分别对实验组和控制组进行测量,然后对两组的实验结果进行比较分析。这种方法要求对实验组和控制组分别进行事前测量和事后测量,然后进行对比分析。它避免了实验组事前事后对比实验容易受季节性等因素影响的缺陷。

[例 2-16]　某食品公司决定用有控制组的事前事后对比实验的方法来测量该公司经营的某品牌食品的新包装效果,其具体做法是:①选定实验组,在 1 个月内,不改变包装进行销售,其销售额用 Y_1 表示。②选定控制组,在 1 个月内,不改变包装进行销售,其销售额用 X_1 表示。③再进行为期 1 个月的实验,实验组改变包装进行销售,其销售额用 Y_2 表示;控制组不改变包装进行销售,其销售额用 X_2 表示。④测定两组的实验情况。⑤实验变数:食品的包装。

$$实验变数效果 = \frac{Y_2 - Y_1}{Y_1} - \frac{X_2 - X_1}{X_1}$$

注意:实验组和控制组是在相同的时间内进行实验,实验组和控制组的情况相似。实验结果如表 2-3 所示。

表 2-3　改变食品包装实验汇总表

组　别	实验前(万元)	实验后(万元)	变　动(万元)	实验变数效果
实验组	1.5 (Y_1)	2.0 (Y_2)	+0.5	30%
控制组	1.55 (X_1)	1.6 (X_2)	+0.05	

通过表 2-3 可以看出,改变包装以后实验组销售额增加了 5000 元,提高了 33%,而没有改变包装的控制组其销售额只增加了 500 元,提高了 3%,实验变数效果为 33% - 3% = 30%。由此可见,改变包装能够增加食品的销售额,即改变包装是有效果的。

选择实验调查法进行调查,不论采用哪种方法,都要注意实验单位(实验组和控制组)、实验时间的选择必须具有代表性,严格掌握好实验条件,只有这样,才能保证实验效果的可靠性。

第五节　调查方法的比较

一、实地调查几种不同调查方法的比较

根据任务要求和对象特点的不同,为完成确定的调查任务,需选择不同的方法。例如,研究具有区域特点的物理、生物、农业、环境等专题,常用实地调查法。市场如自然现象一样复杂、纷繁,而人的精力十分有限。没有一种调查方法在任何情况下都可适用;也不是所有调查方法都是相互隔绝的,相反,可以将它们相互配合补充使用,扬长避短。

实地调查法中的现场观察法和实验方法属于描述性的方法。下面，对访问方法进行比较分析，以供大家根据不同目标、不同因素选择适用的调查方法，见表2-4。

表2-4 调查方法的比较

特　点	直接访问	堵截访问	电话访问	CATI	邮寄调查	固定样本调查
资料收集的灵活性	高	高	一般	一般	高	低
调查问题的多样性	高	高	低	低	一般	一般
物质刺激的作用	一般	高	低	低	一般	一般
样本控制	高	高	一般	一般	低	一般
资料收集环境的控制	一般	高	一般	一般	低	低
资料的数量	高	一般	一般	一般	一般	高
应答率	高	高	一般	一般	低	低
有见解的匿名人	低	低	一般	一般	高	高
社会期望	高	一般	一般	一般	高	高
采访人员偏见的潜在性	高	高	一般	一般	无	无
速度	一般	一般	高	高	低	低
成本	高	一般	一般	一般	低	低

在表2-4各项标准中，有见解的匿名人是指应答者提出见解，但却不让采访者知晓他的身份的人；样本控制是指采用某种调节方式能够快速、有效地接触到具体样本单位的能力；社会期望是指应答是否真实；采访人员偏见的潜在性是指一个采访人员在采访中可能会产生的偏见，具体表现在以下各阶段：①选择应答者出现偏差；②所提问题出现偏差；③记录问题的答案不完整或错误。

[例2-17] 美国一家社会调查公司的一项对93类杂志中的497种应答率的全面考察表明，直接访问、电话访问、邮寄调查的应答率分别是81.7%、72.3%和47.3%。在这项考察的同时，还发现应答率在下列情况下会提高：①提前支付或承诺给予金钱激励；②增加金钱刺激的金额；③有非金钱的奖励奖品；④有预备的知识。

二、调查方法的选择

没有一种调查方法在任何情况下都可适用。这是因为要受到资料要求、时间及预算限制，以及应答者性格特征等多种因素的影响。在实地调查方法选择时可参考调查方法的比较评价。在这里，需要特别提示的是，所有调查方法可以相互配合补充使用，调查人员也可将这些方法组合使用并创造出新的方法。例如，在一个典型的调查案例中，调查人员先向应答者分发产品和需要其本人填写的调查问卷以及回信的信封，再用电话采访进行追踪。这两种方法组合使用的采访收到了良好的效果，97%的应答者进行了电话合作，同时82%的调查问卷也被邮寄回来了。

在选用实地调查方法时，可以采用优点列举法、缺点列举法或特性列举法来比较特定情况下各种方法的优劣，以进行正确的选择。

第六节　调查技巧

一、实施调查前的准备

1. 思想准备

（1）积极进取。积极进取是走向一切成功的起点。调查人员必须深知每次调查的意义和作用，明了自己的调查责任，积极进取。强烈的自信和进取心会促使他圆满地完成调查任务。

（2）随机应变。调查过程中可能会遇到各种调查障碍，作为调查人员必须具备敏锐的观察力和准确的判断力，具备随机应变的心理素质，排除障碍，成功地实现调查的愿望。

（3）吃苦耐劳，百折不挠。市场调查是件很辛苦的事情，调查中的障碍、失败，对每个调查人员都是一个严峻的考验。为了在有限的时间内完成调查任务，必须具备吃苦耐劳、百折不挠的精神。

2. 资料准备

（1）设计出可行的调查方案，这是调查成功的前提。

（2）确定适合调查要求和资源约束的样本。

（3）设计出科学的问卷和相应的调查表、整理表、分析表，并复印。

3. 调查人员的选择与培训

（1）调查人员的选择条件，主要有：①敬业精神。忠于工作，不偷懒，不歪曲资料，责任心强。②吃苦耐劳。不为机械工作所苦，且能兢兢业业地完成调查任务。③性格开朗。以自然开朗的个性与调查者讨论各种问题。④仔细认真。保证调查资料的准确性，减少粗心造成的误差。⑤口齿清晰，会普通话和一定区域的地方方言。

（2）调查人员的培训，主要包括：①调查的基本知识。如对调查的基本知识、抽样技术、调查问题的性质、调查人员的态度和行为准则、被访者的心态分析等。②调查内容的解释与讨论。如调查目的与要求、调查项目的定义、调查表的填写规范等，以统一认识。③调查技巧。如怎样建立和谐的气氛、提问技巧、处理拒绝访问的技巧、自身安全保护等。④提供实地访问经验。可建立室内模拟调查和实地演练。

二、访问调查的技巧

调查技巧的运用贯穿在整个市场调查过程中。在调查方案的制订、问卷的设计、实地调查、数据处理中都涉及各种技巧的运用问题。由于访问调查是市场调查中最常用的方法，所以在这里，主要讨论访问调查的一些技巧问题。

1. 如何进行访问

访问调查是市场调查中最常用的方法之一。作为一名市场调查人员，如何做好访问，直接关系到调查的成败。进行访问涉及以下七个问题：

（1）如何入户。"好的开始是成功的一半"，第一次同住户接触非常重要，它关系到是否能完成访问任务。入户的方式有以下三项：①由受访者的熟人或朋友介绍。这种方式可以确保调查人员不被拒访，也能使调查人员很快同受访者建立良好的访问气氛。②持介绍信或证明取得居委会的支持和帮助。居委会出面帮助联系，有助于受访者同意接受访问，从而减少被拒访的可能。③自我介绍。大多数调查人员常采用这种方式。

（2）如何提出问题。访问过程中的提问技巧是十分重要的，调查人员应严格按照问卷上的内容提出每一个问题。提问时，语速要缓慢，语音要清楚，以确保受访者能够听清并理解调查人员提出的问题。有时，为了使受访者能够听懂，一个问题往往需要多次提出。此时，调查人员也不要改变问题的措辞，而要严格按照问卷上书写的问题重复提问。提问过程的技巧如下：①追问。追问是一种提问技巧，是指当受访者的回答不能满足要求时，或者受访者的回答不是很全面时，调查人员不断地问"还有别的吗"，直至得到受访者对某一问题的全部答案。这是获得完整答案的一种有效方法。追问是从一个问题开始，得到受访者的回答后，再要求受访者补充对这个问题的回答，该过程一直持续到受访者表示"没有别的需要补充"时为止。之后，调查人员才可以提出下一个问题。追问开放性问题时要注意以下四点：一是一字不差地记录受访者能够回答的问题。二是避免使用暗示性的语言、暗示性的面部表情或声音，以保持中立的立场。三是调查人员始终提醒自己："受访者是否完全回答了问题？是否得到了受访者的全部信息？"四是调查人员不要认为自己已经了解了答案，从而停止追问。②澄清。澄清也是一种提问技巧，它是指弄清受访者在回答问题的过程中使用的词语的准确含义。当受访者的回答含糊其辞、模棱两可，或者回答前后矛盾、不能自圆其说时，或者受访者的回答过于笼统、很不准确时，调查人员需要予以澄清，要求受访者对他的回答作出详细解释，从而确切了解受访者真正要表达的思想，直到受访者用确切的语言作出肯定的回答。澄清含糊答案时，调查人员不要暗示或用自己的想法去诱导受访者，而应使用非引导性、能起澄清作用的语言提问，比如，您说的究竟是什么意思？您这样说的理由有哪些？请解释您的意思？在什么方面？关于什么？等等。③引导性提出问题。访问时禁止使用引导性发问。调查人员可能会在不知不觉中引导受访者，特别是当受访者觉得不好回答或支支吾吾回答时，调查人员更可能这样做。在实际调查中，调查人员要尽量避免这种情况的发生，让受访者独自作出回答，即使受访者没有理解提出的问题或表达不出自己的观点或想法时，也不要引导受访者。④可跳问的问题。在一份问卷中，有些问题是无需回答的，或者在某些问题回答之前是无法回答的，因为其后问题的答案才有意义。这些无需回答的问题就是可跳问的问题。对于可跳问的问题，调查人员要遵循"跳问"说明（对可跳问的问题，在问卷或问题旁边有附加文字说明），否则提问将变得不合逻辑，受访者也会因此而不愿合作。

（3）如何记录答案。问卷中的问题一般有两种类型：一是封闭性问题，其答案可全部或大部分预知并已经在问卷中列出,而且答案有预先编号;二是开放性问题,要求受访者用自己的语言回答问题,其答案无预先编号。下面介绍下记录答案的技巧:①封闭性问题答案的记录。对于有些问题,可以预先估计出受访者可能作出答案的类型,并将这些问题的全部或大部分答案列在卷内。记录受访者回答的内容时,调查人员只要圈出受访者回答内容的相应编码数字即可。对于单项选择问题,要圈出受访者所回答的问题的全部编号数字;如果答案中包括一个"其他类"号码,同时必须在问卷规定的空白处写上受访者的答案。②开放性问题答案的记录。开放性问题的答案没有预先编号,记录这类问题的答案时要注意以下四点:一是一字不差地在规定的空白处写出受访者回答的内容;二是绝不要概括或缩短受访者的答话;三是记录受访者答话时不要使用符号或写上"同上";四是书写要清楚。

(4)如何结束访问。结束访问也是工作的一个重要环节,调查人员要给予足够的重视。结束访问时要注意以下三点:①让受访者有良好的感觉。调查人员要感谢受访者抽出时间给予合作,并使受访者感觉出自己对这项调查研究作出了贡献。例如,可以说:"谢谢您的合作,您对这件事的看法和意见对这项研究很有价值。"②尽快离开访问现场。访问结束后调查人员要尽快离开访问现场。有时遇到的受访者十分健谈,恋恋不舍,可能难以离开,这时调查人员可以找一些理由为自己脱身。③离开现场前需要仔细核查问卷。离开访问现场前,调查人员要做仔细检查,需要检查的内容:一是已完成的问卷是否填写完整和一致;二是问题的答案处有无空白,确保正确地圈出答案;三是问题的答案是否有前后不一致的地方;四是是否有需要澄清受访者的含糊答案。

(5)如何处理现场问题。①问卷内容未填写完整。问卷内容未填写完整的情况有以下三种:一是调查人员错漏了问卷的题目;二是受访者拒绝回答或不知道如何回答某些问题;三是访问中途受到某些事件的干扰。②中途被打断。访问中经常会出现许多意想不到的事情,有时会打断访问,这时,如果可以继续访问下去,应耐心地等待一会儿;如果访问不能继续下去,也可以约定时间再来访问。③回访。回访是对受访者的再次访问,指由于某些原因而没完成调查时,调查人员再次接触受访者以便能完成访问,得到所需资料,或者为了澄清访问过程中某些不清楚的问题而再次访问该受访者。由于回访将花费更多时间和金钱,所以应尽量避免。

(6)如何对待拒访者。调查人员有时也会遇到受访者拒绝提供访问所需的资料,或者完全拒绝接受访问的情况。受访者是否愿意接受在调查中合作,在很大程度上取决于调查人员给受访者留下的最初印象。调查人员应适当地给受访者做自我介绍,并保证为受访者提供的资料保密。一般来说,拒访的原因有以下三种:一是耽误受访者的时间;二是不愿告诉别人某些自己的事情;三是受访者非常忙。在实际访问中,受访者不愿合作的原因多种多样,调查人员应对具体情况作具体分析,并采取一定的访谈技巧来克服这种困难。即使最终遭到拒访,对受访者仍要礼貌有加。因为受访者没有任何义务协助调查,怨恨受访者既有失风度,也会妨碍今后工作的开展。

(7)访问注意事项。访问应注意的主要事项如下:①始终保持中立。访问过程中访问人员要始终保持中立的立场,大多数受访者出于礼貌,喜欢按调查人员所希望的要求回答问题。因此,在提问时应绝对保持公正和中立的立场,这一点十分重要。绝不要通

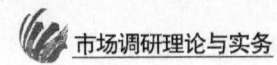

过面部表情或声音提示受访者回答问题的"正确"或"错误",也绝不要对受访者的任何回答表示赞同或反对。问卷里的问题在措辞上是中立的,不带有倾向性。问题本身不会暗示某一答案可取。要将问题的全部答案完整地读出,否则会破坏问题的中立性。若受访者的答案含糊不清,应设法用中立的方式"追问"或"澄清"。比如,可以这样提问:"您能再作一些说明吗?""我没听清楚,请您重复一遍。""别着急,花点时间再想想看。"等等。②绝不要向受访者提示答案。若受访者的回答与问题无关,或者回答犹豫不决,不要用诸如"想想你的意思对吗?"这样的话来进行提问。在许多情况下,即使调查人员对受访者回答的解释并非受访者的意愿,受访者也会同意其解释。提问时最好使用澄清的方式,让受访者自己作出相关的回答。即使遇到不提示受访者就不能回答问题的情况,也绝不要将问卷上的答案告诉受访者。③不要改变问题的措辞或顺序。问题的措辞和在问卷上的顺序必须保持不变,若受访者不能理解问题,调查人员应缓慢而清楚地重复一遍。若受访者仍未理解,则设法解释该问题,但注意不要改变问题的原意,力求提供最少的信息,以得到恰当的答复。④机敏地应付犹豫不决的受访者。有时受访者老实地说"我不知道",或者谈一些与问题无关的事,表示厌烦或反应冷淡,回答内容前后矛盾甚至拒绝回答,对这类情况,不要轻易放弃,而应设法重新引发受访者对谈话的兴趣。若受访者答非所问或说话啰嗦,调查人员不要突然或粗鲁地打断他的回答,而应继续倾听他发言,然后设法婉转地将他所谈内容拉回主题。⑤对受访者不要有任何期望。对受访者的能力和知识不要有任何期望。如果受访者认为调查人员和其他人不同,他就可能产生害怕或不信任的情绪。因此,调查人员的言谈举止应使受访者情绪放松,并感到与之交谈很随便、舒畅。⑥不要匆忙提问。提问的语速要缓慢,以确保受访者理解问题的含义。提问后,稍作停顿,给受访者充分的时间思考。若受访者感到时间急促而无暇思考或阐述自己的观点,有可能回答"我不知道",或回答错误,或敷衍了事。如果调查人员感到受访者只是为了加快访问速度而不假思索地回答问题,则可以告诉受访者:"不用着急,你的观点很重要,所以请仔细考虑如何回答。"

2. 访谈技巧

(1) 接触住户的技巧。访谈的技巧之一是使受访者在接受访问时,不受约束,在一种友好的气氛中进行访谈。调查人员的自我介绍很关键,如果表现得自信、坦然,受访者会乐意接受访问;如果表现得紧张、拘束,也会使受访者放不开,就可能不愿意接受访问。经验丰富的调查人员会使受访者乐于合作,对访问感兴趣。调查人员在接触受访者时,必须使受访者了解调查的目的,并通过自己的语言和热情让受访者感到调查的重要性。进门前的介绍应简短,典型的介绍通常分为两个阶段:初次见面和入室交谈。①初次见面。首先谈谈敲门的技巧。敲门时要十分注意轻重缓急,最好是富有节奏,声音和次数要适中。敲门声太小,受访者可能听不到,同时也说明调查人员可能信心不足;敲门声太急、太大或次数太多,会使受访者反感,从而不利于访问,甚至遭到拒访。其次谈谈自我介绍的技巧。受访者被要求访问时,最初反应可能是既感到好奇又有怀疑。因此,调查人员给受访者留下的初次印象是极为重要的。受访者一开始注意的自然是调查人员的外表,这就要求调查人员穿着简朴、自然、整洁。受访者是否给予合作,访问能否成功,很大程度上取决于调查人员的自我介绍,以及与受访者之间的和睦关系。要建立融洽的关系，调查人员需要了解受访者的心理活动。大多数受访者都会感到访问总是新鲜的、突然的，访问开始时，受访者不知道调查人员要自己说什么，也不知道自己能否从容地表达自己的观点。显然，一旦得到受访者的理解，他就会作出更合作、更坦率的反应。调查人员要让受访者清楚访问是保密的，并感觉到调查人员是友好的，是准备倾听自己意见的。②入户交谈。受访者很容易在门口因"不行"而拒访，为此，进门前的介绍通常应简短。为确保调查人员被允许进入室内，受访者一打开家门，调查人员就不经意地迅速踏进一只脚，这样受访者就不好让其吃闭门羹了。在访问者家门口，调查人员不要直接要求准许访问，而应暗示要求受访者合作。例如，不要问"我可以进来吗？"对这样的问题受访者很容易说"不行"，而应说"我想进来和你谈谈这个问题"。这样说了以后，立即提出问题，这样做便可以防止因受访者提问而导致拒访。此外，调查人员应在受访者不太忙的时候去访问，以便接触受访者后就可立即进行访问。若受访者建议重访，应务必安排在更方便的时候重访。③确定受访者。经过入室的初步交谈后，接下来，要确定想要访问的对象。在大多数抽样调查中，需要访问的对象有：家庭中的特定成员（例如家庭主妇），家庭中属于特定类型的成员（例如拥有私家车者），家庭中的成年成员。④说明调查的有关情况。确定了受访者，就需要告诉受访者一些有关调查的情况。应该说明调查是自发的，结果是保密的，也应该说明一下调查的目的和访问大约需要多少时间。⑤回答受访者的问题。大部分受访者将接受整个访问而不提出任何问题。但在调查人员进行自我介绍时，或在开始访问时，有些受访者会询问一些情况，比如，"您怎么正好选中我？""这个调查究竟是关于什么内容的？""为什么要进行这项调查？"等等。调查人员应随时准备友善地回答受访者提出的任何问题。

（2）营造和睦气氛的技巧。调查人员与受访者之间建立一种和睦的访谈气氛是很重要的。以下方法可以帮助调查人员与受访者之间建立良好的交谈气氛。①了解受访者，注意满足受访者的心理需要。每个人都有与他人交往的感情需要，有表现自我价值的欲望，希望被他人尊重和理解。调查人员在访谈前最好对受访者有一个基本的了解，尽量了解他的优点、特长。在访谈时，要尽量通过语言、声音、语调、表情和动作，传达对受访者友好、尊重的感情，当受访者心理满足时就会感到与其交谈时愉快，就会愿意配合调查人员的工作。②与受访者建立认同感。在正式调查前与受访者谈一些双方熟悉的话题，如某场体育比赛，使受访者感到与之交谈有共同语言，使访谈在一种平等的、倾心交谈的气氛中进行，受访者就会愿意吐露心声。③利用人们对才华的敬仰心理。有才华的人往往容易受到人们的敬仰和欢迎。因此，在访问中，调查人员可以利用适当的机会表现自己，但如果表现过头，则会适得其反。④营造快乐、轻松的气氛。访谈过程中，可以很自然地给受访者的小孩一些小玩具或小礼物，与受访者的小孩一起玩一会儿，这样做容易使受访者产生好感，从而乐意合作。⑤以受访者关心的事为话题。大部分人都喜欢讨论自己熟悉的话题，这是打破僵局的有效途径。在自我介绍后，不要急于提问，而是从受访者的兴趣入手，谈一些他感兴趣的事情，这样会使谈话更投机。⑥真诚关心受访者。有时，当调查人员进行访问时，受访者可能正被一些烦恼和不如意的事所困扰。这时，调查人员如果对受访者表示关心和同情，会赢得受访者的好感，同时，也能拉近彼此的关系。⑦发现受访者的优点。一般人都喜欢别人发现自己的优点。当调查人员诚恳地对受访者的优点表示赞扬时，他会对之产生兴趣和好感。当然，与受访者的关系也会因此拉近。这是与受访者建立和睦关系的有效途径。但是，一定要运用自然，态度诚恳，不要勉强为之。

(3) 安排和组织访问的技巧。①预约。初次接触受访者时，他可能无暇接受访问。这时，不要试图说服受访者勉强接受访问，而应约一个恰当的时间回访，届时受访者会从容而专心地接受访问。一旦约定了回访时间，调查人员应保证按时赴约。调查人员应尽可能耐心地对待失约的受访者。②组织访问。访问时，没有第三者在场是最理想的。但是，受访者的家里常常有许多人，这时若没有适合的房间专门进行访问，调查人员可以使用房间里一个比较安静、方便的角落进行访问，这样可以确保受访者专心回答问题。需要注意的是，访问需要的只是受访者的观点。因此，调查人员应当有礼貌地坚决制止想发表意见的第三者。调查人员应设法与受访者面对面而坐，并靠近受访者。若受访者坐在调查人员身边，他可能阅读问卷而不专心听其提问。另外，受访者中可能有生理残疾者，调查人员要想办法利用残疾者的特殊技能对他进行访问。

(4) 提高应答率的技巧。应答率是成功的受访者占全部样本的比例。没有接受访问的受访者的观点与接受访问者的观点会有很大出入。所以，应答率过低会降低样本的代表性。并且，这样的调查结果未必能反映总体的真实情况，从而影响整个调查的质量。因此，调查人员要十分注意提高应答率。①提高应答率的措施。一般来说，不能进行访问的原因有以下五种：一是由于受访者不回答问题；二是由于受访者在度假、出差或其他原因不在家；三是由于受访者生病或其他原因暂时不能接受访问；四是由于受访者拒访；五是由于受访者的住所无人居住或者已被拆除。以上除后面两种情况外，通常可以通过以下方式提高成功受访者的人数：一是持续回访。调查人员可以在每个星期的不同日子或每一天中的不同时段去访问，或每次经过该住所时经常尝试访问。在访问期间分散访问的时间，将会大大增加调查人员遇见难得在家或工作无规则的受访者的机会。二是整个访问期间不间断工作。某些调查的访问期会延续若干星期，调查人员充分利用这段时间便能增加找到受访者的机会。需要注意的是，调查人员在访问一开始就应力争访问每一个住户，这样就会特别注意可能影响应答率的受访者。三是小心观察。若一次不能接触受访者，调查人员可寻找有关受访者家庭成员的线索。四是注意工作态度。愉快、自信和随和的态度能鼓励受访者投入访问，有时调查人员锲而不舍的工作态度也会感动受访者。五是努力说服受访者参加访问。不要过分轻易地接受别人的拒访。当调查人员发现受访者不合作时，最好再试一下。若受访者对接受访问显得勉强，应在受访者明确拒访前就离开现场，这样当调查人员在更合适的时间再访时，访问成功的概率会大大增加。②详细记录无回答问卷的原因。调查人员必须详细记录未能接触受访者的原因。若能做好这些记录，调查主持单位便能算出该调查人员的准确应答率。

(5) 发问的技巧。①一般技巧。首先谈谈调节访问节奏的技巧。受访者大多是第一次听到问卷中的问题，以前可能从未考虑过这些问题。因此，调查人员要缓慢而清楚地读出问题，给受访者时间考虑该如何回答。对于年长者，则应给更多的思考时间。其次谈谈把握主题的技巧。应礼貌地打断受访者的不相关的话题，以便把握主题。为了有效防止受访者的回答离题，在访问一开始就要注意不离开主题。再次谈谈提问方式的技巧。

应用明确的中立方式提出全部问题。在对话时，要作出适当的反应；在访问中，要表现出对受访者的回答有兴趣。要以坦率的方式提出每一个问题，不要表现出难堪，这样才可能使受访者坦率地作出回答，也不会使受访者难堪。同时，对受访者所说的内容要聚精会神地倾听。②提封闭式问题的技巧。在不作出提示的情况下，可能获得一个或更多的答案。如果受访者说"不知道"，调查人员可在预先编号的问题范围内重复有关的提问；对回答模糊的问题，可以采用追问的方式。③提开放式问题的技巧。下面三点可能阻碍访问的顺利进行：一是调查人员过分礼貌或害羞，可能会有意识地阻止受访者表达自己的真实想法；二是受访者可能难以用语言表达自己的想法；三是受访者可能不愿意发表看上去不合逻辑的或者不符合自己设想的观点。调查人员在提开放性问题时，要鼓励受访者坦率表达自己的态度，并使用追问技巧以得到"深层的"信息。④追问技巧。追问能鼓励受访者表达自己对某一问题的观点。必要时，调查人员可使用下列追问技巧："还有别的吗？""还有其他原因吗？""请再告诉我一些这方面的内容。""我对你所说的一切原因和观点都感兴趣，请告诉我一点你自己的观点。"需要注意的是，开放式问题是为了得到受访者尽可能多的想法，这些想法应该是相关的、清楚的、形式多样的。为了得到相关的想法，有时调查人员必须坚决而有礼貌地把离题的受访者拉回到正题上来。例如，在适当的时候，调查人员可以说"我理解你这么想的原因……也许可以以后再讨论这个问题。但我特别感兴趣的是为什么你认为……（再次引入相关问题）"。通常，受访者说出一两个原因，然后表示无其他要说的。有时，为了得到更多的原因，调查人员可以说："我除了想知道主要的原因外，还对其他的观点和原因感兴趣。"另外，受访者回答的内容可能出现自相矛盾的情况。这可能是由于调查人员的误解所致，也可能是由于受访者没有清楚地表达自己的意思。还可能是受访者的回答确实有矛盾。但不管是哪一种情况，调查人员应该尽量消除该矛盾。⑤否定性的探索和追问。只有需转移到下一个题目时，调查人员才能使用"否定"或"终止"性方法。例如，"就这些吗？""没有别的要说吗？"在受访者回答问题中不应使用这样的用语，否则会妨碍受访者进一步思考问题。特别要注意的是，如果调查人员用自己的语言重复受访者的答案，则很可能已经给受访者某种提示。

（6）结束访问的技巧。在结束访问时，应注意以下四点：①离开前，给受访者一个事先准备好的礼物。②离开前，给受访者一个最后提问的机会。③必须感谢受访者。④离开现场时，要表现得彬彬有礼，为受访者关好房门，对受访者及家人说"再见"，对送出门的受访者说"请留步，多谢！"等等。

（7）集体访谈的技巧。集体访谈除了可以运用上述相应的技巧以外，由于其访谈过程具有某种特殊性，因此还必须注意以下五个问题：①开场。集体访谈主要是以开调查会的形式进行。在调查会开始时，主持人首先应该简明扼要地说明调查会的目的、意义、内容和要求，并将到会人员的基本情况作简单介绍，从而使到会者对会议目的及其所处的环境有一个基本的了解。同时，为了打破会议开始时的短暂的沉默，可以事先安排好带头发言的人，从而松弛会议气氛。②活跃气氛。为了使调查会不陷入僵局，避免呆板、拘谨的局面出现，调查者可以通过简短的插话、解释等手段，以解除被调查者的顾虑，活跃气氛，使被调查者能够大胆、充分地发表自己的意见。必要时，可以引导到会者就某方面的问题互相补充,互相启发,互相对话,互相争论,创造出一种生动活泼的会议气氛。③协调平衡。在调查会上,由于每位到会者的工作环境或思考问题的角度不同,往往会对同一市场问题的看法出现意见分歧,有时还会引起一些激烈的争论,甚至会出现多数人的意见掩盖了少数人的意见、较权威人士的意见掩盖了普通人的意见等。这些都要求主持人应该站在客观的立场上,做好协调平衡工作,保证各方面的意见都能够得到较为充分的表达。④谦虚谨慎。在调查会上,主持人应自始至终保持谦虚谨慎、客观中立的态度,认真听取到会者发表的各种意见和看法,客观地对待各种争论,绝不能轻易地表示肯定和否定的态度,或表示自己的某种看法和倾向。切忌进行长篇演讲,而应注意总结、归纳不同的观点,在发言者的谈话中分析、寻找各种不同观点的形成原因。⑤把握主题。调查会议的气氛一旦热烈起来,就容易出现脱离主题,随波逐流的漫无边际的倾向。这时要求主持人应紧紧把握调查会议的主题,因势利导,将与会者的兴奋点引导到调查主题上来。

[例2-19] 消费者购买行为的调查策划及实施:①要求学生提出某种产品,如食品、饮料、化妆品、家电等的消费者行为调查的策划方案。策划方案应包括如下内容:调查目标、调查内容、资料来源、调查方法、调查对象、抽样方法及样本大小、访问人员的安排和培训、访问质量的保证措施、数据处理及分析方法、调查日程安排和经费预算等。②由学生担任项目经理、督导、访问员。要求项目经理全面负责整个调查项目的组织实施工作,要点是:提出访问员培训计划,具体实施访问员的基础培训和专项培训,提出对督导的培训计划并实施培训,提出调查访问的地点、人员、时间的具体安排并组织实施。③担任督导的学生应负责所在访问点的访问实施质量,并进行陪访。④担任访问员的学生应按访问员的基本要求认真完成访问任务。⑤调查采用入户访问形式。⑥问卷资料应在教师指导下要求学生编码、录入,并由专人进行计算机统计,统计资料应妥善保留,以便撰写市场调研报告时使用。⑦问卷。可根据选定的产品自行设计。访问时间不超过45分钟。⑧样本。可根据实际情况另行抽样。

【思考与练习】

1. 什么是文案调查?它有何具体要求?
2. 了解文案调查工作程序及文案调查的方法。
3. 实地调查方法包含哪些具体方式?它们各有何优缺点?
4. 如何进行网络调查?
5. 实验调查法的概念及特点、工作程序是什么?
6. 影响市场调查方法选择的因素有哪些?
7. 在实际工作中,为什么需要多种调查方法结合运用?
8. 为什么需要市场调查代理公司代办某些市场调查项目?
9. 怎样选择市场调查代理公司?

10. 实施调查前应该做些什么准备?
11. 如何进行访问?访谈技巧主要包括哪些方面?
12. 消费者购买行为调查的内容有哪些?
13. 实训:帮助某企业策划及实施消费者购买行为调查活动。

第三章 抽样设计

抽样调查是国内外通行的、主要的市场调查方法,它是政府部门、各社会团体、企事业单位了解情况和收集信息的最主要方式。抽样调查的成功与否,在很大程度上取决于抽样设计的好坏,抽样设计在抽样调查中占有举足轻重的地位。近年来,抽样设计的理论与方法有了很大发展,其内容体系已经比较成熟。本章主要内容为:抽样设计概述,四种常用抽样方式的含义、特点、抽取方法、抽样效果等。

第一节 抽样设计概述

一、抽样调查的概念和特点

抽样调查是按照一定的程序和方法,从所研究的总体中抽取一部分单位组成样本,然后对样本进行调查、观察,并对调查资料进行整理、分析,运用数理统计原理和方法,对总体的数量特征进行估计和推断。在抽样调查中,根据从总体中产生样本的方法不同,有概率抽样和非概率抽样两种不同的抽样方法。在我国习惯于把抽样调查等同于概率抽样,本书如未作特别说明,抽样调查所指的是概率抽样。

1. 概率抽样

概率抽样是按照随机原则从总体中抽取部分单位构成样本,以此推断总体数量特征。所谓随机原则是指在抽取样本时,总体中每一个单位都有一个已知的,并且非零的被抽取的概率。在概率抽样中,如果总体中每一个单位被抽中的概率都相等,称为等概抽样;如果总体中至少有一个单位被抽中的概率与其他单位不相等,则称为不等概抽样。在等概抽样下,样本的性质比较简单;不等概抽样的样本性质比较复杂,但在一定的条件下,有较高的抽样估计精度。

与全面调查和非概率抽样相比较,概率抽样具有以下六个基本特点:①按随机抽样原则抽样。这是概率抽样区别于非概率抽样的根本特点,也是概率抽样科学性的根本所在。按照随机原则抽样,不仅排除了选择样本单位时主观因素的影响,使样本对总体有较高的代表性,更重要的是使估计量具有某种已知的概率分布,为抽样推断提供科学基础。②用部分推断总体。这是抽样调查区别于全面调查的基本特点。抽样调查用总体的一部分单位作为样本,用样本数据推断总体指标,不仅扩大了市场调查的应用范围,而且可以大幅度节约市场调查费用,缩短调查时间,提高市场调查的经济效益和时效性。③抽样误差可以计算并加以控制。这也是概率抽样区别于非概率抽样的一个重要特点。抽样调查是用样本去推断总体，由于样本的分布与总体的分布不会完全一致，因此抽样误差是不可避免的。但概率抽样由于按照随机原则抽取样本，使估计量服从某种已知的概率分布，从而不仅使抽样误差可以计算，而且可以根据需要把它控制在要求的范围之内。④适用范围广。概率抽样具有广泛的应用领域。有些调查活动不能进行全面调查，只能采用抽样的方法进行。比如，调查灯泡的使用寿命或种子的发芽率，不能对每个灯泡或每粒种子进行测试，只能使用抽样的方法进行调查，因为调查活动对调查对象本身具有损耗或破坏。有些调查活动，虽然从理论上讲可以进行全面调查，比如人口调查、粮食产量调查、社会经济活动调查等，但在总体单位数量太大时，出于经济和时间等方面的考虑，也大多采用抽样方法进行调查。⑤调查速度快、调查费用省。抽样调查只调查总体中的一部分单位，而且在总体单位数量很大的情况下，用很小比例的调查单位就可以满足估计精度的要求。因此，相对于全面调查而言，在提高调查速度的同时，也节约了调查费用。⑥精度高。抽样调查可以取得较高精度的估计结果。一般来说，市场调查都会存在一定的误差。市场调查误差按照其来源可以分为两类：一是登记性误差，即从被调查者那里得到的数据与真实数据之间的离差；二是代表性误差，即被调查的样本结构与需要估计的总体结构不一致，使估计的总体与实际的数据之间产生的离差。全面调查只存在第一类误差，抽样调查两类误差都存在。但由于抽样调查涉及的调查单位数量少，在调查经费一定的条件下，可以对调查员进行培训或挑选，提高调查员的素质，大大缩小登记性误差；抽样设计也可以把代表性误差控制在可以接受的范围内。实践证明，只要科学设计、精心组织，抽样调查中两类误差之和就会小于全面调查中的登记性误差。

抽样调查也有一定的局限性，主要是在样本容量不大时，对全面认识总体内部结构有一定的困难。比如，在人口抽样调查中，如果样本中没有均匀地抽到患有某种疾病的人口，那么这类人口占总人口的比例就得不到合理的估计。

2. 非概率抽样

不符合随机原则的抽样方法都属于非概率抽样。在实际市场调研中采取的非概率抽样方法主要包括以下类型：①便利抽样。也称任意抽样或偶遇抽样，是指调查者为了方便而任意抽取样本单位的一种抽样方法。比如，要了解人们对手机使用的普遍程度，调查人员在街道随便选择部分人作为样本进行调查，这种调查也称为"拦截式调查"；要了解居民对2010年国家出台的关于住房的新政策的看法，调查人员在离工作单位或住处近的地方选取样本进行调查，或在交通便利的地方选取样本进行调查，等等。②判断抽样。指选择对研究总体有代表性的单位进行调查，即样本是总体中一些有代表性的单位，代表平均水平或普遍情况。如对一个包含单位数量少而单位之间差异大的总体，抽样者检查了抽样总体后，选取一部分"代表性单位"，即接近于总体平均数的那些单位进行调查。值得注意的一点是，如果抽样者判断比较准确，这种抽样方法比便利抽样更能提高样本的代表性；如果抽样者判断不准，则利用这种调查方法得出的结果不能代表总体的一般水平，比便利调查代表性更差。③定额抽样。也称"配额抽样"，是指将总体按有关标志分类，掌握总体中各类单位数所占的比例，并以此比例确定样本中各类单位的比例，然后，由调查者主观确定样本单位。这种抽样方法与等比抽样相比，更加强了对样本结构在量的方面的质量控制，使样本结构更接近于总体结构，可以保证样本对总体有较高的代表性。定额抽样与概率抽样中的分层抽样有类似之处，不同点在于：分层抽样的样本单位是随机抽取的，而定额抽样的样本单位是由调查者主观确定的。④滚雪球抽样。它是通过知情者的推荐来挑选样本的抽样方法。有时候，对于一些少见的总体，也称为低发生率的总体进行调查，要找到个体需要付出很大的代价。比如，对患有 SARS 传染病的人进行调查，要全部找到这些人，再从中抽取样本，是相当困难的。如果由掌握符合条件的医疗机构和医生来推荐，抽取样本单位就容易得多了。

非概率抽样方法的优点是调查容易实施，可以大大节约调查成本。然而，这种成本的节约是以调查质量的降低为代价的。抽取的样本很可能有偏差，结果是样本可能不能很好地代表总体。

二、抽样设计的作用

抽样设计是为抽样调查的实施提供一个指导性的文件，以实现抽样调查的目的和任务。它的作用体现在以下三个方面：

一是使调查费用控制在预算范围之内。抽样调查是一项实践性很强的工作，它的实施需要相应的费用支撑。一项抽样调查，事先都有经费的预算。如果调查过程中的费用开支突破预算，使调查的后期工作失去财力支持，就会使整个调查前功尽弃。抽样设计的一个作用就是根据预算经费限制，合理地确定抽样调查各个环节上的费用，保证抽样调查的顺利实施。

二是使调查误差控制在要求的范围内。抽样调查是用样本去推断总体，必然存在抽样误差，同时，还可能存在非抽样误差。概率抽样的一个基本优点是抽样误差可以控制在一定的范围内，它是通过抽样设计来实现的。抽样设计通过对抽样方法的选择、样本容量的科学计算等，可以把抽样误差控制在要求的范围内。同时，抽样设计可以对抽样调查的组织与实施提出具体的要求和必要的措施，比如对抽样调查的组织机构，调查员的培训，数据的记录、整理，计算机录入等方面提出要求，最大限度地控制非抽样误差。

三是使调查时间控制在要求的范围内。任何一项调查都有一定的时间期限要求，在规定的调查时间内完不成调查任务，不仅会增加调查费用，而且会使调查资料的价值大打折扣。抽样设计的一个内容是为调查提供一个具体的日程表，指导调查工作按预定的时间、要求进行，保证在规定的调查期限内全面完成调查的各项工作。

三、抽样设计的目标与准则

抽样调查是建立在科学的抽样设计基础之上的，没有科学的抽样设计作基础，抽样调查的优越性就得不到发挥，甚至会给决策带来负面影响。抽样设计的目标是实现抽样调查的低成本与高效率。低成本就是使抽样调查的费用达到最低，高效率就是使抽样调查的估计误差达到最小。为了实现这两个目标，抽样设计必须遵循以下准则：

一是目的性。整个抽样设计，包括抽样框的设计、样本容量的设计、抽样方法的设计、估计量的设计、调查方法与问卷的设计，都必须以研究目的为依据，服从并服务于研究目的，离开研究目的，抽样设计就失去了方向。

二是实践性。它指的是能否基本上按预定的设计完成调查。在抽样设计阶段，必须考虑到实施的可行性。

三是经济性。即用最少的费用实现调查目的和完成调查任务。

四是可度量性。它是指设计能从样本自身计算出有效性的估计值，这个估计值通常是用估计量的方差的估计值来表示的。非概率样本不具有可度量性，概率样本也不能自动保证可度量性。比如，在分层抽样中，每层只抽取一个样本单位，或在整群抽样中只抽取一群，这样的抽样设计就不具有可度量性，应尽量避免。

以上准则往往互相冲突，设计人员必须在它们之间进行权衡，以得到一个好的抽样设计。

四、抽样设计中的基本概念

1. 目标总体与抽样总体

目标总体也可简称为总体，是指所要研究对象的全体。它由研究对象中所有性质相同的个体组成，组成总体的各个个体称为总体单元或单位。例如，要研究广东省个体商业的情况，目标总体就是广东省所有从事商业活动的个体经营单位，每个个体经营单位（或摊位）就是总体单元（单位）。目标总体的划分有时比较容易，有时就不太容易。以上面个体商业的调查为例，有些个体经营单位主要从事商品生产活动，同时兼做商品的零售，这些单位是否属于个体商业单位，就是常说的统计口径问题。在一项调查中，要对目标总体的范围作出具体规定。

抽样总体是指从中抽取样本的总体。从理论上讲，抽样总体应该与目标总体完全一致，但实践中两者不一致的情况却时常发生。仍以个体商业调查为例，目标总体是广东省个体商业经营单位，抽样总体是什么呢？这里可以有不同的选择，选择之一是营业执照，即把广东省工商局个体商业的营业执照记录作为抽样总体，从中抽取样本。然而，有些人虽然持有营业执照，但早已不再从事商品交易活动，他们不应该属于目标总体范围，但却出现在抽样总体当中；还有一些人无照经营，他们应该属于目标总体范围，但却没有出现在抽样总体当中。这表明，要保证目标总体和抽样总体完全一致，不是一件容易的事情。理想的状态是，抽样总体由目标总体所决定，但在实践中，可以构造的抽样总体却有可能反过来决定调查中的目标总体。

2. 抽样框与抽样单元

抽样总体的具体表现是抽样框。抽样框是一份包含所有抽样单元的名单，给每一个抽样单元编上一个号码，就可以按一定的随机化程序进行抽样。对抽样框的基本要求是，抽样框中应该具有抽样单元名称、地理位置的信息和联系电话等，以便调查人员能够方便地找到被选中的单元。在电话调查中，电话号码本便是抽样框，它起到了提供抽样单元住处的作用。好的抽样框不仅与目标总体保持一致，而且还尽可能多地提供与研究的目标量有关的辅助信息，调查人员利用辅助信息进行抽样设计，可以提高抽样估计的效率。

抽样单元是构成抽样框的基本要素，抽样单元可以只包含一个个体，也可以包含若干个个体，抽样单元还可以分级。在抽样单元分级的情况下，总体由若干个较大规模的抽样单元组成，这些较大规模的抽样单元称为初级单元，每个初级单元中又可以包含若干个规模较小的单元，称为二级单元。用同样的方法还可以定义三级单元、四级单元等。例如，要对广州市小学生的视力状况进行抽样调查，可以把每所小学视为初级单元，把小学中的班级视为二级单元，把学生视为三级单元。抽取样本的顺序为先抽取学校，再抽取班级，最后抽取学生。单元可以是自然形成的，也可以是人为划分的。在一项调查中，单元分成几级不是固定不变的。在前面的例子中，如果首先抽取小学，然后在中选的学校中，直接抽取接受调查的小学生，即最小一级抽样单元，也被称为基本抽样单元。抽样单元的不同划分，是针对不同抽样方法而言的。若抽样单元只包含一个个体，并且没有分级，与之相对应的是简单随机抽样；若抽样单元中包含若干个个体，与之对应的是整群抽样；在抽样单元分级情况下，与之相对应的是多阶段抽样。由于抽样单元可以分级，于是就有了与之相对应的不同级上的抽样框。在抽样实践中，抽选哪一级抽样单元，有该级的抽样框即可。

3. 总体指标与样本统计量

总体指标通常是调查的目标量，是所要研究的总体中某种特征的数量表现。总体的指标可以有很多，这些指标值是调查者所关心但又是未知的，抽样调查的目的是获得对这些目标量的估计。

根据总体指标数学处理方式的不同，可以将总体指标分为：①总体总量，如某地区的国内生产总值、粮食总产量、商品零售额等。②总体均值，也称总体平均数，如某地区人均消费额、粮食平均亩产等。③总体比例，如全部产品中合格品所占比例、赞成某项政策的人所占比例等。④总体比率，它是两个总体总量或总体均值之比，如固定资产利用率、人均可支配收入变动率等。

把从总体中按一定程序抽出的基本单元的集合称为样本。样本中包含基本单元的个数 n 为样本容量。样本统计量是用样本中 n 个基本单元的数据构造的，作为对总体目标量的估计。统计量是样本的函数，它是随机变量，其结果取决于抽样设计和被选入样本的总体基本单元的特定组合。统计量的真正价值不在于自身的结果是多少，而在于提供有关总体目标量的信息。研究统计量的数学期望和方差是抽样理论所讨论的主要问题。

4. 估计量方差、偏倚、均方误差

在抽样调查中，把样本统计量作为目标量的估计量，样本值便是目标量的估计值。样本统计量是一个随机变量，在随机原则下抽取的不同样本，即使每个样本的样本容量 n 相同，而且根据同样的抽样设计，来自同一个总体，它们各自的结果也会不同。估计值与总体指标值（待估参数）之间存在离差（或差异）。这种离差有两个特点，首先，它们是不同的，有些估计值与待估参数的离差大，有些离差小；有些离差为正值，有些离差为负值。其次，这些离差虽然客观存在，但却是未知的，因为待估参数的具体值并不知道。抽样理论要回答抽样误差问题，因此考虑估计值与待估参数之间的差异，就只能从概率的角度去陈述，即如果相同的抽样重复多次，估计值的变化情况如何，会出现哪些结果，每个结果出现的概率是多少，离差会在什么样的范围内变化，等等。所有这

些,就构成了估计量的分布,估计量分布的方差称为估计量方差。它是从平均的意义上说明估计值与待估参数的差异状况,也是对抽样方案进行评价的标准之一。从这个意义上说,一个抽样设计方案比另一个抽样设计方案好,是因为它的估计量方差小。从直观上看,按这种方案多次抽取样本,大多数的估计会更靠近待估参数值,这意味着抽到一个好样本的可能性更大。对估计量方差开方便得到估计量标准差,也称为标准误差或标准误。它的作用与估计量方差类似。

偏倚是指按照某一抽样方案反复进行抽样,估计值的数学期望与待估参数之间的离差。设待估参数为 θ,其估计值为 $\hat{\theta}$,估计值的数学期望为 $E(\hat{\theta})$,则偏倚的定义为:

$$\text{偏倚} = E(\hat{\theta}) - \theta \tag{3.1}$$

偏倚与估计量方差不同,估计量方差是由于抽样的随机性而产生的一种随机性误差,没有系统性,偏倚则是偏于某个方向的系统性误差。此外,估计量方差可以随样本容量的增大而减小,而大多数的偏倚(少数有偏估计量除外)并不随样本容量的增大而减小。偏倚产生的原因有两种情况,一种是估计量本身是有偏的,即估计量的数学期望与总体参数不一致;另一种是受非抽样误差因素的影响。

在没有偏倚的情况下,用样本统计量对目标量进行估计,要求估计量的方差越小越好。如果存在偏倚,就需要把估计量方差和偏倚综合起来加以考虑,由此提出了均方误差的概念。均方误差 MSE(mean square error)指所有可能的估计值与待估参数之间离差平方的均值,它等于估计量方差加偏倚的平方。

$$\begin{aligned}
MSE &= E(\hat{\theta} - \theta)^2 \\
&= E\{[\hat{\theta} - E(\hat{\theta})] + [E(\hat{\theta}) - \theta]\}^2 \\
&= E[\hat{\theta} - E(\hat{\theta})]^2 + E[E(\hat{\theta}) - \theta]^2 + 2E[\hat{\theta} - E(\hat{\theta})][E(\hat{\theta}) - \theta] \\
&= E[\hat{\theta} - E(\hat{\theta})]^2 + E[E(\hat{\theta}) - \theta]^2 \\
&= V(\hat{\theta}) + B^2(\hat{\theta})
\end{aligned} \tag{3.2}$$

式中:$V(\hat{\theta}) = E[\hat{\theta} - E(\hat{\theta})]^2$ 为估计量方差;$B^2 = E[E(\hat{\theta}) - \theta]^2$ 为偏倚的平方。如果估计量 $\hat{\theta}$ 的偏倚为零,即满足 $E(\hat{\theta}) = \theta$,则称 $\hat{\theta}$ 为无偏估计量。对于无偏估计量,它的均方误差等于估计量方差。根据式(3.2),可将估计量方差、偏倚、均方误差的关系用图 3-1 表示。

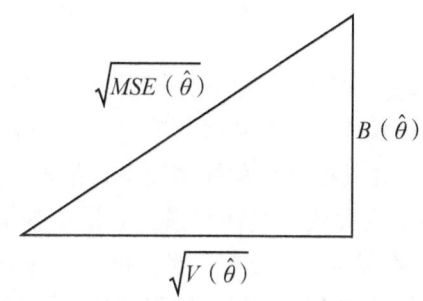

图 3-1　估计量方差、偏倚及均方误差的关系

由于偏倚是一种系统性误差，因而在抽样调查中应尽量避免。但是，一些估计量是有偏的，然而由于偏倚小，估计量方差也比较小，从而使均方误差比较小，为此选择这些有偏的估计量并不是一件坏事。一般说来，人们更倾向于把均方误差 MSE 作为评价抽样方案优劣的准则。

5. 抽样误差与样本容量

抽样误差是抽取样本的随机性造成样本值与总体值之间的差异，只要采用抽样调查，抽样误差就不可避免。抽样误差是一个随机的概念，可以用不同的量值来表示。估计量方差 $V(\hat{\theta})$ 及估计量标准差 $\sqrt{V(\hat{\theta})}$ 是抽样误差的表现形式。在抽样调查中，抽样误差虽无法消除，但可以对其进行计量并加以控制。控制抽样误差的根本方法是改变样本容量。在其他条件相同的情况下，样本容量越大，抽样误差越小。抽样误差与样本容量的平方根大致成反比，如图3-2所示。

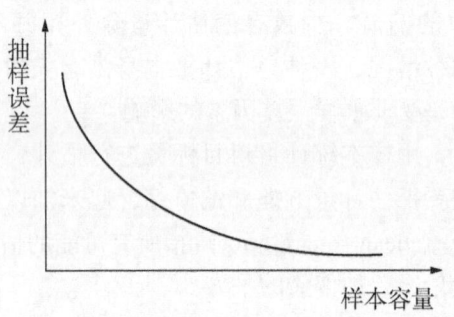

图3-2　抽样误差与样本容量的关系

由图3-2可以看出，抽样误差在开始时随样本量的增大而显著缩小，但经过一定阶段后便趋于稳定。也就是说，经过一定阶段后，用扩大样本容量的方式减少抽样误差一般是不合算的。这里，只要稍微降低一些精度，就可以大幅度减少样本容量从而节省可观的调查费用。

非抽样误差是相对于抽样误差而言的，它不是由于抽样的随机性，而是由于其他多种原因引起的估计值与总体参数之间的差异。例如，由于调查计划不周、调查对象范围划分不清而产生的误差；构造抽样框时，目标总体与抽样总体不一致所带来的抽样框误差；调查过程中由于无回答或回答有误造成的误差；填写调查表以及录入和汇总过程中产生的误差；等等。

6. 精度与费用

通常，精度由误差来表现。如果不考虑非抽样误差，则精度的具体表现就是抽样误差。抽样误差越小，说明用样本统计量对总体参数进行估计的精度越高。抽样误差与样本容量有关，样本容量越大，在其他条件相同情况下，抽样误差就越小，抽样调查的精度就越高。样本容量与调查费用大致呈线性关系，但样本容量与精度却呈非线性关系，如图3-2所示。也就是说，在样本容量比较小时，每增加一个抽样单元对提高精度的作用比较显著，但随着样本容量的增大，达到一定程度后，再每增加一个抽样单元对提高精度的作用就逐渐下降。

除了样本容量以外，影响精度与费用的另外因素是抽样方式与估计方法。一个好的抽样设计必须同时考虑精度与费用两个方面。反过来，精度与费用也是评价抽样设计方案优劣的两条准则。对于一个好的抽样设计，在核定的费用内达到最高的精度，或在达到精度要求的条件下使调查的费用最少，则称这样的抽样设计为最优设计。最优设计的抽样效率最高，因此效率是对精度与费用的综合。

五、抽样调查的流程

一般而言，抽样调查要经过以下程序：确定研究问题→设计抽样调查方案→设计调查问卷→实施调查过程→数据处理分析→撰写调研报告。

"确定研究问题"主要是要明确"要做什么样的调查研究"和"为什么要做这项调查研究"。调研人员需要考虑研究的目的、相关的背景材料、所需要的信息以及这些信息在进行分析时如何使用。

"设计抽样方案"主要是要解决样本如何抽取及调查资料如何取得。调查中有不同的抽取方式，如简单随机抽样、分层抽样、整群抽样、阶段抽样等，在制订抽样方案时，既要考虑抽样方式的抽样效果，又要考虑抽样方式的可操作性。同样，抽样调查数据也有不同的收集方法，如面访调查法、电话调查法、观察法、实验法等，不同的数据收集方法有着不同的特点和实施条件，抽样调查的组织者在进行方案设计时，必须充分考虑调查对象的特征和调查研究的目的来设计数据调查方法。

"设计调查问卷"是根据调查目的和要求，将比较抽象的调研问题或内容逐步细化，演变为现场调查中向受访者询问的、比较具体的问题或内容的工作过程。

"实施调查过程"就是实施抽样调查获得调查数据的过程。在这一阶段，关键问题是要保证调查数据的质量，这就需要对调查过程进行有效的管理和监控。

"数据处理分析"是要对经过调查获得的数据进行检查、核对，对验收合格的调查问卷进行编码、录入、汇总、处理和分析，为调查分析做准备。

"撰写调研报告"就是对抽样调查做出的一个书面分析或总结。它一般包括如下内容：主题、调查和研究的范围、数据收集的方式方法、抽样设计和估计程序、结论的描述、精确度等。

在以下各节里，侧重阐述几种常用的抽样调查方式，以供抽样设计者参考。

第二节 简单随机抽样

一、含义

简单随机抽样也称纯随机抽样，是完全按照随机抽样原则从含有 N 个单元的总体中抽取 n 个单元组成样本的一种抽样方式。简单随机抽样最符合抽样原则，相对于其他抽样方式，其抽样理论最完善。它是所有概率抽样方法的基础，其他概率抽样是在简单随机抽样的基础上发展起来的。

简单随机抽样根据抽样单元是否放回可分为放回简单随机抽样和不放回简单随机抽样。

1. 放回简单随机抽样

当从含有 N 个单元的总体中随机抽取 n 个单元时，每次从总体中抽取一个单元，对抽中单元的相关信息进行登记，然后放回抽样总体中，使总体中每个单元每次被抽中的概率都为 $\frac{1}{N}$，直到抽满 n 个单元为止。这样，所有可能的样本个数为 N^n（考虑样本单元顺序），每个样本被抽中的概率为 $\frac{1}{N^n}$。这种方式就是放回简单随机抽样。

值得注意的是，放回简单随机抽样在每次抽取样本单元时，都将前一次抽取的样本单元放回总体，因此，总体结构不变，抽样是相互独立进行的，这是它与不放回简单随机抽样的主要不同之处。这一点使它的数学处理相对简单。

[例3-1]　设总体有5个单元，每个单元依次为1，2，3，4，5，按放回简单随机抽样方式（考虑样本单元的顺序）抽取2个单元，则所有可能样本个数为 $5^2 = 25$，列表如表3-1所示。

表3-1　放回简单随机抽样所有可能样本

1, 1	2, 1	3, 1	4, 1	5, 1
1, 2	2, 2	3, 2	4, 2	5, 2
1, 3	2, 3	3, 3	4, 3	5, 3
1, 4	2, 4	3, 4	4, 4	5, 4
1, 5	2, 5	3, 5	4, 5	5, 5

2. 不放回简单随机抽样

当从含有 N 个单元的总体中随机抽取 n 个单元时，每次从总体中抽取一个单元，对抽中单元的相关信息进行登记，然后把此样本单元放到一边，又从含有（$N-1$）个单元的抽样总体中随机抽取另外一个单元，由此，抽样总体中每个单元被抽中的概率由 $\frac{1}{N}$ 变为 $\frac{1}{N-1}$，依次类推，直到抽满 n 个单元为止。这样，所有可能的样本个数为 P_N^n（考虑样本单元顺序），或所有可能的样本个数为 C_N^n（不考虑样本单元顺序），每个样本被抽中的概率依次提高。这种方式就是不放回简单随机抽样。

[例3-2]　设总体有5个单元，每个单元依次为1，2，3，4，5，按不放回简单随机抽样方式抽取2个单元，则所有可能样本个数为 $P_5^2 = 20$ 或 $C_5^2 = 10$，列表如表3-2、

表3-3 所示。

表3-2 不放回简单随机抽样所有可能样本（考虑样本单元顺序）

1, 2	2, 1	3, 1	4, 1	5, 1
1, 3	2, 3	3, 2	4, 2	5, 2
1, 4	2, 4	3, 4	4, 3	5, 3
1, 5	2, 5	3, 5	4, 5	5, 4

表3-3 不放回简单随机抽样所有可能样本（不考虑样本单元顺序）

1, 2	2, 3	3, 4	4, 5
1, 3	2, 4	3, 5	
1, 4	2, 5		
1, 5			

值得注意的是放回简单随机抽样虽然抽样理论最完善，但其产生的方法性误差最大或抽样费用最高，所以在实际工作中一般不采用，而是采用不放回的简单随机抽样方式，尤其是不考虑顺序的不放回简单随机抽样。本书如果没有特别说明，在研究简单随机抽样时，都是指不放回的不考虑顺序的简单随机抽样。

二、样本单元的抽取方法

要产生简单随机样本，首先将总体 N 个单元从 1 到 N 编号，每个单元对应一个号，如果抽到某个号，则对应的那个单元入样。要选出 n 个单元入样，通常有两种方法：抽签法和随机数法。

1. 抽签法

当总体单元个数不大时，可以用均匀同质的材料制作 N 个签，将它们充分混合，然后一次抽取 n 个签，或一次抽取一个签但不放回，从抽下一个签起到第 n 个签为止，则这 n 个签上所示的号码表示入样的单元号。

2. 随机数法

当总体较大时，抽签法实施起来很困难，这时可以利用随机数表、随机数骰子、计算机产生的伪随机数等方法进行抽样。

（1）随机数表。随机数表是由数字 0，1，2，…，9 组成的表，每个数字都有同样的机会被抽中。用随机数表抽取简单随机样本时，可用下面几种方法。

方法一：根据总体大小 N 的位数决定在随机数表中随机抽取几列，如 $N = 980$，要抽取 $n = 30$ 的样本，则在随机数表中随机地抽取 3 列，顺序往下，选出头 30 个 001～980 之间互不相同的数，如果这 3 列随机数字不多，可另选其他 3 列继续，直到抽满 n 个单元为止。

方法二：若 N 的第一位数字小于 50，且 n 不小，则方法一可能花费较多抽样时间。如 $N = 420$，按方法一，则 000 和 421～999 的数都没有用上。这时采用下面的方法可能更好，在随机数表中随机抽取 3 列，顺序往下，如果得到的随机数在 501～950 之间，则这个数字减去 500，由此 000，大于 950 以及余数大于 420 的数字被扔掉。显然，这种方法比第一种方法效率更高。

方法三：若 N 的第一位数字小于 30，$N = 420$，且 n 不小，除了按方法二产生随机数以外，还可按下面的方法产生随机数。在随机数表中随机抽取 3 列，顺序往下，如果得到的随机数大于 420，小于 840（因为 $420 \times 2 = 840$，$420 \times 3 = 1260$），则用这个数字除以 420 得到的余数入样，000 及 841～999 的数字应扔掉。显然，这种方法比第一种方法效率更高。

（2）随机数骰子。随机数骰子是由均匀材料制成的正二十面体，面上标有 0～9 的数字各 2 个。使用时根据总体大小 N 的位数，如 $N = 420$ 的位数为 3，则将 3 个不同颜色的骰子放入盒中，并规定每种颜色所代表的位数，如红色代表个位数，蓝色代表十位数，黄色代表百位数等，盖上盒盖摇动盒子，使骰子充分旋转，然后打开盒盖，读出骰子所代表的数字。重复上述步骤，直到产生 n 个不同的随机数。

（3）摇奖机。各类彩票中将号码的产生通常是由摇奖机完成的，这个过程可以从开奖场所或电视节目中看到。将标有数字 0～9 的 10 个球放入摇奖机中，充分搅拌，使球充分转动，直到摇出其中的一个球，记录该球所标明的数字，产生了随机数的个位数；将球放回到摇奖机中，重复上述步骤，直到摇出一个球，记录该球所标明的数字为随机数的十位数；同理产生百位数等，如此产生一个随机数。重复上述步骤，直到产生 n 个不同的随机数。

（4）计算机产生的伪随机数。不少统计软件都有现成的产生随机数的程序，使用者也可利用同余法自编产生随机数的小程序。利用计算机产生的随机数具有快捷、方便的特点，但值得注意的是，利用计算机产生的随机数是伪随机数，并不能保证其随机性，通常产生的伪随机数有循环周期，伪随机数循环周期越长越好。

三、样本容量的确定

样本容量的确定在抽样设计中是一个十分重要又比较复杂的问题，它受调查研究的精度、抽样调查费用及调查对象特征的制约和影响。

1. 费用函数

如果只考虑调查费用，则样本容量 n 与单位调查费用 c 有线性关系，其函数式为：

$$C = c_0 + cn \quad (3.3)$$

式中：C 为总调查费用；c_0 为固定调查费用，如管理人员开支、办公费、组织宣传费、场租费等，这些费用都与样本量 n 无关；c 为每调查一个样本单元所需的费用，如调查费、差旅费、礼品费等。

2. 误差函数

如果只考虑抽样调查的精度要求，则可利用误差限或误差函数来确定样本容量。

$$P(|\hat{\theta} - \theta| \leq d) = 1 - \alpha \quad (3.4)$$

式中：P 或 $(1-\alpha)$ 表示估计误差不超过 d 的概率；$\hat{\theta}$ 表示估计量；θ 表示总体真值；d 表示允许绝对误差。

当样本容量足够大时（$n \geq 30$），$\hat{\theta}$ 的分布可以用正态分布来近似，这时绝对误差限

$$d = t\sqrt{V(\hat{\theta})} = tS(\hat{\theta}) = \frac{ts}{\sqrt{n}} \text{（放回抽样方式）} \quad (3.5)$$

$$\text{即 } n = \frac{t^2 s^2}{d^2} \quad (3.6)$$

式中：t 为标准正态分布的双侧 α 分位数；$V(\hat{\theta})$ 为 $\hat{\theta}$ 的方差；$S(\hat{\theta})$ 为 $\hat{\theta}$ 的抽样误差；s 为样本标准差。

$$d = t\sqrt{V(\hat{\theta})\left(1 - \frac{n}{N}\right)} \text{ 或 } = tS(\hat{\theta})\sqrt{\left(1 - \frac{n}{N}\right)} = \frac{ts}{\sqrt{n}}\sqrt{\left(1 - \frac{n}{N}\right)} \text{（不放回抽样方式）}$$

$$(3.7)$$

$$\text{即 } n = \frac{Nt^2 s^2}{Nd^2 + t^2 s^2} \quad (3.8)$$

[例 3-3] 要调查某市郊区的平均每户年收入，已知该郊区共有 1100 户，收入特别高和特别低的约有 100 户，余下的 1000 户收入大致呈正态分布，且方差为 10000 户^2。若要估计有正常收入的 1000 户的户均收入，以 95.45% 的置信系数保证估计误差不超过 20 元，应抽多少户做样本？

解：已知 $N = 1000$ 户，$s^2 = 10000$ 户^2，$d = 20$ 户，$t = 2$

$$n = \frac{Nt^2 s^2}{Nd^2 + t^2 s^2} = \frac{1000 \times 2^2 \times 100^2}{1000 \times 20^2 + 2^2 \times 100^2}$$

$$= 90.91 = 91$$

即大约要抽 91 户。

3. 考虑因素

作为抽样方案的设计者，首先应该权衡精度与费用之间的关系，使调查既满足精度的要求，又节约费用。在实际工作中，通常是在总费用一定的条件下使精度最高，或在要求的精度下，使总费用最小。

当然，除了精度与费用两个重要因素外，其他一些因素也不能置之度外。其他因素主要包括：第一，研究问题的重要性。对于决策比较重要的问题，所需的信息应该比较准确，调查的样本单元也相对多些。第二，所研究问题目标量的个数。如果所研究的问题目标量较多，样本量应该适当放大。第三，参照同类调查。参照以往同类调查项目确定样本量。第四，调查表的回收率。调查过程中，可能有些被调查者拒访或因种种原因调查不到，这时样本量应适当放大。第五，调查过程中，可能有些接触的对象不是"合

格"对象,为了保证足够的有效样本,样本量也应适当放大。第六,资源限制。调查项目时间限制及调查人员数量和质量的限制。

四、设计效应分析

不同的抽样方式的所产生的抽样误差不同,其抽样效果也不同。比较不同抽样方式的设计效果,一般用设计效应指标(deff)。设计效应就是将某种抽样设计下的估计量的方差与同样样本容量条件下的不放回简单随机抽样的估计量的方差进行比较。如果 deff > 1,则所考虑的抽样设计比简单随机抽样的效率低;反之,如果 deff < 1,则所考虑的抽样设计比简单随机抽样的效率高。

放回简单随机抽样的设计效应

$$deff = \frac{V(\bar{y})}{V_{srs}(\bar{y})} = \frac{\frac{(N-1)}{Nn}S^2}{\frac{(N-n)}{Nn}S^2} = \frac{N-1}{N-n} \qquad (3.9)$$

式中:$V(\bar{y})$ 为一定样本容量下的放回简单随机抽样估计量的方差;$V_{srs}(\bar{y})$ 为同样本容量下的不放回简单随机抽样估计量的方差;S^2 为总体方差。

显然,这里的 $deff > 1$,说明放回简单随机抽样的效率比不放回简单随机抽样的效率低。这也是在实际工作中往往采用不放回简单随机抽样的原因。

第三节 分层随机抽样

一、含义与作用

1. 含义

分层抽样也称分类抽样或类型抽样,这种抽样方法是在抽样之前将总体的 N 个单位划分为互不交叉重叠的若干层(类),设为 L 层,每一层所包含的单位数分别为 N_1,N_2,…,N_L,且 $\sum_{i=1}^{L} N_i = N$。然后,在每个层中分别独立地进行抽样,这种抽样就是分层抽样,所得到的样本称为分层样本。如果每层都是简单随机抽样,则称为分层随机抽样,所得到的样本称为分层随机样本。例如,对工业企业进行调查时可以把企业划分为大型企业、中型企业和小型企业三个层;对某种农作物进行调查时可以分为山区、丘陵和平原等。

2. 作用

分层抽样的作用主要表现在以下三个方面:

(1)分层抽样的效果较好,样本估计量精度较高。一方面,由于分层抽样每一层都抽取一定的单元，样本在总体中分布较均匀，不会出现偏重于总体某部分的现象，更具代表性；另一方面，由于分层抽样对每一层都抽样，因此，作为样本推断总体所产生的方法性误差，只有层内方差，与层间方差无关，而简单随机抽样的估计均值方差是层内方差与层间方差之和。

（2）抽样不仅能对总体参数进行推算和分析，而且能对各层指标进行推算和分析。如根据居民不同的收入水平，可以分为绝对贫困、贫困、一般、小康、富裕几个档次，按某抽样原则在各组抽取一定比例的单元组成样本总体，这样，既能研究全体居民的收入和生活状况，又能分析贫困、富裕等不同收入的居民收入和生活状况。

（3）抽样方法灵活，调查实施方便。分层抽样可以在不同的层采取不同的抽样方法，各层也可以由不同的人或不同的部门实施。这样，既能提高工作效率，争取时间，又能更好地把握各层的特点和性质。如有些大型的抽样调查，其抽样框很难编制，那么，可以按区域或行业分组进行抽样，由各不同地区或行业分头编制抽样框，根据各地区或各行业特点采取不同的抽样方法进行抽样调查，这样既可调动各地区或各行业的积极性，又可使工作有序有效进行。

基于以上优点，在实际中分层技术是最常采用的抽样技术之一。

二、样本容量的确定及其在各层中的分配

分层随机抽样调查方式的样本容量的确定比简单随机样本容量的确定更复杂，但费用和精度仍是首要考虑的两个因素。根据调查具体情况的不同，可以采用两种确定方式。

1. 比例分配

比例分配就是在每层抽取样本单元数时，不考虑各层层内方差的影响，而是按照某一比例在各层抽取一定的单元数，有等比分配和不等比分配两种。

（1）不等比例分配。不等比分配则不是按同一比例在各层中抽取样本单元，即 $\dfrac{n}{N}$，$\dfrac{n_1}{N_1}$，$\dfrac{n_2}{N_2}$，$\cdots$，$\dfrac{n_h}{N_h}$ 不一定相等，但 $n = n_1 + n_2 + \cdots + n_h$。

可以推导出分层抽样的样本容量

$$n = \frac{\sum \dfrac{W_h^2 S_h^2}{w_h}}{\left(\dfrac{d}{t}\right)^2 + \dfrac{\sum W_h S_h^2}{N}} \qquad n_h = w_h N_h \qquad (3.10)$$

式中：W_h 表示第 h 层的层权，即 $\dfrac{N_h}{N}$；S_h 表示第 h 层总体标准差；d 表示抽样调查的允许误差；t 表示标准正态分布的双侧 α 分位数；w_h 表示第 h 层的抽样比。

（2）等比例分配。等比分配就是在一定费用和精度条件下，按同一比例在各层抽取一定数目的样本单元，组成实际可操作的调查样本。

即 $\dfrac{n}{N} = \dfrac{n_1}{N_1} = \dfrac{n_2}{N_2} = \cdots = \dfrac{n_h}{N_h}$ $\quad (n = n_1 + n_2 + \cdots + n_h)$

n 表示样本单元数，N 总体单元数。

当采取等比抽样时，$w_h = \dfrac{n}{N} = \dfrac{n_h}{N_h} = \dfrac{n_h}{n} = \dfrac{N_h}{N} = W_h$，则公式（3.10）可变为

$$n = \dfrac{\sum W_h S_h^2}{\left(\dfrac{d}{t}\right)^2 + \dfrac{\sum W_h S_h^2}{N}} \qquad n_h = \dfrac{n}{N} \cdot N_h \qquad 或 \ n_h = W_h n \qquad (3.11)$$

2. 最优分配

在抽样设计时，不但考虑各层的单元数的比重，而且考虑各层内部各单元间的差异程度，使抽取的样本更具代表性，也就是说在等同的条件下使其抽样效果更好，这种方式就叫最优分配。

（1）不考虑费用差异的最优分配。不考虑费用差异的最优分配又叫纳曼分配，它是假定每层每单元抽样费用相等。当采取纳曼分配时，$w_h = \dfrac{W_h S_h}{\sum W_h S_h}$，则

$$n = \dfrac{(\sum W_h S_h)^2}{\left(\dfrac{d}{t}\right)^2 + \dfrac{\sum W_h S_h^2}{N}} \qquad n_h = n \dfrac{W_h S_h}{\sum W_h S_h} \qquad (3.12)$$

在给定费用和单位抽样成本相等的情况下，这种抽样方式会使总方差达到最小，抽样精度最高。

（2）考虑费用差异的最优分配。在实际工作中，面对的往往是各层的单位抽样费用不等，有的甚至相差很大。这时，抽样设计者，不但要考虑层权和层方差的差异，而且还要考虑不同层（类）的单位抽样成本的差异。根据柯西－许瓦兹（Cauchy-Schwarz）不等式可以推导出费用差异条件下的样本容量公式，即

$$n = \dfrac{(C - c_0) \sum \dfrac{W_h S_h}{\sqrt{c_h}}}{\sum (W_h S_h \sqrt{c_h})} \qquad n_h = \dfrac{(C - c_0) W_h S_h / \sqrt{c_h}}{\sum (W_h S_h \sqrt{c_h})} \qquad (3.13)$$

式中：C 为调查总费用；c_0 为调查的固定费用，如宣传费、组织费、办公费等；c_h 为各层的单位调查费。

[例 3-4] 以居民户为抽样单元，调查某地区居民户均报纸、杂志年支出。根据人均纯收入把居民户分成 4 层（收入从低到高排列），每层按简单随机抽样。有关已知数据如表 3-4 所示：

表3-4 某地区居民报纸、杂志支出情况

层	居民总户数（户）	年均报纸、杂志支出（上年）（元）	层内方差（上年）（元²）	单位调查费用（元）
1	300	50	520	60
2	950	800	2250	50
3	800	210	2860	48
4	200	250	1230	55
合计	2250			

如果要求在95.45%置信度下，相对误差不超过10%，则按等比分配、最优分配抽样时，总样本容量和层样本容量各是多少？（总调查费用为3500元，其中固定费用为1500元）

解：a. 按等比抽样时，样本总容量

$$n = \frac{\sum W_h S_h^2}{\left(\frac{d}{t}\right)^2 + \frac{\sum W_h S_h^2}{N}}$$

$$\sum W_h S_h^2 = \frac{300}{2250} \times 520 + \frac{950}{2250} \times 2250 + \frac{800}{2250} \times 2860 + \frac{200}{2250} \times 1230$$
$$= 2145.56$$

该地区居民上年户均报纸、杂志支出

$$\bar{y}_{st} = \frac{\sum y_{st}}{L} = \frac{50 + 80 + 210 + 250}{4} = 147.50 \text{（元）}$$

其中：$\bar{y}_{st}$ 为总平均数；y_{st} 为层平均数；L 为总层数。

$d = r\bar{y}_{st} = 10\% \times 147.5 = 14.75$（元）

在95.45%置信度下，对应的 $t = 2$

$$n = \frac{2145.56}{\left(\frac{14.75}{2}\right)^2 + \frac{2145.56}{2250}} = 38.77（户）\approx 39（户）$$

样本总容量在各层中的分配

$$n_1 = W_1 n = \frac{300}{2250} \times 39 \approx 5（户） \quad n_2 = W_2 n = \frac{950}{2250} \times 39 \approx 16（户）$$

$$n_3 = W_3 n = \frac{800}{2250} \times 39 \approx 14（户） \quad n_4 = W_4 n = \frac{200}{2250} \times 39 \approx 4（户）$$

b. 按最优分配（不考虑费用差异）抽样时，样本总容量

$$n = \frac{(\sum W_h S_h)^2}{\left(\frac{d}{t}\right)^2 + \frac{\sum W_h S_h^2}{N}}$$

$$\sum W_h S_h = \frac{300}{2250} \times \sqrt{520} + \frac{950}{2250} \times \sqrt{2250} + \frac{800}{2250} \times \sqrt{2860} + \frac{200}{2250} \times \sqrt{1230} = 45.20(\text{户})$$

$$n = \frac{(45.20)^2}{\left(\frac{14.75}{2}\right)^2 + \frac{214556}{2250}} = 36.92(\text{户}) \approx 37(\text{户})$$

样本总容量在各层中的分配

$$n_1 = w_1 n = \frac{W_1 S_1}{\sum W_h S_h} \times n = \frac{\frac{300}{2250} \times \sqrt{520}}{45.20} \times 37 \approx 2(\text{户})$$

$$n_2 = w_2 n = \frac{W_2 S_2}{\sum W_h S_h} \times n = \frac{\frac{950}{2250} \times \sqrt{2250}}{45.20} \times 37 \approx 16(\text{户})$$

$$n_3 = w_3 n = \frac{W_3 S_3}{\sum W_h S_h} \times n = \frac{\frac{800}{2250} \times \sqrt{2860}}{45.20} \times 37 \approx 16(\text{户})$$

$$n_4 = w_4 n = \frac{W_4 S_4}{\sum W_h S_h} \times n = \frac{\frac{200}{2250} \times \sqrt{1230}}{45.20} \times 37 \approx 3(\text{户})$$

c. 按最优分配（考虑费用差异）抽样时，样本总容量

$$n = \frac{(C - c_0) \sum \frac{W_h S_h}{\sqrt{c_h}}}{\sum (W_h S_h \sqrt{c_h})}$$

$$\sum \frac{W_h S_h}{\sqrt{c_h}} = \frac{\frac{300}{2250} \times \sqrt{520}}{\sqrt{60}} + \frac{\frac{950}{2250} \times \sqrt{2250}}{\sqrt{50}} + \frac{\frac{800}{2250} \times \sqrt{2860}}{\sqrt{48}} + \frac{\frac{200}{2250} \times \sqrt{1230}}{\sqrt{55}} = 6.3898$$

$$\sum (W_h S_h \sqrt{c_h}) = \frac{300}{2250} \times \sqrt{520} \times \sqrt{60} + \frac{950}{2250} \times \sqrt{2250} \times \sqrt{50} + \frac{800}{2250} \times \sqrt{2860} \times \sqrt{48}$$
$$+ \frac{200}{2250} \times \sqrt{1230} \times \sqrt{55} = 320.0267$$

$$n = \frac{(C - c_0) \sum \frac{W_h S_h}{\sqrt{c_h}}}{\sum (W_h S_h \sqrt{c_h})} = \frac{(3500 - 1500) \times 6.3898}{320.0267} = 39.93 \approx 40(\text{户})$$

样本总容量在各层中的分配

$$n_1 = \frac{(C - c_0) W_h S_h / \sqrt{c_h}}{\sum (W_h S_h \sqrt{c_h})} = \frac{(3500 - 1500) \times \frac{300}{2250} \times \sqrt{520}/\sqrt{60}}{320.0267} \approx 2(\text{户})$$

$$n_2 = \frac{(3500-1500) \times \frac{950}{2250} \times \sqrt{2250}/\sqrt{50}}{320.0267} \approx 18(户)$$

$$n_3 = \frac{(3500-1500) \times \frac{800}{2250} \times \sqrt{2860}/\sqrt{48}}{320.0267} \approx 17(户)$$

$$n_4 = \frac{(3500-1500) \times \frac{200}{2250} \times \sqrt{1230}/\sqrt{55}}{320.0267} \approx 3(户)$$

三、抽样效果分析

在分层比较合理的情况下，分层抽样比简单随机抽样精度高，而分层抽样中最优分配抽样却又比例分配抽样精度高，这可以通过数学推算加以证明。即在样本容量相等的条件下，有

$$V_{opt} \leq V_{prop} \leq V_{srs} \tag{3.14}$$

式中：V_{opt}，V_{prop}，V_{srs} 分别为分层随机抽样最优分配、分层随机抽样按比例分配以及简单随机抽样估计量的方差。

实践经验告诉我们，各层方差变异程度不大时，比例抽样与最优抽样的抽样效果接近，在这种情况下采用按比例分配的抽样方式较好，因它简便易行；而当各层的方差变异越大时，则最优分配抽样效果越好。关于最优分配所需要的各层标准差 S_h 的数值，可用调查指标的历史数据或相关辅助指标的信息推算。

在实际工作中，除非各层的方差变差很大，否则，人们还是愿意采用比例分配的抽样方式。一方面由于比例分配抽样更方便易行；另一方面由于最优分配方式只是针对某个指标（或变量）而言的。而在实际调查中，调查指标（或目标）往往不止一个，而是多个，针对某个变量设计的最优分配抽样，可能不适用于其他指标或目标。因此，在调查多个目标变量时，一般采用比例分配的抽样调查方式。

四、层的划分和层数的确定

当抽样总体具有自然层的性质，或在通常的研究中已经有了类型的划分时，就可以按其自然层或已有的分类标准来划分层及确定层数。如自然的行政区划，自然的地域位置、地域特征等；关于绝对贫困、贫困、温饱、小康、富裕的不同国别已有的划分，关于不及格、及格、中、良、优秀的约定俗成的划分，关于大、中、小型企业的已有研究人员对其的划分，等等。在分层抽样设计时，对于这些已有的类型划分，一般只需"照搬"就行了。

但是，在以下两种情况下需要对抽样总体进行初始分层或分组。一是抽样设计者面对的抽样对象，既没有自然层，又没有现成研究成果可供借鉴。二是即使抽样对象有自然层或现成类别划分，但由于时过境迁或研究目的、任务不同，或抽样设计者为了提高

抽样效果。

如果有调查目标量 Y_i 的资料，按 Y_i 的有关信息分层当然是最好了。但在调查之前一般不知道目标量 Y_i，因此，只能利用与 Y_i 高度相关的辅助指标 X_i 进行分层了。下面介绍一种确定层界的累积平方法，这种方法又叫快速近似法，它由戴伦纽斯与霍捷斯提出。累积平方法就是将分层辅助变量 X_i 次数分布的累积平方根进行等分来获得最优分层资料。

[例 3-5] 某地区电讯部门在利用电话上网的居民用户安装 ADSL 意向进行调查时，以辖区内最近三个月有电话上网支出的居民用户为总体（上网电话费为 0.02 元/分钟），并准备按上网电话费支出进行分层。表 3-5 的前两列为该地区居民家庭上网电话费支出的频数分布，试确定各层分界点。

表 3-5 某地区居民家庭上网电话费支出频数分布

电话费支出 x（元）	频数 f（户）	$\sqrt{f}$	累计 $\sqrt{f}$
0～5	65328	255.593	255.593
5～10	89240	298.731	554.324
10～15	36128	190.074	744.398
15～20	77525	278.433	1022.831
20～25	62407	249.814	1272.645
25～30	24591	156.815	1429.460
30～40	24586	221.748	1651.208
40～50	9582	138.434	1789.642
50～60	15761	177.544	1967.186
60～70	8099	127.271	2094.457
70～80	5676	106.546	2201.003
80～90	3453	83.102	2284.106
90～100	4256	92.261	2376.366
100～150	1246	111.624	2487.990
150～200	800	89.443	2577.433
200～250	365	60.415	2637.848
250～300	90	30.000	2667.848
300～350	35	18.708	2686.557
350～400	5	7.071	2693.628
400～450	12	10.954	2704.582
450 以上	7	8.367	2712.949

表 3-5 中，上网电话费区间不是等长的，30 元以下以 5 元为间距，30～100 元以

10元为间距,100元以上以50元为间距,因此,计算累计频数时应注意,30元以下的按 $\sqrt{f}$ 累计,30~100元按 $\sqrt{2f}$ 累计,100元以上的按 $\sqrt{10f}$ 累计。最终累计频数是2712.949,如果分4层,则应每隔 $\frac{2712.949}{4} = 678.237$ 分一层。所以,分层的界点应为678.237,1356.474,2034.712。根据以上资料,较合理的分层为 $x \leq 15$,$15 < x \leq 30$,$30 < x \leq 70$ 以及 $x > 70$ 元。

当分层是按自然层或已有的分类标准来划分时,层数是自然的或已确定好的。当遇到上述运用累积平方根法进行分层时,就存在确定层数的问题。通过前面的抽样效果比较,已经知道分层抽样的精度比简单随机抽样高。

分层抽样精度与层数有关,估计量的方差与层数的多少成反比关系。现以最简单的情形为例来验证这一反比关系。假如目标量 Y_i 在区间 d(全距)上的分布是均匀的,则总体方差 $S_y^2 = \frac{d^2}{12}$,样本容量为 n 的简单随机抽样的估计量的方差为 $V(\bar{y}) = \frac{d^2}{12n}$。将总体分成大小相同的 L 层,并按比例分配样本量,即 $L_h = \frac{1}{L}$,$n_h = \frac{n}{L}$,则

$$V(\bar{y}_{st}) = \frac{d^2}{12nL^2} = \frac{V(\bar{y})}{L^2} \tag{3.15}$$

由此可见,层数的增加确实能提高估计精度。但是,不是层数分得越多越好呢?

在实际工作中,Y_i 本身未知,只能通过与 Y_i 高度相关的辅助指标 X_i 来进行分层。这时估计量的方差可以分为两部分,一部分与层数有关,另一部分与层数无关,用模型表示即 $\frac{R^2}{L^2} + (1 - R^2)$,其中 $\frac{R^2}{L^2}$ 是方差中受层数影响的部分,$(1 - R^2)$ 是不受层数影响的部分。因此,当层数增加到一定的时候,在精度上的收益非常小。根据研究,除非 Y 与 X 的相关系数 $\rho > 0.95$,层数一般不超过6层。

同时,分层是需要费用的,因此要考虑增加层数提高的精度与总费用之间的平衡,因为在总费用一定的条件下,增加层数必然导致降低样本容量,这时就要考虑由于层数增加而降低样本容量在精度上是否合算。

第四节 整群抽样

一、整群抽样的定义与特点

1. 定义

整群抽样是将总体划分为若干群,然后以群为抽样单元,从总体中随机抽取一部分群,对中选群中的所有基本单元进行调查的一种抽样技术。如在农村经济调查中,对随机抽中的村民小组的所有农户都进行目标调查;在城镇居民住宅调查中,对随机抽中的

住宅小区的所有的住户都进行调查。

2. 特点

整群抽样具有以下特点：

（1）抽样框编制得以简化。抽样调查中需要有包括所有总体基本单元的抽样框，才能应用其他抽样方式抽取样本。但是在实际工作中，有时构造这样的抽样框是不可能的，因为没有相应的资料，有时虽然可以构造这样的抽样框，但工作量极大。比较而言，构造群的抽样框则相对容易、方便些。例如，对广东省小学生的视力状况进行抽样调查，要获得广东省所有小学生的名单十分困难，但若以学校作为群，得到广东省所有小学生的名单则容易得多。

（2）实施调查便利，节省费用。在总体基本单元分布很广的情形下，简单随机抽样会使样本单元分布过于分散，给调查带来不便，并使调查费用增大。而整群抽查调查单元的分布相对集中，调查人员能节省大量来往于调查单元间的时间和费用。而且，如果群是以行政单位划分的，调查时得到行政单位的配合，更有助于调查的实施，可得到较高质量的原始数据。

（3）在通常情况下整群抽样的抽样误差较大。因为抽取的样本单元比较集中，一个群内各单元之间的差异比较小，而不同群之间的差别比较大，这样每个样本单元所提供的信息价值就很有限，因此，抽样误差常常大于简单随机抽样。但由于整群抽样省时省力，单元的平均调查费用较少，故可以通过适当增大样本容量的方法弥补估计精度的损失。但是，对于某些特殊结构的总体，整群抽样反而有较高的精度。这种特殊结构的总体是指，总体中各个群的结构相似，例如一般家庭成员中都有男性、女性，如果估计男女比例，以家庭作为群，采用整群抽样，估计的精度比直接抽取个人进行估计的精度高。

二、群的划分

整群抽样中的"群"大致可分为两类，一类是根据行政或地域形成的群体，如学校、企业或街道，对此采用整群抽样是为了方便调查、节约费用；另一类群则是调查人员人为划分的，如将一大块面积划分为若干块较小面积的群，这时就需要考虑如何划分群，以使在相同调查费用下抽样误差最小。

分群的一般原则可以用方差分析的原理说明。当总体划分为群以后，总体方差可以分解为群间方差和群内方差两部分，这两部分是此消彼长的关系，若群间方差大则群内方差小；反之，若群间方差小，则群内方差大。由于整群抽样是对入选群中的所有单元都进行调查，因此，影响整群抽样误差大小的主要是群间方差。为了提高整群抽样估计的精度，划分群时就应使群内方差尽可能大，而使群间方差尽可能小。换句话说，划分群时应力争使同一群内各单元之间的差异尽可能大，以避免同一群内各单元提供重复信息。这个原则与分层抽样中划分层的原则恰好相反。由此看来，整群抽样与分层抽样是针对不同总体结构而提出的两种不同抽样方式。

三、群的规模

群的规模是指群的单元的数量。在整群抽样中,群的规模具有相当的灵活性,可以大些,也可以小些。群的规模大,估计的精度差但费用省;群的规模小,估计的精度可以提高但费用增大。实践中确定群的规模涉及多种因素,如群的具体结构、精度、费用问题,调查的组织、实施、管理等问题。在正常情况下,群的规模不宜过大,对于规模很大的群,通常需要采用多阶段抽样。一些学者利用方差函数与费用函数对群的最优规模进行过理论上的讨论。

群的规模有两种情况,一种是总体中的各个群规模相等;另一种是总体中各个群的规模不等。

四、抽样效果分析

整群抽样的估计精度与群内相关系数有关,群内相关系数 ρ 是同一群内成对个体单元之间的相关程度。以群规模相等的整群抽样为例,群内相关系数的表达式为:

$$\rho = \frac{E(Y_{ij} - \bar{\bar{Y}})(Y_{ik} - \bar{\bar{Y}})}{E(Y_{ij} - \bar{\bar{Y}})^2} \tag{3.16}$$

式中:分子是对每个群中 M 个个体单元两两配对的离差乘积求平均,然后再就 N 个群求平均,因此,这样的两两乘积的个数共有 $NC_M^2 = \frac{NM(M-1)}{2}$ 个。

经过数学推导,估计量 $\bar{\bar{y}}$ 的方差可以用群内相关系数近似表示:

$$V(\bar{\bar{y}}) = \frac{1}{M^2} V(\bar{y}) = \frac{1-f}{nM^2} \cdot \frac{1}{N-1} \sum_{i=1}^{N}(Y_i - \bar{Y})^2$$

$$= \frac{1-f}{n} \cdot \frac{NM-1}{M^2(N-1)} \cdot S^2 \cdot [1+(M-1)\rho] \approx \frac{1-f}{nM} \cdot S^2 [1+(M-1)\rho]$$

$$\tag{3.17}$$

式中:N 为总体群数;n 为样本群数;Y_{ij} 为总体第 i 群中第 j 个单元的指标值;Y_i 总体中第 i 群的指标总值,即 $Y_i = \sum_{j=1}^{M} Y_{ij}$;$y_i$ 为样本中第 i 群的指标总值,即 $y_i = \sum_{j=1}^{M} y_{ij}$;$\bar{Y}$ 为总体中群均值,即 $\bar{Y} = \sum_{i=1}^{N} \frac{Y_i}{N}$;$\bar{y}$ 为样本中群均值,即 $\bar{y} = \sum_{i=1}^{n} \frac{y_i}{n}$;$\bar{\bar{Y}}$ 为总体中个体均值,即 $\bar{\bar{Y}} = \frac{\bar{Y}}{M}$;$\bar{\bar{y}}$ 为样本中个体均值,即 $\bar{\bar{y}} = \frac{\bar{y}}{M}$;$S^2$ 为总体方差,即 $S^2 = \frac{1}{NM-1} \sum_{i=1}^{N} \sum_{j=1}^{M} (Y_{ij} - \bar{\bar{Y}})^2$。

如果采取简单随机抽样,直接从总体中 nM 个个体单元,则样本均值 $\bar{\bar{y}}$ 的方差公式为:

$$V_{srs}(\bar{\bar{y}}) = \frac{1-f}{nM} S^2 \tag{3.18}$$

由此，可计算群规模相等的整群抽样的设计效果：

$$deff = \frac{V(\bar{\bar{y}})}{V_{srs}(\bar{\bar{y}})} \approx \frac{\frac{1-f}{nM}S^2[1+(M-1)\rho]}{\frac{1-f}{nM}S^2} = 1+(M-1)\rho \qquad (3.19)$$

以上说明，整群抽样的方差约为简单随机抽样方差的 $[1+(M-1)\rho]$ 倍，也就是说，为了得到相同的估计精度，整群抽样的样本容量是简单随机抽样样本容量的 $[1+(M-1)\rho]$ 倍。

整群抽样的估计效应与群内相关系数 ρ 关系密切。如果群内各单元的值都相等，则群内方差 $S_w^2 = 0$，此时 $\rho = 1$ 为最大值，在这种情况下，$deff = M$，即整群抽样的估计量方差是简单随机抽样估计量方差的 M 倍；如果群内方差与总体方差相等，则分群是完全随机的，这时 $\rho = 0$，$deff = 1$，整群抽样与简单随机抽样估计效果相同；当群内方差大于总体方差时，ρ 的取值为负，这时 $deff < 1$，整群抽样效果高于简单随机抽样。当群间方差 $S_b^2 = 0$，即各群均值 $\bar{Y}_i$ 都相等时，ρ 有极小值 $-\frac{1}{M-1}$。因此，ρ 的取值范围为 $\left[-\frac{1}{M-1}, 1\right]$。

可以通过分群，尽可能降低 ρ 值，来提高整群抽样估计效果，它是通过增大群内各单元之间的差异来实现的。当然，对于自然形成的群，无法通过调整群内单元来控制 ρ 的取值。这时，要想减少抽样误差，就只能增大样本容量。

可以证明，相关系数 ρ 也可以用群内方差 s_w^2 和群间方差 s_b^2 表示，并由样本统计量 s_w^2, s_b^2 估计：

$$\hat{\rho} = \frac{s_b^2 - s_w^2}{s_b^2 + (M-1)s_w^2} \qquad (3.20)$$

[**例 3 – 6**] 在一次对某寄宿中学在校生零花钱的调查中，以宿舍作为群进行整群抽样。每间宿舍有 6 名学生。用简单随机抽样在全部 315 间宿舍中抽取 $n = 8$ 间宿舍。全部 48 个学生每周每人的零花钱 y_{ij} 及相关计算数据如表 3 – 6 所示。试分析该整群抽样的设计效果。

表 3–6　抽中的 8 间宿舍 48 名学生每周零花钱支出情况　　　单位：元

学生编号	宿舍1	宿舍2	宿舍3	宿舍4	宿舍5	宿舍6	宿舍7	宿舍8
1	58	91	123	99	110	111	120	96
2	83	83	89	105	99	100	115	80
3	41	79	94	98	132	116	117	63
4	82	111	109	107	87	99	99	130
5	66	101	79	129	99	107	106	105
6	87	69	80	90	124	105	120	86
$\bar{y}_i$	75.00	89.00	95.67	107.67	108.50	106.33	112.83	93.33
s_i^2	125.60	233.60	299.07	177.87	287.50	42.27	72.57	527.87

解：已知 $N = 315, n = 8, M = 6$，所以

$$\bar{\bar{y}} = \frac{1}{n}\sum_{i=1}^{n}\bar{y}_i = \frac{75 + 89 + \cdots + 93.33}{8} = 98.17(元)$$

$$s_b^2 = \frac{M}{n-1}\sum_{i=1}^{n}(\bar{y}_i - \bar{\bar{y}})^2 = \frac{6}{8-1}[(75 - 98.17)^2 + \cdots + (93.33 - 98.17)^2] = 928.6648(元^2)$$

$$s_w^2 = \frac{1}{n(M-1)}\sum_{i=1}^{n}\sum_{j=1}^{M}(y_{ij} - \bar{y}_i)^2 = \frac{1}{n}\sum_{i=1}^{n}\frac{1}{(M-1)}\sum_{j=1}^{M}(y_{ij} - \bar{y}_i)^2$$

$$= \frac{1}{8}(125.60 + 233.60 + \cdots + 527.87) = 220.79(元^2)$$

$$\hat{\rho} = \frac{s_b^2 - s_w^2}{s_b^2 + (M-1)s_w^2} = \frac{928.6648 - 220.79}{928.6648 + (6-1)220.79} = 0.348256$$

$$deff \approx 1 + (M-1)\hat{\rho} = 1 + (6-1) \times 0.348256 = 2.741$$

此整群抽样的设计效果为 2.741，即在这项抽样调查中，整群抽样的样本容量大约为简单随机抽样样本容量的 2.741 倍。若此次抽样不是整群抽样，而是简单随机抽样，则只需抽 18 个学生就能达到整群抽样抽 48 个学生的估计精度。

$$n_{srs} = \frac{nM}{deff} = \frac{8 \times 6}{2.741} \approx 18$$

[例 3-7] 某居民小区有 415 个居民小组，现采用整群等概抽样，随机抽取 25 个小组为样本，调查中的一项内容为估计男、女性别的比例，表 3-7 资料为样本中女性的分布。试与简单随机抽样方法进行抽样效果比较。

表 3-7 某居民小区 25 个居民小组总人数及女性人口数

群（i）	居民数（M_i）	女性人数（A_i）	群（i）	居民数（M_i）	女性人数（A_i）
1	8	4	14	10	5
2	12	7	15	9	4
3	4	1	16	3	1
4	5	3	17	6	4
5	6	3	18	5	2
6	6	4	19	5	3
7	7	4	20	4	1
8	5	2	21	6	3
9	8	3	22	8	3
10	3	2	23	7	4
11	2	1	24	3	0
12	6	2	25	8	3
13	5	2	合计	151	72

解：这是群规模不等的比例估计。总体比例的估计为：

$$p = \frac{\sum_{i=1}^{n} A_i}{\sum_{i=1}^{n} M_i} = \frac{72}{151} = 0.477$$

由于总体的 $\overline{M}$ 未知，用样本值 $\overline{m} = \dfrac{\sum_{1}^{n} M_i}{n} = \dfrac{151}{25} = 6.04$ 替代。

$$v(p) = \frac{1-f}{n\,\overline{m}} \cdot \frac{1}{n-1}\left(\sum_{i=1}^{n} A_i^2 + p^2 \sum_{i=1}^{n} M_i^2 + 2p \sum_{i=1}^{n} A_i M_i\right) = \frac{0.94}{25 \times 6.04^2} \cdot \frac{12.729}{25-1} = 0.00055$$

$$v_{srs}(p) = \frac{1-f}{M_0 - 1} pq = \frac{0.94}{151-1} \times 0.477 \times 0.523 = 0.00156$$

其中：$M_0 = \sum_{i=1}^{n} M_i$

整群抽样设计效果为：

$$deff = \frac{v(p)}{v_{srs}(p)} = \frac{0.00055}{0.00156} = 0.353$$

这表明，在此项调查中，整群抽样的估计效果明显好于简单随机抽样。

这里还可以进一步计算出群内相关系数 ρ。

$$1 + (\overline{M} - 1)\rho = deff \quad 1 + (6.04 - 1)\rho = 0.353$$

$$解得 \quad \rho = \frac{0.353 - 1}{5.04} = -0.1284$$

群内相关系数为负表明群内差异大而群间差异小。有些变量如性别，如果以住户为群，群内的家庭成员有男有女，存在明显差异，而群与群之间的性别结构则存在很大的相似性。对于这样的变量进行估计，整群抽样往往会有最好的估计效果。

第五节 系统抽样

一、系统抽样的定义与特点

1. 定义

系统抽样又叫机械抽样，是将 N 个总体单位按某一标志排序，先随机地抽取一个单元作为第一个样本单元，然后按某确定的规则抽取其他样本单元的一种抽样法。系统抽样中最简单、最常用的规则是等间隔抽取样本单元，所以系统抽样又称等距抽样。系统抽样是被广泛采用的一种抽样方法，尤其是大规模的抽样调查，如城乡居民住户抽样调查、人口抽样调查、农产量抽样调查、产品质量抽样检查等，都普遍采用系统抽样。它简单易懂，易于调查者掌握和接受。而且，相对于简单纯随机抽样通常其推断精度更高。

2. 特点

系统抽样最大的优点就是简便易行，抽样手续简化。其他概率抽样在抽取样本之前需要对总体单元编号，然后才能利用随机数表等方法抽取样本。当总体单元很多时，编号与抽选都比较麻烦。而系统抽样所需要的只是总体单元的顺序排列，只要随机确定了一个或少数几个起始单元，整个样本就自然确定，在某些场合下甚至可以不需要抽样框。如要调查某省高校学生生活费用情况，按5%抽取样本，则在学号为01～20中随机抽取一个学号，以下则每隔20个学生抽1个。

另外，如果抽样框中的抽样单元是按有关标志排列，则抽取的样本单元比较均匀，可以提高估计精度。

但在实际操作中，系统抽样可能会遇到以下困难：

第一，当$N \neq nk$（n为抽样调查中所要求的样本容量，k为两次取样之间总体单元的间隔数），那么，样本估计量不再是总体参数的无偏估计。在这种情况下，抽样时需作些技术处理。

第二，有些指标呈周期性变化，其抽样推断精度与变化周期和抽样间隔的选取相关，可能很高，也可能很差。在这种情况下，需对总体标志值的变化规律加以研究、分析和利用。

第三，系统抽样的抽样误差的估计比较复杂，通常系统抽样没有设计意义下的无偏估计，而且在实际中很多系统抽样不是严格的概率抽样，这就给其抽样误差的计算带来了麻烦。一般情况下，利用分层或整群抽样误差迂回算出。

二、总体单元的排列

系统抽样时，N个单元的排序情况大致有以下三种。

1. 按无关标志排列

即各单元的排列顺序与所研究的内容无关。如要抽样调查学生的学习成绩，抽样单元按学生学号排序，学号与学习成绩之间没有必然联系；又如抽样调查城镇居民的生活状况，抽样单元按门牌号排序，生活水平与门牌号无关。这种排队抽样类似于简单随机抽样，也称无序系统抽样。

2. 按有关标志排列

即各单元的排列顺序与所研究的内容是有关系的。如抽样调查企业的经营效率，抽样单元按劳动生产率排列，经营效率与劳动生产率有关；又如对学生的视力进行抽样调查，抽样单元按入学体检时的视力排序，学生现在的视力与入学时的视力有关。这种排列抽样称为有序系统抽样，可以使抽取的样本单元更具有代表性，可以减小抽样误差，提高估计的效率。

3. 处于上述两者之间

即根据各单元原有的自然位置进行排序。如入户调查根据街道门牌号码按一定间隔抽取；工业生产质量检验每隔一定时间抽取生产线上的产品；工厂中的工人名单按原有的工资名册顺序排列等。这种自然状态的排列有时与调查指标有一定的联系，但又不完全一致，这主要是为了抽样的方便。

三、系统抽样的一般方法

1. 直线等距抽样

假设总体单元数为 N，样本容量为 n，N 是 n 的整数倍。

首先计算抽样间距 $k = \dfrac{N}{n}$，把总体分为 n 段，每段 k 个单元，然后在第一段的 k 个单元中随机抽取一个单元，假设为 r，然后每隔 k 个单元抽出一个单元，即 $r+k, r+2k$，…，直到抽出 n 个单元。

例如，某工厂有1000名职工，要抽50名职工做抽样调查样本，那么抽样间距 $k = \dfrac{1000}{50} = 20$。从 1～20 中随机抽取一个数字，假设抽中排在第 6 位的职工，则其余样本单元依次为第 26，46，66，86，…，986 位职工。

2. 循环等距抽样

当 N 不是 n 的整数倍，即抽样间距 $k = \dfrac{N}{n}$ 不是整数时，实际抽取的样本容量是不固定的（k 只能取一个与 $\dfrac{N}{n}$ 最为接近的整数），每个总体单元入样的概率也是不等的，这时用直线等距抽样就有可能产生偏倚。为了使样本均值为无偏估计，可以采用等距抽样方法。它是将 N 个总体单元排成首尾相接的一个圆。抽样间距 k 取最接近 $\dfrac{N}{n}$ 的整数，从 1 到 N 中随机抽取一个随机起点作为起始单元，然后每隔 k 抽取一个单元，直到抽满 n 个单元为止。

例如，某大学经济管理学院有2980名学生，要抽100名学生做抽样调查样本，那么抽样间距 $k = \dfrac{N}{n} = \dfrac{2980}{100} = 29.8$，取与之最近的整数 $k = 30$。然后在总体中随机抽取一个单位作为起点，假设抽中编号为 14，则其余样本为编号为 44，74，104，134，…，2974。

3. 不等概率系统抽样法

不等概率系统抽样中每个单元的入样概率不相等。最常用的也是最简单的是不等概率系统抽样 πPS，即入样概率 π_i 与单元大小 M_i 成比例的系统抽样。令 $M_0 = \sum\limits_{i=1}^{N} M_i$，表示所有单元大小的总和，则

$$\pi_i = n \dfrac{M_i}{M_0}$$

在实际中，实施不等概率抽样最简单的方法是代码法。πPS 系统抽样如下：

先将单元 M_i 值累加，取最接近 $\dfrac{M_0}{n}$ 的整数 k 为抽样间距，从 $[1, k]$ 中抽取一个整数 r，则代码 $r, r+k, r+2k, \cdots, r+(n-1)k$ 所对应的单元为样本单元。

[**例 3–8**] 某地区有 12 家大中型百货超市，每个百货超市的年营业额（亿元）如表 3–8 所示。试利用 πPS 系统抽样 4 个百货超市。

表 3–8 用 πPS 系统抽样抽取百货超市

百货超市编号	年营业额（M_i）	累计营业额	抽中代码
1	8	8	
2	28	36	
3	103	139	87
4	37	176	
5	19	195	
6	85	280	272
7	65	345	
8	73	418	
9	89	507	457
10	125	632	
11	48	680	642
12	59	739	

解：$M_0 = \sum_{i=1}^{N} M_i = 739$，$n = 4$，$k = \dfrac{M_0}{n} = \dfrac{739}{4} = 184.75 \approx 185$

从 $[1, k]$ 中随机抽取一个整数 $r = 87$，则 $r = 87$，$r + k = 272$，$r + 2k = 457$，$r + 3k = 642$ 所对应的百货超市入样，其序号依次为 3、6、9、11。

在 πPS 系统抽样中，对于特别大的单元一定要注意：如果 $M_i > k$，则该单元肯定被抽中，而且还可能被重复抽到。为了避免这种情况，可以事先将这些单元从抽样框中提取并直接放入样本，再对由剩余单元组成的单体实施抽样。

四、抽样效果分析

等距抽样是系统抽样中最简单、最常用的一种抽样法。下面以等距抽样（$N = nk$）为例，分析按有关标志排列的系统抽样的抽样效果。

设 S^2，S_{wsy}^2，S_{wst}^2 分别表示总体方差、样本（群）内方差、样本层方差；

$V(\bar{y}_{srs})$，$V(\bar{y}_{sy})$，$V(\bar{y}_{st})$ 分别表示不放回简单随机抽样均值方差、等距系统抽样均值方差、分层随机抽样方差；

ρ_{wsy}，ρ_{wst} 分别表示样本（群）内相关系数、同一系统样本（群）内对层均值离差的相关系数。

a. 若用样本（群）内方差表示系统均值估计量方差，则：

$$V(\bar{y}_{sy}) = E(\bar{y}_{sy} - \bar{Y})^2 = \frac{1}{k}\sum(\bar{y}_r - \bar{Y})^2 = \frac{(N-1)}{N}S^2 - \frac{k(n-1)}{N}S_{wsy}^2 \quad (3.21)$$

$$V(\bar{y}_{srs}) - V(\bar{y}_{sy}) = \frac{N-n}{Nn}S^2 - \left[\frac{(N-1)}{N}S^2 - \frac{k(n-1)}{N}S_{wsy}^2\right] = \frac{n-1}{n}(S_{wsy}^2 - S^2) \quad (3.22)$$

所以，当 $S_{wsy}^2 > S^2$ 时，系统抽样优于简单随机抽样；当 $S_{wsy}^2 < S^2$ 时，简单随机抽样优于系统抽样；当 $S_{wsy}^2 = S^2$ 时，系统抽样与简单随机抽样效果相同。

系统抽样估计量的方差用 ρ_{wsy} 表示为：

$$V(\bar{y}_{sy}) = \frac{S^2}{n}\left(\frac{N-1}{N}\right)[1 + (n-1)\rho_{wsy}] \quad (3.23)$$

可见，系统样本（群）内正相关越大，即系统样本（群）内单元越相似，则估计量方差越大，系统抽样精度越差。

b. 若用 S_{wst}^2，ρ_{wst} 表示系统抽样估计量方差，则：

$$V(\bar{y}_{sy}) = \frac{S_{wst}^2}{n}\left(\frac{N-n}{N}\right)[1 + (n-1)\rho_{wst}] \quad (3.24)$$

$$V(\bar{y}_{st}) = \frac{S_{wst}^2}{n}\left(\frac{N-n}{N}\right) \quad (3.25)$$

$$\frac{V(\bar{y}_{sy})}{V(\bar{y}_{st})} = 1 + (n-1)\rho_{wst} \quad (3.26)$$

所以，当 $\rho_{wst} > 0$ 时，系统抽样的精度低于分层抽样的；当 $\rho_{wst} < 0$ 时，系统抽样的精度高于分层抽样的；当 $\rho_{wst} = 0$ 时，系统抽样的精度等于分层抽样的。

下面有个实例可以具体说明按有关标志排列的系统抽样的抽样效果。

[例3-9] 某市从50户养鸭专业户中，按有关标志排序抽取5户进行调查，将总体单元排列如表3-9所示。$N = 50$，$n = 5$，$k = 10$。

表3-9 等距样本数据　　　　　　　　　　　　　　　　　单位：只

层	等距样本编号										层均值
	1	2	3	4	5	6	7	8	9	10	
一	203	259	287	312	350	366	371	299	405	416	326.8
二	442	442	454	462	476	502	511	520	557	558	492.4
三	562	567	574	593	601	619	641	644	653	665	611.9
四	672	678	690	692	732	746	753	779	787	824	735.3
五	875	876	887	918	927	937	980	981	1076	1210	966.7
系统抽样样本均值	550.8	564.4	245.4	595.4	617.2	634.0	651.2	644.6	695.6	734.6	626.6

层内方差：$S_{wst}^2 = \dfrac{1}{n(k-1)}\sum_{j=1}^{n}\sum_{r=1}^{k}(y_{rj} - \bar{y}_j)^2 = 4318(只^2)$

总体方差：$S^2 = \dfrac{1}{N-1} \sum\limits_{r=1}^{k} \sum\limits_{j=1}^{n} (y_{rj} - \overline{Y})^2 = 52089$（只²）

等距抽样均值估计方差：$V(\overline{y}_{sy}) = E(\overline{y}_{sy} - \overline{y})^2 = \dfrac{1}{k} \sum\limits_{r=1}^{k} (\overline{y}_r - \overline{Y})^2 = 3041$（只²）

分层随机抽样均值估计方差：$V(\overline{y}_{st}) = \dfrac{S_{wst}^2}{n}\left(\dfrac{N-n}{N}\right) = \dfrac{4318}{5}\left(\dfrac{50-5}{50}\right) = 777$（只²）

简单随机抽样的抽样均值估计方差：$V(\overline{y}_{srs}) = S^2 \dfrac{N-n}{Nn} = 52089 \times \dfrac{50-5}{50 \times 5} = 9376$（只²）

等距抽样的设计效果：$deff = \dfrac{V(\overline{y}_{sy})}{V(\overline{y}_{srs})} = \dfrac{3041}{9376} = 0.3243$

分层随机抽样的设计效果：$deff = \dfrac{V(\overline{y}_{st})}{V(\overline{y}_{srs})} = \dfrac{777}{9376} = 0.0829$

由此可见，按有关标志排列的系统抽样效果比简单随机抽样好，但比分层随机抽样差。

【思考与练习】

1. 简述抽样调查的含义和作用。
2. 概率抽样与非概率抽样的根本区别在哪里？在什么情况下采用概率抽样？在什么情况下采用非概率抽样？它们各自有哪些特点？
3. 抽样设计的目标和准则是什么？
4. 什么是抽样框和抽样单元？
5. 何为总体指标和样本统计量？
6. 估计量方差、偏倚、均方误差三者有何区别和联系？
7. 什么是简单随机抽样？为什么说它是其他概率抽样方式的基础？
8. 试比较不同抽样方式的特点、适用场合及抽样效果。
9. 某项长期调查项目在全面展开之前进行了试点，调查了一个样本容量为 1200 的简单随机样本，方案设计人员以这个样本为总体，计算出达到精度要求时需要的样本容量为 120，从而相应的抽样比为 10%，据此，方案设计人员要求在以后的调查中，抽样比为 10%，即必须调查总体单位中的 10%。你认为设计人员的做法有何不妥？
10. 某地区拥有 20 万户居民，某保险公司欲对该地区居民购买保险的情况进行调查，在全体居民户中按简单随机抽样抽出 200 户居民户，通过调查得知其中有 15 户购买了保险。试估计该地区居民户投保的比例，并给出估计量的标准差。如果希望在 95% 置信度下，估计的绝对误差不超过 1%，则所需的样本量为多少？
11. 随着经济发展，某市居民正在悄悄改变过年的习惯，虽然仍有大多数居民除夕夜在家吃年夜饭、看电视节目，但也有些家庭到饭店吃年夜饭，或逛夜市，或利用过年的假期到外地旅游。为研究这种现象，某研究机构以市中心 165 万居民户作为研究对象，将居民户按6个行政区分层,在每个行政区随机抽出30户居民进行了调查(各层抽样比可以忽略),每个行政区的情况以及在家吃年夜饭、看电视节目的居民户比例如下表所示:

行政区 (h)	居民户比例 (W_h)	在家居民户 (n_h)	行政区 (h)	居民户比例 (W_h)	在家居民户 (n_h)
1	0.18	27	4	0.09	26
2	0.21	28	5	0.16	28
3	0.14	27	6	0.22	29

(1) 试估计该市居民在家吃年夜饭的比例,并给出估计量的标准差。

(2) 当置信度为95%,要求绝对误差不超过1%时,按比例分配和Neyman分配时总样本容量及各层的样本容量分别为多少?

12. 某工业系统准备实行一项改革措施。该系统共有87个单元,现采用整群抽样,用简单抽样抽取15个单元作样本,征求入选单元中每个工人对改革措施的意见,结果如下表所示:

单元	总人数	赞成人数	单元	总人数	赞成人数
1	51	42	9	73	54
2	62	53	10	61	45
3	49	40	11	58	51
4	73	45	12	52	29
5	101	63	13	65	46
6	48	31	14	49	37
7	65	38	15	55	42
8	49	30			

(1) 估计该工业系统同意这一改革人数的比例,并计算估计标准误差;

(2) 在调查的基础上对方案做一些修改,拟再一次征求意见,要求估计比例的绝对误差不超过8%,则应抽取多少个单元做样本。

13. 有三个紧邻地区,其居民分别是汉族、回族和蒙古族。还有一本最近的居民册,册内每一户的人是依下列顺序登记的:丈夫、妻子、孩子(按年龄排列)、其他人,各户是沿街道按顺序排列的,每户平均有5口人。有两种抽样方案:

(1) 在户口册中每5人抽1人,可以得到一个系统样本;

(2) 按20%的比例抽取一个简单随机样本。

现在要从这两种样本中选择一种样本。在下述的三种指标中,你认为哪一种指标采用等距抽样有希望取得更好的精确度呢?并请说明理由。①汉族所占的比例;②男性所占的比例;③孩子所占的比例。

第四章 问卷设计

在各种调查方法中,邮寄调查、留置调查都必须采用调查问卷,而面谈法、电话调查也可以采用问卷的形式。因此,问卷设计就成为调查前一项重要的准备工作。问卷设计的好坏,在很大程度上决定着调查问卷的回收率、有效率,甚至关系到市场调查活动的成败。因此,问卷设计的科学性在市场调查中具有关键性意义。本章主要介绍问卷设计的基本原则、设计的程序,以及问卷中具体问题的设计方法和技巧等。

第一节 问卷设计概述

一、问卷设计的含义

在市场调查中,事先准备好的询问提纲或作为调查依据的调查表等文件,称为问卷。问卷是为了达到收集必要数据和调研目的而设计好的一系列问题,它是收集来自被访者信息的正式一览表。

二、设计问卷的作用

第一,实施方便,有利于提高调查的精度。调查可以采取个别口头询问、集体访问、电话访问等方式进行,但是这些方式都要求调查人员具有较高的询问技巧,同时还需要记录。这就难免出现问题回答不完整或是记录不完整、时间过长等情况。采用问卷方式则可将所有问题全部用提问方式在问卷中列出,许多问题都给出了多种可能的现有答案,供被访者选择。因此,这种方式比较容易让被访者接受。而且,实际上调查人员只要稍加培训即可胜任此项工作。一份设计完善的问卷能够有效地减少回答误差,提高调查的精度。

第二,易于对资料进行统计处理和定量分析。问卷设计将调查内容分解为各个细致的项目,并将其规范地排列在问卷中,绝大多数问题列出了被选答案,供被访者选答,少数问题采用文字表达方式,这样就有利于调查内容的系统化、标准化,便于利用手工或计算机对所取得的资料进行汇总。同时,由于问卷方式能将人们的态度、观点、行为、看法等定性认识转化为定量数据,这样就不仅便于研究者对调查对象的基本状况进行了解,在随机抽样的情况下,还可以对各种市场现象的各因素进行统计分析,例如相关性分析、回归分析和聚类分析等。

第三，有利于节省调查时间，提高调查效率。由于问卷设计中已将调查目的、调查内容进行了说明和编排，因此除特殊情况外，问卷形式无需再由调查人员就有关问题向被访者详细说明，只需被访者完成答案即可。这样就节省了调查人员用于详细解释相关问题的时间，加快了调查的进度。

三、问卷的基本类型

根据调查的不同目的，问卷可以采用多种不同的设计形式，大致可归纳为以下三类。

1. 自填式问卷和访问式问卷

自填式问卷是通过面访或邮寄，将问卷交到被调查者手中，由被调查者自行填写。访问式问卷是在面访或电话调查中由调查人员念给被访者听，再由调查人员根据被访者的回答填写。两者都是向被访问者发问，只是在形式上有些不同。

2. 结构式问卷和无结构式问卷

结构式问卷，又称标准式问卷，是按照调查目的和内容精心设计的具有结构的问卷，问卷中的问题是按一定的提问方式和顺序进行安排的。结构式问卷根据答案形式又分为封闭式、开放式和半封闭式问卷三种：①封闭式问卷，是指对提出的每一个问题都给出了明确的答案，被调查者只能从已给的备选答案中进行选择的问卷。②开放式问卷，又称自由问卷，是指只提出问题，不提供任何可能答案，由被调查者自由回答的问卷。③半封闭式问卷，即封闭式与开放式相结合的问卷。一般是指问卷的一部分问题采用封闭式，另一部分问题则采用开放式。在采用结构式问卷的调查过程中，调查人员要绝对遵从指导提问，不能随意变动问题和字句，更不能加插或者省略，此种问卷适用于大规模的市场调查。

无结构式问卷中所提到的问题没有在组织结构中加以严格的设计与安排，只是围绕研究目的来提一些问题，调查人员在实施调查时，可根据实际情况适当变动问题和顺序。此种问卷适用于较小规模的深层访谈调查。

3. 甄别问卷和主体问卷

一般而言，调查问卷的正文部分主要由甄别问卷、主体问卷两部分组成。甄别问卷是为过滤调查对象而专门设计的问卷。是否对被访者进行筛选是由调研目的所决定的。例如，如果一项调研的目的是调查那些想要购房的顾客在选择购房时考虑的因素，那么可能要选出未购房者或是在最近两年中有购房需求的顾客，可以问："请问您最近两年购买了新房吗？"对那些回答"否"的被访者，应礼貌地对他表示感谢："谢谢您的回答，占用您的时间了。"而主体问卷就是必须能表达调查主要内容的问卷。这是调查问卷中最重要的部分，是指问卷中所设计的问题。

四、问卷的基本结构

一份问卷通常从结构上可细分为问卷的标题、问卷说明、填写要求、甄别内容、主体内容、编码、必要的注明和被访者基本情况等部分。

一是问卷的标题。问卷的标题是对调查主题的高度概括，即调查表的总标题，一般位于问卷表的上端居中。问卷的名称应简明扼要，概括专项调查的主题，以使被调查者明确主要的调查内容和调查目的，并易于引起被调查者的兴趣。例如，"某市葡萄酒市场情况问卷调查"、"某市居民住房状况问卷调查"等。简单采用"调查问卷"这样的标题，易引起被调查者因不必要的怀疑而拒绝回答问题。

二是问卷说明。问卷说明主要是指前言或引言，它一般是以信函的形式对调查的目的和意义、指标解释、调查须知以及有关事项进行的说明。问卷说明一般放在问卷开头，通过它可以使被调查者了解调查目的，消除顾虑，并按一定的要求填写问卷。问卷说明可采取两种方式：一是比较简洁、开门见山；二是在问卷说明中进行一定的宣传，以引起调查对象对问卷的重视。如涉及需为被调查者保密的内容，必须指明予以保密、不对外提供等，以消除被调查者的顾虑。

三是填写要求。是对填写问卷的要求、方法、注意事项等进行说明，一般是以文字和符号对要作答的题目提出要求，也可单独进行统一的说明，并放在问卷说明之后或正式调查问题之前。

四是甄别内容。甄别内容是指通过设计一些问题先对被调查者进行过滤，筛选掉不符合条件的被调查者，然后得到满足条件的调查对象。例如，有的公司确定需要在本市连续居住5年以上者为调查对象，需要询问对方在本地的居住时间等。在确定对方属于合格的调查对象后，才开始正式的主题内容调查。另外，还可利用甄别内容排除一些可能会给调查活动带来不利影响的因素。不利的影响主要有：与调查内容在职业上有关联的调查者，曾经接受过调查的人士（职业受访者），以及可能在调查活动中提供虚假信息的其他人士或情况。例如，进行关于洗涤用品的调查时，会在问卷开头的地方询问调查对象是否属于美容行业的从业人员，调查对象的家属中是否有洗涤用品的生产厂家或者销售机构的工作人员，如果有以上情况之一者，应该停止调查。

五是主体内容。调查的主体内容是研究者所要了解的基本内容，也是调查问卷中最重要的部分。它主要是以提问的形式提供给被访问者，这部分内容设计的质量直接影响整个调查的价值。主体内容一般包括三个方面：一是人们的行为，包括对被调查者本人的行为或通过被调查者了解他人的行为。二是人们的行为后果。如对开征利息税社会效应专项调查，就要对被调查者调查开征利息税后对其实际收入的影响、开征利息税后将如何处置在银行的存款等。三是人们的态度、意见、感觉、偏好等。如人们接触媒介的习惯、购物的习惯、对商品品牌的喜好等。

六是编码。编码也是调查问卷中的一个组成部分。它是指对问卷中的问题（题目）与答案用数字所表示的代码。大多数市场调查问卷均需加以编码，以便分类整理，易于进行计算机处理和统计分析。所以，在问卷设计时，应确定每一个调查项目的编号和为相应的编码做准备，与此同时，每份问卷还必须有编号，即问卷编号。此编号除了顺序号以外，还应包括与该样本单位有关的抽样信息。

七是必要的注明。它设在问卷的最后，也可放在问卷说明之后。通常可以是简短的几句话，以对被调查者的合作表示真诚的感谢；也可以稍长一些，顺便征询一下对问卷

设计和问卷调查本身有何感受；更经常的内容还包括调查人员的姓名、访问日期、访问时间、对被访问者回答的评价等。

八是被访者基本情况。该部分主要是说明被调查者的一些主要特征，包括被调查者的性别、民族、职业、收入、文化程度、婚姻状况、家庭人口等。有的问卷还要求写出被调查者的姓名、地址和联系电话等，以便于审核和进一步追踪调查。但对于一些涉及被访者隐私的问卷，上述内容则不宜列入。并且，上述记录应得到被访者同意后方可进行。

第二节 问卷设计的基本原则

一份成功的问卷设计应该达到两个目标：一是设法取得对方合作；二是能将所要调查的问题明确地传达给被访问者，并取得真实、准确的答案。但在实际调查中，由于被访问者的个性不同，他们的教育水准、理解能力、宗教信仰、职业和家庭背景等都具有较大差异，加上调查人员本身的专业知识与技能高低不同，可能会给访问带来困难，并影响调查的结果。具体表现为以下四个方面：

其一，被访者不了解或误解问句的含义，不是无法回答，就是答非所问。

其二，被访者虽然了解问句的含义，愿意回答，但存在记忆障碍。

其三，被访者愿意回答，但无能力回答，包括被访者不善于表达、不适合回答或不知道等。例如，当询问消费者购买某种商品的动机时，有些消费者对动机的含义不了解，很难作出具体回答。

其四，被访者了解问题的含义，也具备回答的条件，但是不愿意回答，即拒答。拒答的原因可能是由于问卷设计呆板、枯燥，调查环境和时间不适宜，使被访者对问卷主题没有兴趣。再者，当回答问卷所需的时间太长，内容过多，较难回答时，常会导致被调查者在开始或中途放弃回答。

此外，被访者对问卷提问内容有所顾虑，即担心如实填写会给自己带来麻烦，其结果是不回答，或随意作答，这种情况的发生是调查资料失真的最主要原因。例如，当丈夫或者妻子在场的时候，向其询问有关做家务活的态度和情况的问题时，与对方不在现场时询问所得到的答案很可能会有差别。

为了克服上述困难，达到问卷调查的目的，问卷在设计时应遵循一些基本的设计原则。

1. 合理性

合理性是指问卷设计的内容必须与调查主题紧密相关，体现调查的主题。设计问卷时，应根据调查的目的，确定调查主题，使每个问题的目的明确、重点突出。而问卷体现调查主题的关键，是在问卷设计之初找出与调查主题相关的要素。例如，调查某化妆品的用户消费感受。这里并没有一个现成的选择要素的法则。但从问题出发，特别是结合一定的行业经验与商业知识，要素是能够被寻找出来的：一是使用者（可认定为购买者），包括她（他）的基本情况（自然状况：如性别、年龄、皮肤性质等）、使用化妆品的情况（是否使用过该化妆品、使用周期、使用化妆品的日常习惯等）。二是购买力和购买欲，包括她（他）的社会状况、收入水平、受教育程度、职业、化妆品消费特点（品牌、包装、价位、产品外观等）、使用该化妆品的效果等。三是产品本身，包括对包装与商标的评价、广告等促销手段的影响力、与市场上同类产品的横向比较等。所以，具有这样的要素对于调查主题的结果是有直接帮助的。另外，被访问者也相对容易了解调查人员的意图，从而予以配合。

2. 有效性

有效性是指研究人员设计时的意思和被访者所理解的意思是一致的，这就说明该问卷或者这一道题目的设计是有效的。反之，则说明这份问卷或这个问题的设计是无效的。在调查问题描述可能造成歧义或者不够专业的情况下，可能会造成被访者难以决定最适合的选项，不仅影响调查结果的可信度，甚至可能使得参与者未完成全部选项即中止调查。

[例 4-1]　哪一种网络广告形式最能吸引您点击？
a. 动画式广告　　b. 横幅式广告　　c. 跳出窗式广告　　d. 文字式广告
e. 邮件式广告　　f. 插播式广告　　g. 其他

实际的调查结果是动画式广告以 66.50% 的比例位居首位。其实，这种调查结果是因为对网络广告形式的分类不合理所造成的结果。因为动画式广告实际上并不是一种广告形式，而是网络广告内容的一种表达方式，横幅式广告、跳出窗式广告、邮件式广告、插播式广告等形式的网络广告都可以设计为动画式。

3. 逻辑性

问卷的设计要有整体感，这种整体感就是问题与问题之间要有逻辑性，应符合被调查者的思维程序。问卷应是一个相对完善的小系统，而且独立的问题本身也不能出现逻辑上的谬误。

[例 4-2]
请问您经常购书吗？
a. 经常　　　　b. 偶尔　　　　c. 几乎不购买
请问您通常购买哪种类书籍？
a. 文学类　　　b. 娱乐类　　　c. 漫画类　　　d. 专业类　　　e. 其他
请问您所购买的书籍对你有影响吗？
a. 有积极影响　b. 有消极影响　c. 无影响　　　d. 不清楚

在以上几个问题中，由于问题设置紧密相关，因而能够获得比较完整的信息。调查对象也会感到问题集中，提问有章法。相反，假如问题是发散的，问卷就会给人以随意而不是严谨的感觉。因此，逻辑性的要求是与问卷的条理性、程序性分不开的。在一个综合性的问卷中，调查人员可将差异较大的问卷分块设置，从而保证每个分块的问题都密切相关。

4. 规范性

问题设置的规范性具体是指命题是否准确；提问是否清晰明确、便于回答；被访问者是否能对问题作出明确的回答；等等。例如问题：您通常用多长时间读报？答案：a. 10 分钟以内；b. 20 分钟左右；c. 30 分钟左右；d. 40 分钟左右；e. 50 分钟左右；f. 60 分钟左右；g. 60 分钟以上。以上答案设计就是十分明确的。统计后会告诉：用时极短（浏览）的比例为多少；用时一般（粗阅）的比例为多少；用时较长（详阅）的比例为多少。反之，答案若设置为"10～60 分钟"，或"1 小时以内"等，则不仅不明确、难以说明问题，而且令被访问者很难作答。再者，问卷中常有"是"或"否"一类的是非式命题。例如问题：您的婚姻状况？答案：a. 已婚；b. 未婚。显而易见，此题还有第三种答案（离婚/丧偶/分居）。如按照以上方式设置，则不可避免地会发生选择上的困难和有效信息的流失，其症结即在于问卷违背了规范性的原则。

5. 非诱导性

非诱导性指的是问题要设置在中性位置，不参与提示或主观臆断，要完全保持被访问者的独立性与客观性。在问卷设计中，应尽量避免诱导性问题。例如，"今年看电影《狮子王》的人比看其他电影的人多。您看过这部电影吗？"为了不显示出"不同"，应答者即使没有看过也会说看过。问题应该是"您曾看过电影《狮子王》吗？"又如，"您认为政府对飞机票加税会剥夺许多人乘坐飞机的机会是对的吗？"这个问题有误导、偏见的嫌疑，使人不知如何回答。所以，如果问卷中设计的问题具有诱导性和提示性，会掩盖事物的真实性。

6. 便于整理和分析

成功的问卷设计除了要考虑紧密结合调查主题与方便信息收集外，还要考虑如何更方便地得出调查结果和使调查结果具有说服力。也就是说，调查问卷的设计要方便问卷在调查后的整理与分析工作。首先，这要求调查指标是能够累加和便于累加的；其次，指标的累计与相对数的计算是有意义的；最后，要能够通过数据清楚明了地说明所要调查的问题。只有这样，调查工作才能收到预期的效果。

第三节 问卷设计的程序

问卷设计是由一系列相关工作过程所构成。为使问卷具有科学性和可行性，一般需要经过四个阶段：

首先是准备阶段。准备阶段要根据研究的需要，确定调查主题的范围和调查项目，将所需问卷资料一一列出，分析哪些是主要资料，哪些是次要资料，哪些是调查的必备资料，哪些是可要可不要的资料，并分析哪些资料需要通过问卷来取得，需要向谁调查等，并对必要资料加以收集。同时要分析调查对象的各种特征，即分析了解各被调查对象的社会阶层、行为规范、社会环境等社会特征；文化程度、知识水平、理解能力等文化特征；需求动机、行为等心理特征，以此作为拟订问卷的基础。在此阶段，应充分征求有关各类人员的意见，以了解问卷中应该包含的问题，力求使问卷切合实际，能够充分满足各方面分析研究的需要。

其次是初步设计阶段。在做好准备工作的基础上，设计者就可以按照设计原则设计问卷初稿。主要是确定问卷的结构，拟订并编排问题。在初步设计中，首先要表明每项资料需要采用何种方式提问，并尽量详尽地列出各种问题，然后对问题进行检查、筛选、编排、设计。对提出的每个问题，都要充分考虑是否有必要，能否得到合理的答案。同时，要考虑问题是否需要编码，或需要向被调查者说明调查目的、要求、基本注意事项等。这些都是设计问卷时十分重要的工作，必须精心研究，反复推敲。

再次是测试和修改阶段。初步设计出来的问卷通常存在着一些问题，故需在小范围内进行试验性调查，以便弄清问卷在初稿中存在的问题，了解被调查者是否乐意回答和能够回答所有的问题，哪些语句不清，选择项是否过长等。如果发现问题，应作必要的修改，使问卷更加完善。

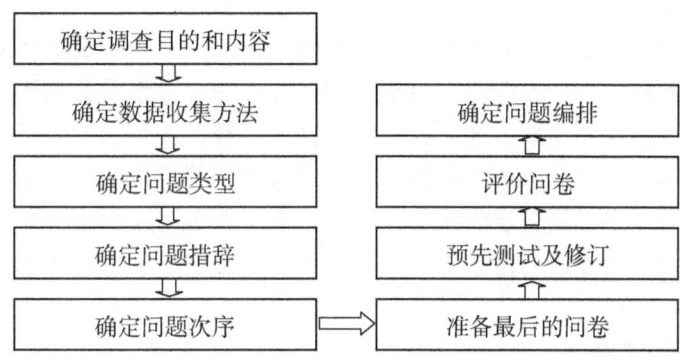

图4-1　问卷设计的具体步骤

最后是打印阶段。就是将最后定稿的问卷，按照调查工作的需要打印复制，制成正式问卷。问卷的外观也是问卷设计中不可忽视的一个重要因素。外观影响到访问者是否愿意、顺畅地答题，因此调查问卷也应注意外观的设计。

问卷设计的具体步骤如图4-1所示。

1. 确定调查目的和内容

在问卷设计中，最重要的一点，就是必须明确调查目的和内容，这不仅是问卷设计的前提，也是问卷设计的基础。市场调查的总体目的是为决策部门提供参考依据，目的可能是制定长远性的战略性规划，也可能是为制定某阶段或针对某问题的具体政策或策略，无论是哪种情况，在进行问卷设计时都必须对调查目的有一个清楚的认知，并且在调查计划书中进行具体的细化和文本化，以作为问卷设计的指导。调查的内容可以是抽象的观念，如人们的理想、信念、价值观和人生观等；也可以是具体的习惯或行为，如对商品品牌的喜好、购物的习惯和行为等。

尽管可能只是某个部门发起的市场研究，但受项目影响的每个部门都应当一起讨论：调查的目的是什么，究竟需要些什么数据。另外，询问的目标应当尽可能精确、清楚，如果这一步做得好，下面的步骤会更顺利、更有效。

2. 确定数据收集方法

进行市场调查获得数据可以有多种方法，如直接访问、堵截访问、电话访问、邮寄调查、网络调查等。不同的方法对问卷设计有不同的要求。例如，在街上进行堵截访问比入户访问有更多的限制，街上堵截访问有着时间上的限制；邮寄访问则要求问卷设计得非常清楚，因为调查人员不在场，没有澄清问题的机会；电话调查经常需要丰富的词汇和较长的时间来描述和解释问题。对比而言，在直接访谈中，调查人员可以给被访者出示图片以解释或证明概念。

3. 确定问题类型

一旦数据的收集方法决定下来，实际的问卷设计过程就开始了，这一阶段首先关心的是询问中所使用的问题类型。在市场调研中，主要的问题类型有开放式问题、封闭式问题、量表应答式问题等。因此，先列出问题，再决定提问的方式，哪些用多项选择式，哪些用开放式，哪些需要作解释和说明。关于问题的类型，将在本章第四节中具体阐述。

4. 确定问题措辞

在问题的措辞上，必须充分考虑受访人群的文化水平、年龄层次和协调合作的可能性，因为在面对不同的受访人群时，由于他们各方面的综合素质和水平的差异，措辞上也应该进行相应的调整。比如，面对家庭主妇做的调查，在语言上就必须尽量通俗；而对于文化水平较高的调查对象，在题目和语言的选择上就可以提高一定的层次。只有在这样的细节上综合考虑，调查才能够顺利进行。总的来说，在问题的措辞方面必须注意：用词必须清楚，避免诱导性的用语；考虑应答者回答问题的能力；考虑应答者回答问题的意愿等。

5. 确定问题次序

问卷中的问题应遵循一定的排列次序，问题的排列次序会影响被调查者的兴趣、情绪，进而影响其合作积极性。所以，一份好的问卷应对问题排列作精心设计。

一般而言，问卷的开头部分应安排比较容易的问题，这样可以给被调查者一种轻松、愉快的感觉，以便于他们继续答下去。中间部分最好安排一些核心问题，即调查者需要掌握的资料，这一部分是问卷的核心部分，应该妥善安排。结尾部分可以安排一些背景资料，如职业、年龄、收入等。个人背景资料虽然属事实性问题，也十分容易回答，但有些问题，诸如收入、年龄等同样属于敏感性问题，因此一般安排在末尾部分。当然，在不涉及敏感性问题的情况下，也可将背景资料安排在开头部分。还有一点就是要注意问题的逻辑顺序，有逻辑顺序的问题应按逻辑顺序排列。

6. 确定问卷编排

问卷不能任意编排，问卷每一部分的位置安排都具有一定的逻辑性。一般将一份问卷分为几部分是有必要的，每一部分的问题应该编号，问卷本身应该事先编码，这样在数据处理时会比较方便。

7. 评价问卷

一旦问卷草稿设计好后，问卷设计人员应再回过来做一些批评性评估。由于问卷所起的关键作用，一般情况下这一步是必不可少的。在问卷评估过程中，应当考虑以下一些问题：问题是否必要；问卷是否太长；问卷是否回答了调研目标所需的信息；开放式问题是否留足空间等。

8. 预先测试及修订

当问卷通过评估之后，还必须进行预先测试。问卷的所有方面都应该经过测试，包括问题的答案、措辞、顺序、形式和布局、问题的难度以及指示说明。在没有进行预先测试前，不应当进行正式的询问调查。通过访问寻找问卷中存在的错误解释、不连贯的地方、不正确的跳跃模型，为封闭式问题寻找额外的选项以及应答者的一般反应。预先测试应当以最终访问的相同形式进行。如果访问是入户调查，预先测试应当采取入户的方式。如果实际调查中要使用邮件、电话方式，则应该以这些方式进行预先测试。另外，预先测试中的调查对象应该与实际调查中包括的调查对象类似。

在预先测试完成后，任何需要改变的地方应当仔细修改。在进行实地调研前应当再一次获得各方的认同，如果预先测试导致问卷产生较大的改动，应该使用一个不同的调查对象样本来进行另一次测试。

9. 准备最后的问卷

问卷打印时所用的纸张品种、颜色、字体样式等，都会影响访问者回答问卷的质量水平。因此，必须注意打印的质量以及问卷整体外观的设计。另外，还需注意问卷是否需要进行特殊的折叠和装订。

第四节 问题设计的技术

从问卷设计的过程来看，关于问题的设计至关重要。如何根据调查的目的确定问题的类型、决定问题的措辞、编排问题的顺序是问卷设计是否成功的关键所在。

一、问题的类型

理想的问题设计应能使调查人员获得所需的信息，同时使被调查者能轻松、方便地回答问题。这就要求调查人员能依据具体调查内容的要求，设计选用合适的问题进行调查。问题的类型很多，按问题的内容可分为事实性问题、意见性问题、阐述性问题；按问题的回答形式可分为开放式问题和封闭式问题；其中，封闭式问题按选项设置不同又可分为二项选择式问题、多项选择式问题，此外还有顺位式问题、程度评等式问题、过滤式问题等。

1. 按问题的内容分

（1）事实性问题。事实性问题是要求被调查者依据现有事实来回答问题，不必提出主观看法。诸如"您使用的空调器是什么牌子的？""您家庭的年人均收入是多少？""您的职业是什么？"等等。这类问题常用于了解被调查者的特征（如职业、年龄、收入水平、家庭状况、居住条件、教育程度等）以及与消费商品有关的情况（如产品商标、价格、购买地点、时间、方式等），从中了解某些商品消费的现状。这类问题对调查人员确定某类产品的目标市场有很大的帮助。

事实问句的主要特点是问题简单，回答方便，调查覆盖面广，调查结果便于统计处理。但也存在着不足，如由于时间长等原因，被调查者对某些事实记忆不清，或由于某些被调查者的心理因素影响，而使回答的结果在一定程度上失真。

（2）意见性问题。意见性问题主要是用于了解被调查者对有关问题的意见、看法、要求和打算。例如"您希望购买哪种牌号的摩托车？""您打算何时购买液晶电视？"等等。这类问题可以帮助调查人员了解被调查者对商品的需求意向，使企业能够根据消费者需求不断改进产品设计，经营适销对路的商品，从而增强企业的生存能力。

意见问句的主要特点是从这类询问中可以广泛地了解消费者对需求的要求、打算、意见，为决策者提供未来需求信息。但它也存在着不足，其一，这类询问仅能了解被调查者的意见、看法，而无法了解产生这些意见、看法的真正内在原因。如询问上面提到的"您希望购买哪种牌号的摩托车？"这一问题时，调查者只能知道消费者喜欢哪种牌号的摩托车，而并不能了解消费者究竟喜欢这种牌号的摩托车的哪些方面，是质量、颜色还是式样等。其二，这类问题在一定程度上受心理因素的影响。如在了解消费打算等问题时，被调查者会因家庭财产问题而不愿说真话等。

（3）阐述性问题。阐述性问题又称解释性问题，主要是用于调查者想要了解被调查者的行为、意见、看法产生的原因。根据询问是否给出问题的选择答案，相应地可分为封闭式阐述询问和开放式阐述询问。这类询问可以在一定程度上弥补事实询问存在的不足。如前面提到的事实询问"你希望购买哪种牌子的摩托车？"若想进一步了解购买行为的原因，可提出"您为什么希望购买这种牌子的摩托车？"这就是阐述性问题。

阐述问句的主要特点是能够较为深入地了解消费者的心理活动，从而找到问题及问题产生的原因，为解决问题提供依据。但是这种询问也存在不足，其一是结果极为复杂，尤其是开放式的阐述问句，答复的结果不易整理；其二是此类问题涉及被调查者的主观因素较前面两种询问多，被调查者易因各种原因而回避问题，或只讲问题的次要方面，从而使调查结果的真实性受到影响。

2. 按问题的回答形式分

（1）开放式问题。开放式问题又称自由回答式问题，这种问题的特点是调查人员事先不拟订任何具体答案，让被调查者根据提问自由回答问题。例如"您喜欢穿什么式样的秋季外套？""您对××牌空调的售后服务有何意见？"这种询问方式因事先不提供回答答案，能使被调查者的思维不受束缚，充分发表意见，畅所欲言，从而可以获得极为广泛的信息资料。但由于被调查者的回答漫无边际，各不相同，使调查结果难以归类统计和分析。

开放式问题比较适用于调查受消费者心理因素影响较大的问题，如消费习惯、购买动机、质量、服务态度等，因为这些问题一般很难预期或限定答案范围。这种询问在探测性调查中常常采用。

（2）封闭式问题。封闭式问题是指在问卷上的每一个问题都给出可供选择的答案，要求被调查者从中作出选择。

封闭式问题的优点是对回答进行编码和分析很容易。受访者通常对问题的含义较清楚，若有不清楚者，一般也可从回答选项中看清其含义。因此，较少有受访者感到困扰而回答"不知道"或根本不回答的情况，这有助于提高问卷回收率。封闭性问题的缺点是问题设计起来比较难，需要调查人员预先做大量的资料准备工作。另外，封闭性问题很容易使一个不知道如何回答或没有看法的受访者猜着回答甚至随便乱答。针对这种情况，则应有一个"不知道/说不清"的选项。

封闭式问题在具体设计上，又可分为下面几种问题形式：

A. 二项选择式问题。二项选择式问题又称伪真式问题。这种问题的回答只分两种情况，"是"或"否"，"有"或"无"等，这两种答案是对立的，必须二者择其一。

[例4-3]

您家里现在有电脑吗？

a. 有　　　　b. 无

您今年是否打算购买小汽车？

a. 是　　　　b. 否

这种问题回答简单，调查结果易于统计归类。但这种问题也有一定的局限性，主要是被调查者不能表达意见的程度差别，回答只有"是"与"否"两种选择，了解的情况不够深入。若被调查者还没有考虑好这个问题，即处于"未定"状态，则无从表达意愿。在二项选择式问题中，如果预料到相当大比例的调查对象是中立的，那么就应包括一个中立的选项。

B. 多项选择式问题。多项选择式问题是对一个问题事先列出几种（三个或三个以上）可能的答案，让被调查者根据实际情况，从中选出一个或几个最符合被调查者情况的作为答案。

[例4-4]　某彩电生产企业要了解本企业产品在同类产品中的市场占有率，设计问题：您家里的彩色电视机是哪一种品牌的？

a. TCL（　）　　b. 创维（　）　　c. 长虹（　）　　d. 索尼（　）

e. 飞利浦（　）　f. 海尔（　）　　g. 康佳（　）　　h. 其他（　）

多项选择式问题保留了是否式询问的回答简单、结果易整理的优点，避免了是否式询问的不足，能有效地表达意见的差异程度，是一种应用较为广泛、灵活的询问形式。使用这种问题有一点值得注意：在设计选择答案时，选项应该包括所有可能的选择，并应该互相排斥，否则会使得到的信息不够全面、客观。此外，在多项选择式问题中，有一种专门用于测量消费者满意程度的量表，称为态度量表。关于态度量表的内容将在后文作具体介绍。

（3）半封闭式问题。在列出问题的主要选项后，再加"其他"项，并要求被访者填写此项的具体内容。这样可以弥补设计时对"主要选项"的遗漏，使选项满足"穷尽"原则；而且，调查时往往会遇到一些预料不到的情况，设计"其他"项并列出其具体内容，将给更好地完善问卷及更好地分析问题留下了更为广阔的空间。

[例4-5] （可多选）你使用的化妆品的功效是：
a. 清洁　　b. 美白　　c. 祛痘　　d. 防晒　　e. 润肤　　f. 其他_____（请具体列出）

半封闭式问题还可以是封闭式问题里某个选项的追问题，即对封闭式问题里某个选项深层原因等方面的挖掘。

[例4-6] 请问您的孩子完成了九年义务教育吗？
a. 完成　　　b. 未完成
请问您的孩子"未完成"九年义务教育的原因是什么？_____

3. 其他分类

（1）顺位式问题。顺位式问题是在多项选择式问题的基础上，要求被调查者对所询问问题的各种可能的答案，按照重要程度不同或喜爱程度不同，对所列答案定出先后顺序。

[例4-7] 您选购电视机时，对下列各项，请按照您认为的重要程度以1，2，3，4，5为序进行排序：
a. 图像清晰（　）　　b. 音质好（　）　　c. 外形漂亮（　）
d. 使用寿命长（　）　e. 辐射程度低（　）

也可以对不同牌号的同类产品的喜爱程度进行排序。

[例4-8] 下列牌号的牙膏中，请根据您的喜爱程度，以1，2，3，4，5，6序号进行排序：
a. 高露洁（　）　　b. 黑妹（　）　　c. 中华（　）
d. 两面针（　）　　e. 美加净（　）　　f. 佳洁士（　）

这种询问方式回答较为简单，易于归类统计，但需注意避免可供选择的答案的片面性。

（2）程度评等式问题。程度评等式问题的特点是调查人员对所询问问题列出程度不同的几个答案，并对答案事先按顺序评分，请被调查者选择一个答案。

[例4-9] 您对我公司生产的冰箱的质量有何看法？请在相应的（　）中打"√"。
很好（　）　　较好（　）　　一般（　）　　较差（　）　　很差（　）
　　2　　　　　　1　　　　　　0　　　　　　-1　　　　　　-2

将全部调查表汇总后，通过总分统计，可以了解被调查者的大致态度。若总分为正分，表明被调查者的总体看法是肯定的；若总分为零分，表明肯定与否定意见持平；若总分为负数,则表明总体上是持否定看法。

这种问题形式,也常被用来对不同牌号的同类产品进行各种性能的评比。如在某一范围内进行一次电视机质量评比,评出各种牌号的等级或名次。

[例4-10] 根据下面的评分标准,给下列品牌的电视机质量评定分数,分数填入括号。

评分标准: 很好 较好 一般 较差 很差
　　　　　10分　8分　6分　4分　2分
a. TCL（　） b. 创维（　） c. 长虹（　） d. 海信（　） e. 海尔（　）

还有一种过滤式问题。过滤式问题是逐步缩小提问范围,引导被调查者很自然地对所要调查的某一专门主题作出回答的问题形式。这种询问法,不是开门见山,而是采取投石问路的方法,一步一步地深入,最后引出被调查者对某个所要调查问题的事实想法。这种问题形式通常用于调查者对回答有顾虑或者一时难以直接表达的问题。

[例4-11] 某电信企业要了解消费者对上网是否影响孩子学习的意见。若一次性提问(非过滤式提问):"你不上网是怕影响孩子的学习吗?"上述问题会给被调查者一种很唐突的感觉,是不妥的提问法,因为不上网往往是多种原因引起的,很难直接回答,可用如下过滤式问句提出问题:①"你上过网吗?"②"你是否限制孩子上网?"③"你认为上网有什么用处吗?"④"有人说上网对孩子学习有影响,也有人认为上网没有影响反而有好处,你是如何看待这个问题的?"从上面的例句中可以看到,通过调查人员的逐步引导,使被调查者有一个逐步考虑问题的过程,从而自然真实地回答调查人员的问题。

二、问题的措辞

在已经确定问题形式后,接下来的工作是把握每个问题的语气措辞,使得这些问题简洁明了,能够让被调查者一下子看明白,不至于使被调查者在理解题意上花太多的时间,耽误了答题,这是问卷设计者的一项重要工作。因此,在实践中要注意以下五点:

1. 准确用语

用语准确是指问题的措辞要完整准确地反映问题的内容,不要模棱两可。一个提问只询问一个问题,不要随意为被调查者做假设。答案选项要准确详尽,避免互相交叉或包容。

[例4-12] 您认为自己的双休日过得充实吗?
分析:其中,"充实"这一概念较抽象,不便于回答,因此也难以得出明确的答案。

[例4-13] 请您估计一下,您平均一个月在音像制品上花多少钱?
分析:这里的"音像制品"虽然是常用词语,但是如果不对音像制品范围进行划

定,则被调查者对其所含物品种类的理解,有些人就可能认为是磁带、录像带等。还有,这里的"花多少钱",可以指购买,也可以指租借,不同人的理解显然也是不同的。

另外,问题给出的答案选项含义模糊或相互交叉,也可能使被调查者无法准确表达自己的意见和看法。例如,询问被调查者对某品牌商品的购买时间,选项中有"最近三个月内购买"和"最近一年内购买",如果被调查者是上周购买的,则这两个选项都对。

2. 避免诱导性用语

问题不要有诱导性、暗示性和倾向性,以保证回答客观、真实。如褒义词、贬义词、否定性问题都应尽量避免,在设计问题选项时尽量给出中间的"一般/无所谓"选项。例如,"您不赞成大学生高消费吗?"这类提法就具有诱导性,容易诱导被调查者回答失真。应改为:"您对大学生高消费有何看法?"又如,"您对'洋快餐'对民族快餐业的冲击有何看法?"用词和语气都显示了某种倾向性和暗示性,不利于真实回答。可改为:"现在很多地方引进了国外快餐,您对此有何看法?"

3. 遵循可靠性原则

问题尽量不用或少用过于生僻、专业的词语。一般调查中,被调查对象文化程度分布广泛,生僻、专业的词语会阻碍被调查者对问题的理解,导致其无法作出判断。如果因为特殊需要必须使用时,应对其含义进行定义和说明。措辞要标准、规范、具体,防止不同被调查者对同一问题的理解不同,同时还有可比性。

[例4-14] 您家本月的收入环比增加多少?同比增加多少?

分析:"环比"和"同比"是统计分析中的专业术语,"环比"在此表示与上月相比较,"同比"表示与去年同期相比较。如果不做解释,显然答题者是无法作出选择的。即便给出答案也没有意义。

[例4-15] 某软件公司就某软件市场潜力派人进行市场调查,询问:请问您是否使用过××2.0版本软件?

    a. 使用过   b. 没有使用过   c. 不知道

分析:被调查者因为不知道什么是2.0版本软件,有些被调查者可能已使用过却选择了"没有使用过",所得的结果显然有误差。

4. 考虑应答者回答问题的能力

有些问题的回答要求被调查者回忆、估计,而回忆是造成计量误差的主要原因。经常有些市场调查要求被调查者回忆以前三个月甚至半年、一年的购买情况,这显然取决于被调查者的记忆力和合作程度。例如,"请问您自去年以来,用过什么牌子的洗发水?"或者"您平均每天喝多少毫升牛奶?"这些问题需要被调查者回忆较长时间以前的事,或者需要进行数量上的估计,可能会出现误差导致信息的不真实。另外,被访者在碰到这类情况时可能会出现畏难情绪而中止答题。

5. 注意敏感性问题的用词

例如,关于年龄、财产、收入、婚姻状况等问题,一些被调查者往往不愿意回答或不愿意真实回答。因此在问题的用词上要注意隐蔽性。例如，直接询问一些敏感性问题总会使被调查者产生反感而拒答。又如，被调查者可能不愿示弱或怕被看不起而说谎。所以，在决定措辞时要注意研究被调查者的心理。在实践中，往往可以通过不具体询问、假借询问对象等方式来进行提问。如询问时不需过分具体，而给出几个范围供被调查者选择。

[例4-16] 请问您的年龄是属于哪一类？
a. 18 岁以下　b. 18～25 岁　c. 26～30 岁　d. 31～40 岁　e. 40 岁以上

[例4-17] 请问您的业余时间一般如何安排？
分析：对于这个问题很多被访者会往"好"的方面说，不愿作真实回答。因此，可以这样问："您周围的朋友业余时间主要做些什么？"这样，可以保全被访者的面子，获得信息的真实性也会更强。

总的来说，确定问题的措辞具有很大的灵活性和创造性，不同设计者往往具有不同的风格。这里主要提出了一些基本的设计原则，建议设计者在设计时应反复推敲，尽量避免因措辞引起的误差。

三、问题选项的设计

问题的答案选项设计，是问题设计的重要组成部分。开放式问题的选项一般只包括一个供被调查者填写其回答的空白空间。一般研究人员留多大空间，被调查者就填写多少字。而封闭式问题的回答选项比较复杂，其答案的设计必须经过多方面周密细致的考虑。对于封闭式问题，根据其答案的测量层次不同，可分为三种类型的答案：定类回答、定序回答、定距回答。

1. 定类回答

定类回答是最简单的一种答案形式。它仅仅是将对象进行分类，类别间的数字只表示不同而已。如"你的职业是——①个体户，②教师，③工人，④其他"。这里的编号除了说明它们是不同的类别之外，没有其他任何意义。

在设计定类问题的答案时，要注意两点：

一是答案要穷尽。所谓穷尽是指答案要包括所有可能的情况。即要将问题所有的答案尽可能地列出，才能使每个被访者都有答案可选，不至于因被访者找不到合适的可选答案而放弃回答。例如，若对"您的婚姻状况"这个问题只设计"已婚、未婚、丧偶"三个答案，对于那些已离婚而未再婚的人就无法回答。因此，还应设计一项"离异"。若对复杂的问题设计答案，则更要仔细考虑。

[例4-18] 请问您不购买海尔空调的原因是：
a. 不了解其性能　　　b. 价格太贵　　　c. 使用不方便
d. 性能不好　　　　　e. 售后服务不佳　　f. 无质量保证
分析：这几项答案可能并未完全包括被访者不愿购买海尔商品的原因，容易造成回答困难。为防止出现列举不全的现象，可在问题答案设计的最后列出一项"其他（请注明）"，这样，被访者就可将问卷中未穷尽的项目填写在所留的空格内。须注意的是，如果一个问题选择"其他"类答案作为回答的人过多，说明答案的设计是不恰当的。

二是答案须互斥。互斥是指在两个概念之间不能出现交叉和包容的现象。在设计答案时，一个问题所列出的不同答案必须互不相容、互不重叠，否则被访者可能会作出有重复内容的双重选择，对资料的整理分析不力，影响调查效果。例如，"青年人"和"知识分子"就不能出现在同一组答案中。

[例4-19] 您平均每月支出中花费最多的是：
a. 食品　　　　b. 服装　　　　c. 书籍　　d. 报纸、杂志
e. 日用品　　　f. 娱乐　　　　g. 饮料　　h. 其他

分析：答案中食品和饮料、书籍和杂志等都是包容关系。所以，在答案设计时，一定要用同一标准在同一层次上分类，避免答案之间有交叉或包容现象。

2. 定序回答

定序回答是按照人们对某一对象的态度或看法确定顺序，定序问题的答案往往采取诸如："①很满意；②较满意；③一般；④不太满意；⑤很不满意"五级或"①满意；②一般；③不满意"三级答案，一般以五级较多。不同序号程度不同，以反映答案间的程度差异。

设计定序问题的答案要注意两点：一是答案要由强到弱或由弱到强，体现顺序性；二是这些答案要有对称性，如"好、一般、差"，或者"很好、较好、一般、较差、很差"。

3. 定距回答

定序回答只反映答案间的程度差异，而定距回答则能表明答案间的数量差异。常用的定距单位有小时、元、公里等。

[例4-20] 您一周用于看书的时间是：
a. 3小时以下　b. 3～6小时　c. 6～9小时　d. 9～12小时　e. 12小时以上

分析：设计定距问题的答案要注意三点。一是各档的数字之间应正好衔接，无重叠、中断现象。二是各档之间的间距不一定相等。三是划分的档次不宜太多，每一档的范围也不宜太宽。因为档次太多，使得问卷篇幅增大，而且有些档次只有极少数人可回答。一般的做法是，在大多数所属的范围内适当进行分档，并将两端列为开放式。另外，在无法确定档次的数目时，采取宁多勿少的做法，因为频次少的档次可以在整理时进行合并。

通常在调查一些如年龄、收入等敏感性问题时，为消除被访者的顾虑和满足资料整理分析的需要，常常将答案设计成定距回答。

[例4-21]　您的月工资是：
a. 2000 元以下　　　b. 2000～4000 元　　c. 4000～6000 元
d. 6000～8000 元　　e. 8000 元以上

此外，对于封闭式问题，每一项答案都应有明显的填答标记或注解，答案与答案之间要留有足够的空格。注意不要在填答标记、符号或每项答案的前或后作选择记号，因为在各项答案之间距离较近时，可能使研究者不容易辨认被调查者到底选择了哪个答案。大规模的调查时，问卷的设计最好给出如何在答案上做记号的范例。

四、问题的次序

在将各个问题最后连成问卷时，研究人员必须决定问卷中问题的数量，以及问题的顺序或次序。其中，问题的次序也影响问卷资料的质量。有关问题的次序的常用规则如下：

第一，简单的、易于回答的问题和能引起被调查者兴趣的问题放在前面；开放式问题和容易引起回答者紧张、顾虑的问题，如敏感性问题、个人背景资料问题等放在后面。例如，某电视机生产企业调查其产品市场潜力，其询问的第一个问题可以是：请问您家有没有电视机？如敏感性问题诸如家庭关系、收入之类放在前面，受访者会对它们产生反感，因而拒绝继续答下去。若这些问题在后面才碰到，则即便受访者拒绝回答敏感性问题，已回答过的所有非敏感性问题的信息还是保留住了。开放性问题也应放在后面，即使它们所涉及的是非敏感性问题，因为它们一般需要受访者作较多的考虑，因此作答所需时间要比封闭性问题更长。如果受访者花 15 分钟才能答完 50 个问题中的第一个，或发现第一个问题难以回答，他就可能断定自己没有时间完成该问卷，或者断定此问卷可能需要费太多的时间和精力，从而可能拒绝继续答下去。

第二，一般性问题、被调查者较熟悉的问题放在前面，特殊性问题、被调查者较生疏的问题放在后面；先问有关行为方面的问题，再问有关态度方面的问题。

[例4-22]　某乳制品生产企业针对鲜牛奶包装问题进行市场调查，设计问题如下：①您最近一次购买鲜牛奶产品是什么样的包装？②您喜欢这种包装吗？③您认为鲜牛奶的包装重要吗？④您购买这种牌子鲜奶的主要原因是什么？

分析：第①题询问消费者行为，第②、③题询问消费者的态度。很显然，第①题应该相对放在靠前，而第④题是需要被访者进一步思考比较的问题，应该相对放在较后。

第三，按一定的逻辑顺序排列问题。比如，时间顺序（从最早到最近或相反）、类别顺序等。询问同一类事物的问题应尽可能放在一起，不要将它们打乱，以免破坏被调查者回答时的思路和注意力。例如，当询问受访者的就职史时，如按时间先后答，即从第一个职业到目前的职业，或从目前的职业追溯到第一个职业，受访者便会感到容易回答。问卷不应先问第二个职业，接着问第五个职业，然后又问第四个职业。除时间顺序外，大多数问卷都会按照内容进行分块。一般而言，最好先处理完一个分块，再处理下一个。例如,如果先向受访者问第一个职业,接着问一个关于食品选择的问题,然后再回头问第二个职业,那么受访者的注意力和思维序列就可能遭到破坏。

第四,将检验性问题分成对。检验性问题是为检验回答是否真实、准确而设计的问题。如在问卷中前面一处先问:"您今年多少岁?"在问卷后面某处再问:"您哪年结婚?""当时多少岁?"又如,先问收入、再问支出,或先问支出、后问收入等。这类成对的问题,一般安排在问卷的前后不同位置,通过互相检验来判断回答的真实性和准确性。

第五,关于"漏斗形技术"的使用。某些研究人员主张按漏斗形排列问题顺序。根据漏斗形技术,要先问范围广的、一般的甚至开放性的问题,接着问较具体的问题,这样,漏斗就越来越窄了。这一技术,由于先问非私密性(甚至不相干)的问题,而使受访者不会感到拘束。通过使用漏斗技术加上筛选问题,研究人员就能确定具体问题是否适宜于受访者,从而可避免问不宜问的问题。由一个经过过滤的或筛选的问题来确定后来的问题是否适于受访者。例如,研究人员不是先问受访者抽多少烟或抽什么牌子的烟,而是先问是否抽烟。如果回答是"不",则抽烟的具体问题就跳过不提了,如果先问的一般性的或开放性的问题是易于回答的,那样漏斗形技术就能行得通。但更可取的是,先问易于回答的、封闭性的、关于事实的问题,然后再问特别敏感的问题和开放性的问题。无论如何,问卷开头的问题应该使受访者觉得简单、放心。

第五节　问卷中的量表

在问卷中,常常需要对被调查者的态度、意见、感觉等心理活动方面的问题进行判别和测定,如消费者对某种电视的喜爱程度,居民对某居住小区的评价等,可以借助各种数量方法加以测定。所谓量表,就是通过一套事先拟订的用语、记号和数目,来测定人们心理活动的度量工具,它可将所要调查的定性资料量化。在问卷设计中,用数量方法对调查对象的感觉、认识、意见和态度进行测量的方法叫态度测量法。态度量表是用预先设计好的语言、记号、数目和计分进行态度测量的一种表格式的心理量度工具,或者说是表达调查对象对于具体事物在态度上的倾向性的测量、界定和记录的表格。

一、量表的概述

考虑下面两种形式的问题:

[例4-23]　既然您已试用了该产品,您将会购买它吗?
  a. 会　　　　　　　　b. 不会　　　　　　　c. 不一定

[例4-24]　既然您已试用了该产品,您将会购买它吗?

a. 肯定购买　　b. 很可能购买　　c. 也许购买　　d. 很可能不购买　　e. 肯定不购买

第一个问题的回答强度更模糊些，它只是决定了方向（买与不买），而第二个问题的回答强度更清晰些，更有利于做量表式答案。量表应答式问题的主要优点是可以对应答者回答的强度进行测量，多数量表式答案可以转换成数字，并且这些数字可以直接用于编码。此外，对量表应答式问题，调查人员可以使用一些更高级的统计分析工具。

但其不足之处在于：问卷必须解释应答类别，而且应答者必须把量表转换成他或她自己的参考框架。为了克服第一个问题，调查人员通常提供了一个供选择的应答类别的详细描述，以便在提问之前让应答者理解量表。另外，这种测量方法工作量较大。

二、量表的类型

按照量表的形式，量表可分为对称性量表和不对称性量表两种。例如，询问消费者关于某一保健品的效果时，可以设计如下两种五段量表：

对称性量表：　很好　　　较好　　　一般　　　较差　　　很差
　　　　　　　（　）　　（　）　　（　）　　（　）　　（　）
非对称性量表：非常好　　很好　　　较好　　　一般　　　差
　　　　　　　（　）　　（　）　　（　）　　（　）　　（　）

最后分别统计五种情况所占的百分比，确定这种商品在消费者中的总体满意程度。

另外，根据量表的性质，量表可分为类别量表、顺序量表、等距量表和等比量表。这是市场调查中常用的一种分类方法。这些不同的量表，反映了不同的消费态度和消费者的购买意向，可以用来解决不同的调查问题。

1. 类别量表

类别量表又称名义量表，是测量消费者对不同性质问题的分类，如满意、不满意，是、否等。

[例 4-25]　请问您是否知道××品牌的洗衣机？
a. 知道 ——1
b. 不知道 ——2

类别量表的主要目的是在分类的基础上，得到并分析各类统计资料。应当注意的是，上面例子中每类答案的代表数字（1，2）只作分类之用，不能作数学上的计算。

2. 顺序量表

顺序量表又称次序量表，它能表示各类别之间不同程度的顺序关系。例如 5，4，3，2，1，对所调查商品很喜欢的给 5 分，较喜欢的给 4 分，无所谓的给 3 分，不喜欢的给 2 分，很不喜欢的给 1 分；1，2，3，4，5 等数字仅表示等级的顺序，并不表明量的绝对大小。

[例 4-26] 请在下面的属于"您购买商品房屋的主要原因"中进行选择。属于主要原因给 5 分，次主要原因给 4 分，再次主要原因给 3 分，不是主要原因给 2 分，最不可能原因给 1 分。如果认为属于相同的原因可以给相同的分数。请选择以下列出的答案，并在答案旁边的"（　）"里写上分数数字表示回答。

您购买商品房屋的主要原因是：

a. 解决目前居住困难状况（　）　　　b. 改善居住环境（　）

c. 改善子女教育环境（　）　　　　　d. 住上宽松优雅的豪宅（　）

e. 结婚使用（　）　　　　　　　　　f. 投资、出租（　）

g. 投资、等待升值出售（　）　　　　h. 其他（请注明＿＿＿＿）（　）

分析：答案中的数字都是表示评价高低或前后顺序的一种量化手段，其中的数字既不能进行数学的演算，也不代表实质上的差距。

3. 等距量表

等距量表又称差距量表，它比顺序量表更为精细，不仅能表示顺序关系，还能测量各顺序之间的距离。此法能用于对产品质量评比、产品的偏好程度得分、满意得分等。产品质量得 4 分同 3 分的差距等于产品质量得 3 分同 2 分的差距。但应注意的是，不能说 8 分是 4 分的两倍或者 6 分是 3 分的两倍，这是由于等距量表上没有一个真正的零点（原点）。

[例 4-27] 如果把洗头液洗头时对头屑的清洗程度平均分为 5 个等级，清洗最干净的为 5 级，用 5 分表示；清洗的干净程度属于第二位的为 4 级，用 4 分表示；以此类推，清洗最不干净的被评为 1 分。请您为以下几种洗头液按照对头屑的清洗干净程度进行评分，并把评分的结果写在该洗发液名称代号后面的括号内。

a. 潘婷洗发液（　）　　　　　　　　b. 海飞丝洗发液（　）

c. 力士洗发液（　）　　　　　　　　d. 飘柔洗发液（　）

e. 沙宣洗发液（　）　　　　　　　　f. 夏士莲洗发液（　）

分析：这种量表可以进行相加或相减计算，但不能相互做乘、除计算。例如，可以将所有进行回答的调查对象的给分进行累计和计算平均分数。当然得分最高的洗发液，是调查对象认为对清洗头屑最有效的洗发液。但是，由于等距量表没有真正的原点，因此，得 4 分的洗发液，并不等于它的清洗头屑的功能是得分为 2 分的洗发液两倍，只是表示它们相差两个等级。由于等距量表经常需要使用评分的方法进行调查对象态度的调查。因此，等距量表也被称为"评比量表"。

4. 等比量表

等比量表表明次序关系中的数量比率关系，它是一种有真正原点的调查等比量表，如 4 分为 2 分的两倍。等比量表的调查和统计结果，不仅可以进行演算，做相互间的加、减、乘、除计算，而且适用各种统计方法。因此，可以用来了解调查对象的有原点的信息资料，例如收入、身高、体重等。

[例 4-28] 以下数值的哪一格属于您的身高数据,请在答案下面的"□"内写上"√"符号表示回答。

—— 1 —— 1 —— 1 —— 1 —— 1 —— 1 —— 1 —— 1 —— 1 —— 1 ——
1.60　1.61　1.62　1.63　1.64　1.65　1.66　1.67　1.68　1.69　1.70　(米)
□　　□　　□　　□　　□　　□　　□　　□　　□　　□　　□

分析:从例子中可以看出,可以说身高 1.7 米的人是身高 0.85 米人的两倍。

但是,许多情况下等比量表无法适用。比如态度,由于态度本身没有原点,单纯用比例数表示是不够科学和准确的,所以不能用等比量表来对调查对象的态度进行询问。例如,有 A、B 两种商品,消费者的态度是给 A 商品 10 分,B 商品 5 分,但这绝不能表明消费者喜欢 A 商品的程度是 B 商品的两倍,而只能表示喜欢 A 商品超过喜欢 B 商品或者是喜欢 A 商品不喜欢 B 商品。因此,在实际的市场调查中,这种量表应用不多。

【思考与练习】

1. 什么是问卷?问卷有何主要作用?
2. 简述问卷的基本结构。
3. 简述问卷设计的基本程序。
4. 问卷中的问题有哪些种类,各有何特点?
5. 问卷的答案设计应注意哪些问题?
6. 量表有哪几种,它们的设计形式怎样?
7. 某公司拟将所生产的××啤酒打入 H 市啤酒市场,想分别调查消费者和经销商的情况和反应。试分别设计有关问卷。
8. 请自定主题,设计一份调查问卷。

第五章 市场调研的实施与管理

市场调研具有多种类型并涉及消费者、企业、公共事业等多个方面，是一项复杂的组织活动。如何实施市场调研活动并有效地进行管理，是市场调研活动顺利进行的保证。本章的主要内容为：市场调研伦理、市场调研目标、市场调研组织、市场调研的沟通、市场调研的质量控制。

第一节 市场调研伦理与管理目标

一、市场调研伦理

1. 市场调研伦理：一个全球关注的焦点

市场调研作为一种社会经济活动，必然存在并会产生各种各样的关系，特别是在市场调研的委托方、调研者和被调查者等之间更是存在着直接的、复杂的、涉及各方利害的相互关系。由于市场调研的各参与方在立场、目的、认识等方面的差异，在行动中难免产生分歧、矛盾和冲突。正确规范市场调研参与各方的行为，协调各方的关系，化解各种矛盾和冲突，不但是保证市场调研活动能正常进行，并取得良好效果的基本条件，也是维持正常的社会经济秩序，保证社会主义市场经济健康发展的基本条件。

规范市场调研各参与方的行为，协调他们之间的关系，应该而且可以采用法律、法规的手段和途径，但这绝不意味着可以忽视伦理道德的作用。市场经济发达国家在实践中早就认识到伦理道德在规范行为和协调关系方面的重要的、不可替代的作用，并已逐渐成为全球关注的焦点。

美国早就对市场调研伦理道德进行了总结、归纳，并由市场营销调研协会以《市场营销调研协会伦理道德准则》的形式颁发，其内容涉及市场调研的各个方面以及市场调研活动的各个环节。

欧盟发布了一个可以指导其十二个成员国的被称之为"指令"的文件，其中一条指令是关于数据保密的，它规定没有被调查者的书面同意，不得向被调查者就"敏感方面"提问。

冰岛一项政府立法规定政治性民意测验的结果在选举开始前规定的一段时期内不能发表；民意测验可以做，但其结果不能向公众宣布。

英国有一个数据保护法案,最初是为了防止滥用经营者数据库中储存的家庭财务记录和信息,后来这个法案的保护对象扩大到了所有被调查者个人的调研资料和记录。法案指出,没有书面同意书,任何一个公司不能收集有关个人的信息资料,包括地址;个人有权查看数据库中有关他们自己的信息资料。

伦理道德由一定的社会经济基础所决定,并为一定的社会经济基础服务。一般认为,伦理道德是有阶级性的,我国社会主义的伦理道德有其独特的特征。但是,在市场经济领域,特别是市场调研过程中的伦理道德,许多方面有其共性,完全可以而且应该借鉴国外的经验,结合中国的特点,形成具有中国特色的市场调研伦理道德准则。

2. 关于市场调研者的伦理道德规范

市场调研者是指承担市场调研任务并实际运作的组织和个人。其伦理道德的主要规范有以下四个方面:

(1) 注重商业信誉。商业信誉是市场调研者的行为表现和工作结果给客户和社会留下的印象。注重商业信誉是社会主义伦理道德的本质要求。商业信誉是衡量一个企业、一个组织或个人伦理道德水平高低的重要尺度,也是能否顺利开展市场调研活动及业务不断发展的关键。商业信誉是市场调研组织及个人重要的无形资产,它可以帮助市场调研者在激烈的竞争中立于不败之地。市场调研者必须自觉地、不折不扣地以国家的法律法规为依据开展工作,这样才能取信于民、取信于社会,从根本上确立优良的商业信誉,这是开展市场调研活动的根本要求。市场调研者在承担市场调研业务时,最好订立业务合同来明确各自的权利和义务,并切实加以执行,绝不无故违约。信守合同,是对市场主体的基本要求,是构建商业信誉的基础。市场调研者在开展市场调研活动时,应杜绝弄虚作假、欺瞒哄骗,坚持实事求是、诚实经营,这是伦理道德的基本要求,也是提高商业信誉的必要条件。市场调研者要对客户如实说明市场调研的过程以及所采用的方法和手段,说明它们的优点和不足;要如实说明市场调研结果的正确性和适用性,对其中的不足和应该注意的地方应给予特别说明;绝不能隐瞒某些事实,不能为了迎合客户的口味人为地修改、编造某些资料;更不能为图省事和节约开支而随意地减少调查样本,拼凑无价值的材料。

(2) 尊重客户和被调查者。市场调研者有义务和职责尊重客户的意愿,保护客户的利益。要按照客户的调查要求开展调查,当发现对客户不利的因素时,应该给予善意的忠告或明确的示意。不能同时为处于竞争状态或有利害关系的不同客户进行调查。不能利用客户之间的竞争关系达到自己的目的。更不能搬弄是非、制造矛盾,侵害客户的利益。也不能为满足服务的客户的要求,损害第三方的利益。对涉及的商业秘密,要遵循保密要求。市场调研者也有义务和职责尊重被调查者和信息提供者的意愿,保护其利益。要向被调查者或信息提供者实事求是地说明市场调研的目的和背景,不能强求被调查者或信息提供者提供信息资料。要为被调查者或信息提供者进行必要的保密,不能侵犯他们的隐私和人身权利。不能任意使用被调查者和信息提供者所提供的信息资料,不能曲解、编造被调查者和信息提供者的意见和反映。

(3) 坚持公平交易。市场调研是一种商务活动,市场调研者同委托方之间是一种商务关系,要按照平等自愿、等价交换的原则,商定费用水平,不能虚报价格,任何形式的虚报价格都是不道德的。同样，对提供劳动的被调查者和信息提供者，也应给予合理的报酬。

（4）满足客户要求，提供优质服务。服务是市场调研的基本职能。市场调研者应当按照市场调研的原理、原则的要求，遵循科学合理的程序，采用各种有效的、先进的方法和手段开展市场调研活动，向客户提供适用的、详尽的、正确的信息资料和高质量的市场调研报告，为客户正确地认识市场，作出正确的决策提供可靠的依据。要遵守合同，按时完成调查任务，加强与客户的沟通，急其所急，想其所想，千方百计地让客户满意。此外，对被调查者和信息提供者，也要提供优良的服务，使其满意。

3. 关于市场调研委托方的伦理道德规范

市场调研委托方是指为解决一定的市场营销问题而需要了解和掌握相应的市场信息，产生市场调研需求，提出市场调研任务和要求，承担市场调研费用，最终使用市场调研结果的企业、组织和个人。

市场调研委托方除了同样必须注重商业信誉、尊重市场调研者和被调查者的意愿并保护其利益、公平交易等伦理道德外，还应注意以下伦理道德规范：①市场调研委托方不能以市场调研为由误导公众，不能借助市场调研的方式或借助市场调研的机构和人员实现某种不公正的目的，不能借助市场调研进行不正当的竞争。②市场调研委托方应与市场调研者保持一种坦诚的关系，把自己委托进行市场调研的真正目的，所需解决的真实问题，所受到的时间、费用、资源等方面的限制如实地告诉承接者。任何隐瞒、作假、欺骗都是不道德的。③市场调研委托方应该恰当地使用市场调研者提供的各种信息资料，不应该对市场调研者提供的信息随意进行夸大、断章取义、篡改、曲解、强加。④市场调研委托方不应该要求市场调研者做正常市场调研以外的事情，特别是不能要求市场调研者收集竞争对手的商业秘密以及党和政府及有关组织机构尚不公开的情报、信息、资料。⑤市场调研委托方应该尊重市场调研者的劳动，不能以委托市场调研为借口，诱使市场调研机构和人员为其提供免费的信息资料、调查方案，或达到获取免费咨询的目的。不能把某一个市场调研者的方案提供给另一个市场调研者，更不能在不同市场调研者中制造矛盾，从中渔利。⑥市场调研委托方有权从市场调研者处获得相应的信息资料、调研报告，以及有关建议，但是这只能作为决策的参考，真正的决策由市场调研委托方自己作出，决策的后果由市场调研委托方自负，不能要求市场调研者负决策责任。

4. 被调查者的权利

在一个市场调研项目中，被调查者贡献了他们宝贵的时间和意见，然而他们得到的回报却微乎其微，或者根本没有什么。因此，市场调研者必须尊重被调查者的权利（图5-1）。所有调研项目，潜在参与者都有选择的权利、获得安全的权利和知情的权利，保护隐私的权利。

（1）选择的权利。即每个人都有权决定是否参加某个市场调研项目。不过并不是所有人都能充分享受这项权利。例如，受教育程度不高的人或孩子就可能

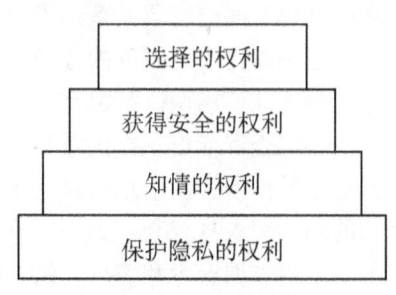

图5-1 被调查者的权利

不完全了解这项权利。而且，当一个人希望结束调查或试验时，他可能会给予简短的、不完全的信息，甚至是错误的信息。另外，如果一个人答应参加试验或回答问卷，并不是说调查者就能为所欲为了，调查者对被调查者依然承担着义务。例如，一个人参加了试验产品和一些现有品牌产品的对比性口味测试，并表示相比之下更加喜欢试验产品。调查者并没有因此获得权利在促销单或广告上使用被调查者的名字和地址。

（2）获得安全的权利。市场调研参与者有免于受到生理、心理伤害的权利。被调查者受到生理伤害的情况并不多，但有些危害是非常隐蔽的，如果没有调查者的告知和提醒，参与者是不会了解的。与生理危害相比，被调查者受到心理危害的情况可能更为常见。当调查者强迫一个人参加调查项目时，这个人就可能会产生心理上的紧张；当被调查者无法回答有关问题，或被要求在限制时间内完成任务时，他们中的有些人会因窘迫而承受精神上的压力。

（3）知情的权利。市场调研参与者有权了解调查活动涉及什么内容、持续多长时间、资料有什么用途等情况，从而决定是否参加这项调查活动。通常，为了避免被调查者的成见，一般会隐匿市场调查委托者的名字。在需要市场调查委托者匿名的情况下，调查结束以后要向被调查者作一个简单的补充说明。补充说明应包括以下一些信息：研究目的、委托者、数据资料的用途和其他一些有关信息。补充说明可以减缓被调查者的紧张，并为市场调研行业树立良好的声誉。

（4）保护隐私的权利。每一个人都是消费者，所有的消费者都有隐私权。消费者的隐私权可以用两个维度的控制来定义，第一个维度是控制不受欢迎的电话、邮件，控制侵扰消费者的私人空间；第二个维度是控制消费者信息的使用。

二、市场调研管理目标

1. 保证数据质量

市场调研管理最重要的目标就是保证调研过程中产生的数据的准确性和完整性，市场调研管理可以通过使各种误差最小化的努力来提高数据质量。

市场调研管理必须建立详细的校对程序，即仔细校对书面报告或向其他顾客提供的交流方式中的文本、图表、图示。其中的错误可能会误导市场调研委托者作出错误的决定。如果调查数据表明有25%的购买意向，但在报告中被误写成52%，那么就很容易导致错误决策。如果市场调研委托者发现调研报告中的错误，即使是很小的错误，那么调研者及调研结果的可信度就会大打折扣。从经验中得到的法则是：千万不要向委托者提供没有仔细核查过的信息资料。

市场调研管理者必须出台有关的政策和程序来最大限度地减少以上指出的各种错误。一旦制定出合适的政策，那么在保证数据质量方面就已经取得了很大的进展。

2. 控制成本

控制成本即制定合适的成本追踪、成本控制的制度和程序。成本控制程序必须包括以下要素：①按日收集、获取与成本或其他项目相关成本的数据。②逐级进行成本汇报，报告要显示与预算有关的真实成本。③有助于及时发现超预算状态、确定原因、寻找解决方案的政策和措施。④如果由于委托者提供的信息有误而发生项目成本超出预算，那么在调研的早期阶段就必须与委托者沟通，以采取追加成本、减少样本容量、缩短访谈时间或综合采取三项措施。如果等到项目结束时才向委托者提出这个问题，市场调研者就很有可能要自己承担超额成本了。

3. 按期完成调研项目

市场调研中，委托者一般已经制订了必须遵守的进度计划，所以市场调研者能否按期完成调研项目是非常重要的。市场调研项目负责人必须及时了解和掌握计划完成进度，尽早了解项目是否能按期完成。如果存在问题，要决定是否可以采取措施来加快进程。

第二节 市场调研组织

一、市场调研组织机构

1. 市场调研行业的层次结构

使用市场调研给管理者带来了很多益处，这是促使人们开展市场调研的原动力。在过去的20年中，国际市场调研行业已经变得高度集中。全球用在市场调研上的费用大约有39%集中于10家最大的市场调研组织。大约有51%的调研由25家最大的全球组织进行，其余的由1000家以上的小型调研企业进行。

表5-1列出了调研行业层次结构中不同类型的组织。图5-2为市场调研行业的层次结构，显示了以问卷调查为基础的调研过程的四个层次。处于层次1和层次2的企业是营销调研数据的最终消费者，即信息使用者。他们需要的信息取决于消费者个人和那些定制商业购买决策的人，即应答者。处在层次3的企业是调研设计者和提供者。处在层次4的企业是数据收集者。

表5-1 市场调研机构的一般分类

机　　构	活动、功能和服务
层次1：企业营销部门	负责市场营销调研工作
层次2：广告代理商	替他人进行调研广告设计、策划
层次3：定制（或专项）调研公司	开展特定或专门的市场调研项目
层次4：现场服务公司	收集或调查有关数据

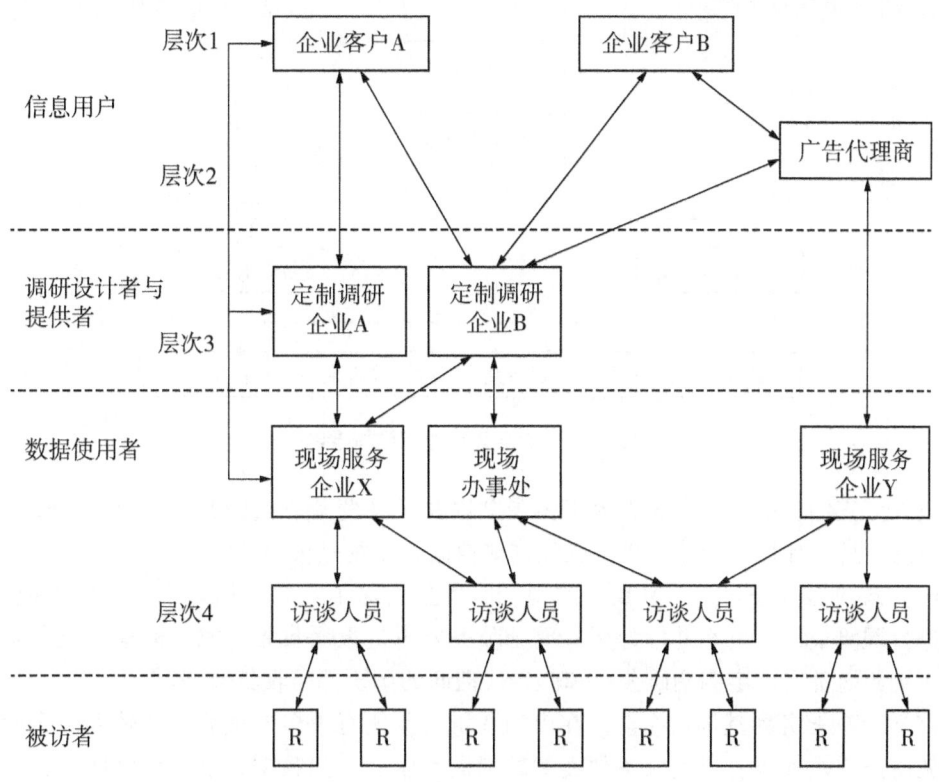

图 5-2 市场调研行业的层次结构

2. 企业市场调研部门

企业是大多数市场调研的最终消费者和发起者，许多大公司都有自己的调研部门。营销调研部门的规模一般都相当小，部门员工一般充当的是企业内部的调研使用者与外部提供者之间的媒介。

在大型企业中，调研部门是企业的参谋部门，要向最高营销经理负责。虽然调研部门要向上一级部门汇报工作，但其工作实际上主要服务于产品或品牌经理、新产品开发部经理和其他一线部门的经理。除了将各种可以重复的研究编入公司的营销信息系统外，营销调研部门通常不会发起研究项目。当品牌经理认识到有问题需要调研时，他们便会去营销调研部门寻求帮助。通过与营销调研经理或高级分析专家合作，设计和实施市场调研项目的步骤。如图 5-3 所示。

（1）定制或专业调研公司。定制或专业调研公司的主要业务是为企业客户开展定制的、非重复性的营销调研项目。如果一家公司产生了新产品或服务的想法、包装的想法、广告创意、新的定价策略和产品配方或者其他有关的营销问题或机会，那么定制调研公司可以为其提供调研帮助。不过，绝大多数定制市场调研公司规模较小，它们可能只为当地客户服务，可能是也可能不是专门从事某一行业或某一类型的调研。

（2）综合性信息服务企业。与定制调研公司形成强烈对比的是综合性信息服务企业，即为很多企业收集并提供相同市场调研数据的公司。每个人都可以购买由这些公司收集、整理、提供的数据。综合性信息服务企业的数量相对较少，与定制调研公司相比，规模

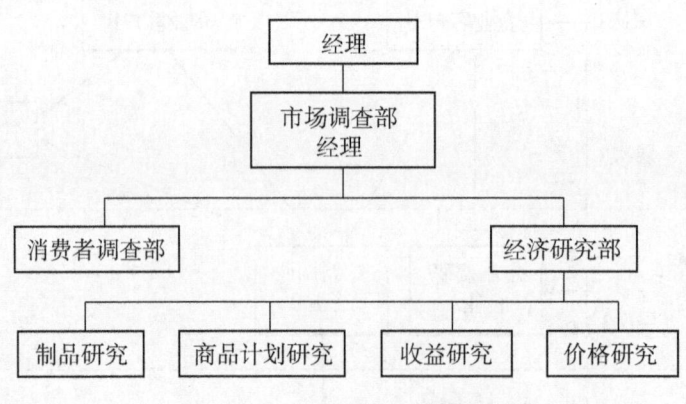

图5-3 企业调研组织结构参考

相对较大。它们主要处理有关大众媒体观众以及产品变动方面的数据,提供很多公司共同需要的信息。如果每个公司单独收集这些数据,无疑是很浪费的。

(3) 现场服务公司。一家真正的现场服务公司除了收集数据外不做任何其他业务,既不进行调研设计,也不进行分析。现场服务公司是数据收集专家,根据转包合同为企业的市场调研部门、定制调研公司和广告代理商的调研部门收集数据。

(4) 专项服务和辅助性企业。在市场调研行业还有很多专项服务和辅助性企业,为市场调研公司及其他公司提供各种类型的辅助性服务,如数据处理、提供样本、二手资料、统计分析等。

(5) 其他组织和个人。其他一些组织和个人虽然不一定真正处于市场调研行业,但他们却为其作出了特殊的贡献。主要包括:各级政府机构、大学的研究部门、作为市场调研顾问的大学教师、隶属于各种行业团体及其他机构的调研单位。在所有这些机构和个人中,除大学教师外,其他均是市场调研行业最有价值和最有用的数据来源。而大学教师能够为企业的市场调研部门和没有市场调研能力的公司、定制调研企业等发挥聪明才智。

二、市场调研现场实施人员

市场调研的实施人员包括研究员、分析员、督导员、访问员(图5-4),其中访问员和督导员为市场调研现场实施人员。

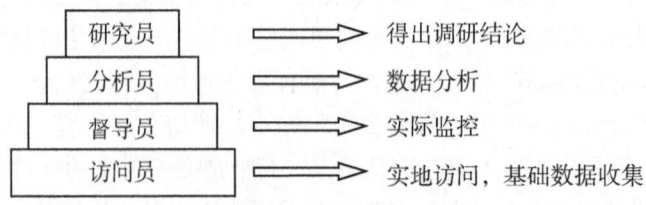

图5-4 市场调研过程人力资源流程

1. 访问员

访问员是市场调研进行实地调查工作的实施者和操作者，是市场调研一手资料的主要获取者。访问员所做的工作是市场调研的基础，访问员的工作质量决定了调查结果的准确与否。

（1）访问员的分类。按照市场调研方法的性质，访问员可以分为定量调查访问员和定性调查访问员。按照访问的方式，访问员可以分为面谈访问员和电话访问员。按照访问员的来源，访问员可以分为学生访问员和职业访问员。

（2）访问员的招聘。访问员的招聘按人数多寡可以分为个体招聘和群体招聘，个体招聘多见于内部员工推荐和临时访问员自荐。目前，我国的调查公司多采取群体招聘的形式，而这种招聘形式从实践来看，更适用于学生，而学生访问员已构成了调查公司访问员队伍的主体部分。对于大专院校的学生访问员一般采取的招聘程序如下：①与学校学生工作的主管部门联系，对学生情况进行了解，发布招聘信息。专业背景：通常倾向于选择文科和边缘学科的学生担任。性格背景：性格外向、反应快、语言表达能力较好的学生比较适合做访问员。另外，由于研究常常在几个甚至十几个城市同时展开，具备其他城市的方言能力也是一个重要的考虑因素。品质背景：在学校里德育成绩优秀的学生会被优先考虑。经验背景：有一定的社会实践经验，从事过社会研究更好。性别：由于青年男性在入户或其他场合会给受访者造成较多的不安全感，因此一般选择女性作为访问员，但并不代表拒绝男性访问员。②通过学校主管部门发放访问员求职申请表，进行初步遴选。③对初步遴选的访问员进行面试，与学校共建访问员中心，对面试合格的访问员建立访问员档案，按其能力、兴趣度分类，准备基础培训。④比较合适的招聘时间多在开学后一个月内，在每年的寒暑假结束后，学校迎新送旧升级升班时，调查公司可在学生组织的协助下进行访问员的遴选。

（3）访问员的培训。①基础培训。基础培训是对访问员的入门培训，目的是向访问员传递公司理念、介绍市场调研的背景知识、传授现场实施的基本技能和知识。访问员通过基础培训，最起码要了解什么是市场调研，访问员在市场调研中的作用和应该扮演的角色，了解与访问有关的 ECC/ESOMAR 操作准则，还有公司的介绍、对访问员的管理等。②访问技巧培训。这项培训可以与项目培训结合进行。实践证明，在项目培训的同时以实际接触的访问为例，穿插着访问技巧的培训，效果往往比空洞单一的技巧培训要好得多，比如，如何接近受访对象，如何应付拒访等，都可以融入项目培训中。③项目培训。项目培训就是针对某个特定的项目所进行的专项培训。这个培训的内容更为细致全面，也更有针对性，一般在接受过基础培训的访问员中进行。培训最先从问卷讲解开始，一般还要有情景模拟访问，其间要穿插访问技巧的培训。④进阶培训。在经过几个项目的访问实践之后，访问员的自身素质与公司的要求逐渐接近，公司应根据每个访问员的自身特点安排不同的再培训，其中还应有对基础培训的重温，以及访问技巧的交流与提高。建议在培训之前，征询访问员的意见，确定参加培训的内容，这样访问员会比较主动和充满热情，培训效果比较好。⑤道德培训。作为一名访问员，应该具备诚实、认真、客观、负责、刻苦的品质，同时，对于研究这一特定情形而言，访问员还应遵守伦理道德原则，按访问步骤实施，为受访者保密，时刻保持中立等职业操守。

（4）访问员的业绩考评与激励。访问员的业绩考评主要包括以下五个方面：①培训效果评估。包括是否按时接受培训，在培训中是否认真、试访问配合程度、访问技巧是否纯熟等。②访问实时监控。对访问员进行随机观察，观察的时间长度应足以确定访问员理解并按照正确程序进行访问。其中要注意：观察要在访问员不知情的情况下进行；每个访问员每年至少接受一次观察，每个访问员在受聘后的前三次任务中至少应该接受一次观察。③问卷质量的评价。即评价访问员收集的信息是否真实可信，是否按要求进行访问，是否有低质及作弊问卷的表现（表5-2）。评定问卷的方法主要有：问卷研究、电话回访和实地复核等。④访问员总结及督导鉴定。当一个项目实施后，通过访问员对此次活动的总结可以更好地看出访问员自身的能动性、参与度、责任心等。督导则根据与访问员在项目中的合作经历，将从各个方面对访问员的评价作为劳务报酬发放的参照依据。⑤访问员主管评价。在以上五个方面都进行评定后，主管要综合各个因素，对访问员作出全面评价，奖优汰劣，向所有访问员中心发布作弊访问员公告。对访问员的工作除了要提供相应的报酬，还需要进行激励。访问员所需要的不仅仅是物质（报酬）鼓励，更需要来自多方面的激励：在访问员心中树立"我是最好的"的观念；要多与访问员聊天，帮助访问员解决访问中的各种问题，对症下药传授各项访问技巧并进行鼓励；尊重访问员，关心访问员，尽力满足他们的合理要求；引导访问员的个人目标与组织目标协调统一，要激励访问员在成长的道路上看到自己的前程；要用薪酬上的差别来激励访问员，使访问员意识到不仅要完成任务，更要出色地完成；评选优秀访问员，在项目选择时优先考虑有能力的访问员，为工作辛苦的访问员增加补助。

表5-2 低质与作弊问卷鉴定

低质问卷表现	作弊问卷表现
1. 受访者姓名地址填写不清楚造成复核困难	1. 未按要求对受访者进行访问，而是自己填写问卷
2. 问卷出现漏答、错答、逻辑错误、开放题未填答案或记录不详、语意不明	2. 没有对指定的受访者进行访问，而是访问不符合条件的受访者
3. 问卷填写潦草、凌乱、难以分辨	3. 访问员自行修改受访者的答案
4. 放弃有些地址不太好找的受访者	4. 访问员未按研究要求向访问者提供礼品或礼金
5. 放弃第一次碰巧没有找到的受访者	5. 访问员向受访者暗示答案
6. 访问过程中未完全执行研究要求	6. 让受访者自己填写问卷
	7. 家庭中成员的选取不按抽样要求进行
	8. 自行改变访问方式
	9. 未访问或未充分访问，访问中未读出全部问卷题目及选项，未出示图片、卡片、样品等
	10. 未经允许自行移交任务给他人

2. 督导员

督导员是研究项目的实地执行中负责质量、项目进程及工作分配、管理和协调访问的人员。督导员的职责概括来讲主要包括项目质量控制、项目进程控制、访问员管理、非实施工作的协调、客户服务等。

(1) 督导员的基本素质。高素质的督导员就像项目执行中的助跑器，有了高素质、执行能力强的督导员，项目就能顺利、高效地完成。一个好的督导员除了具有良好的逻辑思维、口齿清楚、耐心细致、能克服困难、认真负责等基本素质外，还应具备以下能力：①管理能力。在现场访问过程中，各种各样的因素都会影响项目执行的进程和质量，为了获取满意的数据结果，科学、有效地管理控制这一过程就显得尤其重要了。一个督导员管理能力的强弱基本上决定了一个项目能否按时、顺利完成，所以管理能力是督导员首要的基本素质。在现场实施过程中，督导员的管理能力主要表现在：对访问员的管理、项目执行信息的管理、意外事件的处理。②沟通能力。在现场实施过程中，督导员会和各种与项目有关的人员产生工作上的联系。如与研究部、数据处理部的同事交换信息，向执行现场实施的访问员了解访问中的各种情况，与委托项目的客户进行联系，还会与被访者进行交往。在这种多方向的联系和信息交换过程中，督导员必须具备很强的人际交往和沟通能力。良好的沟通能力能够大大提高督导员的工作效率，并可以减少失误和人为因素的破坏。例如，在项目执行过程中，与其他部门员工保持良好的沟通，能够使得项目执行更加高效，出现的问题能够及时地被解决；与访问员保持良好的沟通，能够缩短与访问员的距离，了解访问员在访问中出现的问题和困难；与客户保持良好的沟通，能够使其了解项目难度、访问中可能会出现的意外问题、执行人员工作的努力程度和专业水准，使客户获得安全感；与被访者的有效沟通，可以大大降低现场工作的难度，特别是在约请参加的被访者座谈会上，良好的沟通不仅可以找到合格的被访者，还可以增加被访者的到会率等。③培训能力。培训能力是督导员极为重要的基本能力。访问员对市场研究行业的认识、对调查公司的认识、对公司文化的理解和认同、对现场实施工作的理解和实施技能的掌握、对具体项目要求的理解等，都是通过各类培训获得的。因此，良好的培训能力对于督导员工作的有效开展是至关重要的。在现场实施中，培训主要包括基础培训、项目培训。这两种培训针对的对象和目的各不相同，因此各自的侧重点会有所差异，对督导员培训能力的要求也会有所侧重。④专业能力。专业能力是衡量一名督导员是否合格的重要因素。作为一名督导员，专业能力的高低可以决定其在工作上的成就。没有扎实的专业能力，督导员无法对一个项目作出正确、有效的规划、管理，对可能出现的问题作出超前判断及提出合理的解决方案；无法有力地管理访问员，推动现场实施工作的进行。督导员的专业能力主要包括：良好的专业知识、过硬的访问能力、一定的外语能力和电脑操作技巧。⑤良好的职业道德。良好的职业道德主要是指督导员在现场工作中必须遵守行业规范和公司的章程。一个不具备良好职业素养的督导员是不可能胜任现场实施这一工作的。⑥团体协作能力。一个项目的完成涉及各个部门的通力合作，因此督导员的团体协作能力也是影响其工作成效的一个极为重要的因素。

(2) 督导员的培训。项目培训前对督导员的培训尤为重要，因为督导是项目实地执行质量控制的核心，督导员对项目的把握直接影响到项目执行的成败。虽然大部分督导员对问卷和题型都非常熟悉，也有过几十次的高质量工作的业绩，但由于每个项目都有各自不同的特点，加之督导员在实地操作环节中需要解决各种各样的问题和访问员的质疑，所以最好由项目经理或项目负责人直接对督导员进行本项目的培训，提高督导员对每个项目核心的把握程度。督导员培训与访问员培训相比要求更高，不仅要通过培训使督导员对项目有更深层次的理解，而且需要督导员能够设身处地为访问员着想，设想在实际访问中可能出现的种种情况，并且在实际培训前尽量想好具体的解决方案，在培训大纲上予以注明。外地督导员是市场调研公司异地执行质量控制的核心力量。外地督导员对项目的把握往往与项目经理所在地区督导员了解的内容相差很多，所以对外地督导员的培训应该更加细致。外地督导员的培训内容应该包括：在项目经理指导下，了解整个项目的基本情况，并熟悉问卷。为了解整个问卷的要点、难点，每位督导员要根据需要按时完成相应的试访问工作。同时应根据整个项目的基本要求及项目日程安排，对不同地区的研究进行安排和调整。当然，在培训中介绍其他地区的完成情况，及时反馈遇到的问题也是非常重要的。项目经理对异地的项目应格外关注，经常了解执行情况，解决实施过程中遇到的一些问题，确保项目能够顺利地高质量地完成。

三、项目管理在市场调研中的应用

不论是专业的市场调研机构，还是组织内部的市场调研部门，由于市场调研的特殊性，再加上市场调研组织需要有很强的战略性和很高的效率，所以市场调研组织应用项目管理方式进行管理是发展的方向。

市场调研都有着明确的目标。并且在事实上，总是有了目标之后才会决定做市场调研。在一般情况下，市场调研是一种一次性的任务，它具有独特性和唯一性。市场调研都是为达到一些特定的目标，在一个特定的地区对某个特定产品或服务进行的。即使是在同一市场对同一产品进行的市场调研，并且有着同样的目标，两次市场调研也会因为不同的市场环境而不同。市场调研有具体的时间计划和极强的时效性。它有一个开始时间和计划完成的时间，一个企业不可能让一次市场调研无限制地持续下去。同时，市场调研需要使用各种资源来完成任务，包括人力、组织、设备、原材料和工具等。

项目经理是市场调研项目的管理中心，在整个调研活动中占有举足轻重的地位。项目经理是项目团队的领导者，他们所肩负的责任就是领导他们的团队准时、优质地完成全部工作，在不超出预算的情况下实现目标。

作为市场调研活动的指挥者，项目经理首先要担负的职责是对市场调研项目的计划、组织和控制。其次，项目经理应与他的团队对市场调研目标进行交流，并让团队参与制订实现目标的计划，这样，才能确保全体达成共识，并对计划更切实地执行。因此，项目经理除了具备运用项目管理知识与技术的能力外，还应具备以下能力：

一是优秀的领导能力。简单地说，领导工作就是通过领导别人来完成工作，项目经理需要通过项目团队来实现目标。因此，项目经理应懂得如何授权和分配职责，应采取参与和顾问式的领导方式，发挥导向和教练作用，让成员在职责范围内充分发挥能动性，自主地完成工作。项目经理还应该为成员树立榜样，表现出积极的心态，成为团队的典范和信心的源泉。

二是非凡的沟通能力。有效的沟通是项目顺利进行的保证。市场调研过程中，项目经理需要通过多种渠道保持与团队及市场调研委托者、客户、被调查者等方面的交流沟通，及时了解市场调研的进程、存在的问题以及获得有益的建议。

三是良好的人际交往能力。良好的人际关系有助于调研活动的协调，避免生硬的操作方式。协调是随时需要的，主要来自组织内部及相关方，可能是资源的配置问题，也可能是调研范围的调整问题等。人际交往需要从一点一滴做起，而且往往发生在调研工作之外，项目经理需要对此采取主动、热情的姿态。

四是快速的应变能力。市场调研活动的特点决定了调研工作过程存在一定的不可预见性，项目经理需要做好随时面对压力甚至是冲突的准备。一旦面临压力或冲突，最重要的是保持冷静，避免使调研工作陷入困境。项目经理要以乐于解决问题的姿态出现在团队中，并沉着应对各种困境和压力。

五是高效的激励能力。出色的项目经理重视对调研项目成员的培养，通过调研过程提升员工的能力，促进员工的自我发展。项目经理要帮助成员明确自己的职业与技能发展方向，分配合适的工作任务，鼓励学习和相互交流。

六是高效的时间管理能力。市场调研任务一般都有时间上的要求，时间管理是非常必要的。而项目经理往往需要同时面对数项甚至十几项任务，可见有效的时间管理是极为重要的。项目经理不仅需要管理好自己的时间，还需要与相关方及人员订立时间使用协议，尽量减少非预期的时间占用。

总之，合格的项目经理不但要高度明确自己的工作职责，而且应具备充分的项目管理技能，能够积极主动地投入市场调研工作，领导团队实现目标。

第三节 市场调研过程的沟通

一、信息的沟通

沟通是信息交流的重要手段，它就像一座桥梁，连接着不同的人、不同的文化和不同的理念。良好有效的沟通能够让交流的双方充分理解，达成共识。在管理学中，管理沟通是对沟通概念的延伸，它不仅涵盖了个体与个体之间的交流，还包括群体之间以及上下级之间的沟通。从本质上说，它是一种管理的重要工具，应用好这个工具能使企业的管理流程更加通畅、信息交流更加充分，从而高效地实现管理目标。

沟通渗透于市场调研职能管理的各个方面，一个成功的市场调研公司需要在公司内部以及相关方之间建立并维护良好的沟通。沟通有上行沟通和下行沟通两种形式。

1. 上行沟通

上行沟通是指组织低层向组织高层的信息交流。许多组织都花费大量的精力建设畅通的上行沟通渠道，良好的上行沟通可以保证无误、及时地完成顾客委托的项目。

市场调研公司的上行沟通一般包括以下内容：①问题和意外。这类信息反映了日常常规运作中出现的问题和意外，可以让高级经理们认识到存在的困难。②改进建议。这类信息是指那些为了提高质量和效率而改进任务相关程序的构想。③报告。这类信息是能让管理者了解个人或部门工作绩效的定期报告。④委屈和争论。这类信息指的是员工的抱怨和冲突，他们向上传递到管理者那里，希望得到倾听并获得可行的解决办法。⑤财务和会计。这类信息是指向高级管理者提供的有关财务方面的指标，包括成本、应收账款、销售量、预期利润、投资回报等。

2. 下行沟通

下行沟通是指组织高层向组织低层的信息交流。市场调研公司的经理，可以通过面谈、电子邮件、布告、政策制度手册，向下与项目经理、客户经理、统计师或其他人员进行交流沟通。

市场调研公司的下行沟通一般包括以下内容：①目标、战略。新战略和目标的沟通可以提供有关特定计划、预期发生行为的信息，给公司的底层人员提供指导。②工作介绍和说明。这些信息可以指导一项工作如何开展，与组织中的其他工作如何联系等。③程序和惯例。这些信息规定了组织的政策、制度、规章、利益和战略部署。④成果反馈。这些信息用于评价个人和部门是怎样有效开展工作的。⑤宣传、灌输。这些信息用来激励员工理解和适应公司的使命、文化价值观；鼓励员工参加一些特殊的活动和仪式，如野餐会、联合行动等。

二、有效的沟通

从管理的有效性来看，沟通的效率和有效性主要表现在三个方面：准确、快捷、较少冲突。"准确"和"快捷"是信息传播的基本要素，"较少冲突"是信息传播的作用效果。"快捷"是由择取的传播中介来决定的，客观色彩浓厚，属于可控因素。"准确"则不同，由于信源体和信宿体在发射和接收信息的过程中编译码的态度和方式的不稳定，信息的"准确性"表现的波动性很大，因而它更多的是一种主观的不可控因素。如此来看，"准确性"就成了沟通有效性的核心，因而解决沟通的有效性，从某种意义上说，就是解决信息传播"准确性"的问题。

至于如何有效地沟通，如何解决信息传播的"准确性"，可借助信息传播的"香农—韦弗"模型来简单说明（图5-5）。

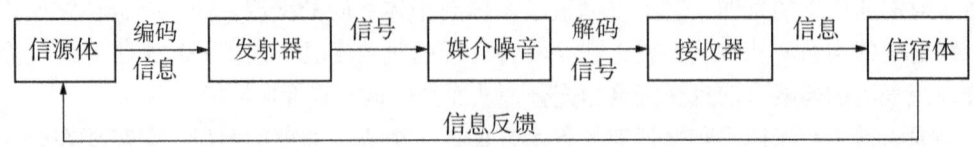

图5-5 信息传播的"香农—韦弗"模型

根据"香农—韦弗"的信息传播模型，可以看出，信息从信源体传至信宿体，中间途径三个环节：发射器、媒介噪音和接收器。这三个节点就是影响信息"准确性"传的关键所在。也就是说,要解决信息传播的"准确性"和"有效性",关键在于监控好发射器、媒介噪音和接收器这三个节点的信息传播质量。

三、影响沟通的因素

完美的沟通或许根本不存在。因此,市场调研者撰写调研报告时应把清晰、明了作为传递信息的目标。现实生活中,有许多因素会影响或阻碍沟通,市场调研者向决策者汇报调查结果的过程中,会受到其中一部分因素的影响。

1. 噪音

在沟通理论中,阻碍信宿体接收一种信息的任何事物均被称作噪音。噪音可能是物质形态的,如谈话时背景中的机器运转声、咳嗽声、脚步拖曳声或其他能被注意到的导致注意力分散的物质。噪音也可能是某种心理情结,如心烦意乱的思考、倾听时的情绪骚动,甚至包括错误的思考过程均是噪音。如,经理在倾听市场调研者口头汇报时突然想到公司如何提高生产率等其他无关问题,那么也可说他遇上了一个阻碍沟通的噪音。

2. 注意力集中度

每个人注意力集中的时间都是有限度的。注意力集中的时间长短因人而异,主要取决于个体对话题的兴趣、身体条件和意识条件。在向决策者汇报调查结果的过程中,调研者始终受到注意力集中度的困扰。调研者习惯于以大量数据资料、成堆的电脑输出信息汇编而成的信息汇报表格作为工作手段,然而这一切并不一定奏效。因为也许调研者对某特定调研领域可以长时间地集中注意力,而决策者却习惯于对某一问题在短时间内保持高度注意。因此,尽管调研者已提供了调研结果、摘要以及其他内容,但他仍需不断地与听众或读者的注意力集中度作不懈的斗争。

3. 选择性知觉

调研报告撰稿人必须对选择性知觉有清醒的认识。通常,经理及其他报告使用者倾向于"看其所想看"。一位新产品经理也许乐于在测试市场上看到一个较高的最初购买率,却忽视较低的市场重复购买率。或者,一个经理也许能对调查项目作一般性的评述,但却忽略了形成结果的样本的局限性。人们通常下意识地漏掉其不感兴趣的信息,或者和其预想不一致的看法,并且总是倾向于避免敌意、异议和不和谐。由此造成了一种情况:人们总是选择那些能够支持其预想观念的特别信息,或借用某一特定的凭证,而忽视或轻视那些无助于支持其预想的信息。

市场调研者如何才能克服选择性知觉呢?这些问题很不容易解决,目前还没有很好的解决办法。

第四节 市场调研实施的质量控制

一、市场调研质量控制的含义

控制的一般含义是指人们为了达到一定的目的,主动地对其活动进行检查和纠正。所谓市场调研质量控制,就是检查和核实所从事的调查活动在质量上是否符合调查要求,指出调查中的缺点和错误,对调查过程中可能产生的各种误差及时给予预防和纠正。

人们对市场调研质量控制的认识和实践,经历了一个发展的过程。以往主要依靠质量检查的方式,即对已取得的调查资料进行事后检查,发现有填报不全、计算错误和逻辑不合理等问题,设法加以补救或改正,这种方法对于减少误差可以收到一定的效果,但基本上是事后的、被动的,有很大的局限性。现代市场调研质量控制,借鉴生产领域的全面质量管理思想,结合市场调查工作的特点,将质量控制建立在完善的控制体系基础上。我国在各次的人口普查、经济普查中都实行和推广了这种做法,收集的数据质量很高,使调查质量在事前、事中、事后都得到了有效控制。

二、市场调研误差

1. 市场调研误差的种类

市场调研误差的种类如图 5-6 所示。

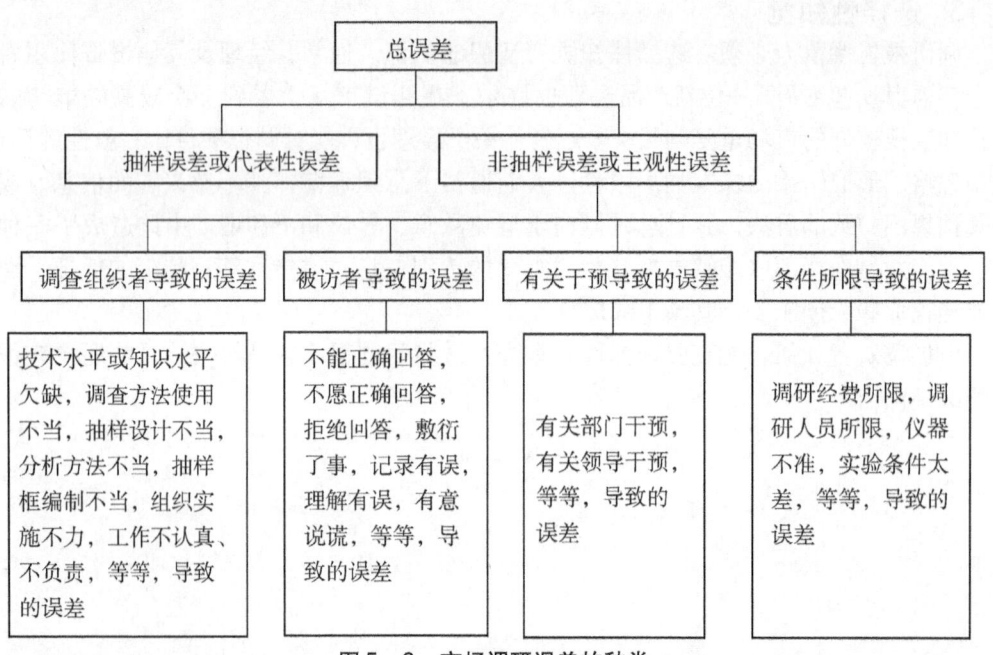

图 5-6 市场调研误差的种类

2. 如何认识和降低误差

误差的来源是多方面的。在方案设计过程中，调研者应注意使总误差最小，而不止是注意某种误差。当然增加样本量可以减小抽样误差，但可能由于增加了访问者误差也就增加了非抽样误差；另外，增加样本量还会增加一定的调查费用。

非抽样误差比随机抽样误差更严重。随机抽样误差是可以计算的，而许多形式的非抽样误差根本无法估计。一些研究表明，在总误差中非抽样误差占了主要的部分，随机抽样误差相对来说是较小的。必须分析各类误差占总误差的比重，采取各种办法降低比重较大的误差。在有些情况下，调研者甚至不惜增加某一类的误差，来达到降低总误差的目的。

三、市场调研的质量控制

1. 控制的原则

按照全面质量控制的要求，市场调研质量控制应符合以下四个原则：

（1）控制应当是客观的。从整体上看，市场调研的实施是由调查部门统筹、协调，各方面人员贯彻执行的，在这样一个行为过程中，免不了会出现许多人为的主观影响因素。但对调研质量的衡量和评价却应当是客观的，应以规定的标准或决策所需要的准确度来衡量，不能降低标准，也不应作过高的要求。质量控制要做到符合客观实际，就要求调研人员在控制时必须广泛了解情况，及时沟通信息，在检查过程中务必求实。

（2）控制应当是全面的。控制的全面性原则具体表现在以下三个方面：①全程性。即质量控制要贯穿于市场调查活动的全过程，调研活动的每个阶段都有可能出现误差。因此，对每个阶段的薄弱环节都必须做事先防范，并对已发生的错误进行及时的检查和修正，层层把关，以避免误差出现和流向下一个阶段。②全域性。即质量控制要贯穿于调查活动的各个领域，调研活动的组织管理、技术方法、经费及后勤保障等各个方面都要紧紧围绕提高调查质量这个中心，统筹安排，密切配合，科学管理。③全员性。即全体调研人员都要有质量意识，同时各主要环节都要有专人负责。由于调研质量控制工作的主要内容是对调研过程中存在的问题进行检查和纠正，因此就必须明确调研过程中发生误差情况和采取纠正措施的具体落实情况，即由哪个部门以及负责人员承担。这并不意味着要单独组织一套班子，而是指在调研机构职责划分上应当明确有关质量控制的职责，职责越明确，质量控制就越有保证。

（3）控制应当是超前的。这是要求有关人员在质量控制中必须树立超前意识，放弃那种在何时出现问题就在何时解决问题的被动控制方式。一方面，要及时纠正已经出现的误差，应该认识到，这种对误差的纠正，也包含着对将来可能发生同类误差的预防；另一方面，要根据事实和经验，作出判断和推测，对可能出现的误差加以预防控制。

（4）控制应处理好与其他相关问题的关系。质量控制始终是调研中的关键问题，这是每个调研者都应明确的基本原则。但在遵守这一原则时，也应处理好与调研有关的各种相关问题的关系，诸如调研及时性和调研经费等问题。对及时性来讲，一项调研质量虽然很高，但因各级审查、逐级反馈时间过长，就会影响资料的使用，甚至丧失其效用。

对于调研经费来讲，调研精度要求越高，调研费用一般也要相应增加。因此，在强调调研质量的同时，也要考虑调研者的条件以及人力、财力的耗费情况，假如多耗费20%的人力、财力去降低1‰的误差，而降低这个误差又并非必需，就不应要求这样做。

2. 控制的程序

对调研过程进行有效的质量控制，通常要经过以下三个过程：

（1）确定控制点和控制标准。由于各项调研在目的、规模、复杂程度及经费等各方面均有不同，对调研质量也会提出不同的要求。在调研实施过程中，各级管理人员不可能注意到所发生的每一件事情。因此，需要确定调研质量控制点和控制标准，这样才能使质量控制做到有的放矢。所谓调研质量控制点是指影响调研完成的要害问题及其所在环节，如调研全过程中的设计阶段、收集资料阶段和资料处理阶段等。因每个调研机构情况不同，在调研历史、人员素质、调研工具的现代化程度等方面均可能有差别。因此，每个调研机构所确定的控制点也不会完全一样，质量控制人员在确定自己的控制点时，必须从自身的实际情况出发加以考虑。通常需考虑的问题有：影响调研质量的主要问题有哪些，它们存在于哪些部门和环节，最容易出现误差的环节是什么，经常出现误差的原因是什么，等等。调研质量控制标准是反映调研质量控制点的各种误差标准，它是控制的依据，如何确定控制标准是实施控制的关键。质量控制的最高标准是误差为零，即调研结果与实际完全相符，这是任何调研都难以做到的。市场调研中的质量控制标准通常是采用所能容许的最高误差控制率。例如，某项调研要求人口的重登率不超过1‰，漏登率不超过2‰，而实际调研结果重登率和漏登率分别为0.5‰和1.2‰，均低于所容许的最高误差控制率，即可认为合格。最高误差率可以根据有关部门规定的标准和经验而定，最重要的是不致引起使用资料者在决策或其他方面的应用中发生失误。

（2）对调研质量进行检查。确定控制点和控制标准，是为了在误差发生之前就能采取适当措施加以避免。但这并不意味着误差就不存在。在控制过程中，应随时进行检查。在检查阶段，就要把执行的结果与控制标准对比，检查控制标准的执行情况，哪些做了，哪些还没有做；哪些做对了，哪些做错了，总结成功的经验，找出失败的教训，并分析其原因。

（3）对误差进行纠正。在对调研质量检查的基础上，一旦发现存在偏差，就需要迅速作出反应，适时采取纠正措施，以保证调研的总体质量要求。

上述三个过程相互区别，彼此又紧密配合，体现了全面质量控制先进的思想方法和科学的工作步骤。

四、市场调研的主要控制点和控制方法

前面已经提到，市场调研质量控制点应该是影响调研质量的要害问题及所在环节和部门，而调研资料的质量误差主要存在于设计、调查和整理阶段。因此，对上述三个阶段及其相关因素进行控制，就构成了调研质量控制点。为了得到准确的调查结果，必须针对其各自的特点，采取各种措施，把误差降到最低限度。

1. 实施前的质量控制

实施前的质量控制是针对如何正确地制订调研总体方案而展开的，应该注意以下三点：一是必须围绕调研的任务，从实际出发，在科学理论指导下设计调研总体方案。方案应详细说明调研项目和计算方法，合理选定调研方法，使之切合调研对象的实际，并使调研人员能够明确掌握而不至于产生误解；同时，还要对调研人员、经费等组织工作作出周密的计划。二是要广泛听取各方面人士的意见，包括调研专家、现场调研人员、信息处理人员等，找出方案存在的问题，并提出修改意见。三是通过试点，对方案进行可行性分析。即在实践的基础上对方案进行验证，为正式开展调研，减少误差提供实践经验。

2. 现场实施的质量控制

（1）调研前的质量控制。应着重抓好以下两项工作：一是对调研人员进行严格的选择和培训，使每个调研人员都能准确地理解调研目的和要求，以建立一支在思想上和业务上都过硬的调研队伍；二是要做好调研的其他各项基础工作，如实地调研前就调研对象特征的初步了解，对调研背景资料以及调研工具的准备等。例如，我国第四次人口普查登记前的准备工作就做得非常细致，主要包括以下十项内容：①明确本调研小区地域范围和界址；②实地考察小区内房屋的分布和其他有人居住的地方；③摸清每幢房子的人口居住情况；④掌握居民在本调研小区人口的户口登记状况；⑤编制普查示意图；⑥掌握本调研小区出生、死亡人口数字；⑦编制《户主姓名名册》；⑧安排好登记时间和顺序；⑨召集申报人开会；⑩向群众做好宣传工作。这些都是防止出现调研误差的重要措施。尽管各项调研不一定都像人口普查那样具体、详尽，但以上内容或许能为调研人员提供一些经验和思路。

（2）调研中的质量控制。在调研过程中，应根据不同的调研方法，采取相应的控制措施。如采用文案调查法，应注意所收集资料的可靠性和真实性，资料最好来自有关权威部门，而不要听信某些小道消息，同时要加强对现有资料的审核和选用。如采取抽样调查，就应在调查中严格遵循随机原则，并对抽样误差进行控制。如采取访问调查，调研质量的高低在很大程度上取决于调查者与被调查者的合作程度。因此，提高调研者的素质，做好被调查者的工作，具有十分重要的意义。此外，在调研过程中，调研人员要采取多种方式对调研资料进行复查。例如，人口普查中的复查就采取了自查、互查、议查和质量检查组检查等做法，并制定了《人工逻辑检查规则》进行专项组复查，使误差大大减小。而对调研中出现的因弄虚作假而产生的登记性误差，主要可从以下四个方面加以控制：首先，要对调研人员加强思想品德和职业道德教育，培养实事求是、认真负责的工作态度和工作作风；其次，要广泛深入地宣传调查的重要性，提高调查者和被调查者对某项调查的认识，激发其主动性和创造性，加强市场调研知识的普及，使人们了解调查和善于调查；再次，调研质量控制人员要敢于坚持原则，反对一切弄虚作假的行为；最后，要加强市场调研规章制度的建设，使市场调研有法可依、有章可循。

（3）调研后的质量控制。调研后的质量控制主要是对调研所取得的资料进行质量验收，它是在市场调研初步完成后，由质量控制人员、专家组或上级有关部门派人检验调研质量，认定调查质量是否合格。一旦发现其中有质量问题，应采取适当的补救措施，

如果质量问题严重,应坚持推倒重来,以避免有质量问题的资料进入汇总处理阶段。

3. 实施后期的质量控制

调研资料整理有手工整理和计算机整理两种方法。手工整理方法较为简单,尤其要加强质量控制意识,按照规范化工作细则,认真记录、计算、填表,然后再由整理者自查或互查。采用计算机整理调查资料,速度快、效率高,但在讲求效率的同时,也不能忽视质量问题。一般控制数据录入质量的方法有重复录入法、检验平衡项法和预值控制等。

(1) 重复录入法。防止错录可采用重复录入两次或多次,让电脑自动比较对照。某一指标两次录入的数据不同,电脑作出显示,录入人员即可纠正录入错误的数据。此法可避免录入击键错误,但录入工作量将增加一倍以上。防止被调研单位错录的另一种方法是,先把调研单位的清查资料事先录入电脑,建立被调研单位的信息文件,当正式调研的资料录入时,即与电脑内存的文件对照,错录、漏录的情况可及时发现并纠正。

(2) 检验平衡项法。在调查问卷中设置检测平衡项,平衡项就是把报表中各项指标的数值相加作为平衡项。如果录入的平衡项数值与电脑计算的数值相同,则说明录入无差错;如果数值不等,电脑则作出显示,录入人员可及时查找原因,予以纠正。

(3) 预值控制。对于需录入的一些编码和指标数据,事先规定一定的控制范围值,并编入程序。如"FoxBASE"中的"Picture"命令,"SPSS/PC +"中也有类似的命令。当录入的数据超出范围时,计算机将拒绝接受。

大量市场调研资料的质量控制均可由上述几种方法来处理完成。另外,数据质量的控制是否成功,还取决于数据审查办法是否周密完备。由于各种调研内容和指标不同,每一种调研均要制定专用的审查办法。

4. 全面质量控制的总结与检查

一个完整的市场调研从选题到研究策划、确定受访对象进行研究实施,采集处理数据,直至最终提交报告,各个环节密不可分,并且相互影响。而其中由于实地研究中参与的人员最多,又牵涉多个方面,因此不可控因素也最多。在每次调研实施时,质量控制工作是其中一项不可缺少的工作,但往往实施结束时,还存有一些不尽如人意之处。

因此,在调研实施结束后,需要进行质量检讨工作,此项工作一般可以从以下四个方面入手:

(1) 对受访者的选项误差的控制。在抽样调查的活动中,受访者是一个重要的主体。作为普通人,受访者具有普通人的许多弱点;作为社会人,受访者又具有特定的社会背景,而这些弱点在实际研究中,都会或多或少地影响受访者与研究者良好的合作,从而产生来自受访者的误差。将由受访者的主观意图造成的误差称为主观误差,而将那些与受访者主观动机不大相关的因素引起的误差称为客观误差。在实际研究中,应将主观误差和客观误差分别对待,控制受访者产生误差的途径,对控制不严密的方面分类、细化,具体问题具体对待,提出检讨。

(2) 对访问员的选择。访问员的工作十分重要,但访问员又是整个研究活动中最薄弱的环节,而访问员较之研究人员和督导员,人数众多。对于这个人数众多的群体,要求其全体成员都同心同德是不现实的,同时,由于在访问活动中,项目质量控制人员不能够对访问员的访问工作进行全程监控,这就可能会出现误差。来自访问员的误差包括:访问员主观作弊,访问员能力缺陷等。为了避免误差,从访问员的选择、培训上,以及项目的督导与复核工作上都需加强管理。同时在项目实施结束时,针对疏漏之处,认真检讨,查漏补缺,也是十分必要的。

(3) 抽样误差的检查。举例来说,如果一个采用入户研究的项目在最后分析时发现其男女比例严重失衡或学历分布与实际情况相差甚远,那么原因是抽样方法偏差还是抽样区域偏差,或者是访问员在入户访问时选择受访者的偏差,就应该仔细地检查,找到问题所在,避免再次发生类似问题。

(4) 对项目实施技巧及实施情况总结。对项目的实施情况总结是非常重要的,它起着承前启后的作用。可以通过多种形式,如书面总结、小组讨论、主题培训等进行总结。①访问经验总结。每一次访问都是一次新的尝试,会接触到不同的内容、不同的访问对象。每一次访问结束后,都应从中总结出该项目执行的经验和教训,经验予以推广,教训避免重复出现。通常,可以通过以下形式总结访问经验。一是访问工作总结。所有访问工作任务完成以后,需填写一份访问工作总结问卷。该问卷主要内容包括对此次问卷内容的评价(如问卷长短、问话方式是否合适,问题概括是否全面等);此次项目培训的评价(如培训内容是否详尽全面,执行文件是否准确实用等);此次项目中受访对象的意见反馈,此次项目执行中发现或遇到的问题总结;对项目执行的建议;访问员本身参与项目的心得体会。二是访问工作记录单。它的功用与访问工作总结问卷大体相同,更多的是在日常访问项目中采用。主要包括接触样本数量、访问期限、访问工作总结与建议。三是访问工作交流会。在每次项目完成后,组织相关访问员对该项目的执行情况及时进行总结交流,也是一种好的工作检讨形式。访问员各抒己见,在一起交流所遇到的如拒访等行为的经历,交流访问技巧,诉说自己有趣的或枯燥的、愉快的或不愉快的访问经历,执行督导和访问员主管随机作适当的引导或指点,可以共同提高访问能力,寻找并改进访问中的不足。四是随着计算机的普及和广泛应用,可以通过电子邮件的形式发送总结自己的访问经验。总之,无论形式如何,对于访问经验进行总结,不仅可以及时知道项目的执行情况,而且能提高访问员处理问题的能力,对访问员之间的交流和沟通也会产生一定的影响。②访问经验推广。访问经验推广的传播可以有四种途径:一是通过访问员主管将情况汇总、整理,再传达给所有访问员。二是在项目执行完成后召开经验交流会,请访问员相互介绍成功或失败的经验,尤其是失败的经验。需注意的是访问员彼此诉说访问时受到的挫折,对于访问员的心理抚慰和情绪调节非常有帮助。三是培训过程的经验传授。培训过程中,访问员会接触到基础培训、技巧培训、项目培训等各方面的培训,好的访问经验既可以单独列出,也可以穿插在项目培训中,以案例介绍。四是不定期地召开访问员联络会议,可以用联谊、郊游等方式在轻松、愉快的气氛中交流彼此的经验。

【思考与练习】

1. 你认为在市场调研行业内谁最有义务来提高行业的道德水平，并说明理由。
2. 政府在市场调研行业建立道德标准的过程中应发挥怎样的作用？如何保证？
3. 伦理和专业水平之间有什么关系？你认为应该如何提高市场调研行业的专业水平？
4. 你认为道德条例在一个组织中有什么样的作用？可以采取哪些措施来保证员工切实遵守所订立的道德条例？
5. 被调查者得知他们提供意见可以获得10元后同意参加调查，那么他们丧失了哪些权利？是否就丧失了所有的权利呢？
6. 现场服务在市场调研中的作用是什么？
7. 描述市场调研行业的层次。
8. 影响沟通的因素有哪些？
9. 项目实施的访问员培训过程应有哪些内容？
10. 简述市场调研误差的种类。
11. 如何认识和降低调研误差？
12. 市场调研的质量控制有哪些原则？
13. 简述市场调研的主要控制点和控制方法。
14. 市场调研访问经验的传播途径有哪些？
15. 怎样总结访问经验？

第六章 数据整理与描述性分析

对调查资料的整理,是实现从个体单位标志值过渡到总体数量特征值的必经阶段,是分析数据的基础,是保证调查资料客观性、准确性、条理性、完整性不可缺少的重要环节。数据分析是在资料整理的基础上进行的,它的起点是数,终点是探索客观事物内在的数量规律性。描述性分析是整个数据分析的基础和数据研究工作的第一步,是推断性分析的前提。本章主要内容为:调查资料审核、整理的基本步骤和基本方法,整理数据的显示方式,调查对象的集中趋势分析,调查对象的离中趋势分析,调查对象的分布形态分析。

第一节 数据的审核与编录

一、数据的审核

1. 审核的概念和原则

(1) 审核的概念。审核是指在着手整理调查资料之前,对原始资料进行审查与核实的工作过程,目的在于保证资料的客观性、准确性和完整性,为资料的整理打下坚实的基础。在资料调查完成以后,为了保证资料整理和汇总的正确,必须对每项资料进行严格的审核。如果原始资料中有错误,整理加工后就不易发现和修正,从而导致错误的结论,失去调查研究的科学性。实际上资料的收集和审核在大多数情况下是同步进行的,这里分开阐述只是为了分析上的方便。

(2) 审核的原则。审核的原则有以下四条:

a. 真实性原则。对收集到的资料要根据实践经验和常识进行辨别,看其是否真实可靠地反映了调查对象的客观情况,一旦发现有疑问,就要根据事实进行核实,排除其中的虚假成分,保证资料的真实性。

b. 标准性原则。在较大规模的调查中,对于需要相互比较的材料要审核其所涉及的事实是不是具有可比性。对于二手资料更要注意指标的定义是否一致、计量单位是否相同等。

c. 准确性原则。要对资料进行逻辑检查,检查调查得来的资料中有无不合理和相互矛盾的地方。对搜集来的各种统计图表应重新计算复核,利用历史资料更要注意审查文献的可靠性程度。

d. 完整性原则。要检查调查资料是不是按照提纲或调查表格的要求搜集齐全。如果资料残缺不全，就会降低甚至失去研究的价值。还要检查在调查过程中发现的新线索、新问题是不是都做了调查。

2. 对第一手资料的审核

所谓第一手资料是指直接调查获得的资料，如用观察法、访问法、问卷法等方法所获得的资料；第二手资料是指间接调查所获得的资料，主要指用文献法所获取的资料。一般来讲，第一手资料可以对照事实重新审核，而第二手资料则不能，所以二者在审核方法上是不同的。

(1) 对于用观察法所获取的资料的审核。观察法是获得直观认识较好的方法，它获得的资料往往能较大程度地排除人为的虚假成分。但是，由于调查人员的介入，被调查单位或个人也会做出种种假象，来掩饰事实的本来面目。同时，社会现象的感知和解释都要通过"调查者"这面棱镜，通过调查者自己的价值标准和以往经验再折射出来，这也可能成为现实资料不准确的原因。因此，对观察法获得的资料的检查要注意：

a. 要检查观察资料是不是严格遵循调查提纲获得的。一个好的观察资料既要记下提纲中规定的调查内容，又要记下那些看到的暂时还无法归类的事实，而不是看见什么就记什么的随意记载。

b. 如果资料能用多种方法收集，则应把通过观察法获取的资料和通过其他方法获取的资料进行比较，发现问题及时去调查核实。比如，调查人员在某个单位看到其卫生面貌很好，而座谈会上有人却反映情况并非如此，那么调查人员就应该去重新核实。

c. 当观察是以小组为单位进行时，调查人员要随时将获取的情报同小组其他调查人员所取得的情报进行比较。因为每个人对所观察的客体在理解上会有差异，如果对观察的结果相互比较，就能得出比较正确的意见和评价。所以，集体观察并经过讨论的资料的客观性、准确性较高。特别是当对同一个观察客体所获取的资料有较大差异时，更应组织调查人员进行讨论和验证。

d. 对于较重要的问题要注意调查时间的长短。因为在较长的调查时间内，调查者可以排除某些人为的虚假成分，同时还可以观察到短期调查者所观察不到的事物。当然，到底多长时间为宜，还需因地、因事、因人制宜。一般来说，长时间的观察比短时间的观察可靠性高。

(2) 对于用访问法和问卷法所获取的资料的审核。访问法是一种搜集口头情报的方法。在无结构式访问中，被调查者和调查者之间可以通过直接交谈相互影响，发生双向反馈。在用问卷法和结构式访问中，则不能发生这种双向反馈，获取资料方法上的差异使资料审查的方法也不一致。

a. 对用无结构式访问法获取的资料的审核。对于通过直接访问获得的资料要注意被调查者的态度，被调查者对调查者越信任，调查资料的可靠性就越高。注意：即使被调查者完全信任调查者，所谈的资料也不一定全是真实的，这受调查者本人的理解力的影响。有时被调查者不能充分理解发问的内容或用意，因而答非所问。有时被调查者受情感和关系的影响而有所偏向；有时被调查者受自己对事物认识的影响，提供的材料带有片面性或对事实进行渲染，从而失真。这些都需要调查者在谈话过程中慎思明辨，不能有闻必录，闻而不审，谈话是一种技巧，熟练的调查员能在谈话过程中反复查询，逐步使调查者的回答接近客观。不熟练的调查者应在访问后仔细考虑，剔除材料中的"水分"，搞清楚事实的真相，具体的方法是与其他被调查者交谈，侧面核实或与其他材料进行比较核实。

b. 对用调查问卷和结构式访问获取的资料的审核。对于问卷收集的资料，在审核时要注意三点：

- 完整性。是不是该填写的都填写了，如果有漏填，最好请被调查者及时补上。
- 逻辑性。注意同一指标前后是否一致，指标与指标之间是否自相矛盾。如果发现逻辑性差错，则需要根据相关内容做出判断并加以纠正。
- 可靠性。通过检查问卷中的控制性问题来判断回答的可靠性。比如，问卷中可以有这样的问题："您在某某学校上过《教学系统设计》这门课吗？"但实际上该学校并未开出这门课，而被调查者却回答"上过"，那么，其余的回答也可能是不可靠的。这样的问卷应该重新调查或作废。在问卷设计中，应根据实际情况设计些控制性问题以供审核资料时使用。

3. 对第二手资料的审核

第二手资料是指通过文献法所获取的调查资料，对书面文献和统计资料应采取不同的方法进行审核。

（1）书面文献式资料的审核方法。书面文献是指以文字形式叙述的资料，主要有图书、报纸杂志、业务资料、各种总结材料、档案、个人日记、书信等。当调查者发现适合自己研究的文献材料时，先要确定文献的可靠性，否则再适合的材料也不能利用。

a. 应搞清文献的作者、出版者的背景，因为他们的政治态度对文献是有影响的。有时会出现有意的"错误"，即作者在编制文献时隐瞒或歪曲事实。一般应采用引用率较高的文献。

b. 注意文献编写的时间，尤其是对记叙历史事件的文献，必须把文献编写的时间和文献中所描述的事件的时间加以对照。如果文献是编写者在事件发生过程中，或根据事件的发展进程，在印象清晰情况下编写的，事件的具体情节会清楚些。反之，如果文献是在事件发生很长时间后编写的，事件的很多细节可能会被遗忘。一般来讲，文献编制日期离事件发生的时间越近，文献的内容就越清楚、越客观。

c. 当面对的是财政和司法文献时，应特别留心伪造的文献。必要时调查人员可向该领域工作人员请教，他们都有一套专门鉴定文献真伪的技术，调查人员也应注意随时掌握这些知识。

（2）数据式资料的审查方法。调查数据是认识社会的重要工具。利用调查数据时除注意资料来源、调查目的外，还要注意：

a. 指标定义和分组标准问题。在审查和利用含有分类调查数据的文献时，必须搞清指标定义和分组标准。如果和自己研究的分组标准不一致，则不能使用这些资料，如若使用，必须根据自己的调查目的重新分组，满足自己研究的需要。

b. 指标的调查对象范围的一致性。在利用调查资料进行比较时，一定要注意调查对象的范围。例如，从某市《经济晚报》上查出该市2005年的国内生产总值为180亿元，而2013年的国内生产总值却为2000亿元，则不能据此下结论说该市8年内国内生产总值就增长了10倍，而应对该市两个不同时期的区域范围或疆界进行审核，对"国内生产总值"这个指标的计算口径进行核对。不解决这一问题是无法比较的。

审核工作是一项细微的工作，它要求调查人员认真对待，切不可草率从事。

二、数据的编码

计算机及软件的应用给资料汇总和资料分析带来了革命性的变化，编码是将调查表中的信息数字化，转换成统计软件和统计程序能够识别的数字，这是一项信息代换的过程，即对一个问题的不同回答进行分组和确定数字代码的过程，对调查中每一组问题的不同回答用数字编码锁定。

1. 对调查表的编码

对调查表编号，是为了避免调查资料重输、漏输，以及录入后数据的检查和审核，确保数据的准确无误。调查表的编号要视被调查单位的多少而定，如果调查单位少于100个，则可以用两位数来编，如：01，02，…；如果被调查单位少于1000个，则可以用三位数来编，001，002，…；以此类推。

对于未收回来的调查表数和无效调查表数要准确统计，以确保数据分析结果的真实性和参考性，以及工作的严谨性。

2. 对封闭式问答的编码

封闭式问答对数据的计算机处理带来了很大方便，同时也能大大提高调查表的回收率，所以在问卷设计中一般尽量采用封闭式问答。

（1）问题号码。问题号码可以与问卷中问题的序号一致，也可以重编，但应该特别注意，号码与问题内容的对应关系。

（2）问题答案号码。对问题中每个答案按升序或降序排列，并赋予不同的号码，这些号码一般是连续的正整数。在编码中还要考虑到给问卷表中无回答和不知道的答案一个数字编码。给无回答答案的编码最常用的是"0"，给"不知道"答案的编码常用的是"9"。对于大多数问题的答案选择一般不超过9个，上述方法是可行的而且很方便。但对于少数问题，"0"和"9"两者均可能是被回答的问题本身所需用的数字（如家庭中子女的数目），在这种情况下，无回答和"不知道"的编码必须是在经验上绝不会出现的数字（如98，99等）。

以下是惠州学院某大学生科研团队，为研究"惠州市农村空巢老人安全保护意识及行为"而设计的2份调查问卷，并拟分别调查300名空巢老人和300名邻居。现对其封闭式问答的编码进行如表6-1、表6-2所示的处理。

表6-1 惠州市农村空巢老人安全保护意识及行为调查问卷

惠州市农村空巢老人安全保护意识及行为调查问卷（针对空巢老人）

尊敬的女士/先生：

您好！为了了解惠州市农村空巢老人安全保护意识及行为，我们特对此进行调查，所得资料仅为研究之用。感谢您的支持和帮助！

"惠州市农村空巢老人安全保护意识及行为调查与分析"课题组

1. 您的性别是（　　）。
   A. 男　　　　B. 女
2. 您的老伴是否健在？（　　）。
   A. 是　　　　B. 否
3. 您的年龄是（　　）。
   A. 60～65岁　　B. 66～70岁　　C. 71～75岁　　D. 76～80岁　　E. 80岁以上
4. 您的文化程度是（　　）。
   A. 不识字或识字很少　　　B. 小学　　　　C. 初中
   D. 高中或中专　　　　　　E. 大专及以上
5. 您的月收入是多少元？（　　）。
   A. 100元以下　　B. 100～300元　　C. 300～500元　　D. 500元以上
6. 您认为您的身体状况如何？（　　）。
   A. 很好　　　B. 较好　　　C. 一般　　　D. 较差　　　E. 很差
7. 您的子女一年大概回来几次？（　　）。
   A. 1次或以下　　B. 2～4次　　C. 5～7次　　D. 8～11次　　E. 12次以上
8. 您的子女经常关心您吗？（　　）。
   A. 经常　　　B. 较多　　　C. 一般　　　D. 较少　　　E. 没有
9. 您对相关安全保护知识了解吗？（　　）。
   A. 很了解　　B. 较了解　　C. 一般　　　D. 不太了解　　E. 很不了解
10. 您的一天三餐有规律吗？（　　）。
    A. 每天都有　　B. 通常有　　C. 有时有，有时没有　　D. 通常没有
11. 您吃的食物存在哪些问题？（　　）（可多选）。
    A. 过期　　　B. 不新鲜　　C. 营养不够　　D. 食物单一　　E. 口味偏咸辣　　F. 没有
12. 您主要参与什么运动？（　　）（如选F，请跳至第14题）。
    A. 散步　　　B. 慢跑　　　C. 体操　　　D. 太极
    E. 广场舞　　F. 没有　　　G. 其他
13. 您运动之后会产生什么问题？（可多选）（　　）。
    A. 腹痛　　　B. 头昏　　　C. 呼吸困难　　D. 胸闷
    E. 食欲下降　F. 脚痛　　　G. 睡眠不好
14. 您平时在家做饭是用（　　）。
    A. 柴草　　　B. 煤气　　　C. 煤炭　　　D. 电　　　E. 沼气
15. 下列哪些使用煤气灶的方法是正确的？（　　）。
    ①打开气旋开关，完全按下旋钮，并逆时针旋转至90°停止
    ②火焰飘离或火苗过高，立刻用水破灭，以免引起大火

③无法熄灭火苗，直接吹灭

④调节火焰时，火焰不要超出锅底、壶底面积

A. ①②③④　　B. ①②④　　C. ①④　　D. ②④

16. 您有没有服错过药？（　　）（如选B，请跳至第18题）。

A. 有　　　　　B. 没有

17. 您是因什么原因而服错药的？（　　）（可多选）。

A. 记性不好　　　B. 不识字　　　C. 药品说明书字太小

D. 子女叮嘱少　　E. 没有专门放药的地方

18. 如有陌生人上门推销产品，您会怎么办？（　　）。

A. 不理会　　　B. 听介绍但不买　　　C. 听介绍且购买

19. 您有没有被骗过？（　　）。

A. 有，损失较大　　B. 有，损失不大　　C. 没有，自我警惕强　　D. 没有，有人提醒

20. 如在家发生意外（病发、摔倒、火灾、触电、盗窃等），您会怎么办？（　　）。

A. 呼叫邻居　　　B. 自己处理　　　C. 打电话给子女　　　D. 找志愿者

E. 打急救电话　　F. 不知道该怎么办　　G. 其他

21. 您认为下列应急电话哪个连线是正确的？（　　）。

```
      110       急救              110 ——— 急救
A.120  ✗  火警        B.120  ✗  火警
      119       匪警              119       匪警

      110       急救              110 ——— 急救
C.120  ✗  火警        D.120 ——— 火警
      119       匪警              119 ——— 匪警
```

22. 您的家里拥有哪些安全配备？（　　）（可多选）。

A. 灭火器　　　B. 特殊自救药品　　　C. 紧急呼叫器　　　D. 电话

E. 防盗门　　　F. 基础常备药品　　　G. 以上都没有

23. 您现在最担心的是什么问题？（　　）。

A. 安全问题　　　B. 健康问题　　　C. 子女工作健康问题　　　D. 经济问题

E. 精神空虚问题　　F. 生活自理问题　　G. 其他

24. 您认为政府应不应该为空巢老人定制便携式信息卡（空巢老人的姓名、年龄、疾病史、血型、亲人联系电话、救助电话等）？（　　）。

A. 应该　　　B. 不应该　　　C. 无所谓

25. 您认为政府和社会针对老人最应该做的事是什么？（　　）（可多选）。

A. 建立健康管理档案　　　　　　B. 制定便携式信息卡

C. 倡导邻里帮扶　　　　　　　　D. 鼓励志愿者提供更多服务

E. 做好安全保护知识的宣传　　　F. 完善空巢老人家里的安全保护装置

G. 建立养老院和老年服务中心　　H. 其他

调查员姓名：_____　访问地点：_____

访问日期：_____年_____月_____日

续表6-1

      惠州市农村空巢老人安全保护意识及行为调查问卷（针对空巢老人邻居）

尊敬的女士/先生：

  您好！为了了解惠州市农村空巢老人安全保护意识及行为，我们特对此进行调查，所得资料仅为研究之用。感谢您的支持和帮助！

  "惠州市农村空巢老人安全保护意识及行为调查与分析"课题组

1. 您身边的空巢老人表现的情绪是（　　）（可多选）。
  A. 消极悲观 B. 空虚寂寞 C. 幸福充实 D. 积极乐观
2. 您认为空巢老人存在哪些心理压力？（　　）（可多选）。
  A. 家庭经济 B. 劳动负担 C. 保护自身问题
  D. 健康状况 E. 管教孙辈 F. 子女不在身边
3. 您身边的空巢老人的外出子女常回家看望吗？（　　）。
  A. 经常 B. 有时 C. 很少 D. 从不
4. 您村里主要是哪些人探望空巢老人？（　　）。
  A. 企业家 B. 村委会 C. 邻居
  D. 亲戚 E. 志愿者
5. 您关注身边空巢老人的安全保护问题吗？（　　）。
  A. 很关注 B. 比较关注 C. 偶尔关注 D. 不关注
6. 您村通过开展什么活动丰富空巢老人的安全保护知识？（　　）。
  A. 安全保护演练 B. 观看宣传片 C. 专业人士的讲座
  D. 没有开展 E. 其他
7. 您村里组织空巢老人学习哪方面的安全保护知识？（　　）（可多选）。
  A. 防火 B. 防盗 C. 防病 D. 防电 E. 饮食
  F. 运动 G. 某些突发病的救护 H. 怎样拨打求救电话
  I. 没有组织学习 J. 其他
8. 您身边的空巢老人一天三餐有规律吗？（　　）。
  A. 每天都有 B. 通常有 C. 有时有，有时没有 D. 通常没有
9. 您身边的空巢老人吃的食物有哪些问题？（　　）（可多选）。
  A. 过期 B. 不新鲜 C. 营养不够 D. 食物单一 E. 口味重
10. 您身边的空巢老人主要参与什么运动？（　　）。
  A. 散步 B. 慢跑 C. 体操 D. 太极
  E. 广场舞 F. 没有 G. 其他
11. 您看过的空巢老人因运动不当而产生什么问题？（　　）（可多选）。
  A. 腹痛 B. 头昏 C. 呼吸困难
  D. 胸闷 E. 食欲下降 F. 睡眠不好
12. 对于身边空巢老人的病况，您了解吗？（　　）。
  A. 很了解 B. 比较了解 C. 一般 D. 不太了解 E. 很不了解
13. 您看过空巢老人因什么原因而服错药？（　　）（可多选）。
  A. 记性不好 B. 不识字 C. 药品说明书字太小
  D. 子女叮嘱少 E. 没有专门放药的地方

14. 下列哪种急救方法是正确的？（　　）。
　　A. 当老人昏倒时，可大声呼喊老人、拍打老人脸颊或拧老人手足等
　　B. 老人流鼻血时，让老人躺下，头稍向前倾
　　C. 烧伤皮肤时应该弄破水泡
　　D. 老人跌倒时应快速移动

15. 空巢老人发生意外事故时，如摔跤、火灾、疾病突发等，您会怎么做？（　　）。
　　A. 带老人去医院　　　B. 自己帮老人处理　　　C. 叫其他人帮忙（如志愿者、邻居）
　　D. 找老人的子女　　　E. 打急救电话　　　　　F. 其他

16. 如陌生人上门推销产品，您看到的空巢老人们通常怎么做？（　　）。
　　A. 不理会　　B. 听介绍但不买　　C. 听介绍且购买　　D. 其他

17. 您身边的空巢老人通常发生什么意外？（　　）。
　　A. 摔倒　　　　B. 触电　　　C. 烧伤
　　D. 病发　　　　E. 被骗　　　F. 其他

18. 您村的空巢老人家里拥有哪些安全保护配备？（　　）（可多选）。
　　A. 常备药品　　B. 特殊自救药品　　C. 防盗门　　　D. 灭火器
　　E. 电话　　　　F. 紧急呼叫器　　　G. 以上都没有　H. 其他

19. 您认为政府应不应该为空巢老人定制便携式信息卡（空巢老人的姓名、年龄、疾病史、血型、亲人联系电话、救助电话等）？（　　）。
　　A. 应该　　　B. 不应该　　C. 无所谓

20. 您认为政府和社会针对空巢老人的安全保护最应该做的事是什么？（　　）（可多选）。
　　A. 建立健康管理档案　　　　　B. 制定便携式信息卡
　　C. 倡导邻里帮扶　　　　　　　D. 鼓励志愿者提供更多服务
　　E. 做好安全保护知识的宣传　　F. 完善空巢老人家里的安全保护装置
　　G. 建立养老院和老年服务中心　H. 其他

　　　　　　　　　　　　　　　　　　　调查员姓名：_____　访问地点：_____
　　　　　　　　　　　　　　　　　　　访问日期：2013 年_____月_____日

表 6-2　"惠州市农村空巢老人安全保护意识及行为调查问卷"编码及汇总

问卷编号 \ 问题及答案编号	01						…	25（可多选）									
	0	1	2	3	4	99		0	1	2	3	4	5	6	7	8	9	99
针对空巢老人																		
001																		
002																		

续表 6-2

问题及答案编号 问卷编号	01						...	25（可多选）									
	0	1	2	3	4	99		0	1	2	3	4	5	6	7	8	9	99
003																		
...																		
298																		
299																		
300																		
合计																		
针对空巢老人邻居																		
001																		
002																		
003																		
...																		
298																		
299																		
300																		
合计																		

注：①表中问卷答案中的"0"表示无回答，"99"表示"不知道"或"不清楚"或"没想过"等。②表中"1"，"2"，"3"，…，表示"A"，"B"，"C"等。

上述问卷编码的步骤为：

a. 对所有的问卷表按 001～300 的顺序编码，并把编码工整地写在问卷表的右上角，每一份问卷都是独一无二的。

b. 对问卷中所有问题进行编码，第一个问题对应的号码为 01，第二个问题对应的号码为 02，依次类推。

c. 对每个问题的所有答案赋予代码，如对答案 A 赋 1，对答案 B 赋 2，依次类推；对无回答赋 0；对"不知道"或"不清楚"或"没想过"等赋 99。

3. 对开放式问答的编码

开放式问题与封闭式问题不同。它们之所以被称为"开放式问题"，是因为调查者或是不知道会得到什么回答，或是希望能给出比封闭式问题更加详尽的回答。在编辑过程中，对开放式问题进行编码是一项冗长乏味且耗时的工作。此外，这个过程在某种程度上是主观的。因此，在可能的情况下，人们会避免使用开放式问题。

对开放式问答进行编码需要采用以下四个步骤：

（1）列出答案。编码员准备一份列出每个开放式问题答案的清单，对所有被调查者的答案全部列出。在大型抽样调查中，列出某个样本的回答。这项工作可以作为编辑过程的一部分或单独的一个步骤来完成。

（2）合并答案。表6-4提供了一个对开放式问题回答的清单。从这份清单中可以看出，一些形式上不同的回答，在本质上是一致的，如前三个答案，或许还包括第四个。它们可以被适当合并为一类。完成合并过程后，就得到了如表6-3所示的分类和编码表。要获得这样的表，还必须做出一些主观判断。例如，第四个答案是属于第一类，还是应单独归为一类？这些通常需要分析才能做出，常常也吸收被调查者的意见。

（3）设置编码。这一步通常在获得最终合并表单后进行。该表单的每个答案都应分配数字编码。

（4）输入编码。这一步涉及数字记录，主要包含以四个分步骤：

a. 读取每组问题中每个开放式问题的回答；
b. 找出与按步骤（2）得到的合并类别相符的回答；
c. 把每个具体回答的数字编码填入相应的类别中；
d. 在调查表的适当地方，注明每个问题回答的数字编码。

例如，某调查公司在对啤酒的抽样调查问卷中，有"为什么您喜欢青岛牌啤酒？"这样一个问题，调查后得到表6-3的17个答案，则可合并分类并编码，如表6-4所示。

表6-3　开放式问题回答实例

问题：为什么您喜欢青岛牌啤酒？

回答实例：

1. 因为它口味较好
2. 它具有较好的味道
3. 我喜欢它的口味
4. 我不喜欢其他啤酒太重的口味
5. 它最便宜
6. 我买任何打折的啤酒，它大部分时间都打折
7. 它不像其他牌子的啤酒那样使我的胃不舒服
8. 其他牌子的啤酒使我头痛，但这种不会这样
9. 我总是选择这个品牌
10. 我已经喝了二十多年了
11. 它是大多数同事喝的品牌
12. 我所有的朋友都喝它
13. 这是我妻子在食品店里买的牌子
14. 这是我妻子/丈夫最喜欢的牌子
15. 我没有想过
16. 不清楚
17. 没有特别的原因

表6-4　表6-3中开放式问题回答的合并分类和编码

回答类别描述	表6-3中的回答	分配的数字编码
口味好/喜欢味道/比其他味道好	1，2，3，4	1
低/较低的价格	5，6	2
不会引起头疼、胃不适	7，8	3
长时间喝，习惯	9，10	4
朋友喝/受朋友影响	11，12	5
妻子/丈夫喝或买	13，14	6
不知道	15，16，17	7

三、数据的录入

问卷、问题、答案的编码工作完成后，就该进入数据的录入阶段了。数据录入是指将信息从计算机不可识别的形式转换成为计算机能够识别的形式的过程，有手工直接录入和智能录入两种。不管是哪种输入方式，都需要一个数据输入装置和一个存储介质。数据录入装置包括计算机终端和个人电脑，用于数据录入的相关存储介质包括硬盘、优盘、云盘、数据云端等。

在调查表和录入指标不多的情况下，可以采用手工直接录入的方式把调查数据或编码输入电脑。如果调查表或调查研究指标很多时，采用手工直接录入不但耗时，而且容易出差错，这里就应该采用智能录入的方式，将数据输入电脑。大多数数据录入通过智能录入系统进行。通常，专业市场调查人员不会直接把数据从调查表上转录到电脑编码表上，因为这种转录过程中会产生大量的错误，而将数据从编码表直接转入数据装置和相关存储媒介，则更精确有效。而且，数据录入系统能通过编程避免数据录入时出现某些错误，如录入无效的或太广的编码以及违背跳跃模式。如6-2表中问题6，5个有效答案对应的数字编码为1~5，另加一个"无回答"码和一个"不知道"码，如果输入的不是这几个编码，机器就会告知数据输入人员出现问题了，如发出警报声或"嘀嘀"声，并在屏幕上显示编码为无效信息，不进行下一步的处理。

第二节　数据的整理与显示

一、数据整理的概念与意义

数据整理，是指根据研究的目的和任务，将调查所得的资料进行科学分组和汇总，使之系统化、条理化的工作过程。数据整理的对象主要是一手资料。

数据整理在调查与分析过程中起着承前启后的作用。它把调查所得到的原始资料，整理成能系统地可以说明总体特征的综合数字资料，为数据分析提供前提条件。市场调查所搜集的反映个体的原始资料是分散的，不是集中的；是零碎的，不是系统的。人们很难利用这些资料，很难从总体上分析和认识现象的数量表现。而且有的二手资料（已分组资料），在分组方法、总体范围或指标含义、口径、计算方法等方面又不同，也不能满足数据分析的要求，必须通过数据整理，才能从数量上进行深入分析。

总之，数据整理是从对事物个体量的观察到对事物总体量的认识的连结点。在市场调研中起着承前启后的作用。数据整理的正确与否，会直接影响市场调研对社会现象总体数量描述和分析的准确性、真实性。

二、数据整理的原则

数据整理的原则有三条：

（1）条理化。即对资料进行分类，从而为进一步的分析创造条件。分类可以使大量繁杂的资料条理化，为人们提供一种便利的检索手段。分类系统实际上是资料存取系统，它便于资料的存取、利用。科学的分类系统不仅是资料的存取系统，而且还是对客观规律的认识系统。分类反映着研究者对研究对象的认识。

（2）系统化。即从整体上考察现有资料满足研究目的的程度如何，有没有必要吸收补充其他资料。条理化原则是从对事物分类归纳着手，而系统化是从整体综合的角度考虑问题。首先它要从整体上考虑现有资料是否能把研究的问题说清楚，需不需要补充新的材料。其次要考虑对调查中发现的新情况如何处理。

（3）统计汇总。在数据整理中对调查资料进行汇总是一项重要的工作。通过调查得来的一手资料反映了调查对象内各个单位所具有的数量特征，它们包含着表现调查对象总体数量特征的有用信息。但是调查表中的一手数据是分散的，只有对它们依据一定的方法进行科学整理，才能使调查对象总体的数量特征和规律性显示出来。

根据调查对象的特点和研究的目的、任务，抓住最基本的、最能说明问题本质特征的统计分组和调查指标对调查资料进行加工整理，这就是数据整理的原则。

三、调查资料汇总的组织和技术

1. 一手资料的汇总

（1）一手资料汇总的组织。调查资料汇总组织的形式基本有两种，即逐级汇总和集中汇总。

a. 逐级汇总。它是对基层一手调查资料，按照一定的隶属关系，从下到上进行资料汇总的一种资料整理形式。这种组织形式的优点是：能使各区域、各部门很方便地取得本辖区内或本部门所需的全面资料，便于掌握和分析事物的全面情况；而且，一手调查资料经过逐级审查、汇总后，容易发现错误，并可及时订正、修改，且有时有利于数据整理质量的提高。但这种数据汇总方式时间较长，发生主观差错的可能性更大。

第六章 数据整理与描述性分析

b. 集中汇总。它是将全部一手调查资料集中到某一机构（如组织调查机构）进行一次性汇总。专门调查和快速调查一般采用这种方式汇总资料。这种组织形式的优点是：可以缩短汇总时间，减少主观性和技术性差错，有利于提高汇总资料的及时性和精确性。但原始资料如有差错就不能就地订正，而且其整理结果不能及时满足各地区、各部门的需要。

有时可以将逐级汇总和集中汇总两种形式结合在一起运用，一方面对一些最基本的调查指标实行逐级汇总，另一方面又将全部一手资料实行集中汇总。那么，各地区、各部门可以取得自己需要的全面资料，上级机关也可以及时取得全面详细的整理资料。但所费人力、物力、财力较大。

（2）一手资料汇总的技术。在我国实际运用中，调查资料汇总的方法主要有两种：手工汇总和电子计算机或统计信息平台汇总。手工汇总，只适宜数据量少的资料整理。当整理的数据量很大时，一般利用电子计算机或统计信息平台汇总，它是现代调查资料整理和分析的重要手段。电子计算机或统计信息平台对调查资料进行汇总主要分七步进行：审核→编码→编制程序→数据录入→逻辑检查→同类汇总→制表、制图、打印。

电子计算机或统计信息平台汇总的主要特点是速度快，精度高，逻辑判断能力强，数据信息处理能量大。

2. 二手资料的整理

一个人的精力和时间是有限的，不可能每个问题或专题都亲身去调查，去获取一手资料。对二手资料的搜集也是市场调研的内容，对二手资料的整理同样也是数据整理的内容。对二手资料汇总整理，根据不同情况，主要有以下三种方法：

（1）调整法。当二手资料的总体范围、指标范围、计算方法、计算价格、计算单位、时间长度等与研究的调查对象、分析的调查指标不同时，往往要通过加进、减出、换算等手段进行调整。

（2）推算法。当市场调研所需的某些资料不齐，而又无法从实际中直接搜集补充时，可依据已有的其他资料通过比例推算、速度推算、内插外推等方法进行估计推算。

（3）再分组。当二手资料的分组方法不科学、不能以此进行正确的调查分析，可以遵循统计分组原则将二手资料进行再分组，以满足调查研究目的。

四、数据分组

数据分组是数据整理的关键，数据分组就是根据市场调研的需要，将调查资料按照一定的标志区分为若干个性质不同的组成部分的一种方法。经数据分组后，不同组内调查单位具有差异性，相同组内调查单位则具有同质性。

1. 分组标志的选择

在进行数据分组之前，首先要解决的是以什么标志来划分各组界限。分组标志是将调查资料划分为各个性质不同的组的标准或依据。正确选择分组标志是进行数据分组的关键。分组标志一经选定就突出了研究总体在此标志下的性质差异，而将总体在其他标志下的差异掩盖起来了。如果分组标志选择不当，分组结果就不能反映总体的性质特征。

正确选择分组标志应注意以下三点：

（1）要根据调查研究目的来选择分组标志。同一研究对象，由于研究目的不同，需要采用的分组标志也就不同，分组标志也因研究目的的不同而不同。

（2）应选择反映调查对象本质的主要标志。从众多的标志中挑选出能够反映调查对象性质特征的主要标志作为分组依据，这是选择分组标志的基本要求。

（3）要考虑调查对象所处的具体条件。尽管有时研究目的相同，但由于调查对象所处的具体历史条件和经济条件不同，需要采用的分组标志也会有所不同。

2. 数据分组的原则

数据分组应遵循两个基本原则：

（1）穷尽性原则。这一原则就是要求调查的每一个单位都能无一例外地划归到某一组去，不会产生"遗漏"现象。如按工资收入分组，500～600元，600～700元，……，1100～1200元。这个统计分组就把500元以下、1200元以下的工资遗漏了。因此，这是一个不合理的分组。

（2）互斥性原则。这一原则就是要求将调查单位分组后，各个组的范围应该互不相容、互为排斥。即每个调查单位在特定的分组标志下只能归属某一组，而不能同时或可能同时归属到几个组。如按文化程度分组，a. 初中毕业及以下；b. 中学毕业；c. 大学毕业以上。在这个数据分组里"初中毕业者"既可以放入第一组，也可以放入第二组。因此，这也是一个不合理的分组。

3. 数据分组的方法

（1）按分组标志的多少分，数据分组有简单分组、并列分组和复合分组。

a. 简单分组就是对总体只按一个标志进行分组。如将企业职工按工作性质分组，分为管理人员和生产人员两种。

b. 并列分组就是用两个以上有联系的标志并列起来对总体进行分组。如：

性别 工作性质
男   管理人员
    生产人员
女   管理人员
    生产人员

c. 复合分组就是选择两个或两个以上的标志进行层叠式的分组。如对某高校在校学生的基本状况，可以同时选择学科、学制、性别等标志进行复合分组，得到如下分组体系：

理科学生   文科学生
本科学生   本科学生
 男   男

女
专科学生
男
女

女
专科学生
男
女

(2) 按分组标志的特征分，数据分组有品质标志分组和数量标志分组。

a. 品质标志分组，就是选择适当的品质标志，将调查对象划分为若干个性质不同的组成部分。如按单位性质分组，分为国有、集体、合营、合资、独资、私营、个体等组；按企业规模大小分组，分成大型企业、中型企业、小型企业、微型企业。

b. 数量标志分组，就是选择适当的数量界线作为分组标志，并在数量标志的变异范围内划分各组界限，将调查对象划分为性质不同的若干个组成部分。如粮食按亩产量（千克）分组，分为200千克以下、200~300千克、……、500千克以上；学习成绩分为60分以下，60~70分，……，90分以上。

五、数据的显示

调查数据可以通过图、表两种方式来显示。

1. 图示法

图示法常用的图形有散点图、圆形图、直方图、折线图、曲线图、茎叶图、箱线图等。

(1) 散点图。如果研究的是调查对象某一变量的变动及变量值的分布状况，则以横坐标表示该标志值的大小，纵坐标表示单位次数。在坐标中标出每个标志值的位置，这样，坐标中就出现了一个散点图，可以利用这个散点图来观察调查对象在某方面的发展趋势和分布状况。以表6-5的数据为例，可得到散点图6-1。

表6-5 某房产公司200幢出租房屋的每周租金　　单位：元/平方米

租金（元）	房屋幢数		向上累计		向下累计	
	幢数	比例	幢数	比例	幢数	比例
<15	7	3.5%	7	3.5%	200	100.0%
15~20	12	6.0%	19	9.5%	193	86.5%
20~25	26	13.0%	45	22.5%	181	80.5%
25~30	45	22.5%	90	45.0%	155	67.5%
30~35	60	30.0%	150	75.0%	110	45.0%
35~40	33	16.5%	183	91.5%	50	15.0%
40~45	10	5.0%	193	96.5%	17	8.5%
>50	2	1.0%	200	100.0%	2	1.0%
合计	200	100.0%				

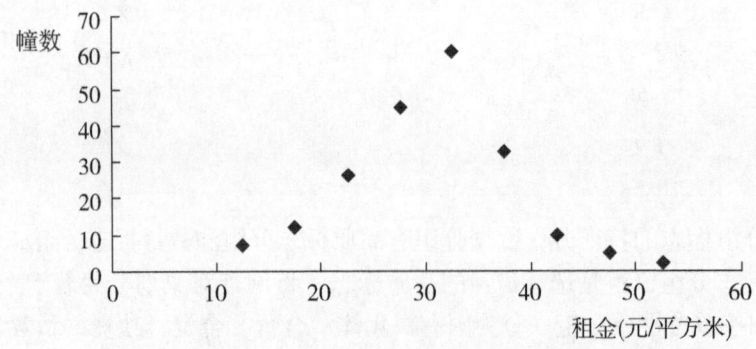

图6-1　某房产公司按周租金出租房屋频数分布散点图

（2）圆形图。圆形图是用圆形面积或圆内各扇形面积之大小来表示并比较调查资料的图形，常用来说明调查对象的内部结构，各扇形面积就表示各组成部分所占的比重，如图6-2所示（以表6-5数据为例）。

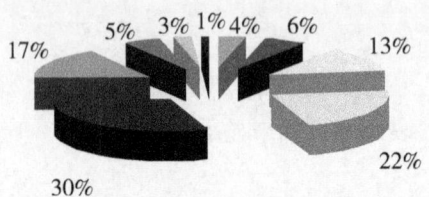

图6-2　某房产公司按周租金房屋幢数所占比重圆形图

（3）直方图。直方图是以直方形的宽度和高度来表示频数分布情况的图形。根据表6-5资料可绘制以下直方图，如图6-3所示。

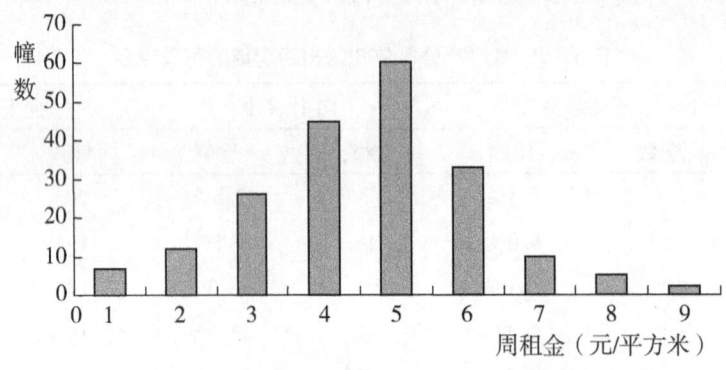

图6-3　某房产公司按周租金出租房屋频率直方图

（4）折线图。折线图可以在直方图的基础上，将直方图中的每个长方条的顶端中点用折线连点而成，从中观察调查对象某标志值的频数分布和变动状况。现以表6-5数据为例，绘制折线如图6-4所示。

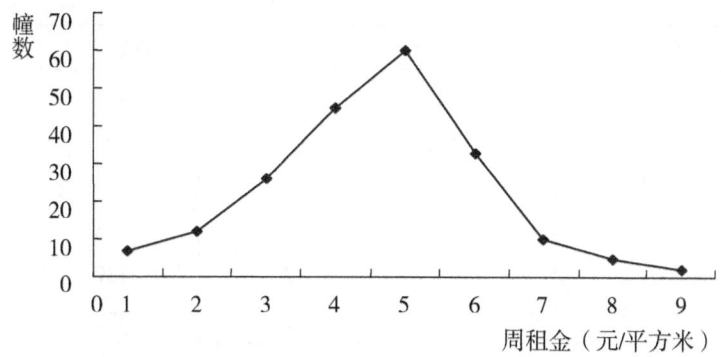

图 6-4　某房产公司按周租金房屋出租频率折线

（5）曲线图。当变量很多时，则变量数列的组数无限增多，折线就接近一条平滑曲线。曲线的绘制方法与折线图基本相同，但线段是用平滑的曲线连接而成，如图 6-5 所示。

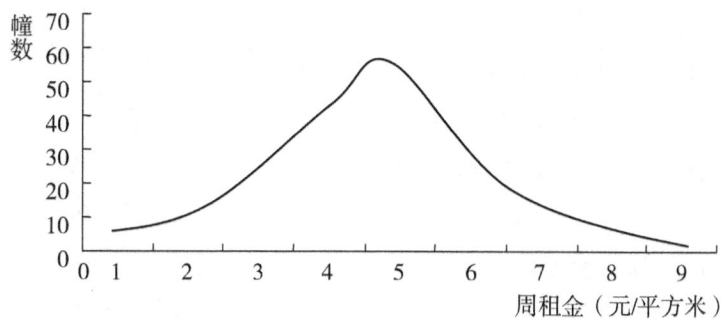

图 6-5　某房产公司按周租金房屋出租频率曲线

在图 6-3、图 6-5 中横坐标的"1"、"2"、"3"等分别表示某房产公司周租金"15 元/平方米"、"15～20 元/平方米"、"20～25 元/平方米"等。

（6）茎叶图。茎叶图将数据分布分成"茎"和"叶"两部分，利用计算机作图达到直方图分组的目的。通过茎叶图，可以看出数据的分布形状及数据的离散状况，例如，分布是否对称，数据是否集中，是否有离群点，等等。

绘制茎叶图的关键是设计好树茎，通常是以该组数据的高位数值作为树茎，而且树叶上只保留该数值的最后一个数字。树茎一经确定，树叶就自然地长在相应的树茎上了。如根据表 6-6 制作茎叶图 6-6。

表 6-6　某车间 50 名工人日加工零件数分组

零件数（个）	频数（人）	零件数（个）	频数（人）	零件数（个）	频数（人）
107	1	119	1	128	2
108	2	120	2	129	1
110	2	121	1	130	1

续表6-6

零件数（个）	频数（人）	零件数（个）	频数（人）	零件数（个）	频数（人）
112	2	122	4	131	1
113	1	123	4	133	2
114	1	124	3	134	2
115	1	125	2	135	1
117	3	126	2	137	1
118	3	127	3	139	2

树茎	树叶	数据个数
10*		0
10.	788	3
11*	02234	5
11.	57778889	8
12*	00122223333444	14
12.	5566777889	10
13*	013344	6
13.	5799	4

图6-6　某车间50名工人日加工零件茎叶图

用记号"*"表示树叶的个位数为0～4，用记号"."表示个位数为5～9。

在实际应用中，茎叶图行数的确定还要根据数据的分散状况及数据分布的特征来确定。总之，要以能充分显示出数据的分布特征为目的。茎叶图类似于横置的直方图，与直方图相比，茎叶图既能给出数据的分布状况，又能给出每一个原始数值（即保留了原始数据的信息），而直方图则不能给出原始的数值。

（7）箱线图。由一组数据的最大值、最小值、中位数和两个四分位数5个特征值绘制而成的，反映原始数据分布的图形，称为箱线图。通过箱线图，不仅可以反映出一组数据分布的特征，还可以进行多组数据分布特征的比较。

箱线图是由一个箱子和两条线段组成的，其绘制方法为：首先找出一组数据的5个特征值，即最大值、最小值、中位数和两个四分位数；然后连接两个四分位数画出箱子；再将两个极值点与箱子相连接。

例如，以表6-6中的数据绘制箱线图如图6-7所示。

2. 表示法

统计表是纵横线条交叉而组成的一种表格，它是调查数据经过整理后的一种重要表现形式，是计算和分析调查对象数量特征的基础。它能使调查资料条理化、简明化，既

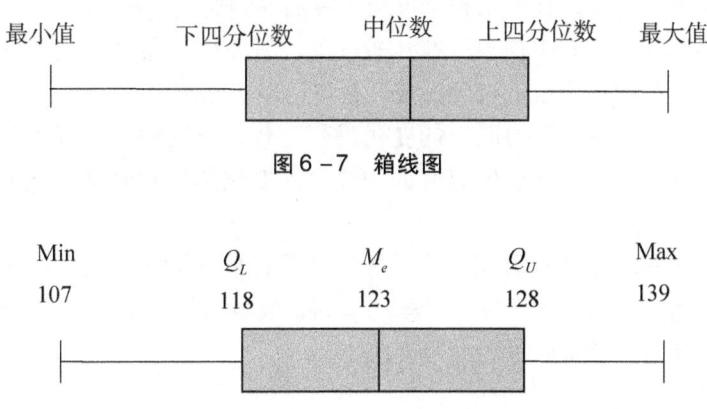

图6-7 箱线图

图6-8 某车间50名工人日加工零件箱线图

可以节省大量文字叙述，又便于比较分析。

统计表一般采用开口的形式，即表的左右不画线（不封口）。统计表是由总标题、横行标题、纵栏标题、纵横格线和具体数据构成。有些统计表其下端还附有注释，用来说明资料的来源、指标的计算方法、填报单位等，如表6-7所示。

表6-7 对改制后职工权益情况的评价　　　　　　　　　　单位:%

权　　益	满意	一般	不满意
参与管理	15.1	48.4	36.5
民主监督	17.9	42.9	39.2
劳动机会与报酬	16.6	42.9	40.5
休息、休假权利	37.3	35.7	27.0
医疗保险权利	9.5	30.6	59.9
养老保障权利	10.3	39.3	50.4
受教育培训权利	17.5	53.6	28.9

注：本表是根据某市总工会调研室等单位对改制企业职工权益、地位及生活心理调查结果整理而得。

第三节 数据的描述

一、集中趋势的描述

集中趋势是指一般水平的趋势，常用的测度指标有：算术平均数、中位数和众数。这些指标也叫集中量，调查对象中其他数值围绕在集中量的周围。

测度集中趋势的主要作用在于：

第一，说明某一现象在一定条件下其数量的一般水平。如：用年人均收入来反映经济生活的一般水平，用人均住宅面积来反映居民的平均居住水平。

第二，对不同领域的同类现象进行比较。如：研究生产条件相同的两个村生产水平的差异，通过对它们的平均亩产量的比较，就可以做出判断。

第三，对某一现象在不同时间上的变化进行比较，以说明这一现象的发展趋势和规律。如：通过对我国近几年来农民家庭人均纯收入变化的比较来揭示党的富民政策的效果和正确性。

第四，分析某些现象之间的依存关系。如：考察企业不同时期劳动生产率和人均奖金的变动情况，可以看出随着劳动生产率的提高，奖金水平不断提高的规律性。

以下着重介绍这几种集中量的计算方法。

1. 平均数

平均数是调查单位某标志值之和除以调查单位总数的商。即

$$平均数 = \frac{调查单位的某标志值之和}{调查单位总数}$$

根据数据资料的不同，可采用简单平均数法和加权平均数法进行计算。

（1）简单平均数法。当调查资料未整理或各组次数均为1时，采用简单平均数法计算平均数，其公式为：

$$\overline{X} = \frac{X_1 + X_2 + \cdots + X_n}{N} = \frac{\sum X_i}{N} \tag{6.1}$$

式中：$\overline{X}$ 表示平均数；$\sum$ 为求和符号；X_i 表示调查单位中第 i 个标志值（$i = 1, 2, \cdots, n$）；N 表示调查单位总数。

如：已知8位为学生数学考试成绩分别为54分、62分、75分、78分、76分、67分、86分、92分，则根据公式（6.1），这8位同学的平均成绩

$$\overline{X} = \frac{X_1 + X_2 + \cdots X_n}{n} = \frac{54 + 62 + 75 + 78 + 76 + 67 + 86 + 92}{8} = 73.75(分)$$

（2）加权平均数。对于已整理或已分组资料应采用加权平均法计算平均数，其公式为：

$$\overline{X} = \frac{X_1 f_1 + X_2 f_2 + \cdots + X_n f_n}{\sum f_i} = \frac{\sum X_i f_i}{\sum f_i} \tag{6.2}$$

式中：X_i 表示第 i 组标志值，f_i 表示第 i 组的次数，n 表示次数分布的组数。

在具体计算时，可以分为单项式次数分布和组距式次数分布两种情况。

a. 单项式次数分布平均数的计算：

[例6-1] 某厂甲车间180名工人按每人每天加工某种零件数量分组的资料如表6-8所示，计算该车间工人平均每人每天加工零件数。

表 6-8　某厂甲车间按每人每天加工某种零件的数量分布资料

每天产量（件）X_i	工人数（人）f_i	产量×工人数 $X_i f_i$
20	18	360
21	45	945
24	72	1728
25	36	900
27	9	243
合　计	180	4176

$$\overline{X} = \frac{\sum X_i f_i}{\sum f_i} = \frac{X_1 f_1 + X_2 f_2 + \cdots + X_n f_n}{\sum f_i} = \frac{4176}{180} = 23.2 \text{（件）}$$

b. 组距式次数分布平均数的计算：

[例 6-2]　设某企业职工的月工资如表 6-9 所示，计算该企业职工月平均工资。

表 6-9　某企业职工月工资资料

月工资分组（元）	职工人数（人）f_i	组中值（元）X_i	组中值×职工人数 $X_i f_i$
400～600	84	500	42000
600～800	161	700	112700
800～1000	244	900	219600
1000～1200	157	1100	172700
1200～1400	36	1300	46800
1400～1600	8	1500	12000
合　计	690		605800

$$\overline{X} = \frac{\sum X_i f_i}{\sum f_i} = \frac{X_1 f_1 + X_2 f_2 + \cdots + X_n f_n}{\sum f_i} = \frac{605800}{690} = 877.97 \text{（件）}$$

2. 中位数

中位数是把调查到的数据资料按照标志值大小顺序排列，处于中央位置的标志值，表示中间位置的平均数，所以也称位置平均数。中位数是处于次数分布中点，不受极端值的影响。当一个调查对象中大部分标志值比较集中时，以中位数为代表值，比上述计算的平均数能更确切地反映次数分布的集中趋势。

中位数的确定方法，因掌握资料不同而异。

（1）未分组资料中位数的确定方法。先将调查单位的各标志值按大小顺序排列，然后以调查单位数 $N+1$ 除以 2 所得的商确定该数列的中间位置点。

[例6-3] 现有7名工人日产量件数，按由低到高排列分别为9，10，10，12，13，14，14，求中位数。

数列的中间位置点 $= \dfrac{N+1}{2} = \dfrac{7+1}{2} = 4$

则第4位次工人的产量12件是这7名工人日产量的中位数。

[例6-4] 10个工人的日产量件数按从高到低的顺序排列分别为18，17，15，15，14，12，11，10，10，9，求中位数。

数列的中间位置点 $= \dfrac{N+1}{2} = \dfrac{10+1}{2} = 5.5$

说明中位数在第5位与第6位两个工人的日产量之间，所以中位数

$$M_e = \dfrac{14+12}{2} = 13(件)$$

(2) 单项式分组资料中位数的确定方法。根据单项分组资料计算中位数的方法与由原始资料计算中位数的计算方法大致相同。首先计算单项式数列的累计次数，再确定中位数对应的次数在哪个级的累计次数中，其位置为 $\dfrac{\sum f_i + 1}{2}$，其数值为该组的标志值。

[例6-5] 某车间工人日产量如表6-10所示，计算中位数。

表6-10 某车间工人日产量

工人日产量（件）X_i	工人数（人）f_i	累计次数
10	6	6
11	8	14
12	16	30
13	24	54
14	6	60
合　计	60	

数列的中间位次 $= \dfrac{\sum f_i + 1}{2} = \dfrac{60+1}{2} = 30.5$

30.5的位次，恰好处在第3组（15~30）和第4组（31~54）之间，所以

$$M_e = \dfrac{12+13}{2} = 12.5(件)$$

(3) 组距数列中位数的确定方法。组距数列中位数的确定分两步：

第一步，确定中位数所在组。

$$组距数列的中间位次 = \dfrac{\sum f_i}{2}$$

第二步,计算中位数数值。

由于组距数列的各组数值是一个范围而不是一个具体值,因此,只能用比例法计算中位数的插入值,以求得中位数的近似值。其计算公式为

$$下限公式:M_e = L + \frac{\frac{\sum f_i}{2} - S_{m-1}}{f_m} \times i \qquad (6.3)$$

$$上限公式:M_e = U - \frac{\frac{\sum f_i}{2} - S_{m+1}}{f_m} \times i \qquad (6.4)$$

式中:L 表示中位数所在组的下限;S_{m-1} 表示中位数所在组之前各组次数总和;U 表示中位数所在组的上限;S_{m+1} 表示中位数所在组之后各组次数总和;f_m 表示中位数所在组的次数;i 表示中位数所在组的组距。

[**例6-6**] 现以表6-11为例,进行中位数的计算。

表6-11 某企业职工月工资资料

月工资分组(元)	职工人数(人)f_i	累计次数	
		从第1组起	从最末组起
400~600	84	84	690
600~800	161	245	606
800~1000	244	489	445
1000~1200	157	646	201
1200~1400	36	682	44
1400~1600	8	690	8
合　计	690		

$$中间位次 = \frac{\sum f_i}{2} = \frac{690}{2} = 345$$

中位数落在第3组,其数值为 $M_e = L + \dfrac{\frac{\sum f_i}{2} - S_{m-1}}{f_m} \times i = 800 + \dfrac{\frac{690}{2} - 245}{244}$

$= 881.97(元)$。

3. 众数

众数是指在一组数据中出现次数最多的标志值,它不受数列中极端值的影响。在描述调查对象时,有时不需要计算平均值,只要掌握最普遍、最常见的标志值就行了。众数的确定方法,因掌握资料不同而异。

(1)未分组资料众数的确定方法。当资料为未分组的原始资料时,可通过直接观察得到。

[例 6-7] 一学习小组 9 位同学,在一次英语口试中,其成绩分别为 3,4,5,4,4,4,4,5,3 分,则众数 M_o = 4 分。

(2) 单项式数列众数的确定方法。当已分组资料是单项式数列时,可直接从数列中确定次数最多的那个组(众数所在组)的标志值为众数。

[例 6-8] 某班某次统计学考试成绩为表 6-12,求众数。

表 6-12 某班某次统计学考试成绩

成绩(分)	人数(人) f_i
2	1
3	7
4	30
5	20
合 计	58

表 6-12 中统计学成绩 4 分出现次数最多,所以 M_o = 4 分。

(3) 组距式数列众数的确定方法。当分组资料为组距数列时,其众数的求法可分两步进行:第一步众数所在组;用内插法计算众数的近似值。其计算公式为:

$$下限公式:M_o = L + \frac{\Delta_1}{\Delta_1 + \Delta_2} \times i \qquad (6.5)$$

$$上限公式:M_o = U - \frac{\Delta_2}{\Delta_1 + \Delta_2} \times i \qquad (6.6)$$

式中:L、U 分别表示众数所在组的下限和上限;Δ_1 表示众数所在组与下一组的次数之差;Δ_2 表示众数所在组与上一组的次数之差;i 表示众数所在组的组距。

[例 6-9] 现以表 6-13 资料为例说明众数的计算。

表 6-13 某企业职工月工资资料

月工资分组(元)	职工人数(人) f_i
400～600	84
600～800	161
800～1000	244
1000～1200	157
1200～1400	36
1400～1600	8
合 计	690

从表 6-13 可以确定众数在"800～1000"这个组,根据下限公式计算:

$$M_o = L + \frac{\Delta_1}{\Delta_1 + \Delta_2} \times i = 800 + \frac{83}{83 + 87} \times 200 = 897.64(元)$$

二、离中趋势的描述

平均数是用来说明调查对象分布集中趋势的，但是，调查对象中各单位标志值之间存在着差别，这种差别的趋势就叫做离中趋势。调查对象中各标志值差别大小的程度，称为离散程度。离散程度越大，平均数的代表性越小；反之，离散程度越小，平均数的代表性越大。测定调查对象分布离散程度的指标主要有：平均差、标准差、四分位差、平均差系数、标准差系数、异众比率等。

1. 平均差

平均差是调查单位各标志值对其平均数的离差的绝对值的平均数，用符号 $A.D$ 表示。平均差越大，表明调查对象分布越分散；平均差越小，表明调查对象分布越集中。平均差与极差（最大值与最小值之差）不同，它考虑了调查对象中各单位的标志值的差异。平均差能反映调查单位各标志值对其平均数的平均离差大小。

不同形式的资料，平均差的计算方法有所不同。

（1）当所给的资料未分组时，可使用平均差简单式计算公式：

$$A.D = \frac{\sum |X_i - \overline{X}|}{N} \tag{6.7}$$

[例 6-10] 假设某车间有 10 个工人，其日产量见表 6-14，求平均差。

表 6-14 某车间 10 个工人的日产资料

日产量（件）X_i	$X_i - \overline{X}$	$|X_i - \overline{X}|$
4	-12	12
7	-9	9
11	-5	5
14	-2	2
14	-2	2
16	0	0
17	1	1
24	8	8
25	9	9
28	12	12
合　计	0	60

$$\overline{X} = \frac{\sum X_i}{N} = \frac{4 + 7 + + 11 + \cdots + 28}{10} = 16(件)$$

$$A.D = \frac{\sum |X_i - \overline{X}|}{N} = \frac{12 + 9 + 5 + \cdots + 12}{10} = 6(件)$$

(2) 当所给的资料为已分组时，可使用平均差加权式计算公式：

$$A.D = \frac{\sum |X_i - \overline{X}| f_i}{\sum f_i} \tag{6.8}$$

[例 6 – 11] 某学院某班级市场调查期末考试成绩如表 6 – 15 所示，计算平均差。

表 6 – 15　某学院某班级市场调查期末考试成绩

按考分分组（分）	学生人数（人）f_i	组中值 X_i	$X_i f_i$	$X_i - \overline{X}$	$|X_i - \overline{X}|$	$|X_i - \overline{X}| f_i$
<60	2	55	110	-26	26	52
60～70	4	65	260	-16	16	64
70～80	16	75	1200	-6	6	64
80～90	20	85	1700	4	4	80
>90	9	95	855	14	14	126
合　计	51		4125			386

$$\overline{X} = \frac{\sum X_i f_i}{\sum f_i} = \frac{X_1 f_1 + X_2 f_2 + \cdots + X_n f_n}{\sum f_i} = \frac{4125}{51} = 81(分)$$

$$A.D = \frac{\sum |X_i - \overline{X}| f_i}{\sum f_i} = \frac{368}{51} = 7.22(分)$$

2. 标准差

标准差又称均方根差，它是调查单位各标志值与其平均数离差平方的平均数的平方根，通常用 σ 表示。它不仅具有平均差综合调查对象各单位标志值变异情况的优点，而且还具有便于数学运算的好处。因此，在实际工作中，标准差是测定调查对象分布的离散程度最常用的指标，在推断分析中也有较广泛的应用。

不同资料，标准差的计算方法有所不同。

(1) 当所给的资料未分组时，可使用标准差简单式计算公式：

$$\sigma = \sqrt{\frac{\sum (X_i - \overline{X})^2}{N}} \quad 或 \quad s = \sqrt{\frac{\sum (x_i - \overline{x})^2}{n - 1}} \tag{6.9}$$

[例 6 – 12] 根据表 6 – 16 资料，计算该车间工人日产量标准差。

表6-16 某车间10个工人的日产量资料

日产量（件）X_i	$X_i - \bar{X}$	$|X_i - \bar{X}|^2$
4	-12	144
7	-9	81
11	-5	25
14	-2	4
14	-2	4
16	0	0
17	1	1
24	8	64
25	9	81
28	12	144
合计	0	548

$$\sigma = \sqrt{\frac{\sum (X_i - \bar{X})^2}{N}} = \sqrt{\frac{548}{10}} \approx 7.40(\text{件})$$

（2）当所给的资料已分组时，可使用标准差加权式计算公式：

$$\sigma = \sqrt{\frac{\sum (X_i - \bar{X})^2 f_i}{\sum f_i}} \text{ 或 } s = \sqrt{\frac{\sum (x_i - \bar{x})^2 f_i}{\sum f_i - 1}} \tag{6.10}$$

[例6-13] 某工厂职工日工资分组资料如表6-17所示，计算其标准差。

表6-17 某工厂职工日工资分组资料

按日工资分组（元）	工人数（人）f_i	组中值 X_i	$X_i - \bar{X}$	$|X_i - \bar{X}|^2$	$|X_i - \bar{X}|^2 f_i$
40～50	100	45	-20.3	412.09	41209
50～60	200	55	-10.3	106.09	21218
60～70	400	65	-0.3	0.09	36
70～80	200	75	97	94.09	8818
80～90	70	85	19.7	388.09	27166
90～100	30	95	29.7	882.09	26433
合计	1000				134910

$$\sigma = \sqrt{\frac{\sum (X_i - \bar{X})^2 f_i}{\sum f_i}} = \sqrt{\frac{134910}{1000}} = 11.62(\text{元})$$

3. 是非标志调查对象标准差

在是非标志下，以"1"表示具有某种标志表现的特征值，以"0"表示不具有某种标志表现的特征值，具有某种特征表现的单位数占调查单位数的比重为 P。现列表 6－18 说明是非标志调查对象标准差的计算。

表 6－18　是非标志调查对象标准差的计算

是非标志值 X_i	调查单位数 f_i	$X_i f_i$	$X_i - \bar{X}$	$(X_i - \bar{X})^2$	$(X_i - \bar{X})^2 f_i$
1	N_1	$1 \times N_1$	$1 - P$	$(1 - P)^2$	$(1 - P)^2 N_1$
0	N_0	$0 \times N_0$	$0 - P$	$(0 - P)^2$	$(0 - P)^2 N_0$
合计		N_1			$(1 - P)^2 N_1 + (0 - P)^2 N_0$

$$\sigma_P = \sqrt{\frac{(1-P)^2 N_1}{N} + \frac{(0-P)^2 N_0}{N}} = \sqrt{(1-P)^2 P + (1-P)P^2} = \sqrt{(1-P)P} \tag{6.11}$$

4. 平均差系数

平均差和标准差反映了调查单位各标志值离散的绝对水平，是有名数。它的数值的大小不仅与离差程度有关，而且还受调查对象标志值一般水平的影响。因此，不便于不同水平的同类现象，尤其是不同现象进行直接的比较。为此，需要将平均差、标准差与调查单位各标志值的平均数对比，消除平均水平的影响，反映调查单位各标志值分布的离散程度。这就需要计算离散系数。离散系数主要有平均差系数和标准差系数两种，一般用百分数表示。平均差系数是平均差与调查单位各标志值的平均数对比的比值，以符号 $V_{A.D}$ 表示；标准差系数是标准差与调查单位各标志值的平均数对比的比值，以符号 V_σ 表示。离散系数越大，表示调查对象各标志值变动程度越大，其平均数代表性越差；反之，离散系数越小，表示调查对象各标志值变动程度越小，其平均数代表性越好。

其计算公式分别为：

$$V_{A.D} = \frac{A.D}{\bar{X}} \times 100\% \tag{6.12}$$

$$V_\sigma = \frac{\sigma}{\bar{X}} \times 100\% \tag{6.13}$$

[例 6－14]　从某个班级随机抽取了 10 名学生，测得其身高和体重如表 6－19 所示，试计算离散系数。

表6-19 某班级10位同学的身高和体重资料

编号	身高 X_{1i}(m)	体重 X_{2i}(kg)	$\|X_{1i}-\overline{X_1}\|$	$\|X_{2i}-\overline{X_2}\|$	$(X_{1i}-\overline{X_1})^2$	$(X_{2i}-\overline{X_2})^2$
1	1.64	63	0.08	7	0.0064	49
2	1.67	64	0.05	6	0.0025	36
3	1.68	68	0.04	2	0.0016	4
4	1.69	69	0.03	1	0.009	1
5	1.72	69	0	1	0	1
6	1.73	70	0.01	0	0.0001	0
7	1.74	70	0.02	0	0.0004	0
8	1.74	71	0.02	1	0.0004	1
9	1.77	76	0.05	6	0.0025	36
10	1.82	80	0.1	10	0.01	100
合计	17.20	700	0.4	34	0.0329	228

身高：

$$\overline{X_1} = \frac{\sum X_{1i}}{N} = \frac{17.2}{10} = 1.72(\text{m})$$

$$A.D_1 = \frac{\sum |X_{1i}-\overline{X_1}|}{N} = \frac{0.4}{10} = 0.04(\text{m})$$

$$\sigma_1 = \sqrt{\frac{\sum (X_{1i}-\overline{X_1})^2}{N}} = \sqrt{\frac{0.0329}{10}} \approx 0.0574(\text{m})$$

$$V_{A.D_1} = \frac{A.D_1}{\overline{X_1}} \times 100\% = \frac{0.04}{1.72} \times 100\% = 2.33\%$$

$$V_{\sigma_1} = \frac{\sigma_1}{\overline{X_1}} \times 100\% = \frac{0.0574}{1.72} \times 100\% = 3.34\%$$

体重：

$$\overline{X_2} = \frac{\sum X_{2i}}{N} = \frac{700}{10} = 70(\text{kg})$$

$$A.D_2 = \frac{\sum |X_{2i}-\overline{X_2}|}{N} = \frac{34}{10} = 3.4(\text{kg}) \quad \sigma_2 = \sqrt{\frac{\sum (X_{2i}-\overline{X_2})^2}{N}} = \sqrt{\frac{228}{10}} \approx 4.77(\text{kg})$$

$$V_{A.D_2} = \frac{A.D_2}{\overline{X_2}} \times 100\% = \frac{3.44}{70} \times 100\% = 4.86\%$$

$$V_{\sigma_2} = \frac{\sigma_2}{\overline{X_2}} \times 100\% = \frac{4.77}{70} \times 100\% = 6.81\%$$

从上面计算结果可以看出：$V_{A.D_2} < V_{A.D_1}$，$V_{\sigma_2} < V_{\sigma_1}$。所以，说明身高的离散程度比体重的离散程度小，身高分布的集中趋势比体重分布的集中趋势更加明显，即平均身高的代表性比平均体重的代表性好。

5. 异众比率

异众比率是指当平均指标使用众数时，非众数值的次数在调查对象单位总数中所占的比重。通常用 V_{m_o} 表示，其计算公式为：

$$V_{m_o} = \frac{N - f_{m_o}}{N} \tag{6.14}$$

式中：f_{m_o} 为众数的次数。

当 $V_{m_o} = 0$ 时，即 $N = f_{m_o}$，说明调查对象中变量只有一个取值，众数具有完全的代表性；V_{m_o} 越接近于 1，则说明众数的代表性越差，调查对象的集中趋势越不明显。

三、形态的描述

通过平均指标和变异指标描述调查对象分布的集中趋势和离散趋势两种特征，这也是描述调查对象分布特征的两种最基本的、最重要的指标。但是，不同形态的也可能有相同的平均指标和变异指标。总体除了集中趋势和离中趋势的特征外，还有形态（如图形是偏离还是对称，是陡峭还是扁平）。描述图形形态的主要指标有偏度和峰度。

1. 矩的基本形式

为了掌握偏度和峰度指标的计算分析方法，首先必须理解有关"矩"的概念。"矩"又称"动差"，它本来是个力学概念，表示作用力、力臂与其平衡点之间的数量关系。这里借用"矩"来描述调查对象分布特征。矩的基本形式为：

$$\omega_k = \frac{\sum_{i=1}^{n}(x_i - a)^k}{n} \text{ 或 } \omega_k = \frac{\sum_{i=1}^{n}(x_i - a)^k f_i}{\sum_{i=1}^{n} f_i} \tag{6.15}$$

式中：k 为正整数，a 为常数。

（1）原点矩。在公式（6.15）中，当 $a = 0$ 时，就可得到变量 x 的 k 阶原点矩，即：

$$\mu_k = \frac{\sum_{i=1}^{n} x_i^k}{n} \text{ 或 } \mu_k = \frac{\sum_{i=1}^{n} x_i^k f_i}{\sum_{i=1}^{n} f_i} \tag{6.16}$$

可见，一阶原点矩就是变量的平均数，二阶原点矩就是变量平方的算术平均数。

（2）中心矩。在矩的一般公式中，当 $a = \bar{x}$ 时，就得到变量 x 的 k 阶中心矩，即：

$$\nu_k = \frac{\sum_{i=1}^{n}(x_i - \bar{x})^k}{n} \text{ 或 } \nu_k = \frac{\sum_{i=1}^{n}(x_i - \bar{x})^k f_i}{\sum_{i=1}^{n} f_i} \tag{6.17}$$

可见，任何分布的一阶中心矩都等于零，二阶中心矩就是均值分布的方差。

中心矩有两条重要性质：
当分布对称时，必有：

$$\nu_1 = \nu_3 = \nu_5 = \cdots = \nu_{2k-1} = 0 \tag{6.18}$$

当分布为正态分布时，必有：

$$\nu_{2k} = 1 \times 3 \times 5 \times \cdots \times (2k-1)\sigma^{2k} = (2k-1)!!\sigma^{2k} \tag{6.19}$$

公式（6.18）、公式（6.19）中 k 为任意正整数。

从公式（6.19）中可得到以下结果：$\nu_2 = \sigma^2, \nu_4 = 3\sigma^4, \nu_6 = 15\sigma^6, \cdots$

2. 偏度

分布的偏度是指分布不对称的方向和程度。它可以通过矩法来测定。根据上面介绍，当分布对称时，它的所有奇数阶中心矩均为零。这样，就可以利用奇数阶中心矩来判定分布是否对称，以及不对称的程度和方向。通常采用三阶中心矩来测定分布的偏度，并用 σ^3 来消除计量单位的影响。其公式为：

$$\alpha = \frac{\nu_3}{\sigma^3} = \frac{\nu_3}{(\nu_2)^{\frac{3}{2}}} \tag{6.20}$$

根据公式（6.20）计算出来的偏度指标，其符号表明分布的偏斜方向，其绝对值大小则表明分布的偏斜程度，即：

$$\alpha \begin{cases} > 0, \text{分布为右偏分布} \\ = 0, \text{分布为对称分布} \\ < 0, \text{分布为左偏分布} \end{cases}$$

三种分布如图 6-9 所示。

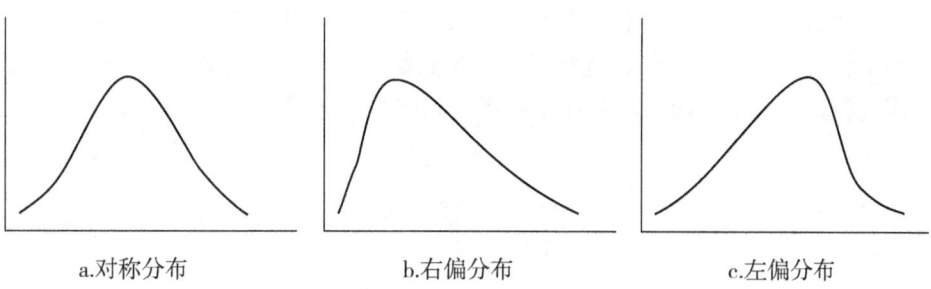

图 6-9　不同情形下的钟形分布

[**例 6-15**]　假设某大学在校 3000 名学生每周收看电视时间资料如表 6-20 所示，试测定该大学学生每周看电视时间分布的偏态程度。

表6-20 某大学在校3000名学生每周收看电视时间情况

每周收看电视时间（小时）	学生人数（人）f_i	组中值 X_i	$X_i f_i$	$X_i - \bar{X}$	$(X_i - \bar{X})^2 f_i$	$(X_i - \bar{X})^3 f_i$
<4	50	3	150	-4.06	824.18	-3346.17
4～6	930	5	4650	-2.06	3946.55	-8129.89
6～8	1000	7	7000	-0.06	3.60	-0.22
8～10	940	9	8460	1.94	3537.78	6863.30
10～12	60	11	660	3.94	931.42	3669.78
>12	20	13	560	5.94	750.67	4191.69
合计	3000		21180		9949.2	3248.49

$$\bar{X} = \frac{\sum X_i f_i}{\sum f_i} = \frac{21180}{3000} = 7.06(\text{小时}) \quad \sigma = \sqrt{\frac{\sum (X_i - \bar{X})^2 f_i}{\sum f_i}} = \sqrt{\frac{9949.2}{3000}} = 1.8211(\text{小时})$$

$$v_3 = \frac{\sum (X_i - \bar{X})^3 f_i}{\sum f_i} = \frac{3248.49}{3000} = 1.0828(\text{小时}) \quad \alpha = \frac{v_3}{\sigma^3} = \frac{1.0828}{1.8211^3} = 0.1793$$

以上计算结果表明，该大学3000名学生每周收看电视时间呈轻度右偏分布。

3. 峰度

峰度是指调查对象分布图形的尖峭程度或峰凸程度。如果调查对象各标志值在众数周围的集中程度很高，其分布的图形就会比较陡峭；如果调查对象各标志值在众数周围的集中程度较低，其分布图形就会比较平坦，如图6-10所示。

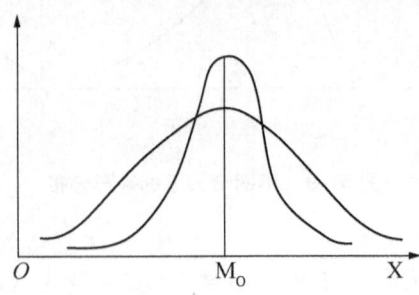

图6-10 不同情形下的峰度分布

经验观察表明，调查对象分布图形的尖峭程度与偶数阶中心矩的数值大小有关。在一般情况下，偶数阶中心矩的数值越大，分布图形越平坦；数值越小，分布图形越尖峭。对于正态分布，调查对象分布的四阶中心矩与标准差的四次方对比的结果恒为常数3，即：

$$\frac{\nu_4}{\sigma^4} = \frac{3\sigma^4}{\sigma^4} = 3$$

因此，可以将各种分布的峰凸程度都与正态分布相对比，得到峰度的标准测定公式：

$$\beta = \frac{\nu_4}{\sigma^4} - 3 = \frac{\nu_4}{(\nu_2)^2} - 3 \tag{6.21}$$

按公式（6.21）计算出来的峰度指标，可以用来判断分布的形态特征。其判断标准如下：

$$\beta \begin{cases} > 0, 分布为尖峭分布 \\ = 0, 分布为正态分布 \\ < 0, 分布为平坦分布 \end{cases}$$

这里所说的尖峭、平坦，是与正态分布比较而言的。

根据经验，当 β 接近 -1.2 时，调查对象分布逐渐趋向一条水平线，即各组包括的次数相同，为矩形分布；当 β 值小于 -1.2 时，调查对象分布逐渐呈 U 形分布。

[例6-16] 某公司50名员工的工资资料如表6-21所示，试计算峰度系数。

表6-21 某公司50名员工的工资资料

月工资（百元）X_i	员工数（人）f_i	Xf_i	$X_i - \overline{X}$	$(X_i - \overline{X})^2 f_i$	$(X_i - \overline{X})^4 f_i$
8	5	40	-5.2	135.20	3655.81
10	10	100	-3.2	102.40	1048.58
12	20	240	-1.2	28.80	41.47
15	7	105	1.8	22.68	73.48
20	5	100	6.8	231.20	10690.69
25	3	75	11.8	417.72	58163.33
合　计	50	660		938.00	73673.36

根据表中数据计算得：

$$\overline{X} = \frac{\sum Xf_i}{\sum f_i} = \frac{660}{50} = 13.2(百元) \quad \sigma^2 = \frac{\sum(X_i - \overline{X})^2 f_i}{\sum f_i} = \frac{938}{50} = 18.76(百元^2)$$

$$\nu_3 = \frac{\sum(X_i - \overline{X})^4 f_i}{\sum f_i} = \frac{73673.36}{50} = 1473.47(百元^4)$$

$$\beta = \frac{\nu_4}{\sigma^4} - 3 = \frac{1473.47}{18.76^2} - 3$$

$$= 1.1867$$

从计算结果可以看出，调查对象分布为尖峰分布，其峰明显高于同方差的正态分布的峰。

【思考与练习】

1. 简述数据审核的原则。
2. 对一手资料及二手资料的审核要注意些什么？
3. 这是一份广东惠州学院诚信知音团队设计的"关于惠州市小学生诚信教育"方面的调查问卷，其问卷内容如下：

惠州市小学生诚信教育调查问卷（针对小学生）

小朋友，你好！为了解惠州市小学生诚信教育的现状，从而更有效地提出相应的对策，我们特作此调查，所得资料仅为研究之用。此问卷没有标准答案且不记名，请放心真实填写。你的宝贵意见对本次调研具有重要意义，感谢你的支持与帮助！

惠州学院诚信知音团队
2013 年 7 月

你的性别：　男 □　　　　　　女 □

你的年级：　一 □　二 □　三 □　四 □　五 □　六 □

（一）自身诚信认知情况

（1）你认为什么事情对你最重要？（　　）。
　　A. 学习成绩好　　　B. 玩游戏比别人厉害　　C. 诚实守信
　　D. 形象好，如穿衣服比较好看　　　　　　　E. 其他_____

（2）对于"狼来了"的故事中的小孩，你的看法是：（　　）。
　　A. 故事中的小孩错在"撒谎"本身，"撒谎"是不对的
　　B. 这个小孩太贪玩，如果他只说一次谎，他就不会被狼吃掉
　　C. 只有当谎言被发现或戳穿时，才会有麻烦

（二）学业方面

（3）快交作业的时候你没完成，你会怎么做？（　　）。
　　A. 跟老师坦白，推迟交　　B. 随便应付交上去　　C. 找个理由不交
　　D. 借同学的作业抄　　　　E. 找人代做

（4）如果你考试的时候遇到一些题目你不会做，你会怎么做？（　　）。
　　A. 自己随便写上去　　　B. 空白　　　　　　C. 不交试卷
　　D. 偷偷翻课本找答案　　E. 抄同学的答案

（5）你认为考试抄答案最主要的原因是什么？（最多选两项）（　　）。
　　A. 想要得到更高的分数　　B. 认为不会被发现　　C. 反正别人也抄
　　D. 考不好会被同学嘲笑　　E. 考不好会被老师批评
　　F. 考不好受到家长批评　　G. 没抄过，不清楚

（6）你认为同学说谎的最主要原因是什么？（最多选两项）（　　）。
　　A. 怕被家长责怪　　B. 会被老师责怪　　C. 怕被同学排斥
　　D. 怕承担责任　　　E. 怕被别人占便宜　　F. 其他_____

（7）假如你撒谎被发现之后，你会怎么做？（　　）。
   A. 下定决心以后不撒谎　　　　B. 感觉很倒霉，下次小心点
   C. 不承认自己撒谎　　　　　　D. 只是被发现，没什么大不了
（8）老师改试卷给你多加了5分，你会怎么做？（　　）。
   A. 找老师改回来　B. 认为是老师的问题，不去改　C. 等别人发现了再去改
（9）如果考试考差了，老师说要家长签名，你会怎么做？（　　）。
   A. 给家长签名　　B. 找理由不签　　C. 自己代签
   D. 偷改分数再给家长签名

（三）校园生活方面
（10）如果你知道班上某个同学犯了错误，当老师向你问起，你会怎么回答？（　　）。
   A. 如实回答　　B. 讲一点不重要的情节　　C. 推脱说不知道
（11）你上学迟到了，你会怎么跟老师说？（　　）。
   A. 如实告诉老师迟到的原因　　B. 不说话　　C. 随便找个理由
（12）你借了同学的笔用完之后，你会怎么做？（　　）。
   A. 还给他　　B. 有时忘了就不还了　　C. 自己留着以后继续用
   D. 从来不还

（四）朋友圈子方面
（13）你跟同学约好了出去玩，但刚好有你喜欢的电视节目，你会怎么办？（　　）。
   A. 和同学出去玩　B. 如实告诉他并请他原谅　C. 随便编个理由不去
（14）你认为你的朋友为什么答应了别人的事情却做不到？（　　）。
   A. 他们不重视就忘了　　B. 不想做　　C. 随便答应别人
（15）你会不会随便把同学的秘密说出去？（　　）。
   A. 从来没有　　B. 有时忍不住会说　　C. 很容易告诉别人
（16）你会不会经常被同学骗呢？（　　）。
   A. 从没被骗过　　B. 偶尔　　C. 经常
（17）如果你的同学骗了你，你会骗回他吗？（　　）。
   A. 一定找个机会骗回他　　B. 不一定　　C. 不会

（五）校园诚信教育情况
（18）你的老师发现有学生抄作业时怎么做？（可多选）（　　）。
   A. 耐心教育　　B. 打电话给家长　　C. 口头警告
   D. 惩罚学生　　E. 没任何表示
（19）老师发现有学生在考试中抄答案的时候会怎么做？（可多选）（　　）。
   A. 耐心教育　　B. 打电话给家长　　C. 口头警告
   D. 惩罚学生　　E. 班级通报批评　　F. 没任何表示
（20）你如何评价你们的思想品德课程？（　　）。
   A. 很有趣，老师会讲很多故事　　B. 很无聊，老师都是按照课本在讲课
   C. 觉得没有必要上这个课程

(21) 一个学期里学校会举行几次以诚信为主题的会议（包括班会）？（ ）。
    A. 没有　　　　B. 1～3 次　　　C. 4 次以上
(22) 如果领导到校考察，老师事先是否会要求学生统一口径回答问题？（ ）。
    A. 是　　　　　B. 否

（六）家庭教育情况

(23) 你和家长的关系如何？（ ）。
    A. 很好　　　　B. 一般　　　　C. 不太好
(24) 你认为你的家长最重视你的什么？（ ）。
    A. 身体锻炼　　B. 学习成绩　　C. 诚信道德
    D. 平时表现　　E. 兴趣培养　　F. 交友圈子
(25) 当家长问到你在班级的表现时，你通常会怎么做？（ ）。
    A. 如实向家长说　　B. 只说好的表现　　C. 随便回答
(26) 如果家长发现了你撒谎，他们会怎么做？（ ）。
    A. 耐心教育　　B. 打骂后教育　　C. 直接打骂　　D. 父母没反应
(27) 如果你的家长带你去游乐园，买票时发现你的身高超过半价优惠的标准，你家长要你蹲低一点，你怎么看呢？（ ）。
    A. 家长从来没有做过这种事　　B. 跟家长说这是不对的行为并全价购票
    C. 虽然知道这是不对的，但还是听从父母的安排
    D. 按照家长说的做，因为能帮家长省钱
(28) 你认为自己在什么情况下最难说真话？（ ）。
    A. 考试成绩不理想　　　　B. 做错事
    C. 把同学最喜欢的笔弄丢了　　D. 上学迟到老师责问原因
(29) 当你买东西时发现营业员多找了你钱，你会怎么做？（ ）。
    A. 马上退回去　　B. 想了一段时间后退回去　　C. 赶紧离开

（七）社会生活

(30) 你是否听说过以下此类社会事件？（可多选）（ ）。
    A. 食品问题　　　　B. 假冒伪劣产品　　C. 某些官员贪污
    D. 做好事被冤枉　　E. 都没听过
(31) 现在社会出现很多扶老人被冤枉的事件（如彭宇案），如果在路上看到一位老人摔倒在地，你会怎么做？（ ）。
    A. 立即扶起他并提供帮助　　B. 想了一段时间，还是会去搀扶老人
    C. 怕惹麻烦，所以不去搀扶
(32) 你一般多久上一次网？（ ）。
    A. 每天 1～2 小时，周末上网的时间会更长　　B. 一个星期 3～4 天
    C. 仅周末　　　　　　　　　　　　　　　　D. 不上网
(33) 在网上与他人交往时，你通常能将自己的真实情况告诉对方吗？（ ）。
    A. 能，人与人交流应该真诚相待　　B. 不能，以防上当
    C. 有时候能，但不经常

惠州市小学生诚信教育调查问卷（针对家长）

尊敬的女士/先生：

您好！为了解惠州市小学生诚信教育的现状，从而更有效地提出相应的对策，我们特作此调查。所得资料仅供研究之用，您的宝贵意见对本次调研具有重要意义。感谢您的支持与帮助！

惠州学院诚信知音团队
2013 年 7 月

您的性别： 男 □ 女 □

(1) 您的学历是?（　　）。
　　A. 小学　B. 初中　C. 职中或中专　D. 高中　E. 大学　F. 大学以上
(2) 您的孩子所在的年级是（　　）。
　　A. 一年级　B. 二年级　C. 三年级　D. 四年级　E. 五年级　F. 六年级
(3) 您和孩子的关系如何?（　　）。
　　A. 很好　　　　B. 一般　　　　C. 不太好
(4) 您最重视您的孩子哪方面?（　　）。
　　A. 身体状况　　B. 学习成绩　　C. 诚信道德
　　D. 平时表现　　E. 兴趣培养　　F. 交友圈子
(5) 请您为自己孩子的诚信度打分（　　）。
　　A. 60 分以下　　B. 60～75 分　　C. 75～85 分　　D. 85 分以上
(6) 如果您带孩子去游乐园，买票时发现您的孩子超过半价优惠的标准，您会叫孩子蹲低吗?（　　）。
　　A. 会　　　　　B. 视门票价格而定　　C. 不会
(7) 您认为现在的老实人会吃亏吗?（　　）。
　　A. 会，但还会教育孩子讲诚信　　B. 会，教育孩子要懂得变通
　　C. 不会，教育孩子要讲诚信
(8) 在答应子女的要求之前，您会认真考虑吗?（　　）。
　　A. 每次都会　　B. 一般都会　　C. 很少会　　D. 不会
(9) 您答应孩子要陪他们出去玩，可是突然有事，您会跟孩子说下次去吗?（　　）。
　　A. 每次都会　　B. 一般都会　　C. 很少会　　D. 不会
(10) 假如您答应孩子考试取得好成绩后就送他一台电脑，但当孩子取得优异成绩时，您却没有兑现，孩子以后也对您撒谎。您怎么看?（　　）。
　　A. 两者都不诚信，都错了，家长应以身作则，给孩子做榜样
　　B. 两者各欺骗对方一次，扯平了
　　C. 孩子要电脑的要求太过分，家长不必兑现
(11) 在"拾金"方面，您是如何教育孩子的?（　　）。
　　A. 归还失主　　　B. 不要去捡　　　C. 留给自己
(12) 如果您发现孩子撒谎，您会怎么做?（　　）。
　　A. 耐心教育　　B. 打骂后教育　　C. 直接惩罚孩子　　D. 不在乎

(13) 如果老师打电话告诉您，您的孩子考试作弊了，您会怎么做？（　　）。
　　A. 耐心教育　　B. 打骂后教育　　C. 直接惩罚孩子　　D. 不在乎

(14) 如果您的孩子做了一件让您很生气的事并老实告诉您，您会怎么做？（　　）。
　　A. 表扬他主动承认错误的行为并帮助改进　　B. 原谅他
　　C. 惩罚孩子　　D. 其他_____

(15) 您认为您的孩子交的朋友都是值得信赖的吗？（　　）。
　　A. 都值得信赖　　B. 有一部分值得信赖　　C. 都不值得相信

(16) 假如您的孩子身边有一些不守信用的朋友，您会怎么做？（　　）。
　　A. 让孩子劝其改正　　B. 无所谓，只要孩子不学坏
　　C. 提醒孩子不要效仿，保持距离　　D. 禁止与其交往

(17) 您会定期与老师了解孩子在学校的情况吗？（　　）。
　　A. 一个星期1~3次　　B. 一个月1~3次
　　C. 一个学期1~3次　　D. 从来没有

(18) 您认为在诚信教育方面，老师有做到以身则吗？（　　）。
　　A. 有　　B. 无　　C. 不了解

(19) 您认为学校考风严谨吗？（　　）。
　　A. 是　　B. 一般　　C. 否　　D. 不清楚

(20) 您认为学校教育学生讲诚信最有效的途径是什么？（　　）。
　　A. 老师言传身教　　B. 开展主题班会
　　C. 校园的奖惩制度　　D. 健全个人诚信档案

(21) 您认为学校开展的诚信教育工作效果如何？（　　）。
　　A. 效果很好　　B. 效果一般　　C. 没有效果　　D. 不了解

(22) 对于社会舆论与传媒频繁报道的各种诚信缺失事件，您的做法是：（　　）。
　　A. 应该让孩子多接触这方面的信息，了解社会真实的情况
　　B. 孩子的心智尚未发育齐全，不应该让孩子接触过多的反面报道
　　C. 不会刻意回避或者接触，因为对孩子影响不大

(23) 现在社会出现很多扶老人被冤枉的事件（如彭宇案），如果您和孩子在路上看到一位老人摔倒在地，您会怎么教育孩子？（　　）。
　　A. 立即扶起他并提供帮助
　　B. 犹豫一段时间，还是会去搀扶老人
　　C. 怕惹麻烦，所以不去搀扶

(24) 您认为影响您孩子诚信观念的最主要因素有哪些？（最多选两项）（　　）。
　　A. 家庭成员　　B. 孩子的朋友、同学　　C. 学校及老师的教育
　　D. 学校氛围　　E. 网络、电视等媒介　　F. 社会风气

(25) 您认为对小学生进行诚信教育最有效的途径是什么（最多选两项）（　　）。
　　A. 家庭良好的诚信教育　　B. 学校良好的诚信教育
　　C. 健全个人诚信档案　　D. 加强全体学生的思想道德素质建设
　　E. 制定相关法规条例并严格执行　　F. 改善社会风气，营造诚信社会环境

惠州市小学生诚信教育调查问卷（针对老师）

尊敬的老师：

您好！为了解惠州市小学生诚信教育的现状，从而更有效地提出相应的对策，我们特作此调查。所得资料仅供研究之用，您的宝贵意见对本次调研具有重要意义。感谢您的支持与帮助！

惠州学院诚信知音团队
2013 年 7 月

您的性别： 男 □   女 □

(1) 您从事教师工作多久了？（　　）。
　　A. 1～5 年　　B. 5～10 年　　C. 10～15 年　　D. 15 年以上
(2) 您任教的年级是（　　）。
　　A. 一年级　B. 二年级　C. 三年级　D. 四年级　E. 五年级　F. 六年级
(3) 请您为自己同事的诚信度打分（　　）。
　　A. 60 分以下　　B. 60～75 分　　C. 75～85 分　　D. 85 分以上
(4) 请您为自己学生的诚信度打分（　　）。
　　A. 60 分以下　　B. 60～75 分　　C. 75～85 分　　D. 85 分以上
(5) 您认为影响学生诚信观念最主要的因素有哪些？（最多选两项）（　　）。
　　A. 家庭成员　　　B. 学生的朋友和同学　　C. 学校及老师的教育
　　D. 学校氛围　　　E. 网络、电视等媒介　　F. 社会风气
　　G. 其他_____
(6) 您认为学生诚信缺失的行为主要表现在哪方面？（　　）。
　　A. 说谎　　　B. 抄作业　　　C. 考试作弊　　D. 不遵守纪律
(7) 您主要是以哪种方式对学生进行诚信教育的？（最多选两项）（　　）。
　　A. 以身作则　　　　　　　　B. 加强与学生诚信方面的交流
　　C. 多与家长进行诚信方面的沟通　D. 开诚信主题班会
　　E. 制定班级诚信奖惩制度　　　F. 其他_____
(8) 如果您发现有学生抄作业时，您会怎么做？（　　）。
　　A. 耐心教育 B. 打电话给家长 C. 口头警告 D. 惩罚学生 E. 无所谓
(9) 如果您发现有学生作弊时，您会怎么做？（　　）。
　　A. 耐心教育　　　B. 打电话给家长　　C. 口头警告
　　D. 惩罚学生　　　E. 班级通报批评　　F. 无所谓
(10) 您认为学生说谎的最主要原因是什么？（最多选两项）（　　）。
　　A. 怕被家长责怪　　B. 怕被老师责怪　　C. 怕被同学排斥
　　D. 怕承担责任　　　E. 怕被别人占便宜　F. 其他_____
(11) 您会在课堂上和学生谈论关于诚信的话题吗？（　　）。
　　A. 经常　　　　　B. 偶尔　　　　　C. 不会
(12) 一个学期里学校会举行几次以诚信为主题的会议（包括班会）？（　　）。
　　A. 没有　　　B. 1～3 次　　　C. 4 次以上　　　D. 不记得

（13）您认为学校重视诚信教育吗？（　　　）。
　　　A. 很重视　　B. 比较重视　C. 一般　　D. 不太重视　　E. 很不重视
（14）学校是如何开展诚信教育的？（　　　）。
　　　A. 开展诚信教育主题班会　　　　　B. 学校公告栏宣传诚信方面的内容
　　　C. 诚信教育课程　　D. 学校开展以诚信为主题的活动，如诚信知识竞赛
（15）您觉得学校对学生诚信教育工作的开展程度如何？（　　　）。
　　　A. 很高　　　　B. 比较高　　　C. 一般
　　　D. 比较低　　　E. 很低　　　　F. 其他_____
（16）若领导到校考察，学校事先要求学生统一口径回答问题，您如何看待？（　　　）。
　　　A. 这是诚信缺失的行为，会对学生造成不良影响，学校应该改进
　　　B. 虽然这是不正确的行为，但是还是会听从领导的安排
　　　C. 不认为有问题，学生应该维护学校的荣誉
（17）您认为学校的诚信教育机制存在哪些问题？（可多选）（　　　）。
　　　A. 不重视诚信教育　　B. 缺乏与学生的交流　　C. 缺乏与家长的沟通
　　　D. 老师没有以身作则　　　　　E. 缺乏执行力
　　　F. 缺乏成效　　　　　　　　　G. 其他_____
（18）您认为家庭的诚信教育存在哪些问题？（　　　）。
　　　A. 家长缺乏诚信教育意识　　B. 家长没有以身作则
　　　C. 家长缺乏与孩子的沟通　　D. 家长教育方式不对　　E. 没有太大的问题
（19）对于社会舆论与传媒频繁报道的各种诚信缺失事件，您的看法是（　　　）。
　　　A. 应该让学生多接触这方面的信息，了解社会真实的情况
　　　B. 学生的心智尚未发育齐全，不应该让学生接触过多的负面报道
　　　C. 不会刻意回避或者接触，因为对学生影响不大
（20）您认为造成社会诚信缺失的主要原因是什么？（最多选两项）（　　　）。
　　　A. 个人修养不够　　　　　　　　B. 家庭疏于教导
　　　C. 学校体制不完善　　　　　　　D. 社会风气不良
　　　E. 对于诚信缺失行为的惩罚不够　F. 法律体系不够完善
（21）您认为对小学生进行诚信教育最有效的途径是什么（最多选两项）（　　　）。
　　　A. 家庭良好的诚信教育　　　　　B. 学校良好的诚信教育
　　　C. 健全个人诚信档案　　　　　　D. 制定相关法规条例并严格执行
　　　E. 加强全体学生的思想道德素质建　F. 改善社会风气，营造诚信社会
（22）面对屡屡发生的诚信缺失事件，您对现代小学生诚信教育机制有什么建议？
　　　请根据以上问卷中的问题进行数据编码并编制汇总表。

4. 设某地110块的稻谷平均亩产（千克）如下：

258	189	179	232	254	278	300	320	380	419
357	386	256	275	305	303	344	326	399	401
288	297	361	276	291	288	268	292	328	346
420	432	374	356	358	368	367	397	385	357

205	257	288	296	286	248	285	280	345	367
364	371	378	309	328	336	348	394	369	359
400	411	395	394	369	378	371	366	402	397
220	249	246	254	284	287	386	355	356	388
287	267	377	373	299	296	283	258	269	265
310	328	335	339	321	296	403	305	405	412
367	366	359	352	361	372	388	399	350	363

（1）上述数据比较分散零乱，不易直接看出其基本特征。试将这些数据由小到大顺序排列，确定最大值和最小值，并计算全距；

（2）由小到大顺序排列对亩产进行分组，并编制频数分布表；

（3）根据所得的数值绘制频数分布直方图、饼形图、频数分布折线图、频数分布曲线图、茎叶图以及箱线图。

5. 对某地区120家微小企业按利润额进行分级，结果如下表所示。

按利润额分组（万元）	企业数（个）
＜200	6
200～300	13
300～400	30
400～500	42
500～600	18
＞600	11
合　　计	120

（1）计算这120家微小企业利润额的众数、中位数和均值；

（2）计算这120家微小企业利润额的标准差和标准差系数；

（3）计算这120家微小企业利润额的偏态系数和峰度系数。

6. 对10名成年人和10名幼儿的身高（厘米）进行抽样调查，结果如下：

成年组：166　169　172　177　180　170　172　174　168　173

幼儿组：68　69　68　70　71　73　72　73　74　75

比较分析哪一组的身高差异大？

第七章 抽样分布与推断性分析

在对数据进行分析的过程中，关键需要了解相关统计量的一般形式和规律，并且依据这一规律采用相应的方法进行分析，最后发现客观事物背后的数量表现。抽样分布是数据分析的前一阶段，是数据分析时必备的知识；而推断性分析是获取客观事物数量表现的途径和方法，是掌握事物内在数量规律的分析工具，因此，掌握抽样分布和推断性分析方法是对数据进行深层次挖掘的前提和基础。本章主要内容为：抽样分布与参数估计的基本理论和基本方法、假设检验的基本理论和基本方法、方差分析的基本理论和基本方法、非参数检验的基本理论和基本方法，并分别举例介绍不同方法的使用。

第一节 抽样分布与参数估计

要对目标总体进行统计推断，首先必须对参数的抽样分布有一个清楚的了解，然后再通过调查的样本信息来获得目标总体参数的有关信息，这种方法称之为参数估计。而在进行参数估计时，必须了解样本的抽样分布情况，即样本服从的分布规律。

一、基本思路

参数是总体分布数量规律性的特征值，在实际的调查过程中，需要通过样本数据所提供的相关信息对参数加以推断，通过对样本数据的加工和信息的提取，形成了对样本数据具有代表性的统计量，然后根据样本统计量的分布情况，对总体参数进行统计推断。

主要的思想是针对各样本与总体之间的差异仅考虑随机因素或某一特定的因素的影响，不考虑其他因素对其的影响，从而推断总体的参数区间。如在单样本的区间估计中，仅仅考虑随机因素对其的影响；而在双样本的区间估计中，就考虑某一特定因素和随机因素的影响，并且判断这一特定因素对其影响的大小，从而推断这一特定因素对其影响的大小区间。

主要的步骤是：首先，确定样本的抽样分布；其次，根据样本的抽样分布情况，构造一个合适的统计量，并给予一定的置信度（或概率），确定所用统计量在这一概率下的区间；最后，通过统计量和统计量的区间估计，来获得一定置信度下总体参数（均值或成数）的区间估。

基本流程如图 7-1 所示：

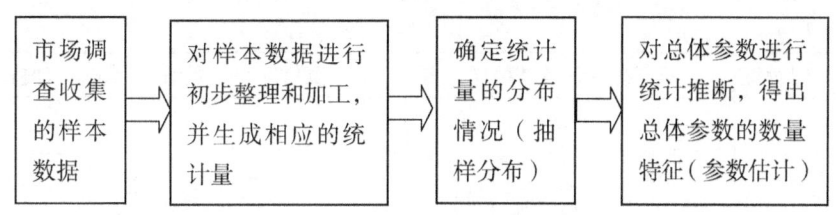

图7-1 抽样分布与参数估计基本流程

二、基本理论介绍

参数估计的方法主要有两种,一是点估计,二是区间估计。点估计是指在估计中直接用估计量作为固定的数值对参数做出估计。点估计的方法很多,在实际的市场调查中主要采用代替原则法。例如,某耐用性产品生产企业想了解使用过该产品的消费者对该产品总体的评价情况,随机抽查了100名用过该产品的顾客进行调查,调查结果显示,有14人回答"很满意",有28人回答"比较满意",有31人回答"一般",有22人回答"不太满意",有5人回答"很不满意"。由此样本调查结果可以对该产品整体水平做出推断和评价,即反映"很满意"和"比较满意"的不到50%,而反映"一般"的超过30%,这一推断方法就应用了点估计方法中的代替原则。

由于点估计的方法得到的估计值不一定是参数的真实值,即使与真实值相等也无法给予肯定的明确。因此,在点估计的基础上就产生了第二种参数估计的方法,即区间估计法。在估计中对参数做出带有某种可靠性的估计,就需要给出对这一可靠性或置信度的区间,这种估计方法就是区间估计,可靠性或置信度就是总体参数的真实值落在置信区间内的把握程度。在日常的调查中比较常用区间估计,在这里主要介绍区间估计方法的运用。

在介绍运用之前,先界定日常的市场调查和收集资料的过程中常碰到的情况,大致如下:①抽样方法是不重复抽样;②抽样比大于5%,即 $\frac{n}{N} > 5\%$;③对总体参数进行估计的统计量是均值和成数(比例);④样本为大样本,即 n 不小于30。

在这个基础上,接下来回忆一下以前在统计学原理里面学的有关抽样分布和区间估计的一些知识,见表7-1(注:①当总体方差未知时,用样本方差代替总体方差的点估计量;②抽样方式为重复的简单随机抽样)。

表7-1 常用的抽样分布、统计量及置信区间

样本	估计对象	所用统计量及其抽样分布	置信区间(置信度为 α,双侧检验)
单样本	均值 u	$Z = \dfrac{\bar{x} - u}{\dfrac{s}{\sqrt{n}}} \sim N(0,1)$	$\left[\bar{x} - Z_{\frac{\alpha}{2}}\dfrac{s}{\sqrt{n}}, \bar{x} + Z_{\frac{\alpha}{2}}\dfrac{s}{\sqrt{n}}\right]$
	成数 p	$Z = \dfrac{\bar{p} - p}{\sqrt{\dfrac{p(1-p)}{n}}} \sim N(0,1)$	$\left[\bar{p} - Z_{\frac{\alpha}{2}}\sqrt{\dfrac{\bar{p}(1-\bar{p})}{n}}, \bar{p} + Z_{\frac{\alpha}{2}}\sqrt{\dfrac{\bar{p}(1-\bar{p})}{n}}\right]$

续表 7-1

样本	估计对象	所用统计量及其抽样分布	置信区间（置信度为 α，双侧检验）
双样本	均值差 $u_1 - u_2$	$Z = \dfrac{\bar{x}_1 - \bar{x}_2 - (u_1 - u_2)}{\sqrt{\dfrac{s_1^2}{n_1} + \dfrac{s_2^2}{n_2}}} \sim N(0,1)$	$\left[(\bar{x}_1 - \bar{x}_2) - Z_{\frac{\alpha}{2}}\sqrt{\dfrac{s_1^2}{n_1} + \dfrac{s_2^2}{n_2}},\right.$ $\left.(\bar{x}_1 - \bar{x}_2) + Z_{\frac{\alpha}{2}}\sqrt{\dfrac{s_1^2}{n_1} + \dfrac{s_2^2}{n_2}}\right]$
	成数差 $p_1 - p_2$	$Z = \dfrac{\bar{p}_1 - \bar{p}_2 - (p_1 - p_2)}{\sqrt{\dfrac{p_1(1-p_1)}{n_1} + \dfrac{p_2(1-p_2)}{n_2}}}$ $\sim N(0,1)$	$\left[(\bar{p}_1 - \bar{p}_2) - Z_{\frac{\alpha}{2}}\sqrt{\dfrac{\bar{p}_1(1-\bar{p}_1)}{n_1} + \dfrac{\bar{p}_2(1-\bar{p}_2)}{n_2}},\right.$ $\left.(\bar{p}_1 - \bar{p}_2) + Z_{\frac{\alpha}{2}}\sqrt{\dfrac{\bar{p}_1(1-\bar{p}_1)}{n_1} + \dfrac{\bar{p}_2(1-\bar{p}_2)}{n_2}}\right]$

三、案例分析

1. 单样本的总体均值置信区间估计

[例 7-1] A 市某零售商想了解当地居民对本商场的整体评价情况，在 A 市进行了一次关于当地居民对本商场的整体评价的抽样调查，调查采用百分制（100 分为最高分，0 为最低分），分数越高代表整体评价越高。调查成功访问了 60 位在本地住了 6 个月以上的居民，建立数据库"A 市部分居民对某零售商场的整体评价.sav"（表 7-2），试以置信度为 95% 对居民的整体评价进行估计。

表 7-2 A 市部分居民对某零售商场的整体评价

被访居民序号	整体评分	被访居民序号	整体评分	被访居民序号	整体评分	被访居民序号	整体评分
1	89	16	75	31	89	46	80
2	75	17	75	32	75	47	68
3	60	18	60	33	60	48	72
4	55	19	72	34	75	49	80
5	67	20	89	35	50	50	95
6	70	21	89	36	60	51	80
7	60	22	60	37	68	52	72
8	75	23	50	38	85	53	70
9	89	24	89	39	75	54	68

续表 7-2

被访居民序号	整体评分	被访居民序号	整体评分	被访居民序号	整体评分	被访居民序号	整体评分
10	75	25	60	40	60	55	95
11	60	26	89	41	75	56	86
12	75	27	60	42	89	57	63
13	75	28	75	43	89	58	65
14	75	29	76	44	80	59	75
15	89	30	75	45	98	60	80

分析： 本案例是一个比较简单的单样本总体均值的区间估计问题，其需要解决的问题点是在不受其他因素的影响下（样本的评分与总体均值之间的差异仅受随机因素的影响）以一定的置信度估计总体均值区间。本书的大部分案例都是采用 SPSS 统计软件来实现分析结果。

题解： 打开"某地居民对某商场的整体评价.sav"数据库，然后调用 Analyze/Compare Means/ One-Sample T Test 模块；然后系统会弹出一个对话框（One-Sample T Test 对话框），把变量移至右边的 Test Variable（s）中，点击右下角的"Options…"，又弹出另一对话框（"Options"对话框）；在 Confidence Interval（置信度）中输入"95"（如置信度为 0.90，则输入 90），点击"Options"对话框的"Continue"和"One-Sample T Test"对话框中的"OK"，就可以得出结果，见表 7-3 和表 7-4。

表 7-3 单样本变量描述统计量结果分析

One-Sample Statistics

Group	N	Mean	Std. Deviation	Std. Error Mean
整体评分	60	74.3333	11.6745	1.5072

表 7-4 总体均值置信区间结果分析

One-Sample Test

区间	Test Value = 0					
	t	df	Sig. (2-tailed)	Mean Difference	95% Confidence Interval of the Difference	
					Lower	Upper
整体评分	49.320	59	.000	74.3333	71.3175	77.3492

结果说明： 在表 7-3 可以看到变量的基本统计情况，如样本容量、均值、标准差、

标准误差。从表7-3中的方形框内可以看到95%的置信区间（其他数值在后面的章节中会说明其含义），因此有95%的把握说，该市居民对某商场的整体评价在[71.32, 77.35]之间，这说明该商场在居民中的整体印象良好，但还有很大的改善空间。

2. 双样本均值的置信区间

[例7-2] 为了评估两种不同的生产工艺对产品正品率影响的差异，以便选择有利于提高产品正品率的生产工艺，某产品生产商分别收集了60个有关两种不同生产工艺的产品次品率情况，在计算产品的次品率时，每次生产出的产品数始终保持一致。建立数据库"某产品制造商两种生产工艺的次品率.sav"，试以置信度为95%对两种不同生产工艺生产出的次品率的均值之差进行估计。如表7-5所示。

表7-5 某产品制造商两种生产工艺的次品率

生产工艺	次品率（%）	生产工艺	次品率（%）	生产工艺	次品率（%）	生产工艺	次品率（%）	生产工艺	次品率（%）	生产工艺	次品率（%）
1	4.00	1	2.00	1	4.00	2	6.00	2	4.00	2	5.00
1	3.00	1	3.00	1	3.00	2	5.00	2	5.00	2	3.00
1	5.00	1	2.00	1	2.00	2	4.00	2	4.00	2	5.00
1	4.00	1	4.00	1	5.00	2	6.00	2	6.00	2	7.00
1	2.00	1	3.00	1	4.00	2	2.00	2	6.00	2	6.00
1	1.00	1	5.00	1	5.00	2	4.00	2	6.00	2	7.00
1	2.00	1	1.00	1	3.00	2	4.00	2	5.00	2	6.00
1	3.00	1	4.00	1	4.00	2	5.00	2	7.00	2	7.00
1	2.00	1	3.00	1	3.00	2	5.00	2	4.00	2	7.00
1	3.00	1	2.00	1	4.00	2	5.00	2	4.00	2	4.00
1	2.00	1	4.00	1	2.00	2	4.00	2	6.00	2	5.00
1	6.00	1	5.00	1	3.00	2	5.00	2	4.00	2	3.00
1	2.00	1	4.00	1	6.00	2	4.00	2	3.00	2	4.00
1	2.00	1	1.00	1	3.00	2	4.00	2	2.00	2	5.00
1	1.00	1	3.00	1	6.00	2	4.00	2	3.00	2	4.00
1	4.00	1	4.00	1	4.00	2	4.00	2	6.00	2	5.00
1	2.00	1	5.00	1	3.00	2	5.00	2	7.00	2	6.00
1	2.00	1	3.00	1	5.00	2	4.00	2	6.00	2	6.00
1	6.00	1	4.00	1	4.00	2	4.00	2	6.00	2	3.00

分析：本案例是两个相互独立的样本的总体均值之差的区间估计，可以用Independent-Sample T Test方法对其均值之差进行区间估计，问题点在于仅考虑生产工艺对产品的

次品率的影响，以便找出从两种生产工艺中找出更优的生产工艺。

题解：打开"某产品制造商两种生产工艺的次品率.sav"数据库，然后调用 Analyze/Compare Means/Independent-Sample T Test 模块；然后系统会弹出一对话框（Independent-Sample T Test 对话框），把变量"不同工艺的次品率"和"group"分别移至"Test Variable（s）"和"Grouping Variable"中，点击"Define Group"，弹出"Define Group"对话框；分别在 Group 1 和 Group 2 输入"1"和"2"，点击"Continue"；再点击右下角的"Options…"，又弹出"Options"对话框（和例 7 - 1 相同），在 Confidence Interval 中输入"95"，点击 Options 对话框的 Continue 和 Independent-Sample T Test 对话框的"OK"，就可以得出结果，见表 7 - 4 和表 7 - 5。

表 7 - 6 两独立样本变量描述统计量结果分析

Group Statistics

	Group	N	Mean	Std. Deviation	Std. Error Mean
不同工艺的次品率	生产工艺 1	60	3.3833	1.31602	.16990
	生产工艺 2	60	4.8667	1.21386	.15671

表 7 - 7 两独立样本的总体均值之差的置信区间结果分析

Independent Samples Test

Group	Levene's Test for Equality of Variances		t-test for Equality of Means						
	F	Sig.	t	df	Sig. (2-tailed)	Mean Difference	Sdt. Error Difference	95% Confidence Interval of the Difference	
								Lower	Upper
不同工艺的次品率 Equal variances assumed	.438	.510	-6.418	118	.000	-1.4833	.23113	-1.941	-1.0256
Equal variances not assumed			-6.418	117.238	.000	-1.4833	.23113	-1.941	-1.0256

结果说明：从表 7 - 6 可以看到不同生产工艺生产出产品的次品率的相关统计指标，如样本容量、均值、标准差及标准误差；从表 7 - 7 中的方框内可以得到以 95% 的置信度的估计区间，为 [-1.9410，-1.0256]，其经济含义是生产工艺 1 与生产工艺 2 生产出的次品率之差在 [-1.9410，-1.0256] 范围内，也就是说有 95% 的把握认为，生产工艺 1 可以比生产工艺 2 生产出来的产品次品率下降的幅度在 [1.0256，1.9410] 范围内，表明采用生产工艺 1 可以降低产品的次品率，提高产品的正品率，因此，在同等情况下应该首先考虑使用生产工艺 1。

例 7-2 是两个相互独立的样本的总体均值之差的区间估计，也就是说 Independent-Sample T Test 方法只能对两个相互独立样本的均值之差进行区间估计，而在日常的社会调查过程中，有时候会碰到两个相关样本的总体均值之差区间估计的情况，如估计"吸烟有害健康的广告"对吸烟者观看前后的吸烟数之差等，这时就不能在用 Independent-Sample T Test 方法了，而是用 Paired-Sample T Test 方法。值得注意的是，在使用两个相关样本的总体均值的区间估计时两个样本的样本量是相匹配的，而两个相互独立样本的总体均值之差的区间估计对两样本的样本量没有进行严格的限制。

[**例 7-3**] 某产品销售公司想通过一种促销活动来提高该产品的销售额，为了评估该促销活动对公司 A 类零售终端产品销售的影响的大小，在执行促销活动前后分别抽取了 30 个零售终端的销售数据。其调查过程如下：活动执行前对 30 家零售终端某一销售时间段的销售进行收集，活动执行后再对这 30 家零售终端的销售进行收集（两个销售时间段一致均为 42 天），建立数据库"某产品销售公司促销活动前后产品销售情况. sav"（单位：千元），试以 95% 的置信度评估促销活动对销售影响的大小。如表 7-8 所示。

表 7-8 某产品销售公司促销活动前后产品销售情况

促销活动后	促销活动前	促销活动后	促销活动前	促销活动后	促销活动前
7786	7444	8179	7308	8011	7497
7677	6614	7646	6764	7119	6512
9601	7920	7415	6656	7088	6351
8759	6963	6800	6310	7110	6429
7675	7393	10677	7417	7243	6578
8252	6928	8138	6299	8639	7525
8336	7951	7915	7215	6932	6071
6819	6355	6002	6638	7267	7353
7064	6805	8648	7160	8426	7660
5614	6750	7053	6027	7547	6906

分析：本案例是分析促销活动对产品销售的影响的问题，属于两相关样本的均值之差的区间估计，用 Paired-Sample T Test 方法来分析，问题的重点是产品的销售的变化不考虑受季节、天气等其他因素的影响，仅考虑促销活动和随机因素对其变化的影响，而用 Paired-Sample T Test 分析方法可以判断销售的变化促销活动对其影响的大小。

题解：打开"促销活动对产品销售的提升. sav"数据库，然后调用 Analyze/Compare Means/Paired-Sample T Test 模块；点击"Paired-Sample T Test"之后，系统弹出"Paired-Sample T Test"对话框；同时选中"活动前"和"活动后"两个变量移至"Paired Variables："中，点击右下角的"Options…"，弹出"Paired-Sample T Test：Options"对话框；在"Confidence Interval"（置信度）中输入"95"，点击"Continue"和"Paired-Sample T

Test"对话框中的"OK",就可以得出结果,见表7-9、表7-10、表7-11:

表7-9 两相关样本变量描述统计量结果分析

Paired Samples Statistics

Group		Mean	N	Std. Deviation	Std. Error Mean
Pair 1	活动后	7714.6000	30	999.6324	182.5071
	活动前	6926.6333	30	534.6955	97.6216

表7-10 两相关样本变量的相关性结果分析

Paired Samples Correlations

Group		N	Correlation	Sig.
Pair 1	活动后与活动前	30	.627	.000

表7-11 两相关样本的总体均值之差的置信区间结果分析

Paired Samples Test

Group		Paired Differneces					t	df	Sig. (2-tailed)
		Mean	Std. Deviation	Std. Error Mean	95% Confidence Interval of the Difference				
					Lower	Upper			
Pair 1	活动后与活动前	787.97	783.843	143.1095	495.2748	1080.659	5.506	29	.000

结果说明: 从表7-9中可以看到两相关样本的变量的描述统计量的值,如均值、样本容量、标准差、标准误差。表7-10中的相关系数为0.627,$Sig<0.01$,说明两样本有很强的相关性,这个再次说明使用 Paired-Sample T Test 分析方法来对两样本均值之差进行区间估计是正确的。表7-11列出了置信度为95%的两相关样本均值之差的区间估计值,为[545,1031],说明有95%的把握认为,促销活动后该产品在A类销售店中平均每家的销售量增长的金额在[495,1081]之间,表明该促销活动对销售的增长有较大的效果。

3. 单样本总体成数(比例)的区间估计

在日常的调查中,还经常碰到一些要估计成数(比例)大小的情况,如了解一个地区男女性别比例,在某市居民购物的交通方式中坐公交车的比例,某市消费者对两种产品喜爱的比例是否相同,等等。

[例7-4] 某商场欲想在商场附近开设免费购物巴士,以便顾客方便到该商场购物,提高销售。为了对这一决策进行可行性分析,首先必须了解商场商圈居民购物时选择公交车的比例情况,调查采用街头拦截的方式,成功访问了200名被访者,其中有92名被访者选择了公交车这一交通方式,试以95%的置信度估计该商场商圈居民在购物时选择坐公交车的比例区间。

分析: 本案例就是一个单样本总体比例的双侧区间估计问题。首先,抽取的样本量为200,属大样本,统计量服从正态分布;其次,由于总体的方差未知,因此只能是用样本的方差作为总体方差的点估计;运用区间估计原理与方法就可以估计总体的比例区间。

题解: 建立数据库,变量为比例,变量值 $\bar{p} = 92/200 = 0.46$,并调 Transform/Compute 模块;点击 "Compute",弹出 "Compute Variable" 对话框;在 "Target Variable:" 中输入新变量 X_1,在 "Numeric Expression:" 中输入 "比例 - IDF. NORMAL(0.975, 0, 1) * SQRT(比例 * (1 - 比例)/200)",点击 "OK" 就可以得到总体比例区间估计的下限值。重复 Compute 的操作,只是在 "Target Variable:" 中输入新变量 X_2,在 "Numeric Expression:" 中输入 "比例 + IDF. NORMAL(0.975, 0, 1) * SQRT(比例 * (1 - 比例)/200)",点击 "OK" 就得到上限值,分别把 X_1,X_2 两变量的小数点的位数设置为4,就可以得到总体比例的区间 [0.3909, 0.5291]。

结果说明: 从 SPSS 的计算结果可以直接看到置信度为95%的总体比例的区间估计值 [X_1, X_2],即为 39.09%~52.91%,说明有95%的把握认为该商场商圈居民购物时坐公交车的比例在 [0.3909, 0.5291] 范围内,因此该商场可以根据坐公交车的比例来确定是否开设免费购物巴士,并参考其他因素,如购物时间等来确定巴士的数量、大小、运行时间及路线。

4. 双样本总体成数(比例)的区间估计

[例7-5] 为了了解同一品牌下的两个产品的顾客喜爱比例之差情况,该品牌生产商在某市进行了一次对两产品的顾客喜爱比例的抽样调查。调查对象是使用过产品A和产品B的消费者,均成功访问了200名,而喜欢产品A和产品B的消费者的人数为137和106,试以95%的置信度对喜爱两产品的顾客比例之差进行区间估计。

分析: 本案例是双样本的总体比例之差的区间估计,重点在于了解两产品的顾客喜爱比例之差情况,根据中心极限定理可知,样本均值也是服从正态分布。

题解: 建立数据库,变量为产品A和产品B,变量值 $\bar{p}_a = 0.685$,$\bar{p}_b = 0.530$。

与例7-4一样,调用 Transform/Compute 模块,过程与例7-4相一致,在新变量 X_1 对应的 Numeric Expression 中输入:"(产品a - 产品b) - IDF. NORMAL(0.975, 0, 1) * SQRT(产品a * (1 - 产品a)/200 + 产品b * (1 - 产品b)/200)";在新变量 X_2 对应的 Numeric Expression 中输入:"(产品a - 产品b) + IDF. NORMAL(0.975, 0, 1) * SQRT(产品a * (1 - 产品a)/200 + 产品b * (1 - 产品b)/200)"。

可以得到结果,$X_1 = 0.0605$,$X_2 = 0.2495$。

结果说明: 区间估计 [X_1, X_2],即 [0.0605, 0.2495] 之间,说明有95%的把握认

为该产品 A 与产品 B 的顾客喜爱比例之差在 6.05%～24.95%，可以看出产品 A 更受消费者喜爱。

第二节 参 数 检 验

在进行统计推断时，一般有两类重要的问题，一类是参数估计，另一类则是假设检验。如果总体分布的形式是已知的，只是参数未知，那可以通过对总体参数在一定置信度或把握程度下对总体参数进行估计，获得总体参数的区间范围，即参数估计；如果是通过在一定的概率下提出某些关于总体假设来推断总体的某些性质，就是统计推断的另一类重要问题——假设检验，假设检验就是研究如何运用样本得到的统计量检验对总体参数所做的假设是否正确。

假设检验在日常的工作中经常用到，如一个制造企业想了解机器的运作是否正常、某公司营销部想了解商品促销活动对商品销售是否有影响，某商场领导想了解商场调整前后客流是否有显著性差异，消费者研究中研究收入与学历是否相关，居民对电视节目的喜好是否一致等，这些都可以通过假设检验来解决。假设检验分为两种，一种是参数检验，另一种是非参数检验。

一、基本思路

1. 使用前提条件

参数检验是对抽取数据的总体性质作了一些假定，即假定数据取自一个正态分布的总体或假定两组数据取自分布相同的总体，也就是说，只有在这一假定前提下，使用参数检验方法分析结果更有效。

2. 基本思路

假设检验主要的思想是检验观测值与假设值之间的差异是否是由于样本中的偶然差异和随机差异造成的，还是由于假设不正确而造成的。在通常情况下，先考虑原假设是真的，从而根据抽样分布知识构造的统计量来计算观测值（或平均值）出现的概率会有多大，再结合运用统计学中的一个重要的原理——小概率的原理，来判断在一定把握下对原假设是否接受。小概率的原理认为，发生概率很小的随机事件在一次试验中几乎不可能发生，因此如果得到观测值（或平均值）出现的概率很小时（与给出的显著性水平相比较），那就认为原假设不成立；反之认为原假设成立。基本流程如图 7-2 所示：

在实际的检验过程中，常常会犯两类错误，第一类是将原假设成立误认为备择假设成立，第二类是将备择假设成立误认为原假设成立。这两类错误的具体分析请参考有关统计学原理的书籍。

```
┌─────────────────────────────────────────────┐
│ 根据检验的目的建立假设，假设分为原假设$H_0$和备择假设$H_1$，而 │
│ 在一般情况下总是将检验的目的放在备择假设上，这样可以保证有      │
│ 充分的把握拒绝原假设，达到检验的目的                          │
└─────────────────────────────────────────────┘
                        ⇓
┌─────────────────────────────────────────────┐
│ 建立检验原假设的统计量及确定其抽样分布（与参数估计中的统计      │
│ 量及抽样分布相同），并根据样本抽取的数据计算统计量的值$Z$      │
└─────────────────────────────────────────────┘
                        ⇓
┌─────────────────────────────────────────────┐
│ 选择显著性水平，查找对应的临界值$\alpha$，用检验值与临界值相比 │
│ 较，根据比较结果来判断是否是拒绝原假设还是接受原假设            │
└─────────────────────────────────────────────┘
```

图 7-2　参数假设检验基本流程

二、基本理论介绍

前面提到参数估计和假设检验是在进行统计推断时两个重要的问题，并且这两个问题存在一定的相关性，从他们的分析思路上也可以看出，参数估计是对总体参数进行一定可靠性的区间估计的一种方法，而参数检验是检验对总体的某些假设是否正确的一种方法，这两个问题都是对同一实例，用同一样本、同一抽样分布、同一统计量来分析，最后得出分析结果。常用的抽样分布、统计量及假设检验见表 7-12。

表 7-12　常用的抽样分布、统计量及假设检验

样本	估计对象	所用统计量及其抽样分布	原假设 H_0 的拒绝情况
单样本	均值 u	$Z = \dfrac{\bar{x} - u}{\dfrac{\delta}{\sqrt{n}}} \sim N(0,1)$	当临界值小于给定的 α 值时，拒绝原假设（注明：当 $\lvert Z \rvert$ 越大或者临界值越小时，就越有把握地拒绝原假设，即犯第一类错误的概率就越小。在本书的案例分析中都是比较临界值与给定 α 的大小，下同）
	成数 p	$Z = \dfrac{\bar{p} - p}{\sqrt{\dfrac{\bar{p}(1-\bar{p})}{n}}} \sim N(0,1)$	

续表 7-12

样 本	估计对象	所用统计量及其抽样分布	原假设 H_0 的拒绝情况
双样本	均值差 $u_1 - u_2$	$Z = \dfrac{\overline{x_1} - \overline{x_2} - (u_1 - u_2)}{\sqrt{\dfrac{s_1^2}{n_1} + \dfrac{s_2^2}{n_2}}} \sim N(0,1)$	
	成数差 $p_1 - p_2$	$Z = \dfrac{\bar{p}_1 - \bar{p}_2 - (p_1 - p_2)}{\sqrt{\dfrac{\bar{p}_1(1 - \bar{p}_1)}{n_1} + \dfrac{\bar{p}_2(1 - \bar{p}_2)}{n_2}}} \sim N(0,1)$	

三、案例分析

1. 单样本总体均值检验

[例 7-6] 某啤酒生产公司生产部的管理层想了解瓶装啤酒的生产容量是否正常（正常情况下瓶装啤酒的容量为 500 mL）。因此，质量控制部在啤酒生产线上随机抽取了 32 瓶啤酒进行检测，测量其容量，建立"某啤酒生产公司瓶装啤酒容量的抽查 .sav"（单位：mL）数据库，试分析啤酒的生产容量是否正常？（显著性水平为 5%）

表 7-13 某啤酒生产公司瓶装啤酒容量的抽查   单位：mL

啤酒容量	啤酒容量	啤酒容量	啤酒容量	啤酒容量	啤酒容量
560.0	504.9	491.0	500.1	501.4	501.7
499.0	493.0	500.6	491.0	503.1	501.1
523.0	486.8	492.4	503.1	491.4	500.6
528.9	474.2	502.0	511.5	497.5	498.0
516.9	538.6	501.7	508.0	495.5	497.9
511.0	487.7				

分析：此案例属于单样本总体均值检验的问题，问题的重点在于以 5% 的显著性水平，是否能通过抽取的样本来推断总体的参数均值是否与给定的值（500 mL）存在差异。因此，建立原假设应该为总体的均值为 500 mL，即 $u = 500$ mL，生产正常，则备择假设为 $u \neq 500$ mL，生产不正常，属双侧假设检验。如果通过 SPSS 的计算后，得到的临界值不大于给定的 α 值，否定原假设，否则接受原假设。

题解：打开"某啤酒生产商瓶装啤酒的容量的抽查 .sav"数据库，并调用 Analyze/Compare Means/One-Sample T Test 模块；运行 One-Sample T Test 过程（部分操作和均值估计中的单样本均值的区间估计相同），然后系统会弹出一个对话框（One-Sample T Test 对话框），把变量移至右边的 Test Variable（s）中，在"Test Value："中输入要检验的均值"500"。

点击右下角的"Options…,又弹出另一对话框(Options 对话框),其中的操作和单样本总体均值区间估计相同,在"Confidence Interval"(置信度)中输入"95"(显著性水平为5%,则置信度水平为95%),点击"Options"对话框的"Continue"和 One-Sample T Test 对话框中的"OK",就可以得出结果,见表7-14和表7-15。

表 7-14 单样本统计量结果分析
Oone-Sample Statistics

Group	N	Mean	Std. Deviation	Std. Error Mean
每瓶啤酒的容量	32	501.828	12.444	2.200

表 7-15 单样本 T 检验结果分析
One-Sample Test

	Test Value = 500					
Group	t	df	Sig. (2-tailed)	Mean Difference	95% Confidence Interval of the Difference	
					Lower	Upper
每瓶啤酒的容量	.831	31	.412	1.828	-2.659	6.315

结果说明:从表 7-14 可以得到有关样本的一些描述统计量的值,如样本数、样本均值、标准差及标准误;表 7-15 可以得到双侧检验(2-tailed)的临界值,由于临界值 = 0.412 ≫ α = 0.05,原假设成立,表明虽样本均值与总体均值存在略微的差异,但无统计意义,这种差异可能是偶然样本造成的,也可能是随机和测量造成的,并不能说明是生产不正常造成的。因此,结论是该公司瓶装啤酒的生产容量是正常的。

2. 两独立样本总体均值检验

[例7-7] 为了了解两市12岁在校男中学生的身高是否有显著性差异,某省教育部门对两市在校男中学生进行一次抽样调查,在两市分别选取了6所中学,分别对60名12岁男中学生进行身高测量,建立"A、B两市12岁在校男中学生身高.sav"数据库,试以显著性水平为5%判断两市12岁在校男中学生得身高是否存在显著性差异。如表7-16所示。

表 7-16 A、B 两市 12 岁在校男中学生身高 单位:厘米

城市	身高	城市	身高	城市	身高	城市	身高	城市	身高	城市	身高
A	146.2	A	140.4	A	148.5	B	149.5	B	155.6	B	151.3
A	161.7	A	161.9	A	150.4	B	151.7	B	147.6	B	148.6

续表 7-16

城市	身高	城市	身高	城市	身高	城市	身高	城市	身高	城市	身高
A	149.3	A	146.2	A	149.6	B	149.2	B	145.4	B	144.6
A	159.0	A	150.2	A	148.9	B	146.9	B	156.6	B	151.2
A	140.8	A	156.5	A	153.4	B	150.0	B	145.9	B	160.0
A	164.0	A	152.4	A	156.5	B	142.2	B	145.6	B	138.2
A	147.2	A	156.7	A	142.8	B	152.9	B	158.0	B	157.5
A	155.5	A	147.3	A	153.9	B	158.8	B	151.0	B	151.6
A	152.8	A	152.1	A	147.8	B	148.9	B	158.3	B	148.4
A	146.6	A	149.8	A	147.0	B	151.2	B	149.6	B	151.5
A	155.6	A	150.1	A	147.9	B	142.4	B	145.1	B	153.6
A	150.0	A	151.1	A	154.8	B	158.5	B	150.6	B	157.7
A	149.1	A	147.9	A	150.4	B	133.6	B	149.5	B	156.6
A	155.8	A	146.4	A	142.1	B	168.6	B	157.4	B	154.4
A	150.6	A	145.1	A	154.5	B	155.0	B	142.6	B	151.0
A	154.3	A	153.1	A	153.1	B	145.8	B	149.1	B	154.4
A	139.8	A	147.6	A	142.4	B	144.8	B	155.2	B	151.7
A	151.3	A	147.3	A	137.1	B	160.0	B	154.1	B	154.2
A	150.1	A	155.4	A	164.3	B	145.6	B	148.2	B	146.9
A	152.2	A	150.2	A	156.5	B	146.6	B	153.5	B	143.2

分析：此案例由于涉及两个样本，并且两样本属于相互独立的，因此要运用到两独立样本的均值检验，重点在于在显著性水平为5%的条件下，排除随机、偶然及测量的因素，判断两市12岁在校男中学生的身高是否存在差异。建立原假设为A、B两市12岁男中学生的身高均值没有差异，即$u_a = u_b$，备择假设为两市12岁男中学生的身高均值有差异，即$u_a \neq u_b$，属于双侧检验，通过SPSS分析结果可以得出α的临界值，若临界值不大于给定的α值，否定原假设，否则接受原假设。

注意：在此例中两市各抽取了60名学生组成样本，样本容量太小。在此特别说明，为了避免较大数据量带来的麻烦，本书有些案例中的样本容量偏小，但在实际中应注意抽取样本的代表性。

题解：打开"A、B两市12岁男学生的身高.sav"数据库，并调用Analyze/Compare Means/Independent-Samples T Test 模块。

运行 Independent-Samples T Test 程序，然后系统会弹出一个对话框（Independent-Samples T Test 对话框），分别把变量"height"和"group"移至右边的"Test Variable (s):"和"Group Variable:"中，并点击"Define Groups…"定义组号，分别在"Group 1:"和"Group 2:"中输入"1"和"2"，并在"Confidence Interval"中输入"95"，点击"One-Sample T Test"对话框中的"OK"，就可以得出结果，见表7-17。

表7-17 两样本统计量的结果分析
Group Statistics

A，B两市12岁男学生身高	Group	N	Mean	Std. Deviation	Std. Error Mean
	1.0	60	142.692	5.696	.735
	2.0	60	142.805	5.990	.773

表7-18 两独立样本均值检验结果分析
Independent Samples Test

A、B两市12岁男学生身高		Levene's Test for Equality of Variances		t-test for Equality of Means						
		F	Sig.	t	df	Sig. (2-tailed)	Mean Difference	Std. Error Difference	95% Confidence Interval of the Difference	
									Lower	Upper
	Equal variance assumed	.169	.682	-.106	118	.916	-.113	1.0671	-2.227	1.9999
	Equal variance not assumed			-.106	117.70	.916	-.113	1.0671	-2.227	1.9999

结果说明：从表7-17可以得到有关样本的一些描述统计量的值，如样本数、样本均值、标准差及标准误；从表7-18可以得到双侧检验（2-tailed）的临界值，由于0.916≫0.05，认为原假设成立，说明两市12岁男中学生的身高无显著性差异，两样本的均值差异无统计意义。

3. 两相关样本总体均值检验

[例7-8] 某商场的高层管理者对该商场的销售情况不满意，因此进行了一次大幅度的改造，改造后的销售确实有较大的提高，但高层管理者想了解是由于客流量的增加还是由于客单价的提升导致销售的上升。因此，收集了改造前后商场的客流情况，为了排除季节性和周末对客流的影响，分别收集了42天同期、非周末的客流数据，建立"某商场改造前后非周末时间的客流量对比.sav"数据库，试以10%的显著性水平判断调整后的客流是否有显著性提高。如表7-19所示。

表7-19 某商场改造前后非周末时间的客流量对比（人次）

改造前	改造后	改造前	改造后	改造前	改造后
21011	21362	22804	23224	21148	23560
20674	20967	21572	21769	22678	23768

续表 7-19

改造前	改造后	改造前	改造后	改造前	改造后
20224	20814	20313	20942	21100	22015
20545	20721	20498	21016	20338	22066
22050	22593	19657	20065	21016	21868
21795	22245	21817	22699	20270	21471
19908	21947	21492	20833	21727	22985
20217	21969	20611	20372	23109	24668
21986	21678	20683	20871	26488	22180
22068	22956	20477	20517	26719	26088
20752	21753	22226	22784	22657	24321
20647	21047	22930	23462	20421	21356
20653	20969	20219	23566	20800	23681
21158	21195	21697	21983	20240	26198

分析：由于收集的两个样本是同一商场改造前后的客流数据，因此这两个样本有比较强的相关性，所以必须要用两相关样本总体均值检验来判断调整后的客流与调整前是否存在显著性提高。与上例一样，解决的重点问题在于排除随机、偶然、测量及季节等因素的影响，判断调整后客流是否有显著性提高。因此，本案例属于单侧检验，并且是左侧检验。由于商场希望解决的问题是改造后客的流量是否比改造前的客流量有显著性提高，所以建立原假设为调整后客流量没有显著性提高，即 $u_{调整前} \geqslant u_{调整后}$；则备择假设为调整后客流量有显著提高，即 $u_{调整前} < u_{调整后}$。根据 SPSS 的运算分析结果，以 5% 的显著性水平来判断调整后该商场的客流量是否有显著性提高。

题解：打开"商场改造前后非周末时间的客流量对比.sav"数据库，并调用 Analyze/Compare Means/Paired-Samples T Test 模块；运行 Paired-Samples T Test 程序，系统弹出 Paired-Sample T Test 对话框，同时选中"活动前"和"活动后"两个变量移至"Paired Variables:"中，点击右下角的"Options…"，弹出"Paired-Sample T Test：Options"对话框，在"Confidence Interval"中输入"90"，点击"Continue"和"Paired-Sample T Test"对话框中的"OK"，可得结果，见表 7-20。

表 7-20 两相关样本统计量分析结果

Paired Samples Statistics

Group		Mean	N	Std. Deviation	Std. Error Mean
Pair 1	改造前	21414.167	42	1472.3667	227.1911
	改造后	22203.429	42	1434.7540	221.3873

表7-21 两样本的相关系数结果表

Paired Samples Correlations

	Group	N	Correlation	Sig.
Pair 1	改造前 & 改造后	42	.527	.000

表7-22 两相关样本的总体均值假设检验分析结果

Paired Samples Test

	Group	Paired Differences					t	df	Sig. (2-tailed)
		Mean	Std. Deviation	Std. Error Mean	90% Confidence Interval of the Difference				
					Lower	Upper			
Pair 1	改造前 - 改造后	-789.26	1413.65	218.13	-1156.35	-422.17	-3.618	41	.001

结果说明： 表7-20给出调整前与调整后两样本变量的简单描述统计量，如样本容量、均值、标准差、标准误差；表7-21给出两样本的相关系数，为0.527，不相关的概率为0.000 << 0.01，说明具有明显的相关性，调整后与调整前的客流存在线性关系；表7-22给出两相关样本变量差值的检验结果，由于本案例属于单侧检验（1-tailed），而SPSS计算出的结果均是双侧检验的临界值，因此需要进行转换临界值为0.0005（0.001的一半） << 0.05，由此否定原假设，说明该商场改造后的客流量与改造前有明显提高，具有很强的统计意义。其经济意义表明，根据结果分析并判断改造后该商场的客流有较大提高，也就是说改造后商场的客流的增长对销售额的增长起到了促进作用。

4. 单样本总体成数（比例）的检验

[例7-9] 某产品生产商在新产品开发前进行过一系列的市场调查之后确定了新产品的定位，其中有一条是目标顾客群的个人月收入定位在3000～5000元之间，其深层次的含义定义为75%的产品使用者的月收入在3000～5000元之间。新产品投入某地区市场三个月之后进行产品定位测试调查，以发现产品的定位与实际情况是否相一致。该公司营销部委托某市调公司进行一次产品定位测试调查，调查采用随机抽样的方式，对象是使用过该产品的100名消费者，调查内容包括其个人的月收入情况，发现仅有69%的被访者的月收入在3000～5000元之间，试以5%的显著性水平判断产品的收入这一定位是否与实际情况相一致。

分析： 该案例属于单样本比例的参数检验，需要解决的问题在于，假设该产品的使用者75%的月收入在3000～5000元之间，那么样本调查出现69%的概率将会有多大，即排除了随机偶然的因素，计算该样本出现的概率，如果出现的概率很小，即小于给定的显著性水平，那么根据小概率事件原理一般在一次试验中不发生，否定前面的假设。因此，建立的原假设为该产品的这一定位与实际情况相一致，即 $H_0: P = 0.75$，则备择假设为 $H_1: P \neq 0.75$。

题解：此例调用 Excel 函数计算更为方便。运行 Excel，计算分位数即检验统计量 $T = \dfrac{0.69 - 0.75}{\sqrt{0.75 \times 0.25/100}} = -1.3856$，调用 NORMSDIST 函数计算对应的 P 值，即 NORMSDIST（-1.3856）= 0.0829。

结果说明：Excel 计算结果给出检验的 P 值为 0.0829 则双侧值 P 值为 $2 \times 0.0829 = 0.1658$，由于 0.1658 > 显著性水平 $\alpha = 0.05$，因此，接受原假设，即接受该产品的这一定位与实际情况相一致这一说法，说明该产品的这一定位与目前的实际情况基本一致。

5. 双样本总体成数（比例）的检验

[例 7-10] 某大型超市对该超市的缺货情况进行了解，并采取措施来降低商品的缺货率，目的是提高超市的整体销售，因此该超市进行了两次缺货率调查，前后两次调查的时间差为三个月，两次调查所抽取的商品数均为调查时间所在当月有销售商品数的 2%，商品数分别为 86 和 95，调查所得两次的商品缺货率为 14.2% 和 13.6%，试以 5% 的显著性水平判断第二次商品的缺货率与第一次相比是否有所降低。

分析：很明显该案例属于双样本总体比例的参数检验，需要解决的问题在于排除偶然、随机、样本等因素带来的差异，判断在 5% 的显著性水平下第二次超市的缺货率是否与第一次相比有显著性降低，即理想中的结果是 $P_{第一次} > P_{第二次}$，属于单侧检验（右侧）。根据检验的目的，设 $H_0: P_{第一次} \leq P_{第二次}$，即没有显著性降低；$H_1: P_{第一次} > P_{第二次}$，即有显著性降低。

题解：运行 Excel，建立数据库，变量为"缺货率 1"和"缺货率 2"，数值为 0.142 和 0.136。

计算分位数即检验统计量 $T = \dfrac{0.142 - 0.136}{\sqrt{0.142 \times 0.858/86 + 0.136 \times 0.864/95}} = 0.1165$，调用 NORMSDIST 函数计算对应的 P 值，即 NORMSDIST（0.1165）= 0.5464。

结果说明：Excel 计算结果给出检验的 P 值为 0.5464，由于本案例属于单侧左侧检验，而通过 Excel 给出的结果是右侧单侧检验的结果，因此要进行修正，本案例实际上的 P 值为 0.5464/2（1 - 0.5464）= 0.5536 >> 显著性水平 0.05。因此，认为原假设成立，接受原假设，说明在 5% 的显著性水平下认为该商场第二次调查的商品缺货率与第一次相比没有显著降低。

四、几点说明

1. 有关原假设的建立标准

首先，在一般情况下，总是把检验者的目的放在备择假设上，这样可以保证有充分的把握拒绝原假设来达到检验者的目的。如在例 7-6 的单样本检验中推断总体的参数均

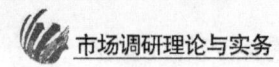

值是否与给定的值存在差异，检验者是想通过这种差异来发现和解决问题，可以看出检验者是想发现存在差异，即 $u \neq 500$ mL，因此把 $u \neq 500$ mL 放在备择假设上，而原假设就应该为 $u = 500$ mL。

其次，通常是把包含"具有相等含义"的假设放在原假设上，其目的也是可以保证有充分的把握拒绝原假设来达到检验者的目的。从上面的所有的案例均可以看出。

2. 单双侧检验临界值的转换

在日常的检验中，常常遇到的问题是"××与＊＊相比是否有显著性提高或降低"、"××和＊＊之间是否有显著性的差异"等问题，根据原假设建立的标准，通常碰到的原假设为"×× ＝ ＊＊"、"×× ≤ ＊＊"和"×× ≥ ＊＊"三种情况，只有前一种情况是属于双侧检验，后两种均属于单侧检验（1 - tailed，分别为右侧检验和左侧检验），而在大部分统计软件给出的结果大多数为双侧检验（2 - tailed）。因此，就存在双侧检验转换成单侧检验的问题，其实很简单，只要把统计软件给出的临界值除以"2"就可以得到单侧检验的临界值，再通过与先前给出的显著性水平值相比就可以做出判断。在这还需要提出的问题是，在通过 Compute 分析单侧检验时，左侧检验和右侧检验计算的公式不同，不同的原因是因为在 SPSS 的计算过程中，分布的概率均是左侧概率，如是左侧检验就不需要调整公式，而如果是右侧检验前面必须加上"1 - 概率"，才是最后需要的结果。

3. "T Test"与"Compute"方法使用的区别

在参数估计和参数检验的方法介绍中，均使用到"T Test"与"Compute"两种方法，并且在案例中通常是对均值的估计和检验使用了"T Test"方法，在对成数（比例）的估计和检验使用了"Compute"方法，但是在实际方法的使用中，这些并不是一一对应的，也就是说不是一碰到均值估计和检验的问题就是使用"T Test"。在方法的选择中，一般的原则是有原始数据的时候使用"T Test"方法，无原始数据的时候用"Compute"方法。也就是说，有无原始数据才是与选择"T Test"和"Compute"方法的依据。如一般情况下，只知道成数（比例）的最后调查结果，对于具体哪些人选择的情况并不知道，因此使用了"Compute"方法，而在均值的估计和检验中，一般可以获得各样本的具体值，因此就使用了"T Test"方法，但如果只知道最后的样本平均值和总体的方差（或样本的方差）的时候，也只能选择"Compute"方法了。

4. "Independent-Samples T Test"与"Paired-Samples T Test"方法使用的区别

"双独立样本"与"双相关样本"两方法的区别在于两个样本是否有相关性，如无相关性用"Independent-Samples T Test"方法，否则用"Paired-Samples T Test"方法，通过一个简单的例子来说明两者之间的区别。如在医学统计中，通过用到检验不同药对病人的效果和同种药对不同病人的效果的分析，如是检验药的效果，通常选择"Independent-Samples T Test"方法；如是检验病人对药的反应，通常选择"Paired-Samples T Test"方法。

5. "参数估计"与"参数检验"之间的关系

从上面介绍"参数估计"与"参数检验"的方法中，可以看出两种分析方法具有相当密切的关系，这两种问题是在统计推断中两个重要的问题，可以用哲学中的"事物的两面性"说明这两者之间的关系，同一问题可以用两种方法来分析，只是分析的角度不一样而已。

6. "参数检验"与其他检验之间的关系

由于本书中有些地方会出现其他的检验方法，目的还是为了结果服务，因此同样是假设检验，它们之间在很多方面存在相同的地方，如在建立假设的原则和标准、双则检验的转换、对原假设的接受或否定的方法等上都是一样的。

第三节 方差分析

通过参数检验来判断商品促销活动对商品销售是否有影响或商场调整前后客流是否有显著性差异等方法，其中有个比较明显的特点就是只能考虑一个因素对其结果的影响是否显著或者仅仅判断两者间的结果是否有显著性差异，但在现实中，影响某结果的因素或需要考虑的因素不只一个，并且常常需要确定哪些因素对结果的影响是显著的、影响程度又怎样，这对于更好地选择关键因素或者有目的地选择主要因素可起到很好的参考作用。方差分析是解决这些问题的一种有效方法，所谓方差分析是一种通过分析样本资料各项差异的来源，以便检验多个总体均值是否相等或者是否存在显著性差异的方法，也称之为处理和分析试验数据的统计方法。

一、基本思想

1. 使用前提条件

使用方差分析需符合的条件有"被检验的各总体均服从正态分布"、"从每个总体中所抽取的样本是随机且独立的"等条件，也就是说，如果符合了这些条件，使用方差分析方法结果更有效。方差分析对于检验三组或三组以上样本之间的总体均值是否存在差异十分有效。

2. 基本思想和原理

方差分析总的思想是通过计算因某一特定因素带来样本值的差异与随机偶然因素对样本值的差异的大小的比较，来判断该因素对总体是否有统计意义。对于某一因素来说，不同水平间的总差异分成两部分：一是各组平均值与总平均值差异的平方和，反映了各水平之间的差异程度或因水平造成的差异，记为 SSR；二是每个样本数值与其组平均值差异的平方和，反映了随机误差造成的差异的大小，记为 SSE，通过计算两差异的大小的比值与临界值相比来判断是否接受"该因素对结果有显著性影响"的说法，从而得出该因素对总体是否有统计意义。

3. 方差分析的假设检验

在单因素方差分析中，对于某一因素而言，假设的建立方法和参数检验中假设的建立方法一样，均是将检验的目的放在备择假设上以达到检验的目的，即原假设为不同水平的总体均值相同 $u_1 = u_2 = u_3 = \cdots = u$，相反备择假设为不同水平的总体均值不全相等。在对结果进行分析时，可以通过计算或采用统计分析软件获得其 F 值和 F 值对应的临界值（由于本书的计算结果大部分是通过 SPSS 分析软件来实现，因此可以从 SPSS 分析结果中直接得出 F 值对应的临界值）。

对比 F 值对应的临界值与给出的显著性水平 α 的大小，如果临界值小于给定的 α 值，可以否定原假设，说明该因素对结果具有统计意义；否则，接受原假设，即没有充分的理由说明原假设不成立，说明该因素对结果无统计意义。

在多因素方差分析中，其假设检验原理和单因素方差分析相同，其思想是把各个不同且独立的因素作为单因素方差分析来看待。

二、基本理论介绍

在方差分析中，把方差分析按因素的多少分为单因素方差分析和多因素方差分析。单因素方差分析只考虑一个因素对其影响作用，前面分析过两组间的总体均值差异是否显著，本节主要是分析三组或三组以上间的总体均值差异是否显著。多因素方差分析考虑多于一个因素对其影响，其分析思路和单因素分析思路一致，只不过是将多个因素分解成各相互独立的因素来分析。由于多因素方差分析起来较为复杂，而分析思想和单因素、双因素基本类同，因此本节只讨论单因素方差分析和双因素方差分析。而在双因素方差分析中，由于有些情况的结果不仅仅是两因素对其影响的简单叠加，也就是说这两个因素的不同水平的搭配所产生的结果会超过和低于两者的简单叠加，把这种两个因素的不同水平的搭配所产生的新的影响在统计学上称为交互作用，因此在分析中把两个因素分解生成三个独立的因素，按是否有交互作用分为无交互作用的双因素方差分析和有交互作用的双因素方差分析，下面从这三种方差分析的数据结构表和方差分析表来说明各自的分析过程。

1. 单因素方差分析（表 7-23、表 7-24）

表 7-23 单因素方差分析数据结构

影响因素 样本单元	因　　素			
	A_1	A_2	$\cdots$	A_r
1	x_{11}	x_{21}	$\cdots$	x_{r1}
2	x_{12}	x_{22}	$\cdots$	x_{r2}
$\cdots$	$\cdots$	$\cdots$	$\cdots$	$\cdots$
$\cdots$	$\cdots$	$\cdots$	$\cdots$	$\cdots$
$\cdots$	$\cdots$	$\cdots$	$\cdots$	$\cdots$
n	x_{1n}	x_{2n}	$\cdots$	x_{rn}
平均值	$\bar{x}_1$	$\bar{x}_2$	$\cdots$	$\bar{x}_r$

表 7-24 单因素方差分析

差异来源	平方和	自由度	F 值
因素影响	$SSR = \sum_{i=1}^{r} n_i (\bar{x}_i - \bar{x})^2$	$r-1$	$F = \dfrac{SSR/r-1}{SSE/n-r}$
随机差异	$SSE = \sum_{i=1}^{r} \sum_{j=1}^{n} (x_{ij} - \bar{x})^2$	$n-r$	
总差异	$SST = \sum_{i=1}^{r} \sum_{j=1}^{n} (x_{ij} - \bar{x})^2$	$n-1$	

2. 无交互作用的双因素方差分析（表7-25、表7-26）

表 7-25 无交互作用双因素方差分析的数据结构

影响因素		因素 B				平均值 $\bar{x}_{i\cdot}$
		B_1	B_2	$\cdots$	B_{1s}	
因素 A	A_1	x_{11}	x_{21}	$\cdots$	x_{1s}	$\bar{x}_{1\cdot}$
	A_2	x_{12}	x_{22}	$\cdots$	x_{2s}	$\bar{x}_{2\cdot}$
	$\cdots$	$\cdots$	$\cdots$	$\cdots$	$\cdots$	$\cdots$
	$\cdots$	$\cdots$	$\cdots$	$\cdots$	$\cdots$	$\cdots$
	$\cdots$	$\cdots$	$\cdots$	$\cdots$	$\cdots$	$\cdots$
	A_r	x_{r1}	x_{r2}	$\cdots$	x_{rs}	$\bar{x}_{r\cdot}$
平均值 $\bar{x}_{\cdot j}$		$\bar{x}_{\cdot 1}$	$\bar{x}_{\cdot 2}$	$\cdots$	$\bar{x}_{\cdot s}$	$\bar{x}$

表 7-26 无交互作用双因素方差分析

差异来源	平方和	自由度	F 值
因素 A 的影响	$SSR_A = s \sum_{i=1}^{r} (\bar{x}_{i\cdot} - \bar{x})^2$	$r-1$	$F = \dfrac{\dfrac{SSR_A}{r-1}}{\dfrac{SSE}{(r-1)(s-1)}}$
因素 B 的影响	$SSR_B = r \sum_{j=1}^{s} (\bar{x}_{\cdot j} - \bar{x})^2$	$s-1$	$F = \dfrac{\dfrac{SSR_B}{s-1}}{\dfrac{SSE}{(r-1)(s-1)}}$
随机差异	$SSE = \sum_{i=1}^{r} \sum_{j=1}^{s} (x_{ij} - \bar{x}_{i\cdot} - \bar{x}_{\cdot j} + \bar{x})^2$	$(r-1)(s-1)$	
总差异	$SST = \sum_{i=1}^{r} \sum_{j=1}^{s} (x_{ij} - \bar{x})^2$	$rs-1$ 或 $n-1$	

3. 有交互作用的双因素方差分析

有交互作用的双因素方差分析和无交互作用的双因素方差分析的不同点在于考虑两因素的相互作用对结果的影响，而只有在每个因素的不同水平上进行重复试验，才能分析出其交互作用对结果的影响。因此，在有交互作用的双因素方差分析中，每个因素在不同水平上至少要做两次以上，否则无法将两因素的交互作用表现出来。有交互作用的双因素方差分析的数据结构和方差分析表与无交互作用的双因素方差分析略有不同。（表 7-27、表 7-28）

表 7-27　有交互作用双因素方差分析数据结构

影响因素		因素 B			
		B_1	B_2	…	B_s
因素 A	A_1	$x_{111}, …, x_{11m}$	$x_{121}, …, x_{12m}$	…	$x_{1s1}, …, x_{1sm}$
	A_2	$x_{211}, …, x_{21m}$	$x_{221}, …, x_{22m}$	…	$x_{1s1}, …, x_{1sm}$
	…	…	…	…	…
	…	…	…	…	…
	…	…	…	…	…
	A_r	$x_{r11}, …, x_{r1m}$	$x_{r21}, …, x_{r2m}$	…	$x_{rs1}, …, x_{rsm}$

表 7-28　有交互作用双因素方差分析

差异来源	平方和	自由度	F 值
因素 A 的影响	$SSR_A = sm \sum_{j=1}^{s} (\bar{x}_{i..} - \bar{x})^2$	$r-1$	$F = \dfrac{SSR_A/(r-1)}{SSE/rs(m-1)}$
因素 B 的影响	$SSR_B = rm \sum_{j=1}^{s} (\bar{x}_{.j.} - \bar{x})^2$	$s-1$	$F = \dfrac{SSR_B/(s-1)}{SSE/rs(m-1)}$
因素 A*B 的影响	$SSR_{AB} = m \sum_{i=1}^{r} \sum_{j=1}^{s} (\bar{x}_{ij.} - \bar{x}_{i..} \cdot \bar{x}_{.j.} - \bar{x})^2$	$(r-1) \cdot (s-1)$	$F = \dfrac{SSR_{AB}/(r-1)(s-1)}{SSE/rs(m-1)}$
随机差异	$SSE = \sum_{i=1}^{r} \sum_{j=1}^{s} \sum_{k=1}^{m} (\bar{x}_{ij.} - \bar{x}_{i..} - \bar{x}_{.j} - \bar{x}_{i..} \cdot \bar{x}_{.j.} - \bar{x}_{i..} \cdot \bar{x}_{.j.} + \bar{x})^2$	$rs(m-1)$	
总差异	$SST = \sum_{i=1}^{r} \sum_{j=1}^{s} \sum_{k=1}^{m} (x_{ijk} - \bar{x})^2$	$rsm-1$	

通过方差分析数据结构表和方差分析表，就可以计算出所需要的临界值，然后对比临界值与给出的显著性水平 α 的大小来对原假设做出判断。

三、案例分析

1. 单因素方差分析

[例 7 - 11]　某产品推广部想做该产品的宣传和推广方案，在该市进行一次使用过该产品的消费者对该产品的整体评价调查，目的在于了解该产品在年龄结构上是否有明显的差异，以便更有针对性地做产品的宣传和推广。调查采用电话访问的方式，评分采用 10 分制，分值越高代表整体评价越好。调查共收集了 170 位的消费者对该产品的整体评价，其年龄结构分布为：25 岁以下人数为 41 人，25～34 岁之间人数为 43 人，35～44 岁之间人数为 52 人，45 岁及以上人为 34 人。数据整理结果见表 7 - 29，试以 5% 的显著性水平判断不同年龄的居民对该超市的整体评价是否有显著性差异。

表 7 - 29　某市当地居民对某产品的整体评价　　　　　单位：分

序号	年龄段				序号	年龄段			
	1	2	3	4		1	2	3	4
	<25 岁	25～34 岁	35～44 岁	≥45 岁		<25 岁	25～34 岁	35～44 岁	≥45 岁
1	8.5	8.5	7.0	5.0	27	7.5	8.0	9.0	6.0
2	7.5	6.5	8.5	5.5	28	8.0	9.5	7.5	2.0
3	3.5	7.5	6.5	9.5	29	8.5	9.0	8.0	8.0
4	7.5	8.0	7.0	7.5	30	7.0	4.0	9.0	7.5
5	9.5	8.5	7.8	9.5	31	6.0	8.0	7.0	8.0
6	8.5	9.0	7.0	8.5	32	7.5	6.0	8.0	6.5
7	9.0	8.0	6.5	7.0	33	6.0	7.0	9.0	8.0
8	8.5	6.5	9.5	6.0	34	8.5	8.5	9.0	6.0
9	8.0	8.0	8.0	9.0	35	6.5	7.0	9.0	
10	5.5	7.5	9.0	6.5	36	9.0	7.5	6.5	
11	9.5	9.0	8.5	8.0	37	4.5	5.0	8.5	
12	7.0	8.0	8.0	8.5	38	6.5	8.5	8.5	
13	8.5	7.5	8.5	6.5	39	6.0	4.0	7.5	

续表 7-29

序号	年龄段				序号	年龄段			
	1	2	3	4		1	2	3	4
	<25 岁	25～34 岁	35～44 岁	≥45 岁		<25 岁	25～34 岁	35～44 岁	≥45 岁
14	4.5	8.0	9.0	7.0	40	7.5	9.0	7.0	
15	7.5	9.5	6.5	4.5	41	8.0	8.5	6.0	
16	9.0	6.0	8.0	8.0	42		7.0	9.0	
17	9.5	7.0	6.5	6.0	43		6.5	6.0	
18	6.5	5.5		7.0	44			9.0	
19	8.0	8.0	7.0	8.0	45			6.5	
20	7.5	6.5	7.5	7.5	46			8.0	
21	8.0	5.0	8.0	8.0	47			4.5	
22	7.0	7.0	8.5	9.0	48			6.0	
23	6.5	5.0	9.0	8.0	49			8.5	
24	7.0	7.5	7.5	9.0	50			7.5	
25	8.5	6.0	8.0	8.0	51			8.5	
26	9.0	8.0	6.0	7.0	52			7.5	

分析：此案例和第二节的单因素假设检验的不同之处在于本案例分的组数多于两组，因此，不能再使用单因素假设检验的方法，而在方差分析中的单因素方差分析方法正好可以解决多组之间的均值差异问题。该案例的问题点在于以 5% 的显著性水平是否能通过抽取各组的样本调查结果中来推断各组的总体参数均值存在显著性差异，根据方差分析的基本原理，建立的原假设为该产品的使用者在年龄上无差异，即 $u_1 = u_2 = u_3 = \cdots = u$，各组之间的均值相等，则备择假设该产品的使用者在年龄上存在差异，即各组之间的均值不全相等。然后，计算各组之间的差异和组间之间的差异，得出显著性水平的临界值，从而以 5% 的显著性水平来判断该产品的使用者在年龄上是否存在显著性差异。

题解：打开"不同年龄段对某产品的整体评价.sav"数据库，调用 Analyze/Compare Means/One-Way ANOVA 模块；运行 One-Way ANOVA 程序，弹出一主对话框，把左边的"总体评价"和"年龄段"分别移入 Dependent List 和 Factor 列表中；分别点击"Option…"和"Post Hoc…"，分别弹出"Option…"和"Post Hoc…"对话框，在"Option…"对话框中勾上"Descriptive"和"Homogeneity-of-variance"；在"Post Hoc…"对

话框中勾上"LSD"和"Tamhane's T2"（这两种是方差相等和不等时使用的组间均值比较的方法）；点击"Continue"和"OK"就可以得到结果，见表7-30至表7-33。

表7-30 各组变量的描述统计值

Descriptives

Dependent Variable：整体评分

Group	N	Mean	Std. Deviation	Std. Error	95% Confidence Interval for Mean		Minimum	Maximum
					Lower Bound	Upper Bound		
<25 岁	41	7.4756	1.40513	.21944	7.0321	7.9191	3.50	9.50
25～34 岁	43	7.3140	1.39738	.21310	6.8839	7.7440	4.00	9.50
35～44 岁	52	7.7558	1.09981	.15252	7.4496	8.0620	4.50	9.50
≥45 岁	34	7.2353	1.54839	.26555	6.6950	7.7756	2.00	9.50
Total	170	7.4724	1.35210	.10370	7.2676	7.6771	2.00	9.50

表7-31 各组间的方差是否相等的检验

Test of Homogeneity of Variances

Dependent Variable：整体评分

Levene Statistic	df1	df2	Sig.
.867	3	166	.459

表7-32 单因素方差分析结果

ANOVA

Variances	Sum of Squares	df	Mean Square	F	Sig.
Between Groups	7.167	3	2.389	1.314	.272
Within Groups	304.793	166	1.818		
Total	308.960	169			

表7-33 各组见的均值比较检验
Multiple Comparisons

Dependent Variable：整体评分

	（I）Group	（J）Group	Mean Difference (I-J)	Std. Error	Sig.	95% Confidence Interval	
						Lower Bound	Upper Bound
LSD	<25岁	25～34岁	.1617	.2943	.584	-.4194	.7427
		35～44岁	-.2802	2816	.321	-.8362	.2758
		≥45岁	.2403	.3128	.443	-.3772	.8578
	25～34岁	≤25岁	-.1617	.2943	.584	-.7427	.4194
		≥45岁	-.4418	.2779	.114	-.9905	.1069
			.0787	.3094	.800	-.5323	.6896
	35～44岁	≤25岁	.2802	.2816	.321	-.2758	.8362
		25～34岁	.4418	.2779	.114	-.1069	.9905
		≥45岁	.5205	.2974	.082	-.0667	1.1076
	≥45岁	<25岁	-.2403	.3128	.443	-.8578	.3772
		25～34岁	-.0787	.3094	.800	-.6896	.5323
		35～44岁	-.5205	.2974	.082	-1.1076	.0667
Tamhane	<25岁	25～34岁	.1617	.3059	.996	-.6631	.9864
		35～44岁	-.2802	.2672	.880	-1.0025	.4422
		≥45岁	.2403	.3445	.982	-.6934	1.1740
	25～34岁	≤25岁	-.1617	.3059	.996	-.9864	.6631
			-.4418	.2621	.453	-1.1490	.2654
		≥45岁	.0787	.3405	1.000	-.8443	1.0016
	35～44岁	≤25岁	.2802	.2672	.880	-.4422	1.0025
		25～34岁	.4418	.2621	.453	-.2654	1.1490
		≥45岁	.5205	.3062	.450	-.3155	1.3565
	≥45岁	≤25岁	-.2403	.3445	.982	-1.1740	.6934
		25～34岁	-.0787	.3405	1.000	-1.0016	.8443
		35～44岁	-.5205	.3062	.450	-1.3565	.3155

结果分析：表7-30给出各组特征值的描述统计值，如各组的样本量、均值、标准差、标准误、95%的区间估计值和极值；表7-31给出各组之间的方差齐性检验结果，由于 Sig 值等于0.459，大于0.05，说明在显著性水平为5%的情形下，各组之间方差是整齐的。因此，在表7-33中要看方差齐性的分析结果（LSD分析结果）；表7-32给出的临界值为0.272，大于显著性水平值0.05，因此接受原假设，说明该产品的使用者在

年龄上没有显著性的差异;表7-33给出各水平间的均值比较结果,可以看出,各组间均值相等的原假设的临界值均大于给定的α值0.05,因此接受各组间均值相等的原假设,这也再次说明该产品的使用者在年龄上无显著性差异,在产品的宣传推广上可以忽略年龄上的差异。

[**例7-12**] 某产品销售公司想找出一种合适的销售区域和陈列方式来提高产品的销售额,因此进行一次在不同区域采用不同陈列方式的产品销售跟踪调查,收集到的资料见表7-34,试以5%的显著性水平判断区域和陈列方式对产品的销售是否有显著影响。

表7-34 不同区域、不同陈列方式产品的销售数据　　　　单位:万元

因素	地区			因素	地区		
陈列方式	地区1	地区2	地区3	陈列方式	地区1	地区2	地区3
突出陈列	424.96	839.93	1177.04	普通陈列	247.97	522.96	485.94
突出陈列	457.02	838.77	1235.44	普通陈列	288.01	507.05	743.16
突出陈列	558.51	981.42	1444.42	普通陈列	356.62	669.39	738.51
突出陈列	610.83	985.37	1527.08	普通陈列	342.12	616.10	883.58
突出陈列	919.82	1451.01	2290.48	普通陈列	770.92	1006.50	1163.52
突出陈列	1411.04	1814.04	2863.83	普通陈列	991.67	1466.73	1747.40
突出陈列	864.92	1514.30	2145.04	普通陈列	496.97	1115.24	1374.37
突出陈列	1037.03	1562.91	2472.12	普通陈列	635.10	1314.07	1526.18
突出陈列	1076.09	1636.75	2690.41	普通陈列	767.73	1553.69	1960.84
突出陈列	1321.40	1875.11	2611.14	普通陈列	979.17	1779.41	1982.41
突出陈列	716.06	889.10	1451.79	普通陈列	525.29	1016.32	933.07
突出陈列	334.48	417.69	687.82	普通陈列	201.06	236.37	280.21
突出陈列	461.71	427.18	853.24	普通陈列	183.77	180.00	261.07
突出陈列	440.60	434.19	663.44	普通陈列	234.22	298.78	356.72
突出陈列	466.80	369.39	617.78	普通陈列	268.95	191.37	311.14
突出陈列	426.11	413.48	646.59	普通陈列	244.74	253.80	283.20
突出陈列	415.93	451.46	634.12	普通陈列	198.79	173.50	289.24
突出陈列	408.37	440.89	735.92				

分析:本案例是属于两因素方差分析,分别是区域和陈列方式,该案例不考虑两因素之间的相关性,因此属于两独立样本的方差分析。该案例的重点在于说明当考虑区域这一因素时,区域因素的三个水平之间是否存在显著性差异;而当考虑陈列方式这一因素时,陈列方式的两个水平之间又是否存在显著性差异,从而获得这两个因素对产品的销售是否有显著影响。根据方差分析的原理,要把区域和陈列分开来进行分析。因此,

对于其中一个因素的原假设设为 H_0：该因素对产品的销售不存在显著性影响。其分析原理和单因素方差分析相似，原假设的建立和是否接受原假设的判断均可参考单因素方差分析。

题解：打开"不同区域、不由陈列方式对销售的影响.sav"数据库，调用 Analyze/General / Linear Model Univariate 模块；运行 Univariate 程序，弹出一主对话框，把左边的因变量"销售额"移入 Dependent Variable：列表中，把自变量"陈列方式"和"区域"放入 Fixed Factor [s]：列表中（作为固定变量来处理，其他变量无）；接下来要修改的参数分别为：①点击"Model…"按钮，弹出"Model…"对话框，选中 Custom 模型选项，并把左边的两个自变量放入左边的 Model 列表中，其他默认，点击"Continue"；②点击"Post Hoc…"按钮，弹出"Post Hoc…"对话框，把自变量"陈列方式"和"区域"放入"Post Hoc Test for："列表中，和单因素方差分析一样，选中方差齐性中的 LSD 和方差非齐性中的"Tamhane's T2"选项，点击"Continue"；③点击"Options…"按钮，弹出"Options…"对话框，选中"Descriptive statistics"和"Homogeneity tests"两选项，其他默认，点击"Continue"；④回到双独立因素方差分析主对话框，点击"OK"按钮，得出双独立因素方差分析结果，见表 7-35 至表 7-39。

表 7-35 两独立变量组合的样本量

Between-Subjects Factors

Variable	Value	Value Label	N
陈列方式	1.00	突出陈列	54
	2.00	普通陈列	51
区　域	1.00	区域1	35
	2.00	区域2	35
	3.00	区域3	35

表 7-36 两独立变量的描述统计量

Descriptive Statistics

Dependent Variable：销售额

陈列方式	区　域	Mean	Std. Deviation	N
突出陈列	区域1	686.2033	337.3403	18
	区域2	963.4986	542.4195	18
	区域3	1485.9821	815.0263	18
	小计	1045.2280	675.2500	54

续表 7-36

陈列方式	区 域	Mean	Std. Deviation	N
普给陈列	区域 1	454.8878	276.5801	17
	区域 2	758.8983	537.5991	17
	区域 3	901.2095	618.1049	17
	小计	704.9985	523.9908	51
合 计	区域 1	573.8501	326.5831	35
	区域 2	864.1213	542.1068	35
	区域 3	1201.9497	774.5038	35
	小计	879.9737	627.3452	105

表 7-37 两变量叠加的方差检验

Levene's Test of Equality of Error Variances

Dependent Variable：销售额

F	df1	df2	Sig.
6.328	5	99	.000

Tests the null hypothesis that the error variance of the dependent variable is equal across groups.

a. Desgn：Intercept + 陈列方式 + 区域。

表 7-38 双独立样本方差分析结果表

Tests of Between - Subjects Effects

Dependent Variable：销售额

Source	Type Ⅲ Sum of Squares	df	Mean Square	F	Sig.
Corrected Model	9953219.108[a]	3	3317739.703	10.817	.000
Intercept	80345795.046	1	80345795.05	261.964	.000
陈列方式	3036116.614	1	3036116.614	9.899	.002
区域	6917102.494	2	3458551.247	11.276	.000
Error	30977229.033	101	306705.238		
Total	122237583.544	105			
Corrected Total	40930448.111	104			

a. R Squared = .243 （Adjusted R Squared = .221）。

表 7-39 区域变量各水平间的均值比较分析

Multiple Comparisons

Dependent Variable：销售额

方差的齐性	(I) 区域	(J) 区域	Mean Difference (I-J)	Std. Error	Sig.	95% Confidence Interval	
						Lower Bound	Upper Bound
LSD	区域1	区域2	-290.27*	132.39	.031	-552.8892	-27.6533
		区域3	-628.10*	132.39	.000	-890.7175	-365.4817
	区域2	区域1	290.271*	132.39	.031	27.6533	552.8892
		区域3	-337.83*	132.39	.012	-600.4463	-75.2104
	区域3	区域1	628.100*	132.39	.00	365.4817	890.7175
		区域2	337.828	132.39	.012	75.2104	600.4463
Tamhane	区域1	区域2	-290.27*	106.98	.026	-553.5945	-26.9480
		区域3	-628.10*	142.08	.000	-980.2207	-275.9785
	区域2	区域1	290.271*	106.98	.026	26.9480	553.5945
		区域3	-337.83	159.80	.111	-730.1667	54.5100
	区域3	区域1	628.100*	142.08	.000	275.9785	980.2207
		区域2	337.828	159.80	.111	-54.5100	730.1667

结果分析：表 7-35 和表 7-36 给出两变量所有组合的描述统计值，分别为样本容量、均值、标准差、标准误；表 7-37 给出了方差齐性的假设检验，结果给出了原假设（方差齐性）的临界值 =0.000 << 显著性水平值 0.05，因此说明方差齐性不能接受，这对各组的均值比较提供前提条件；表 7-38 给出了双独立因素的方差检验结果，给出的所有临界值均小于显著性水平值，因此对于这两个因素均不能接受原假设。因此，在 5% 的显著性水平下，认为区域和陈列方式均对产品的销售具有显著性的影响，说明具有统计意义。从分析的结果不仅可以得出这两个因素对销售具有统计意义，还可以得出对产品销售的最佳区域和陈列方式的组合，根据表 7-39 的结果说明方差非齐性，在表 7-39 中要看 Tamhane 的分析结果，区域 1、区域 2 和区域 1、区域 3 之间的临界值小于 0.05，可以认为这两组区域间的销售额均值存在显著性差异，而区域 2、区域 3 之间没有显著性差异，这些说明区域 3 比区域 1 和区域 2 销售得更好（由于陈列方式只有两个水平，因此从方差分析的结果就可以判断哪种陈列方式对销售更佳）；以上分析结果表明，在只考虑区域和陈列方式两个因素时，产品销售的最佳组合应该是区域 3 + 陈列方式 1（突出陈列）。

[例 7-13] 某品牌方便食品公司对该品牌方便面进行口味和包装的研究，以发现该品牌在不同的口味和不同的规格上方便面的销售是否具有显著差异，从而进一步找出销售最佳的口味、包装的方便面食品。调查采用收集二手资料的方法，方式是重点调查，

汇总重点销售渠道的销售总额，其中口味调查了三种大众化的口味，规格划分为两种，每种组合收集了30个样本数据，见表7-40。试以5%的显著性水平判断口味和规格对销售是否存在显著性的影响。

表7-40 某品牌方便面口味、规格的销售额组合　　　　单位：万元

试验	组合					
	规格1+口味1	规格1+口味2	规格1+口味3	规格2+口味1	规格2+口味2	规格2+口味3
1	236.7	517.7	608.8	821.1	1781.5	1853.8
2	293.7	445.9	431.3	694.5	1819.2	1524.8
3	276.0	454.1	437.9	653.7	1386.9	1548.8
4	384.2	421.7	452.8	832.3	1515.3	1433.2
5	288.6	436.2	488.8	1607.5	1366.0	2090.4
6	408.6	585.1	488.7	2004.5	1960.2	1505.7
7	497.9	720.8	652.5	1081.9	1665.4	3168.5
8	354.9	351.6	471.8	692.0	1427.7	2091.0
9	290.5	466.2	480.3	1253.0	1249.4	1889.1
10	242.7	416.7	372.9	1226.3	1316.8	2296.0
11	361.7	504.0	403.6	1341.6	1491.2	2178.0
12	375.4	481.2	476.6	1313.6	1725.0	2221.1
13	486.3	680.3	512.7	1827.0	2059.8	1768.1
14	445.5	700.5	628.9	1026.0	2320.0	3295.2
15	274.0	460.6	511.0	1636.6	1520.4	2321.4
16	268.9	440.1	648.3	1375.4	1520.9	2147.0
17	248.3	430.3	494.9	1389.5	1309.9	2171.7
18	284.2	359.1	516.2	1035.7	1295.5	1127.1
19	263.4	352.3	375.9	898.6	2477.0	1579.3
20	440.4	669.5	672.5	1708.8	1778.0	2054.1
21	360.7	695.6	772.9	1753.8	1845.3	2168.3
22	200.0	412.3	601.7	957.2	1248.2	1354.4
23	258.9	588.0	414.7	740.3	1955.7	1268.0
24	200.0	334.2	309.9	794.3	1868.7	1331.9
25	203.6	445.9	362.4	974.8	1816.2	1187.2
26	235.6	556.5	363.0	801.5	1720.5	1211.8
27	335.9	717.0	551.0	1133.3	1479.0	1540.9
28	347.0	734.6	648.3	1247.9	1653.5	1371.3
29	326.3	537.2	535.7	924.5	1565.7	922.9
30	202.5	497.9	484.3	773.5	802.0	1115.7

分析：该案例也属于双因素方差分析，但与例7-12不同之处在于该案例的两个因素具有交互作用，其分析思路和例7-12相似，只是增加了一个交互作用的新因素而已，分析方法和假设建立均和例7-12相同。

题解：打开"某品牌方便面口味、规格的销售额组合.sav"数据库；调用Analyze/General Linear Model/Univariate模块，并运行Univariate程序，弹出双交互作用因素方差分析主对话框，把左边的因变量"销售额"移入"Dependent Variable:"列表中，把自变量"口味"和"规格"放入Fixed Factor[s]:列表中（作为固定变量来处理，其他变量无，可参考例7-12），接下来要修改的参数分别为：①点击"Model…"按钮，弹出"Model…"对话框，选中"Full factorial"模型选项，其他默认，点击"Continue"；②点击"Post Hoc…"按钮，弹出"Post Hoc…"对话框，把自变量"口味"和"规格"放入"Post Hoc Test for:"列表中，选中方差齐性中的LSD和方差非齐性中的"Tamhane's T2"选项，点击"Continue"；③点击"Options…"按钮，弹出"Options…"对话框，选中"Descriptive statistics"和"Homogeneity tests"两选项，其他默认，点击"Continue"；回到双交互作用因素方差分析主对话框，点击"OK"按钮，得出交互作用双独立因素方差分析结果，见表7-41至表7-45。

表7-41　两交互作用因素的组合

Between-Subjects Factors

Variable	Value	Value Label	N
口味	1.00	口味1	60
	2.00	口味2	60
	3.00	口味3	60
规格	1.00	<150 g以下	90
	2.00	≥150 g	90

表7-42　两交互作用因素变量的描述统计值

Descriptive Statistics

Dependent Variable：销售额

口　味	规　格	Mean	Std. Deviation	N
口味1	<150 g	313.0800	84.59900	30
	≥150 g	1150.6900	378.49895	30
	小计	731.8850	502.29967	60
口味2	<150 g	513.7833	123.19136	30
	≤150 g	1631.3633	341.02384	30
	小计	1072.5733	618.19178	60

续表 7-42

口味	规格	Mean	Std. Deviation	N
口味 3	<150 g	505.6767	109.66205	30
	≤150 g	1791.2233	567.99765	30
	小计	1148.4500	764.62264	60
合计	<150 g	444.1800	141.05611	90
	≤150 g	1524.4256	514.42203	90
	小计	984.3028	659.41721	180

表 7-43 方差齐性假设检验

Levene's Test of Equality of Error Variances[a]

Dependent Variable：销售额

F	df1	df2	Sig.
21.852	5	174	.000

Tests the null hypothesis that the error variance of the dependent variable is equal across groups.

a. Design：Intercept + 口味 + 规格 + 口味 * 规格。

表 7-44 两交互作用因素的方差分析结果

Tests of Between-Subjects Errects

Dependent Variable：销售额

Source	Type Ⅲ Sum of Squares	df	Mean Square	F	Sig.
Corrected Model	59955131.175[a]	5	11991026.23	116.694	.000
Intercept	174393352.501	1	174393352.5	1697.152	.000
口味	5907044.165	2	2953522.082	28.743	.000
规格	52511870.713	1	52511870.71	511.032	.000
口味 * 规格	1536216.297	2	768108.148	7.475	.001
Error	17879628.774	174	102756.487		
Total	252228112.450	180			
Corrected Total	77834759.949	179			

a. R Squared = .770（Adjusted R Squared = .764）

表7-45 两交互作用因素多组均值比较

Multiple Comparisons

Dependent Variable: 销售额

(I) 口味		(J) 口味	Mean Difference (I-J)	Std. Error	Sig.	95% Confidence Interval	
						Lower Bound	Upper Bound
LSD	口味1	口味2	-340.6883*	58.52535	.000	-456.1993	-225.1774
		口味3	-416.5650*	58.52535	.000	-532.0760	-301.0540
	口味2	口味1	340.6883*	58.52535	.000	225.1774	456.1993
		口味3	-75.8767	58.52535	.197	-191.3876	39.6343
	口味3	口味1	416.5650*	58.52535	.000	301.0540	532.0760
		口味2	75.8767	58.52535	.197	-39.6343	191.3876
Tamhane	口味1	口味2	-340.6883*	102.83207	.004	-589.9082	-91.4685
		口味3	-416.5650*	118.10678	.002	-703.2817	-129.8483
	口味2	口味1	340.6883*	102.83207	.004	91.4685	589.9082
		口味3	-75.8767	126.93889	.910	-383.5296	231.7763
	口味3	口味1	416.5650*	118.10678	.002	129.8483	703.2817
		口味2	75.8767	126.93889	.910	-231.7763	383.5296

Based on observed means.

* The mean difference is significant at the .05 level.

结果说明：表7-41和表7-42给出两交互因素变量所有组合的描述统计值，分别为样本容量、均值、标准差、标准误；表7-43给出了方差齐性的假设检验，即原假设（方差齐性）的临界值=0.000 << 显著性水平值0.05，说明方差齐性不能接受，这对表7-44的各组均值比较提供条件；表7-44给出了交互作用双因素的方差检验结果，P值均小于显著性水平值，所以对于各因素的原假设均不能接受（包括主因素和交互作用的因素）。因此，在5%的显著性水平下认为口味、规格及两因素的交互作用均对该品牌产品的销售具有显著性的影响，说明具有统计意义。从分析的结果不仅可以得出这两个因素及交互作用的因素均对销售具有统计意义，还可以得出对产品销售的最佳口味和规格的组合，根据表7-43的结果说明方差非齐性，因此在表7-45中要看Tamhane的分析结果，口味1与口味2、口味1与口味3均值之差的P值均小于0.05，可以认为这两两口味间的销售额的均值存在显著差异，而口味2与口味3均值之差的P值大于0.05，没有显著差异。当然，还可以说明口味3、口味2比口味1对销售更好（由于规格只有两个水平，因此从方差分析的结果就可以判断那种规格对销售更佳）。综合以上分析结果表明，对于只考虑口味、规格两个因素及其交互作用时，该品牌方便面产品销售的最佳组合应该是口味2（或口味3）+规格2（150克及以上）。

第四节 非参数检验

在前一节中,介绍了参数检验的步骤和几种方法,主要是假设总体服从正态分布条件下对一些参数检验,利用样本统计量去验证总体参数所做的假设,从假设前提这个意义上来说参数检验只能在总体服从正态分布的前提条件下才能运用。但在现实许多问题中经常不能确定所研究的总体是否服从正态分布或总体很明显不服从正态分布,或问题就是要求获得总体的分布情况,因此,不能满足参数检验的前提假设,不能使用参数检验的方法。另外,还有一些变量是用比较低的计量水准来计量的,如列名变量或顺序变量,在这种情况下也不能用参数检验的方法来进行。因此,对于上述不能使用参数检验的问题,引用了另外一种假设检验的方法,习惯上把它们称作非参数检验。

一、基本思想

非参数检验是当不考虑总体的分布或要求获得总体的分布情况下进行检验的方法,在实际的经济管理工作中,非参数检验通常有卡方检验、双独立或相关样本检验,在卡方检验和双独立或相关因素检验中,常用的检验方法有符号检验、威克逊带符号等级和检验、曼-惠特尼U-威克逊等级和检验、卡方拟合优度检验、卡方独立性检验和卡方一致性检验等方法,前三种方法与总体的中位数有关,属于中位数检验法,后三种属于卡方检验方法,下面就来看看非参数检验方法中各种检验方法的原理和思想。

1. 符号检验法

符号检验法是最早被采用的非参数检验方法之一,它是一种比较简单的方法,其既可以用于单一样本,也可用于两个样本的比较检验;既可用于独立样本的检验,也可用于有联系的样本的检验。在本节中主要是用于单一样本、两独立和相关双样本的检验。符号检验法主要是利用正负号数目的差异来对某种假设作出判断的非参数检验方法。其主要思想是:如果两组资料具有相同的中位数,则正号的数目大约和负号的数目相等。单因素检验就认为另一组资料的样本值均为检验值,再进行比较,两相关样本和两独立样本的正负号的确定略有差异。在两相关样本的正负号的计算和数目确定上,由于两样本是相关的,所以两样本的样本单元是一一对应的,只要把相关样本对应的指标值相比较就可以得到正负号的数目;而在两独立样本中,有时候两样本的样本容量都无法保证一样,更不用谈对应关系了,因此就把两样本放在一起排序,找出两样本唯一的中位数,作为两样本对应总体的中位数的估计,从而来进行正负号数目的计算。

2. 威克逊带符号等级和检验法

由于符号检验法仅仅考虑到正负号,忽略了具体差异数值的大小差别,从而没有充分利用样本所提供的全部数量信息,为了提高检验的灵敏度和效度,又引进了另一非参数检验法——威克逊带符号等级和检验法。在本节中主要是用于单一样本和两相关样本的检验。其基本原理是：在符号检验的基础上，再对差异的大小进行排序分等级（按差异值的绝对值的大小进行排序），并记录带符号的等级值，分别按正负号把等级值相加，作为判断某种假设是否成立的依据。

3. 曼-惠特尼U-威克逊等级和检验法

曼-惠特尼U-威克逊等级和检验法通常用于两相关样本检验中，和威克逊带符号等级和检验法基本原理是一样，由于该方法只用于双独立样本的检验，两样本间不能直接计算出其两组之间的差异大小和等级，因此在计算两组之间的差异大小和等级的方法上两个检验方法有所不同。在两相关样本的差异大小和等级的计算上，和符号检验中两相关样本检验方法一样，只要把相关样本对应的指标值相减和比较就可以得到正负号和差异的大小；而在两独立样本中，也和符号检验中两独立样本检验方法一样，把两样本放在一起按大小排序，确定指标值的等级大小，再分别按各不同样本进行等级的加总，加总值作为作出某种假设判断的依据。

4. 卡方检验法

卡方检验主要有卡方拟合优度检验、卡方独立性检验和卡方一致性检验三种检验方法，其大致的思想是：检验观察次数与其期望次数之间紧密程度，从而作出某种假设判断的非参数检验方法。

在卡方拟合优度检验中，常碰到要检验某一样本的总体的分布问题，或检验某一样本的总体是否与事先给定的分布有显著性差异的问题，因此把样本的指标值和假设该样本总体符合某一分布的期望值相比较，再进行计算和分析，从而作出对某种假设的判断。

在卡方独立性检验中，经常要对某问题设计两个或多个不同特征性的分类或将资料整理成数行数列的列联表的形式，其中"行"是由某一影响因素的几个分类构成，"列"是由另一影响因素的几个分类构成，从而检验这两个因素是否独立，如收入与学历是否相互独立、购车与对收入的预期是否相关等，同样把各对应的指标值与假设两因素相互独立时的值相比较，再进行计算和分析，从而作出对该假设的判断。

在卡方一致性检验中，其分析步骤和思路与独立性检验相同，不同的是两因素有所差异，在独立性检验中，是检验对两影响因素的检验，而在一致性检验中，检验若干个总体就某种特征的看法是否一致，也就是说列联表的"行"和"列"有所不同。在一致性检验中，组成的列联表是按某一因素的不同等级或标准的总体和对某种特征的所有看法为"行"和"列"的列联表，如若干组不同年龄的人对某项新政策是否具有相同的态度，某地不同年龄组对某品牌广告是否具有相同的看法等。

非参数检验中假设的建立和是否接受原假设的判断标准与参数检验相同，在本节中就不再重复叙述，请参考参数检验和方差分析中的原理和案例。

二、基本理论介绍

根据前面介绍的基本思想，下面来看看各种检验方法所需的数据结构和分析过程，以及是否接受原假设的判断标准，并且在实际的分析处理过程中，常常碰到一些方法交叉使用的情况，如在卡方拟合优度检验中，判断某一总体是否服从某种分布，分析的过程就会使用到符号检验、威克逊带符号等级和检验或曼-惠特尼 U - 威克逊等级和检验法：

1. 单样本和两相关样本检验

单样本和两相关样本检验所需要的数据结构和部分分析过程见表7-46。

表7-46 单样本和两相关样本检验所需的数据结构和部分分析过程

实验	样本指标值	单样本中位数值或样本2指标值	相比较的符号	差异值	|差异值|	等级（按差异值的绝对值排序）
1	x_{11}	x_{21}	+ 或 -	$x_{11} - x_{21}$	$\|x_{11} - x_{21}\|$	
2	x_{12}	x_{22}	+ 或 -	$x_{12} - x_{22}$	$\|x_{12} - x_{22}\|$	
.	.	.	+ 或 -	.	.	
.	.	.		.	.	
.	.	.	+ 或 -	.	.	
n	x_{1n}	x_{2n}	+ 或 -	$x_{1n} - x_{2n}$	$\|x_{1n} - x_{2n}\|$	

如果是符号检验，只要得出正负号的数目就可以作出分析和判断，因此接下来就只要计算出正负号的数目，再根据二项分布或近似分布来获得出现的正号或负号的次数的概率大小，当概率小于显著性水平值时不能接受原假设，否则相反。

如果是威克逊带符号等级和检验，则不仅要获得正负号的数目，还需要获得|差异值|和等级值，注意如有某些实验的|差异值|相等，则要进行修正，如有2为|差异值|相同，并排在第4和第5，则这两个实验的指标值的等级应该为 (4+5)/2 = 4.5，其他同理，然后计算正负号各自的等级和，把最小的等级数作为检验的统计值，其对应的统计量 T 服从均值为 $n(n+1)/4$、方差为 $n(n+1)(2n+1)/24$ 的正态分布（同样如对等级进行了修正，则方差值也要做相应的修正，由于超过本书的主要思想范围，因此在这里不作叙述，请参考统计学原理相关书籍），再根据标准正态分布的换算计算出对应的标准正态分布的值 Z，查询威克逊带符号等级和检验分布表，找出对应的临界值，在与显著性水平值相比较，如临界值小于显著性水平值，不能接受原假设，否则，接受原假设。

2. 双独立样本检验

双独立样本符号检验所需的数据结构和部分分析过程见表7-47。

表7-47 双独立样本检验所需的数据结构和部分分析

样本1				样本2			
实验	指标值	两样本的中位数	等级	实验	指标值	两样本的中位数	等级
1	x_{11}			1	x_{21}		
2	x_{12}			2	x_{22}		

续表 7-47

实验	指标值	两样本的中位数	等级	实验	指标值	两样本的中位数	等级
.	.			.	.		
.	.			.	.		
.	.			.	.		
n	x_{1n}			n	x_{2n}		

如果是符号检验，则需要把计算两样本的中位数值，在分别计算两样本的正负号的数目，接下来要建立一个 2×2 列联表，见表 7-48。

表 7-48 双独立样本符号检验

样　　本	+	-	合　　计
样本 1	?	?	?
样本 2	?	?	?
总　　计	?	?	?

然后计算卡方值，并查询卡方分布表，得出临界值，与显著性水平值相比较，如临界值小于显著性水平值，不能接受原假设，否则接受原假设。

如果是曼-惠特尼 U-威克逊等级和检验，则是把两样本指标值放在一起进行排序，确定各自的等级，能后把各样本的等级进行加总，加总之后最小的数对应的统计量服从均值为 $n \cdot m/2$、方差为 $n \cdot m(n+m+1)/2$ 的正态分布，能后进行标准化，得出标准的统计值，查询曼-惠特尼 U-威克逊分布表，找出临界值，与显著性水平值相比较，如临界值小于显著性水平值，不能接受原假设；否则，接受原假设。如果出现等级指标值相同的情况，则要进行修正，等级方法的修正和威克逊带符号等级和检验的修正方法一样。

3. 卡方拟合优度检验

卡方拟合优度检验所需的数据结构和部分分析过程见表 7-49。

表 7-49 卡方拟合优度检验所需的数据结构和部分分析过程

实验	样本的指标值	假设服从某种分布的期望值	相减的平方	相减的平方/期望值
1	x_{11}	E_{11}	$(x_{11} - E_{11})^2$	$\dfrac{(x_{11} - E_{11})^2}{E_{11}}$
2	x_{12}	E_{12}	$(x_{12} - E_{12})^2$	$\dfrac{(x_{12} - E_{12})^2}{E_{12}}$

续表7-49

实验	样本的指标值	假设服从某种分布的期望值	相减的平方	相减的平方/期望值
.	.	.	.	.
.	.	.	.	.
.	.	.	.	.
n	x_{1n}	E_{1n}	$(x_{1n}-E_{1n})^2$	$\dfrac{(x_{1n}-E_{1n})^2}{E_{1n}}$

然后计算"相减的平方/期望值"的总和,计算公式如下:

$$\chi^2 = \sum_{i=1}^{n} \frac{(x_{1i}-E_{1i})^2}{E_{1i}}$$

查询卡方分布表,查找对应的临界值,与显著性水平值相比较,如临界值小于显著性水平值,不能接受原假设,否则接受原假设。

4. 卡方独立性检验和卡方一致性检验

卡方独立性检验和卡方一致性检验在很多地方非常相似,因此可以放在一起来进行分析,卡方独立性和一致性检验所需的数据结构和部分分析结果见表7-50。

表7-50　卡方独立性和一致性检验所需的数据结构和部分分析结果

试验数据		因素B或态度区域划分				合计
		B_1	B_2	…	B_s	
因素A	A_1	x_{11}	x_{21}	…	x_{1s}	
	A_2	x_{12}	x_{22}	…	x_{2s}	
	.	.	.	…	.	
	.	.	.	…	.	
	.	.	.	…	.	
		x_{r1}	x_{r2}		x_{rs}	
	A_r	x_{11}	x_{21}	…	x_{1s}	
合计						

分别把各对应的期望值计算出来(根据具体分布计算各对应的期望值),然后计算卡方值,为

$$\chi^2 = \frac{\sum_{i=1}^{r}\sum_{j=1}^{s}(x_{ij}-E_{ij})^2}{E_{ij}}$$

然后查询卡方分布表,查找对应的临界值,与显著性水平值相比较,如临界值小于显著性水平值,不能接受原假设,否则接受原假设。一致性检验和独立性检验的不同之

处在于列联表的另一因素为态度的区间,其他均相同。

三、案例分析

[例 7-14] 在研究商场实际销售占比是否与预算占比相吻合,某商场计划部对该商场某月在 A 区域范围内的销售进行跟踪,并计算出各部门的实际销售占比情况,见表 7-51。试以 5% 的显著性水平检验实际销售占比与预算销售占比是否相吻合。

表 7-51　某商场某月在区域 A 的各部门销售占比和预算销售占比　　单位:%

部门销售占比	部门1	部门2	部门3	部门4	部门5	合　计
部门实际销售比重	42	19	13	15	11	100
部门预算销售比重	42	19	14	14	11	100

分析: 该案例的指标值是不服从正态分布的,并且该案例是要检验总体的分布问题,因此要用非参数检验中的卡方拟合优度检验来分析,从此案例来看,先建立原假设和备择假设,原假设为实际销售占比与预算销售占比相吻合,即无显著性差异;则备择假设为实际销售占比与预算销售占比不相吻合,即存在显著性差异;根据前面介绍的思路和理论知识,预算销售占比是期望值,部门实际占比是观察值,然后计算卡方值,并查询对应的临界值,并与显著性水平值相比较,从而作出对原假设的判断。现在通过 SPSS 来实现其计算过程,并且根据得出的结果来作出分析。

题解: 打开"A 区域部门销售占比.sav"数据库,调用 Data/Weight Cases,将"比重"对"部门"加权;调用"Analyze/Noparametric Test/Chi-Square..."模块;运行"Chi-Square..."程序,弹出"Chi-Square..."主对话框,并把变量"部门"移入"Test VariableList:"中,在"Expected Values"中选中"Values:"选项,并按顺序输入 42,19,14,14,11 值;点击"Options..."按钮,弹出"Options"对话框,选中"Descriptive"选项,其他默认;点击"Continue"按钮,并返回"Chi-Square Test"主对话框,点击"OK"按钮就可以得出计算结果了,见表 7-52。

表 7-52　变量描述统计量

Descriptive Statistics

变量	N	Mean	Std. Deviation	Minimum	Maximum
部门	100	2.3400	1.42998	1.00	5.00

表 7-53 部门销售占比观察比重和期望比重的比较

Observed and Expect Comparing

部门	Observed N	Expected N	Residual
部门 1	42	42.0	.0
部门 2	19	19.0	.0
部门 3	13	14.0	-1.0
部门 4	15	14.0	1.0
部门 5	11	11.0	.0
Total	100		

表 7-54 卡方拟合优度检验分析结果

Chi-Square Test Statistics

统计量	部门
Chi-Square	.143[a]
df	4
Asymp. $Sig.$	.998

a. 0 cells (.0%) have expected frequencies less than 5. The minimum expected cell frequency is 11.0.

结果分析：表 7-52 给出了变量的描述统计量，如均值、标准差、标准误和极值；表 7-53 给出了各指标值的观测值和期望值的比较结果；表 7-54 给出了 Chi-Square Test 分析结果，由于给出的 P 值为 0.998，大于显著性水平值 0.05，因此接受原假设，认为实际销售占比与预算销售占比无显著性差异。

[**例 7-15**] 某商场研究人员想知道商场的客流量是否服从正态分布，以便为其他分析提供基础。因此，收集了连续 35 天的客流量的数据，见表 7-55。试以 5% 的显著性水平检验该商场的客流是否服从正态分布。

表 7-55 某商场 35 天客流量 单位：人

序号	客流量	序号	客流量	序号	客流量	序号	客流量	序号	客流量
1	31201	8	30680	15	31696	22	31434	29	29983
2	34133	9	32757	16	35893	23	34694	30	33043
3	21011	10	21795	17	20752	24	21572	31	21492
4	20674	11	19908	18	20647	25	20313	32	20611
5	20224	12	20217	19	20653	26	20498	33	20683
6	20545	13	21986	20	21158	27	19657	34	20477
7	22050	14	22068	21	22804	28	21817	35	22226

分析：这是一个检验总体分布情况的案例，运用前面的检验方法，不能得到解决，但可以通过 1-sample K-S 检验来分析。与案例 7-14 一样，假设该商场的客流量服从正态分布，则要通过正态分析来获得各样本的期望值，在通过计算卡方值和对应的临界值，并与显著性水平值相比较，从而作出对原假设的判断。

题解：打开"某商场 35 天客流量.sav"数据库，调用 Noparametric Test/1-Sample K-S 模块；运行 1-Sample K-S 程序，并把变量"商场客流"移入"Test VariableList;"中，在"Test Disrribution"选项中选中"Normal"选项；点击"OK"按钮就可以得到 1-Sample K-S 检验分析结果，见表 7-56。

表 7-56 1-Sample K-S 检验分析结果
One-Sample Kolmogorov-Smirnov Test

		商场客流
N		35
Normal Parameters a，b	Mean	24324.344
	Std. Deviation	5412.2593
Most Extreme Differences	Absolute	.337
	Positive	.377
	Negative	-.194
Kolmogorov-Smirnov Z		1.991
Asymp. Sig. (2-tailed)		.001

a. Test distribution is Normal.
b. Calculated from data.

结果说明：表 7-56 给出了单样本卡方检验的分析结果，从结果来看，给出的临界值为 0.001，小于 0.05，因此不能接受原假设，认为商场客流不服从正态分布。

［例 7-16］ 再来看例 7-14 的部门销售占比数据，由于例 7-14 中只考虑一个区域的销售占比情况，而本例再增加一个区域在同月的销售占比数据，要求以 5% 的显著性水平判断这两个区域的销售占比是否存在显著性的差异。如表 7-57 所示。

表 7-57 某商场同月在区域 A、区域 B 各部门销售占比情况   单位：%

销售占比	部门 1	部门 2	部门 3	部门 4	部门 5	合计
A 区域销售占比	41.97	18.98	13.59	14.60	10.86	100
B 区域销售占比	38.75	20.31	14.24	15.57	11.13	100

分析：例 7-14 是一个卡方拟合优度检验的问题，但本案例是双独立样本检验的问题，按照前面的非参数检验方法的分析，可以使用符号检验和曼-惠特尼 U-威克逊等级和检验。先建立原假设和备择假设，原假设为这两个区域的部门销售占比无显著性差异，

备择假设为存在显著性差异,计算分析请参考前面介绍的方法,下面通过 SPSS 分析软件来实现其计算过程,并使用曼-惠特尼 U–威克逊等级和检验方法。

题解: 打开"A,B 区域部门销售占比.sav"数据库,调用 Noparametric Test/2- Independent Samples 模块;运行 2- Independent Samples 程序,弹出"2 - Independent Samples"主对话框,把变量"占比"移入"Test VariableList:"列表中,把变量"区域"移入"Grouping Variable:"列表中,并点击"Define Group…"按钮,分别在 Group1 和 Group2 后输入 1 和 2,在 Test Type 选项中选中"Mann-Whitney U"选项;点击"OK"按钮,就可以得到 2- Independent Samples 检验分析结果,见表 7 – 58。

表 7 – 58　等级标志值

Ranks

	区域	N	Mean Rank	Sum of Ranks
%	区域 A	5	5.20	26.00
	区域 B	5	5.80	29.00
	Total	10		

表 7 – 59　独立双样本检验结果

2-Independent Samples

Test Statistics	%
Mann-Whitney U	11.000
Wilcoxon W	26.000
Z	-.313
Asymp. Sig. (2-tailed)	.754
Exact Sig. [2 * (1-tailed Sig.)]	.841ª

注:a. Not corrected for ties.

b. Grouping Variable:区域。

结果说明: 从表 7 – 59 可以看到 Mann-Whitney U 检验的统计量 $U = 11.000$,$W = 26.000$,双侧渐进概率为 0.754、(2 × 单侧概率)的精确概率为 0.841,由于该案例样本容量比较少,只能用精确概率 0.841 与显著性水平值相比较,由于 0.841 ≫ 0.05,因此不能否定原假设,认为两总体的占比情况之间无显著性差异。

[例 7 - 17]　某商场想了解改造前后的客流情况是否有显著性的差异,以便对改造进行整体的评价和总结,因此分别收集了改造前和改造后各 35 天的客流量数据。试以 5% 的显著性水平判断改造前后该商场的客流量是否有显著差异。如表 7 – 60 所示。

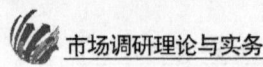

表 7-60 某商场改造前后 35 天客流量　　　　　　　　　　　　　　　　　单位：人

序号	改造前	改造后	序号	改造前	改造后	序号	改造前	改造后
1	31201	32980	13	21986	21678	25	20313	20942
2	34133	34866	14	22068	22956	26	20498	21016
3	21011	21362	15	31696	32852	27	19657	20065
4	20674	20967	16	35893	35929	28	21817	22699
5	20224	20814	17	20752	21753	29	29983	27061
6	20545	20721	18	20647	21047	30	33043	35772
7	22050	22593	19	20653	20969	31	21492	20833
8	30680	31707	20	21158	21195	32	20611	20372
9	32757	35904	21	22804	23224	33	20683	20871
10	21795	22245	22	31434	32743	34	20477	20517
11	19908	21947	23	34694	36385	35	22226	22784
12	20217	21969	24	21572	21769			

分析：由于从例 7-15 看到商场的客流量是不服从正态分布的，只能用非参数检验来分析，并且该案例的两个样本具有相关性，因此只能用 2-Related Samples 检验来分析。首先建立原假设和备择假设，原假设为改造后该商场客流量无显著性的提高，备择假设为有显著性的提高（属于单侧检验）。根据前面介绍的理论和原理的知识，可以运用符号检验和威克逊带符号等级和检验，下面就通过 SPSS 来实现其计算过程，并对结果进行分析说明。

题解：打开"某商场改造前后客流量对比.sav"数据库，调用 Noparametric Test/2-Related Samples 模块；运行 2-Related Samples 程序，弹出"2-Related Samples"主对话框，选中"改造前"和"改造后"两个变量，同时移入"Test Pair（s）List："列表中，在 Test Type 下选中 Wilcoxon（威克逊检验）和 Sign（符号检验）；点击"Options…"按钮，弹出 Options 子对话框，选中 Statistics 下的"Descriptive"选项；点击"Continue"按钮返回"2-Related Samples"主对话框，点击主对话框中的"OK"按钮，就可以得到 2-Related Samples 检验的结果，见表 7-61 至表 7-65。

表 7-61 两相关变量的描述统计量
Descriptive Statistics

Group	N	Mean	Std. Deviation	Minimum	Maximum
改造前	35	24324.343	5412.25941	19657.00	35893.00
改造后	35	24957.343	5794.37693	20065.00	36385.00

表7-62 Wilcoxon（威克逊检验）的等级统计量

Ranks

改造后与改造前		N	Mean Rank	Sum of Ranks
改造后 – 改造前	Negative Ranks	4[a]	17.75	71.00
	Positive Ranks	31[b]	18.03	559.0
	Ties	0[c]		
	Total	35		

a. 改造后＜改造前。
b. 改造后＞改造前。

表7-63 Wilcoxon（威克逊检验）的分析结果

Test Statistics[b]

Test Statistics	改造后 – 改造前
Z	-3.997[a]
Asymp. *Sig.* （2-tailed）	.000

a. Based on negative ranks.
b. Wilcoxon Signed Ranks Test.

表7-64 Sign（符号检验）的正负号数目

Frequencies

改造后与改造前		N
改造后 – 改造前	Negative Differences[a]	4
	Positive Differences[b]	31
	Ties[c]	0
	Total	35

a. 改造后＜改造前。
b. 改造后＞改造前。
c. 改造前＝改造后。

表7-65 符号检验分析结果

Sign Test

Test Statistics	改造后 – 改造前
Z	-4.395
Asymp. *Sig.* （2-tailed）	.000

a. Sign Test.

结果说明：表7-61给出两相关变量的描述统计量的值，分别为样本量、标准差、标准误和极值；表7-62和表7-63给出威克逊检验的结果，结果否定原假设，认为改造后该商场的客流量有显著提高；表 7-64 和表 7-65 给出符号检验的结果，从结果也可以否定原假设，认为改造后该商场的客流量有显著提高；从以上结果可以看出，两种检验方法的检验结果是一致的，但仅从本案例的结果不能给出哪种检验方法更好的理由。

[例 7-18] 某咨询公司在某市进行一项该市居民的收入水平的调查，调查采用网络调查的方式，成功收回了 1652 份问卷，现想知道居民的文化水平与月收入水平是否存在联系，因此把 1652 份问卷分别按文化水平与月收入进行分类，文化水平分成 3 组，月收入水平分成 4 组，见表 7-66。试以 5% 的显著性水平检验该市居民文化水平与月收入水平是否有联系。

表 7-66 某市居民学历水平与月收入水平数据资料　　　　单位：人

收入分组		学 历 水 平			总计
		高中或中专或以下	大学（含本科）	硕士及以上	
收入水平（元）	<2000	252	72	46	370
	2001～4000	314	318	92	724
	4001～6000	70	84	136	290
	>6000	56	20	192	268
	总计	692	494	466	1652

分析： 本案例所用的计量指标是顺序指标，而且问题点在于要求检验两影响因素是否有联系，因此要用到非参数检验中的卡方独立性检验。下面通过 SPSS 来实现其计算和分析过程，并对结果进行分析。先建立假设，原假设为两因素相互独立，则备择假设为两因素存在联系，如 P 值小于显著性水平值，就不能接受原假设，否则接受原假设。

题解： 打开"某市居民学历水平与收入水平数据.sav"数据库，调用"Descriptive Statistics/Crosstabs…"模块；在运行"Crosstabs…"程序之前，先要对观测数进行加权（运行 Data Weight Cases，选中"Weight cases by"选项，并把变量"观测数"移入"Frequency Variable:"中，点击"OK"键返回）；运行"Crosstabs…"程序后，弹出"Crosstabs…"对话框，分别把变量"收入水平"和"学历水平"移入"Row（s）:"和"Column（s）:"列表中；点击"Statistics…"按钮，弹出"Statistics"子对话框，选中"Chi-square"选项，由于本案例是属于顺序变量来计量，因此要在选择 Ordinal 中的一些分析方法，本案例使用 Gamma 方法；点击"Continue"返回"Crosstabs"主对话框，点击"Cell"按钮，弹出"Cell"子对话框，选中"Counts"下的"Observed"和"Expected"选项；点击"Continue"返回"Crosstabs"主对话框，其他默认，点击"OK"键就可以得出独立性检验的结果，见表 7-67。

表 7-67 参与卡方独立性检验的样本情况

Case Processing Summary

收入与学历	Cases					
	Valid		Missing		Total	
	N	Percent	N	Percent	N	Percent
收入水平 * 学历水平	1652	100.0%	0	.0%	1652	100.0%

表 7-68 两影响因素的列联表

收入水平 * 学历水平 Crosstabulation

收入与学历			学历水平			合计
			高中或中专及以下	大学（含本科）	硕士及以上	
收入水平（元）	≤2000	Count	252	72	46	370
		Expected Count	155.0	110.6	104.4	370.0
	2001～4000	Count	314	318	92	724
		Expected Count	303.3	216.5	204.2	724.0
	4001～6000	Count	70	84	136	290
		Expected Count	121.5	86.7	81.8	290.0
	≥6001	Count	56	20	192	268
		Expected Count	112.3	80.1	75.6	268.0
合计		Count	692	494	466	1652
		Expected Count	692.0	494.0	466.0	1652.0

表 7-69 卡方独立性检验结果

Chi-Square Tests

Statistics	Value	df	Asymp. Sig. (2-sided)
Pearson Chi-Square	526.863[a]	6	.000
Likelihood Ratio	507.600	6	.000
Linear-by-Linear Association	335.354	1	.000
N of Valid Cases	1652		

a. 0 cells (.0%) have expected count less than 5. The minimum expected count is 75.60.

结果说明: 表 7-67 给出参与卡方独立性检验的样本数情况;表 7-68 给出了各指标的观测值和期望值情况;表 7-69 给出了卡方独立性检验的结果,可以看到 Pearson Chi-Square 检验的临界值为 0.000,小于显著性水平值 0.05,因此,不能接受原假设,认为该市居民的学历水平与月收入水平存在显著性的相关。

[例 7-19] 某广告公司想了解市民对刚推出的一则广告所持有的态度或评价,进行一项广告的整体评价调查,调查对象是看过该则广告的本市居民,调查采用问卷调查,以入户调查的方式成功访问了 182 位居民。经过整理之后,按年龄将评价进行分类,其列联表 7-70,试以 5% 的显著性水平判断年龄对该广告的评价是否有影响。

表 7-70 某市居民对某一广告的态度数据

年龄组	对广告的态度					总计
	很喜欢	比较喜欢	不太喜欢	很不喜欢	说不清楚	
≤24 岁	6	19	1	2	9	37
25~34 岁	3	36	11	1	10	61
年龄 35~44 岁	2	33	3	1	11	50
≥45 岁	1	13	7	2	11	34
总 计	12	101	22	6	41	182

分析: 本例属于卡方一致性检验的问题,与前面提到的卡方一致性检验和卡方独立性检验分析方法非常相似,从本例和例 7-18 也可以看出,有很多相似的地方,唯一不同点是一致性检验只有一个影响因素,列联表中的"列"经常为看法、态度等变量,这个变量并不是影响因素。根据前面介绍的知识,也可以通过计算来作出对某一假设的判断,而下面是通过 SPSS 来实现其计算过程,并对结果进行分析说明。首先建立假设,原假设为不同的年龄段对该广告的态度一致,即年龄对广告的评价没有显著性影响;则备择假设为态度不一致,即有显著性影响。

题解: 打开"某市居民对某一广告的态度.sav"数据库;运行 Data/Weight Cases,选中"Weight cases by"选项,并把变量"观测数"移入"Frequency Variable:"中,点击"OK"键返回;运行"Crosstabs…"程序后,弹出"Crosstabs…"对话框,分别把变量"年龄"和"态度"移入"Row(s):"和"Column(s):"列表中;点击"Statistics"按钮,弹出"Statistics"子对话框,选中"Chi-square"选项,由于本案例是属于顺序变量来计量,因此要在选择"Ordinal"中的一些分析方法,本案例使用 Gamma 方法,并点击"Continue"返回"Crosstabs"主对话框;点击"Cell"按钮,弹出"Cell"子对话框,选中"Counts"下的"Observed"和"Expected"选项,并点击"Continue"返回"Crosstabs"主对话框;其他默认,点击"OK"按钮,得出以下结果。

表7-71 参与卡方一致性检验的样本情况
Case Processing Summary

年龄与广告态度	Cases					
	Valid		Missing		Total	
	N	Percent	N	Percent	N	Percent
年龄 * 对广告的态度	182	100.0%	0	.0%	182	100.0%

表7-72 卡方一致性检验的列联表
年龄 * 对广告的态度 Crosstabulation

年龄组与分布			对广告的态度					合计
			很喜欢	比较喜欢	不太喜欢	很不喜欢	说不清楚	
年龄	<24岁	Count	6	19	9	1	2	37
		Expected Count	2.4	20.5	8.3	4.5	1.2	37.0
	25～34岁	Count	3	36	10	11	1	61
		Expected Count	4.0	33.9	13.7	7.4	2.0	61.0
	35～44岁	Count	2	33	11	3	1	50
		Expected Count	3.3	27.7	11.3	6.0	1.6	50.0
	≥45岁	Count	1	13	11	7	2	34
		Expected Count	2.2	18.9	7.7	4.1	1.1	34.0
Total		Count	12	101	41	22	6	182
		Expected Count	12.0	101.0	41.0	22.0	6.0	182.0

表7-73 卡方一致性检验的结果
Chi-Square Tests

	Value	df	Asymp. Sig. (2-sided)
Pearson Chi-Square	22.256[a]	12	.035
Likelihood Ratio	22.085	12	.037
Linear-by-Linear Association	4.548	1	.033
N of Valid Cases	182		

a. 10 cells (50%) have expected count less than 5. The minimum expected count is 1.12.

结果说明：表7-71给出参与卡方一致性检验的样本数情况；表7-72给出了各指标的观测值和期望值情况；表7-73给出了卡方一致性检验的结果，可以看到Pearson

Chi-Square 检验的临界值为 0.035，小于显著性水平值 0.05，因此，不能接受原假设，认为该市不同年龄段的居民对该广告的评价是不一致的，存在显著性的差异。

四、非参数检验与参数检验的一些问题

1. 非参数检验的优缺点

从本节中可以看到，非参数检验由于不需要知道总体的分布情况而使用更加广泛，但非参数检验也存在效果不如参数检验好的缺点。相对于参数检验，非参数检验优缺点主要有以下几点。

优点：①不受总体分布形状的限制，可运用于各种不同的情况，使用更加广泛；②不仅可以处理定比的计量资料，还可以处理定类、定序等无法精确量化的计量资料；③计算通常比较简单、容易理解。

缺点：①有时候将量的资料转化为质的资料时，无法充分利用到样本的所有信息；②检验的敏感度和效果不如参数检验。

2. 参数检验法和非参数检验法的对比

非参数检验和参数检验比较大的区别在于参数检验需要知道总体的分布是否正态或假设总体的分布服从正态分布，从而受到很多的限制；非参数检验不仅不需要总体为正态分布，而且还可以不需要知道总体的分布情况，这使得非参数检验使用变得更加广泛。下面是针对不同的情况，在参数检验和非参数检验中应该选择什么样的检验方法。如表 7-74 所示。

表 7-74 参数检验与非参数检验方法的比较

实际情况	考虑总体的分布情况，并且要服从或假设服从正态分布		不考虑总体的分布情况	
	参数检验	水平量表	非参数检验	运用范围
单样本	Z 检验	计量	符号检验	计量、类别、顺序
双相关样本	Z 检验	计量	符号检验或曼-惠特尼 U-威克逊等级和检验	计量、类别、顺序
双独立样本	Z 检验	计量	符号检验或威克逊带符号等级和检验	计量、类别、顺序
多组独立样本	方差分析	计量	超出本书范围	超出本书范围
相关性	线形相关	计量	卡方独立性检验	类别、顺序
总体分布类型	无相应方法		卡方拟合优度检验	类别、顺序

在估计和检验中，不只会碰到以上一些案例中的估计和检验方法，但基本的原理和理论知识均可以在本章找到；并且在本章的一些案例分析和操作过程中，还可以通过修

改 SPSS 操作过程中的某些选项来获得更有效的分析结果，这就需要大家对 SPSS 统计软件和各种分析方法熟练掌握，从而可以获得适合自己需要的、更有价值的分析结论。

【思考与练习】

1. 叙述参数估计和假设检验的主要思想与主要原理。
2. 说说抽样分布与假设检验分别引入了什么重要的定理，并概述定理的内容。
3. 综述抽样分布与参数估计的联系与区别。
4. 综述参数估计与假设检验的联系与区别。
5. 方差分析除了参数检验中普遍遵守的前提条件外还必须满足的条件是什么？概述方差分析的基本思想与基本原理。
6. 参数检验的基本步骤有哪些？并解释原假设与备择假设的根本区别体现在哪几个方面。
7. 综述参数检验与非参数检验的联系和区别及各自的优缺点。
8. 某公司想了解广告对产品销售的影响作用是否显著，选取了某市 33 家零售终端的月销售数据（单位：万元），广告前后分别相隔 3 个月，收集的销售数据见下表。试回答：

（1）以 90% 的置信度判断广告前后 33 家销售数据是否服从正态分布。
（2）以 95% 的置信度对广告前后该市产品的销售区间。
（3）以 99% 的置信度判断广告对产品的销售是否有显著性的影响。

序号	广告前	广告后	序号	广告前	广告后	序号	广告前	广告后
1	20	18	12	17	10	23	13	11
2	15	15	13	33	34	24	24	22
3	14	10	14	25	20	25	22	25
4	11	10	15	8	4	26	48	50
5	12	13	16	41	40	27	41	34
6	16	12	17	19	10	28	6	6
7	19	15	18	26	30	29	9	13
8	26	20	19	16	16	30	38	27
9	22	17	20	31	20	31	25	11
10	16	7	21	27	18	32	29	10
11	9	9	22	6	2	33	28	21

9. 为了了解某镇 1300 户居民的年收入情况，不重复抽取 70 户组成的样本进行调查，得出每户居民的年平均收入为 62000 元，标准差为 5260 元。试求该镇居民年平均收入的

置信区间（置信度为95%）。

10. 某电视台对甲、乙两产品的购买者所喜爱的电视节目进行调查，以便更合理地安排产品的宣传广告，达到广告的最佳效果。两产品购买者喜欢收看的电视节目的人数调查结果如下表所示：

电视节目	甲产品	乙产品	总计
新闻	150	110	260
电视剧场	120	170	290
体育	100	80	180
时事论坛	140	100	240
音乐欣赏	100	130	230
娱乐游戏	150	130	280
动物世界	90	110	200
总计	850	830	1680

试判断两种产品的购买者所喜爱的电视节目是否有显著性差异（$\alpha = 0.05$）。

11. 下面的问卷是某调查公司一次消费者调查问卷的一部分，请对你们系的学生进行一次不记名普查。

性别：_____ A. 男 B. 女   年级：_____
（1）在购买日常用品时，你首先考虑的因素是：（   ）。
A. 价格   B. 品牌   C. 包装   D. 质量
（2）请问您的年龄是：（   ）。
A. 18 岁以下   B. 18～19 岁   C. 20～21 岁   D. 22 岁以上
（3）你老家属于哪个区域：（   ）。
A. 南部   B. 东部   C. 西部   D. 北部   E. 中部
（4）请问你的月消费金额是：（   ）。
A. 300 元以下   B. 300～500 元   C. 500～700 元   D. 700～1000 元   1000 元以上

根据以上调查问卷获得的调查数据，试回答：
（1）购买日常用品时首要考虑的因素是否相同？（$\alpha = 0.05$）
（2）男、女在购买日常用品时的态度是否一致？（$\alpha = 0.05$）
（3）月消费金额与首要考虑的因素之间是否独立？（$\alpha = 0.05$）
（4）区域和年龄是否对购买日常用品时首要考虑的因素有影响？（$\alpha = 0.05$）

第八章　相关与回归分析

任何事物之间都是相互联系的，不是直接联系就是间接联系，而找到事物之间的联系，是研究事物相互关系的第一步。事物之间的联系就是相关分析，而回归分析是对相关分析进一步的量化，其提供了一种更有说服力的方式，并使预测更有依据。因此，掌握相关与回归分析是认识客观事物之间数量规律和预测未来变化的基础和前提。本章主要内容为：相关与回归的基本思想、基本概念和基本理论、回归模型的评估与优化方法，通过案例说明相关与回归的一些基本理论和具体运用。

第一节　相关分析

回归分析和相关分析两者都是研究变量之间相互关系的方法。相关分析是将所有因素平等考虑，研究各个因素之间的线性相关程度如何，无所谓因变量与自变量的界定，而回归分析是将两个因素最终解释为因果关系，可以通过自变量的变化解释因变量的变化，并且可以通过假设自变量的发展来预测因变量的变化。本节先介绍相关分析的基本思想和基本理论，回归分析将在第二节进行讲解和说明。

一、基本思想

在相关分析中，用相关系数 r 来表示变量之间相关程度大小的统计量。通过相关分析，可以找到哪些因素相互之间存在相关关系。比如分析超市销售额与超市面积大小是否存在相关关系；通过收集顾客对产品的满意程度以及服务员的服务水平，可以运用相关分析方法来确定两者之间是否存在线性关系。

通过相关分析，可以帮助市场研究人员找到这些相互存在相关关系的因素。从市场研究的角度来说，其研究的对象是消费者，而消费者与企业之间靠产品与服务相互联系着，因此研究消费者与企业之间的关系，就需要找到哪些因素是与顾客对产品、服务满意程度相关的，而哪些因素是不相关的。

但是，相关分析只能分析事物之间存在直接联系的因素，而且这些因素是能按前后顺序进行排序的。比如说不能用每年鲨鱼袭击人类的次数与飞机失事进行相关分析，从中找出两者的关系；不能通过收集顾客服装的颜色与顾客对商场的评价进行相关分析等。

二、基本概念和理论介绍

1. 相关分析的种类

本节介绍三种相关分析，分别是一元相关分析、多元相关分析与偏相关分析。一元相关分析是分析两个因素之间是否存在线性关系；多元相关分析是分析多个因素之间的相关程度；偏相关分析是当限制另外其他因素时，单独考虑部分几个因素之间是否存在相关关系的分析方法。

一元相关与多元相关比较容易理解，分别是考虑两个因素以及多个因素之间是否存在关系。而偏相关分析就比较复杂，不仅有考虑的因素，也有限制的因素。下面的例子可以说明一元线性相关分析、多元相关分析与偏相关分析的区别。

在一次社会调查中共收集了400名目标群体的身高、肺活量、年龄三组数据。如果只考虑身高与肺活量是否存在线性相关关系，可以采用一元相关分析；如果要考虑身高与肺活量、年龄之间是否存在相关关系，就需要用多元相关分析了；而为了使分析身高与肺活量的相关程度更加符合实际，剔除年龄对两者之间的影响，就需要用偏相关分析了，这时考虑分析的因素是身高与肺活量，限制的因素是年龄。通过偏相关分析可以更加真实地分析身高与肺活量的相关程度；同样，通过限定身高，可以比较合理地分析年龄与肺活量之间的相关程度如何。

为何通过限制另外一个因素就能反映出真实情况呢？只要在数据分析上不选入需要限制的变量，完全只用两个因素不是更直接吗？其实应该这样理解偏相关分析中的"限制"，"限制"即为"考虑"。上例可以解释为：在同时考虑年龄对肺活量的影响下（排除该影响），判断"身高"与"肺活量"的关系。

2. 相关关系的实质

相关关系是指被研究对象相互之间存在着一定的依存关系，这种关系表现出当一个因素发生变化时，另一个因素也随之发生一定的变化，或者随着该因素的变化，另一个因素在之前或之后产生一系列的变化，这种变化的关系可以用数字的形式表现出来。相关关系的变化非函数关系的一一对应，原因在于函数因变量的变化完全由自变量的变化解释，即方程的左边必定等于方程的右边，当左边发生变化，右边也一定会等量发生变化，而相关关系只能解释因素之间的一定关系，原因在于还有其他因素对变量产生影响。

3. 相关系数

相关系数 r 是衡量相关程度大小的统计量。计算公式根据定义方式不同有两种：

（1）根据总变差的定义。相关系数 r 是回归变差与总变差之间的平方根，计算公式如下：

$$r = \sqrt{\frac{\sum(\hat{y}-\bar{y})^2}{\sum(y-\bar{y})^2}} = \sqrt{1-\frac{\sum(y-\hat{y})^2}{\sum(y-\bar{y})^2}}$$

(2) 根据积差法定义：

$$r = \frac{\sum(x-\bar{x})(y-\bar{y})}{\sqrt{\sum(x-\bar{x})^2}\sqrt{\sum(y-\bar{y})^2}}$$

相关系数的取值范围在 [-1, 1] 之间。当 $r > 0$ 时，表示正相关；当 $r < 0$ 时，表示负相关；当 $r = 0$ 时，表示不相关。

4. 显著性检验

相关系数的大小说明因素之间的关系密切程度，但是相关系数的大小与相关系数是否有效没有关系。相关系数首先必须有效，其次才看大小，相关系数可以很大，但是如果没有通过显著性检验，也是无效的。因此，计算相关系数时，也需查表求得临界值 $R_\alpha(n-2)$。若 $|R| > R_\alpha(n-2)$，说明通过检验；否则，表明变量之间的相关关系不显著。

三、案例分析

1. 一元相关分析

[例8-1] 一次调查访问了46名顾客，分别就商场的总体印象与便利程度进行打分（满分为100分，0为最低分，分值越高说明评价越好），以确定"便利"是否会影响顾客的"总体印象"，调查数据见表8-1。

表8-1 顾客对商场总体印象与便利程度评价结果

序号	总体印象	便利得分	序号	总体印象	便利得分
1	100	100	24	50	30
2	85	80	25	45	66
3	90	90	26	95	95
4	90	90	27	30	50
5	90	90	28	90	90
6	80	90	29	80	80
7	80	90	30	100	96
8	80	90	31	80	90
9	80	80	32	80	70
10	80	70	33	80	75
11	85	90	34	85	80
12	80	90	35	80	80
13	80	90	36	80	100
14	90	90	37	80	50
15	90	90	38	80	90

续表 8-1

序号	总体印象	便利得分	序号	总体印象	便利得分
16	90	90	39	95	90
17	90	100	40	90	100
18	95	90	41	80	90
19	70	70	42	90	90
20	80	80	43	75	75
21	90	95	44	75	80
22	75	45	45	80	70
23	30	30	46	85	80

题解：打开数据库，运行 Analyze/Correlate/Bivariate 模块，启动相关分析。进入相关分析对话框，将变量"总评分"、"便利得分"选入"Variables"对话框；以默认方式"Pearson"方法进行相关分析，点击"OK"键输出分析结果见 8-2。

表 8-2 总体印象与便利程度评价相关分析结果
Correlations

变量名	相关性	总评分	便利
总评分	Pearson Correlation	1	0.790**
	Sig. (2-tailed)	.	.000
	N	46	46
便利	Pearson Correlation	.790**	1
	Sig. (2-tailed)	0.000	.
	N	46	46

* * Correlation is significant at the 0.01 level.

结果说明：从输出结果可知，"便利"与"总评分"的相关系数为 0.790，显著性检验值 *Sig.* 为 0.000，小于 0.05，通过显著性检验。根据以上数据可知："便利"与"总评分"接近高度相关。

2. 多元相关分析

[例 8-2] 在上例的基础上增加"价格"、"质量"、"服务"三方面的评分，在 SPSS 中分别建立"总评分"、"便利"、"价格"、"质量"和"服务"五个变量，见表 8-3。

题解：运行相关分析模块，操作步骤同一元相关分析，在"Variables"对话框中，将五个变量全部选入。以"Pearson"方法为默认方式进行分析，点击"OK"键输出分析结果见表 8-3：

表 8-3　各指标相关分析结果

Correlations

服　务		总评分	便利	价格	质量	服务
总评分	Pearson Correlation	1	.790**	.674**	.813**	.735**
	Sig. (2-tailed)	.	.000	.000	.000	.000
	N	46	46	46	46	46
便利	Pearson Correlation	.790**	1	.640**	.703**	.644**
	Sig. (2-tailed)	.000	.	.000	.000	.000
	N	46	46	46	46	46
价格	Pearson Correlation	.674**	.640**	1	720**	.752**
	Sig. (2-tailed)	.000	.000	.	.000	.000
	N	46	46	46	46	46
质量	Pearson Correlation	.813**	.703**	.720**	1	.645**
	Sig. (2-tailed)	.000	.000	.000	.	.000
	N	46	46	46	46	46
服务	Pearson Correlation	.735**	.644*	.752**	.645**	1
	Sig. (2-tailed)	.000	.000	.000	.000	.
	N	46	46	46	46	46

**. Correlation is significant at the 0.01 level (1-tailed).

结果说明：从以上输出结果可知，"总评分"与"便利"、"价格"、"质量"和"服务"四个因素都有较高相关，相关系数分别为0.790，0.674，0.813，0.735。除此之外，也可以从输出结果看出"便利"、"价格"、"质量"和"服务"四个因素相互之间两两相关的程度。

3. 偏相关分析

[例 8-3]　继续以上例，来说明利用 SPSS 实现偏相关分析。偏相关分析模块位于 Analyze/Correlate/Partial 中。

题解：在这五个因素中，为了排除因素之间的互相干扰，使相关系数以及显著性检验失真，就需要考虑将其他因素进行限制。本例在限制"质量"与"服务"这两个因素的前提下，考虑"便利"、"价格"与"总评分"的相关程度。

将"价格"、"便利"与"总评分"选入"Variables"对话框，将"质量"与"服务"选入"Cotrolling For"对话框，直接点击"OK"键，输出分析结果见 8-4：

表8-4 偏相关系数结果

	Partial Correlation Coefficients		
	Controlling for "质量"、"服务"		
	总评分	价格	便利
总评分	1.0000 (0) P = .	-.0494 (42) P = .750	.4387 (42) P = .003
价格	-.0494 (42) P = .750	1.0000 (0) P = .	.1035 (42) P = .504
便利	.4387 (42) P = .003	.1035 (42) P = .504	1.0000 (0) P = .

结果说明：从输出结果可知，"质量"、"服务"这两个因素被限制，考虑相关关系的因素是"总评分"、"价格"、"便利"。输出结果表明："总平分"与"价格"、"便利"两者相关系数分别是 -0.0494，0.4387，显著性检验值 Sig. 分别为 0.750，0.003。可见，"总平分"与"价格"之间的相关系数未通过显著性检验、相关系数无效，"总评分"的变化只与"便利"相关。

以上通过三种不同的方法介绍了相关分析的用法，但是三种不同的分析方法得出不同结论，实际上不同的分析方法体现了不同的分析角度。在这三种方法中，在条件允许的情况下，最好是采用偏相关分析，因为偏相关分析更加接近现实情况，更能全面地分析数据，得出更为准确、有效的结论。

第二节 回归分析

"回归"一词最早起源于国外的人口统计学。当时统计发现：身材较高的父母，其儿女身高有较父母矮的趋势；而身材较矮的父母，其儿女身高有较父母高的趋势。两者的儿女身高趋向于平均身高，统计工作者将这种现象称为"回归"。

一、基本思想

回归分析是市场研究中常用的分析方法，通常在论证现象之间的依存关系时会用到，比如，在研究某产品的销售额与顾客对公司的服务满意度之间的关系时，通过回归分析，可以量化的展现出被研究对象（称为因变量，通常以 Y 表示）与已知因素（称为自变量，通常以 X 表示）之间的关系。除此之外，回归分析还可以研究多个已知因素与被研究对象之间的关系，比如，通过市场调查可以研究产品的销量与消费者对公司的服务满意度、产品质量满意度、产品价格满意度等几个因素之间的量化关系。

回归分析提供了一种更有说服力的方式说明哪些因素是相关的，哪些因素是不相关的，关键因素是哪些，次要因素是哪些，使预测被研究对象的变化更有依据。

通过学习本节，可以掌握回归分析在市场研究中的基本用法，可以用回归方法分析许多现象，并且提炼出分析结论。

二、基本概念和理论介绍

1. 一元线性回归

一元回归模型是回归分析中最基本的方法，它描述了被研究对象与已知变量之间的对应的关系。

（1）一元线性回归关系的判别：

a. 通过散点图辨别。通常，在进行一元线性回归分析之前，会对两个变量做散点图，以确定两者之间是否存在线性相关。但是两个现象之间即使在散点图上没有呈现出明显的直线关系，也不应该放弃回归分析，因为许多关系是通过检验值判定的，而不是通过看图"辨别"的。绝大部分变量与变量之间的非线性关系，可以通过数学变换，转化为线性关系。

以下两变量的散点图呈线性分布，可以认为两者存在线性相关。如图 8-1 所示。

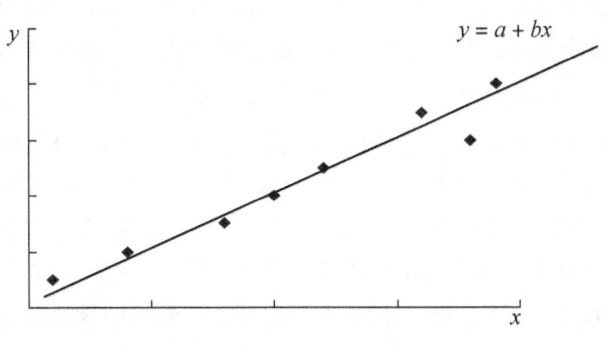

图 8-1 两变量散点图

b. 通过相关检验辨别。如前一节所述，相关分析可以找到两个因素之间是否存在较强的线性相关关系，但要注意检验值 P 是否小于 0.05，否则，即使算出两者具有较高的相关系数，其线性关系也是不成立的。相关程度的大小，需要通过验证才能判断是否有效。

（2）参数估计。一元回归线性模型最常用的求参数值的方法是最小平方法。最小平方法是通过拟定一个方程 $\hat{y} = a + bx$，使通过该方程的计算出的预测值 $\hat{y}$ 与实际值 y

之间的离差平方和最小；使通过该方程计算出的预测值 $\hat{y}$ 与实际值 y 之间的离差和为零。

设 X（x）为自变量，Y（y）为因变量，ε 为随机干扰项，则一元线性回归模型可表达为：

$$Y = a + bX + \varepsilon （总体）$$
$$y = a + bx + \varepsilon （样本）$$

设 $\varepsilon = 0$，式中 a，b 为两个特定的参数，a，b 两个参数的估计公式为：

$$b = \frac{n\sum xy - \sum x \sum y}{n\sum x^2 - (\sum x)^2} \qquad a = \frac{\sum y}{n} - b\frac{\sum x}{n}$$

（3）模型的显著性检验。回归模型的显著性检验包括两部分：模型总体的显著性检验以及参数的显著性检验。以上检验包括可决系数 R^2 以及相关系数 r 显著性检验、模型方差分析、模型参数显著性 T 检验。

a. 可决系数 R^2 计算以及显著性检验。评价回归模型的拟合优度的指标为可决系数 R^2。可决系数是回归变差与总变差之比。它是评价两个变量之间线性相关关系强弱的一个重要指标。其计算公式为：

$$R^2 = \frac{\sum(\hat{y} - \bar{y})^2}{\sum(y - \bar{y})^2}$$

可决系数 R^2 的取值范围为 $0 \leqslant R^2 \leqslant 1$。当 R^2 的值越接近于 1，则表明两个变量之间的线性关系越强，拟合优度越好；反之，当 R^2 的值越接近于 0，表明两个变量之间的线性关系越弱，拟合优度越差。

相关系数 r 是可决系数的平方根，取值范围是 $-1 \leqslant r \leqslant 1$。相关系数为正时，表示正相关，反之为负相关。当 $|r| = 0$ 时，表示完全不相关，即自变量的变动与因变量的变动没有关系，回归变差为 0；当 $|r| = 1$ 时，表示完全相关，即因变量的变动完全可以由自变量的变动解释；当 $0.8 \leqslant |r| \leqslant 1$ 时，称为高度相关；当 $0.5 \leqslant |r| \leqslant 0.8$ 时，称为中度相关；当 $0.3 \leqslant |r| < 0.5$ 时，称为低度相关；当 $0 \leqslant |r| < 0.3$ 时，可认为不相关。

虽然相关系数越大，越能说明自变量与应变量之间线性关系越强，但相关系数 R 也需 R^2 能通过显著性检验，只有通过了显著性检验，才能确定该方程对分析现状以及预测未来有意义。在已知显著性水平 α 的情况下，取自由度（$n-2$），在对应的相关系数临界值表中查出临界值 $R_\alpha(n-2)$。若 $|R| > R_\alpha(n-2)$，则说明通过显著性检验；反之，则不通过显著性检验。

b. 模型方差分析。与可决系数 R^2 及相关系数 r 相同，方差分析的作用是检验模型是否适合用于分析、预测，是评价模型是否有效的另一种方法。许多统计软件可以进行方差分析，通过生成方差分析表可以清楚的看出检验结果，如表 8-5 所示。

表8-5 方差分析

方差来源	平方和	自由度	均方	F	显著性P值
回归	ESS	1	$\overline{ESS}=ESS$	$F=\overline{ESS}/\overline{RSS}$	
残差	RSS	$n-2$	$\overline{RSS}=RSS/(n-2)$		
总和	TSS	$n-1$			

方差分析主要参考指标是 F 值和显著性检验 P 值。

通过查表,$F_{\alpha}(1, n-2) < F$,拒绝 H_0,说明模型通过显著性检验,x 与 y 有显著的线性关系。在 SPSS 输出结果中,可以从上表直接看出 P 值,只要显著性 P 值小于 0.05,则表示模型通过显著性检验,而无需查表。

c. 参数显著性检验。虽然方程本身通过显著性检验,但方程内的参数 a,b 也有可能无效。因此,对参数进行显著性检验是必须的。对参数进行显著性检验的方法是 T 检验。同样,通过 SPSS 可以实现该检验,给出检验结果。表 8-6 是例 8-1 的参数显著性检验分析及检验结果。

表8-6 参数分析及检验结果

	系数	标准差	T 值	显著性检验 P 值
常数项（a）	22.752	6.897	3.299	.002
便利得分（b）	.710	.083	8.547	.000

如表 8-6 所示,方程常数项（a）和变量"便利得分"的系数（b）的 T 值分别为 3.299,8.547。其对应的显著性检验 P 值分别为 0.002,0.000,均小于 0.05,说明方程的两个参数均通过检验。

2. 多元线性回归

与一元回线性归相比,多元线性回归模型更为实用,因为一个对象常常由多个因素决定,而非一个因素决定。或者说,一元线性回归只是一个特例,而多元线性回归模型是一个回归模型普遍形式。(注：变量与变量之间的非线性关系一般可以通过数学变换,转化为线性关系。)

市场调研中的通常做法是：除非应客户的特殊要求,否则不会只对被研究对象做单一的因素分析,通常是对多个因素进行分析,再优选几个关键的因素去解释方程。或者说,通过模型的优化尽量用简单而又全面的方法去评估被研究对象。

多元回归模型的计算量要比一元回归模型复杂很多,手工计算已经显得费时耗力,而且还难以保证计算的准确性。因此,提倡用软件实现多元回归分析,特别是 SPSS 软件,计算多元回归模型非常方便。本章着重讲解多元线性回归模型在 SPSS 中如何实现运算,如何实现模型的优化。

多元回归分析方程与一元回归的本质是一样的,同样是为了分析因变量与自变量之间的关系，并做进一步的预测。不同的是多元回归模型比一元回归分析因素关系更全面一些。

（1）多元线性回归模型的一般形式。多元回归线性模型由一个应变量 y 和若干个自变量 x 组成，方程的基本形式如下所示：

$$y = c + a_1 x_1 + a_2 x_2 + \cdots + a_p x_p + \varepsilon \text{（样本）}$$

式中：c 为常数项，$a_1, a_2, \ldots, a_p$ 为 p 个系数（$p \geq 2$）；ε 为随机误差项。

（2）参数估计。多元线性回归模型未知参数的估计与一元线性回归模型的参数估计原理一样。利用最小二乘法，对于一组数据的多元线性回归模型，可以写成矩阵的形式：

$$\begin{cases} y_1 = c_1 + a_1 x_{11} + a_2 x_{12} + \cdots + a_p x_{1p} + \varepsilon_1 \\ y_2 = c_2 + a_1 x_{21} + a_2 x_{22} + \cdots + a_p x_{2p} + \varepsilon_2 \\ \cdots \\ y_n = c_n + a_1 x_{n1} + a_2 x_{n2} + \cdots + a_p x_{np} + \varepsilon_n \end{cases}$$

$$\Rightarrow \quad y = c + ax + \varepsilon$$

其中：$y = \begin{pmatrix} y_1 \\ y_2 \\ \cdots \\ y_n \end{pmatrix} \quad c = \begin{pmatrix} c_1 \\ c_2 \\ \cdots \\ c_n \end{pmatrix} \quad \varepsilon = \begin{pmatrix} \varepsilon_1 \\ \varepsilon_2 \\ \cdots \\ \varepsilon_n \end{pmatrix} \quad x = \begin{pmatrix} 1 & x_{11} & x_{12} & \cdots & x_{1n} \\ 1 & x_{21} & x_{21} & \cdots & x_{2n} \\ \cdots & \cdots & \cdots & & \cdots \\ 1 & x_{n1} & x_{n2} & \cdots & x_{nn} \end{pmatrix}$

回归模型参数估计计算量大，准确性难以把握，建议市场调研人员用 SPSS 实现多元线性回归模型参数及显著性检验的计算。

（3）模型显著性检验。与一元线性回归模型一样，多元回归模型也需要通过显著性检验。显著性检验包括 R 检验、方差检验、T 检验。其他检验主要是针对方程中的自变量的相关性进行的，如 DW 检验、多重共线性检验等。

三、案例分析

1. 一元线性回归

[例 8 - 4]　依据例 8 - 1 的数据，建立顾客总评分与便利评分的一元线性回归模型。

题解： 首先，根据表 8 - 1 的数据，制作"总评分"与"便利得分"得分散点图（图 8 - 2）。从图 8 - 2 可见"总评分"与"便利得分"呈一元相关性。设"总评分 y"与"便利得分 x"的一元线性回归模型为：$y = a + bx + \varepsilon$。

依据最小二乘法可求得：

$$b = \frac{n \sum xy - \sum x \sum y}{n \sum x^2 - (\sum x)^2} = \frac{46 \times 310145 - 3742 \times 3705}{46 \times 316722 - 3742^2} = 22.75$$

$$a = \frac{\sum y}{n} - b \frac{\sum x}{n} = \frac{3705}{46} - 22.752 \times \frac{3742}{46} = 0.71$$

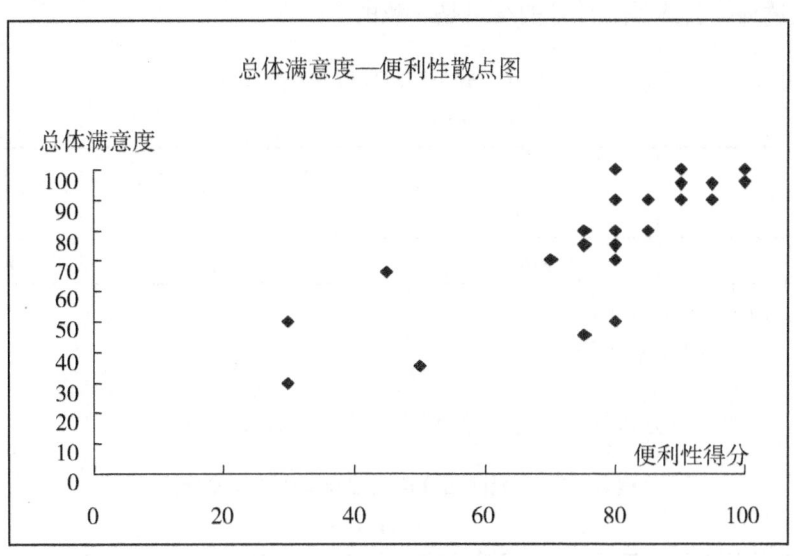

图 8-2　两变量散点图

因此,"便利评分(x)"关于"总体评分(y)"的一元回归模型如下:

$$\hat{y} = 22.75 + 0.71x \quad 即\ \hat{y} = 22.75 + 0.71bx$$

通过 SPSS 可以方便地实现回归分析。现通过本例对 SPSS 的运行进行讲解:①数据录入。先运行 SPSS,进入数据录入界面。在数据录入界面中,每一列"VAR"代表一个变量,每一行代表每一个数据。在数据录入窗口中,输入表 8-1 中变量 y, x 数据,并命名为"总评分"与"便利得分"。②运行回归模块。在菜单中选择 Analyze 模块,再选择"Regression/Linear…",进入回归分析窗口。在进入直线回归界面后,选择左边对话框中"总评分"变量,然后点击"Dependent"对应的小箭头,将"总评分"作为因变量。然后用同样的方法将"便利得分"选入"Independent(s)"中,作为自变量。③输出分析结果。以默认的方式就可以运行直线回归分析,点击右上角"OK"按钮,输出分析结果见表 8-7 至表 8-10。表 8-7 中表示参与分析的是变量"便利得分",回归方法是"Enter"。此外,从表 8-8 可知,R^2 值为 0.624,说明模型可以解释实际值的 62.4%,即顾客满意度的 62.4%(R^2)可以由"便利"来解释。表 8-9 是模型的"方差分析表",模型的回归平方为 6217.131,残差平方为 3744.282,总平方和为 9961.413,自由度分别为 1,44,45。由此计算的回归均值平方为 6217.131,残差均值平方为 85.097。F 值为 73.059,显著性检验值 Sig. 为 0.000,说明顾客"总体满意度"与"便利性得分"的一元线性回归模型通过了显著性检验。表 8-10 可得模型的系数及其显著性。Constant 表示方程的常数项,B 表示对应的值,常数项为 22.752,t 值为 3.299,显著性检验值 Sig. 为 0.002,小于 0.05,说明常数项有效,通过显著性检验;变量"便利得分"的系数值为 0.710,t 值为 8.547,显著性检验值 Sig. 为 0.000,说明变量"便利得分"有效。从表 8-10 可知回归模型为:

$$总评分 = 22.752 + 0.710 \times 便利得分 \quad \hat{y} = 22.75 + 0.710bx$$

这与上述根据公式手工计算的结果是一致的。

表8-7 参与回归分析过程的变量

Variables Entered/Removed[b]

Model	Variables Enteres	Variables Removed	Method
1	便利得分[a]	.	Enter

a. All requested variables entered.
b. Depndent Variable：总评分。

表8-7表示参与分析的是变量"便利得分"，回归方法是"Enter"。

表8-8 一元回归分析回归模型拟合优度检验

Model Summary

Model	R	R Square	Adjusted R Square	Std. Error of the Estimate
1	.790[a]	.624	.616	9.22482

a. Predictors：(Constant)，便利得分。

表8-9 一元回归模型方差分析

ANOVA[b]

Model		Sum of Squares	df	Mean Square	F	Sig.
1	Regression	6217.131	1	6217.131	73.059	.000[a]
	Residual	3744.282	44	85.097		
	Total	9961.413	45			

a. Predictors：(Constant)，便利得分。
b. Dependent Variable：总评分。

表8-10 一元回归模型回归系数检验

Coefficients[a]

Model		Unstandardized Coefficients		Standardized Coefficients	t	Sig.
		B	Std. Error	Beta		
1	(Constant)	22.752	6.897		3.299	.002
	便利得分	.710	.083	.790	8.547	.000

a. Depndent Variable：总评分。

根据表8-8至表8-10运算结果可知：①便利性是顾客评价该商场满意度的重要影响因素，对总评分有显著影响。顾客对商场的便利性评分只要上升1个单位，总体评分就会平均提高 0.71 个单位。因此，商场应该创造更为便利的购物环境，提供更多的服务，让顾客感到在商场购物更加方便。②商场在便利性方面的得分是 81.35 分，总评分的平均分是 80.54 分。当顾客对商场的便利性得分达到 90 分时，总评价会在 86.65 分左右，预测的可靠程度为 95%。③根据回归模型，可知大约有 37.6% 的影响因素没有被解释，说明除了便利性方面影响顾客对商场的评价外，还有其他因素的影响。

2. 多元线性回归

[例 8-5]　紧接一元回归模型的案例，在调查中增加了顾客对商场的"价格"、"质量"以及"服务"三个方面的评分，见表 8-11。试用回归方法对调查结果进行分析，回答以下问题：

- 建立"便利"、"价格"、"质量"以及"服务"关于"总评分"的回归模型。
- 该模型的 R 值是多少？模型是否通过方差检验？模型的系数是否通过检验？
- 若商场需提高顾客对其的总评分，应该优先提高哪个方面？试确定提高商场总评分的因素次序。
- 若商场管理者认为需在最关键因素方面提高 15 分，在次要关键因素方面提高 10 分，在较次要因素方面提高 5 分，忽略最次要因素方面，试预测商场的总评分将提高多少？

表 8-11　顾客对某商场的评价结果表　　　　单位：分

序号	总评分	便利	价格	质量	服务	序号	总评分	便利	价格	质量	服务
1	100	100	100	100	90	24	50	35	50	50	40
2	85	80	80	90	85	25	45	66	30	55	30
3	90	90	70	80	80	26	95	95	95	100	90
4	90	90	80	90	90	27	30	50	50	30	40
5	90	90	90	90	80	28	90	90	80	80	95
6	80	90	80	80	80	29	80	80	80	80	80
7	80	90	80	80	80	30	100	95	73	60	96
8	80	80	60	80	80	31	80	90	80	80	90
9	80	70	80	80	80	32	80	70	70	80	60
10	80	70	80	80	80	33	80	75	75	80	90
11	85	90	85	85	85	34	85	80	90	75	80
12	80	90	80	80	80	35	80	80	85	80	70
13	80	90	80	90	80	36	80	100	85	80	70
14	90	90	80	100	70	37	80	50	90	80	80
15	90	90	90	90	80	38	80	80	80	80	80
16	90	90	80	90	80	39	95	90	80	90	60
17	90	100	70	70	80	40	90	100	90	90	70

续表 8-11

序号	总评分	便利	价格	质量	服务	序号	总评分	便利	价格	质量	服务
18	95	90	90	95	80	41	80	90	80	80	80
19	70	70	80	80	80	42	90	90	80	90	70
20	80	80	90	90	95	43	75	75	75	80	75
21	90	95	95	90	95	44	75	80	85	50	70
22	75	45	30	60	50	45	80	70	90	80	80
23	30	30	50	30	50	46	85	80	60	70	70

题解与结果说明：打开数据库，点击 Analyze 模块，再选择"Regression、Linear…"，进入回归分析窗口；进入回归模块对话框后，将"总评分"点选，进入"dependent"中，将"便利"、"价格"、"质量"以及"服务"分别点选，进入"independent"中；以默认的方式就可以运行直线回归分析，点击右上角"OK"键按钮，输出分析结果见表 8-12。

表 8-12 多元回归分析变量进入或移除

Variables Entered/Removed[b]

Model	Variables Entered	Variables Removed	Method
1	服务、便利、质量、价格	.	Enter

a. All requested variables entered.
b. Dependent Variable：总评分。

从表 8-12 可知，变量"服务"、"便利"、"质量"、"价格"均作为自变量，"总评分"作为因变量，选用的分析方法是默认的"Enter"。

表 8-13 多元回归模型检验

Model Summary

Medel	R	R Square	Adjusted R Square	Std. Error of the Estimate
1	.889[a]	.790	.769	7.14475

a. Predictors：(Constant)，服务、便利、质量、价格。

从表 8-13 可知，模型中 R 值为 0.889，$R^2 = 0.790$，说明由以上因素构成的回归模型可以解释因变量"总评分"的 79%。

表8-14 多元回归模型方差检验

ANOVA[b]

Model		Sum of Squares	df	Mean Square	F	Sig.
1	Regression	7868.470	4	1967.118	35.535	.000[a]
	Residual	2029.913	41	51.047		
	Total	9961.413	45			

a. Predictors：(Constant)，服务、便宜利、质量、价格。
b. Dependent Variable：总评分。

从表8-14可知，模型中F值为38.535，显著性检验值$Sig.$为0.000，小于0.05，从总体来看，模型线性效果很好。

表8-15 多元回归模型系数及系数检验

Coefficients[a]

Model		Unstandardized Coefficients		Standardized Coefficients	t	Sig.
		B	Std. Error	Beta		
1	(Constant)	6.197	6.257		.991	.328
	便利	.311	.097	.345	3.198	.003
	价格	-8.30E-02	.121	-.084	-.683	.498
	质量	.422	.110	.444	3.818	.000
	服务	.293	.117	.290	2.513	.016

a. Dependent Variable：总评分。

从表8-15可知，"便利"、"价格"、"质量"、"服务"四个因素的显著性检验Sig值分别为0.003，0.498，0.000，0.016，常数项Constant的Sig值为0.328。说明模型中"便利"、"质量"、"服务"与"总评分"线性关系显著，而"Constant"、"价格"与"总评分"线性关系不显著。

上述过程建立了该案例的基本回归模型，经过检验，模型需要优化。剔除变量"价格"以及常数项后，回归模型的F值有很大提高，详细步骤如下。

首先，剔除变量"价格"，只需在"independent(s)"中将"价格"点选出方框即可。其次，剔除常数项。常数项的剔除需要在回归窗口中，点选"Option"按钮，将"include constant in equation"前方框中的"√"去除即可。

去除"价格"以及常数项后，直接点击"OK"键运行回归程序，这时回归程序不再包含这些"不良信息"，输出结果见表8-16。

表8-16 多元回归模型优化自变量移出（移入）表

Variables Entered/Removed[b,c]

Model	Variables Entered	Variables Removed	Method
1	服务、便利、质量[a]		Enter

a. All requested variables entered.

b. Dependent Variable：总评分。

c. Linear Regression through the Origin.

从表8-16可知，参与回归分析的变量变为"服务"、"便利"、"质量"三个，因变量为"总评分"。分析方法依然为默认的"Enter"。

表8-17 多元回归模型优化拟合优度表

Model Summary

Model	R	R Square[a]	Adjusted R Square	Std. Error of the Estimate
1	.996[b]	.993	.993	7.08511

a. For regression through the Origin (the no-intercept model), R Square measures the proportion of the variability in the dependent variable about the origin explained by regression. This CANNOT be compared to R Square for models which include an intercept.

b. Predictors：服务、便利、质量。

从表8-17可知，模型中R值为0.996，$R^2 = 0.993$，说明由"服务"、"便利"、"质量"三个自变量组成的模型能解释"总评分"99.3%的变化。

表8-18 多元回归模型优化方差分析

ANOVA[c,d]

Model		Sum of Squares	df	Mean Square	F	Sig.
1	Regression	306216.5	3	102072.151	2033.359	.000[a]
	Residual	2158.548	43	50.199		
	Total	308375.0[b]	46			

a. Predictors：服务、便利、质量。

b. This total sum of squares is not corrected for the constant because the constant is zero for regression through the origin.

c. Dependent Variable：总评分。

d. Linear Regression through the Origin.

从表8-18可知，方程的F值达到2033.359，远远大于模型优化前的38.535，说明优化结果是相当明显的。新模型比原模型更能解释因变量的变化。

表 8-19　多元回归模型优化系数及系数检验表

Coefficients[a,b]

Model		Unstandardized Coefficients		Standardized Coefficients	t	Sig.
		B	Std. Error	Beta		
1	便利	.321	.094	.325	3.414	.001
	质量	.415	.098	.408	4.219	.000
	服务	.284	.095	.268	3.000	.004

a. Dependent Variable：总评分。
b. Linear Regression through the Origin.

（1）从表 8-19 可知，模型的所有变量的系数都是有效的。显著性检验 Sig 值都小于 0.05。因此，本案例回归模型可定型为：

总评分 = 0.321 × 便利（x_1） + 0.415 × 质量（x_2） + 0.284 × 服务（x_3）

即 $\hat{y} = 0.321x_1 + 0.415x_2 + 0.284x_3$

（2）该模型的 $R = 0.996$，$R^2 = 0.993$，$F = 2033.359$，模型通过显著性检验；而且模型的拟合优度非常高。该模型的三个系数分别为 0.321，0.415，0.284，对应值 Sig. 分别为 0.001，0.000，0.004，均小于 0.05，说明模型的三个自变量与因变量（总评分）线性关系十分显著。

（3）从以上结果可见，总评分有三个部分组成，分别由"便利"、"质量"以及"服务"三个因素组成，"价格"对总平分的影响在方程中未能体现。其中，"便利"对总评分的影响占 31.47%，"质量"对总评分的影响占 40.69%，"服务"对总评分的影响占"27.84%"。因此，商场应该优先提高"质量"、其次是"便利"，再次是"服务"，至于"价格"可暂时不考虑。

（4）如果商店管理人员计划采取措施，使顾客在"质量"上的评分提高 15 分，在"便利"上的评分提高 10 分，在"服务"上提高 5 分，则估计总评分将提高：

0.321 × 10 + 0.415 × 15 + 0.284 × 5 = 10.86 分。

"价格"因素并非不能体现在该方程内，上述回归模型之所以不能引入"价格"的评分，并非因为"价格"对"总评分"不相关，只是"价格"与"质量"、"服务"的三因素之间有高度的相关性，因此出现多重共线性。有兴趣的读者可以建立"总评分"关于"便利"、"价格"两因素的多元回归模型，所得的 F 值为 1883.289，R 值为 0.994，模型整体效果也是非常显著，而且模型的各个系数也通过显著性检验（常数项剔除）。本例是因为该模型所得 F 值要低于"总评分"关于"便利"、"服务"、"质量"三者的回归模型，因此未加引用。

何种原因导致"价格"与"服务"、"质量"高度相关呢？最主要的原因是它们之间的信息有许多是重叠的。当然，原因可能还有调查的系统误差，或者消费者将"价格"、"服务"和"质量"等同于一个相类似的因素，没有给予区别对待，因此造成相关性特别高。这与调查访问是否有向消费者传达正确的信息等实际执行情况是有很大关系的。

第三节 回归模型的评估与优化

本节着重介绍回归模型的评估与优化，对于市场研究人员而言，是十分有必要的。因为从事市场研究相关工作的人员都不一定对统计学有足够的实践经验，特别是当回归模型建立后，不懂得如何进行诊断与优化，常会得出不尽完善的结论，因此，希望本节能对从事研究分析的工作人员有一定的借鉴作用。

一、回归常见问题

回归模型建立后，应尽可能地对其进行优化，首先就需要对回归模型进行检验以及诊断，通常回归模型会遇到以下不够完善的问题：

第一，回归模型的 F 值、R 值以及方程的系数检验 T 值不显著。

回归模型在建立之后，判断回归模型是否有意义，首先就必须通过 F 值、R 值、方程系数的检验。在市场调查后获得的数据，由于调查存在误差常常使回归模型不通过显著性检验。另外，回归模型自身也有创建的基本前提，比如所有自变量都不相关、方差相同等，这与实际情况有很大差别，完全不相关的因素在经济社会现象中难以找到。

第二，回归模型的整体效果显著，但各个回归系数均不显著，或者不符合逻辑。

有可能回归模型整体效果虽然显著通过了 F 值检验、R 值检验，但回归系数却不过通显著性检验，即使回归系数通过检验，但系数与实际逻辑相矛盾。出现这种情况，往往是回归模型内的自变量有高度的相关性，比如多重共线性。这种回归模型虽然整体效果看似不错，但由于系数大小、正负与逻辑相悖，实际上对于分析问题毫无帮助甚至有误导的可能。建议市场研究人员在面对这种回归模型时，切记小心仔细，勿被蒙蔽从而得出错误的结论。

第三，虽然回归模型通过检验，但预测效果不佳，偏离实际值较大。

即使回归模型的所有检验都通过，但用其进行模拟预测（即用一组原始自变量的值代入回归模型，所得预测值与实际值差别较大）效果却不佳。这种回归模型虽然不是所谓的"问题方程"，但也非常有必要优化。

二、回归模型的优化

以上是较为普遍的问题，对于富有经验的工作者也是比较容易发现的，只要留心检验结果是否达到显著性要求即可。可是方程无论如何优化，总会与实际有差异，而总能找到需要改善的地方。显著性检验有临界值，但没有最大值，所以回归模型的优化，几乎是无止境的。回归模型的优化应本着先从常用方法开始，再通过高级方法进行优，这样会使回归模型具备良好的"体质",以做更进一步的分析。

1. 常用方法

常用的回归优化方法主要是对回归的原始数列进行一些处理,以提高回归的效果,方法如下。

(1) 增加样本量。增加样本量是最直接提高回归效果的方法。由于样本量太少,而使计算所得的系数无法通过显著性检验是很有可能的,因为无法通过显著性检验,可以解释为原假设无法被拒绝,而不一定证明原假设就正确。

通常回归所需的数据至少要包含一个周期(如果有周期),以3个周期为佳;如果没有周期的数据,取最少10个周期数据比较理想,少于10个周期的数据除非是非常有规律,否则很难建立通过检验而又能准确预测的回归模型。

(2) 剔除原始数列的异常值。异常值在数据收集后,一般要剔除。但是如何判断异常值,则是仁者见仁、智者见智了。一般偏离均值2.5倍的数据应算作异常值。根据实际情况剔除异常值后,能使回归模型的 F 值与 R 值有明显的提高。但是,剔除异常值毕竟是极少数的,不能太多,否则很容易建立偏离实际的模型,得出错误的结论,更不能为建立模型而捏造数据。

(3) 自变量的筛选。如果变量选择错误,则注定不能建立回归模型,通过多次努力依然不能使系数通过 T 检验,这时应重新选择因素参与回归模型。本章第二节多元回归案例中,对"价格"、"常数项"剔除后,获得 F 值由 38.535 提高到 2033.359,就是一个非常典型的例子。

但对于市场调查而言,回归模型常常是事先通过定性分析而设定相关变量,再通过调查数据进行检验和预测。因此,改变变量对回归模型的组合是要冒一定风险的,即万一回归模型所需要的变量无法通过一次调查获得,该如何处理?甚至还有这样的情况,从初步建立的回归模型里,无法包含顾客的要求,即无法找到其所需要知道某些变量对因变量的关系。这时,剔除这些变量虽然可以获得整体回归效果的提升,但这些效果却不能获得顾客的认同。这时,需要更高级的方法对模型进行优化。当然,常数项的剔除往往是非常有效的。

2. 高级方法

当常用方法不能满足需要时,就需要用到一些更深层次的回归优化方法。以下所介绍的方法,首先需要对统计学有相当的了解,特别是对现代统计方法有一定的了解。与常用方法相比较而言,高级回归方法所追求的回归模型会更加切合实际所需,而非单纯以提高检验值为目标。这里给出运用的思路与方法概要,部分方法由于比较复杂,附上案例。为了更好地理解案例,会继续采用上述多元回归的案例所用到的数据,读者可以通过比较数据的分析结果,从而比较优化前后的差别所在。

(1) 非线性方程的线性化处理。市场研究的对象是消费者心里的想法、需求等,不是非常确定的数据,对其进行量化后,再分析这些数据之间的关系,往往会发现这些数据缺乏规则的线性情况,而常常是以曲线或者曲面的方式去表达这些关系的。因为对非线性关系的两列数进行回归的效果比较差,所以,非线性化处理的基本思想是通过变换非线性关系为线性关系,而后再建立新的回归模型,从而提高回归模型的整体效果。常用的非线性方程的线性化处理方式有：对数变换、指数变换与幂函数变换。

非线性方程的线性化处理，可以先观察相关图的走向，并对自变量的数据进行相应的数学变换。比如 Y 与 X 的相关图呈对数函数的分布，就可以先对 X 进行反对数变换 $X_2 = EXP(x)$，此时，X_2 与 Y 的线性化程度要高于 X 与 Y 之间。因此，取 X_2 关于 Y 的回归模型，则模型的线性化程度就会大大提高。

（2）回归模型的多项式变换。多项式变换，针对一元回归模型解决非线性化问题。当对数变换、指数变换与幂函数变换都不能求出理想的线性方程时，可以考虑多项式变换。根据微积分的知识，任何函数都可以用分段多项式进行逼近，故 Y 与 X 的非线性函数总可以用多项式表示。

如果 $Y = a_0 + a_1X + a_2X^2 + \cdots + a_nX^n + \varepsilon$，则设 $X_1 = X_1$，$X^2 = X_2$，$X^3 = X_3$，$\cdots$，$X^n = X_n$，则方程可以描述为 Y 关于 $X_i(i = 1,2,\cdots,n)$ 的多元回归模型。再利用多元回归模型的最小二乘估计，求出各个 a_i 的值。

从上可见，一元回归的多项式变换实际上是利用多元回归求出一元回归的多项式解，缺点是通过幂次项拟和的自变量之间会存在相关。

（3）虚拟变量回归。顾名思义，虚拟变量回归就是通过虚拟一个变量，使其在回归模型中起提高方程回归效果的作用。虚拟变量并不是实际存在的变量，只是市场研究人员并不清楚影响因变量 Y 的变化，除了已知自变量 X 外还有什么因素。所以，通过虚拟一个变量，并赋予 0，1 两个不同的值，以表示其的存在，对此可以优化回归模型的效果。

[例 8-6] 如图 8-3 所示，在 M 点的两边，Y 与 X 的线性关系都是非常理想的，但是如果用一个方程去描述 Y 与 X 所有的值，则线性化程度、回归的效果则会明显降低。

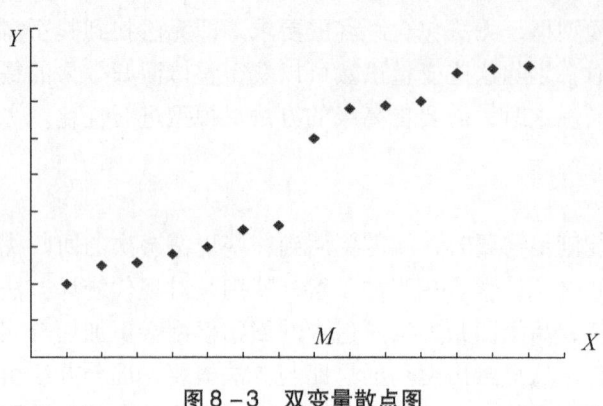

图 8-3 双变量散点图

遇到这种情况，可以在方程一开始的时候就赋予一个虚拟变量 X_0。该变量在 $X < M$ 之前都等于 0，在 $X = M$ 以及 $X > M$ 之后都等于 1，如表 8-20 所示：

表 8-20 建立虚拟变量数值表

ID	Y	X_1	X_0	ID	Y	X_1	X_0
1	20	0.5	0	8	60	2.3	1
2	25	0.8	0	9	68	2.6	1
3	26	0.9	0	10	69	3	1
4	28	1.1	0	11	70	3.5	1
5	30	1.5	0	12	78	3.8	1
6	35	1.8	0	13	79	4	1
7	36	2	0	14	80	4.5	1

题解与结果说明：通过运行 SPSS 来实现 Y 分别基于 X 与 X，X_0 的两个回归模型，就可以明显地比较出两个方程的回归效果的差异程度。

● Y 与 X 的回归模型（表 8-21）：

表 8-21 未加入虚拟变量回归分析方差检验

ANOVA[b]

Model		Sum of Squares	df	Mean Square	F	Sig.
1	Regression	6574.105	1	6574.105	145.888	.000[a]
	Residual	540.753	12	45.063		
	Total	7114.857	13			

a. Predictors：(Constant)，X。
b. Dependent Variable：Y。

● Y 与 X，X_0 的回归模型（表 8-22）：

表 8-22 加入虚拟变量回归分析方差检验

ANOVA[b]

Model		Sum of Squares	df	Mean Square	F	Sig.
1	Regression	7072.268	2	3536.134	913.319	.000[a]
	Residual	42.589	11	3.872		
	Total	7114.857				

a. Predictors：(Constant)，X_0，X。
b. Dependent Variable：Y。

经过虚拟变量后，F 值由 145.888 提高到 913.319，回归效果的改善是非常显著的。

(4) 逐步回归。对于多元回归模型，有时自变量比较多，存在一些对方程的影响不够显著的自变量，这时，通过剔除一些自变量后，是可以提高方程的回归效果，但剩下的自变量与因变量仍有多种组合方式。如何挑选最优的回归模型，成为比较复杂的问题。利用逐步回归可以比较好地解决这个问题。

在 SPSS 的 Regession 模块的 Method 中，选择默认的 ENTER 回归方法，点击 STEPWISE，就可以实现逐步回归；逐步回归的输出结果，最终会筛选出被保留在模型内部有效自变量。

(5) 回归系数的迭代，对最小二乘估计的优化。前面所介绍的各种回归算法，都是基于最小二乘估计的方法。无论怎么优化，回归系数的计算都会出现偏差。对最小二乘估计的优化，就是通过改变算法，从而获得更为精确的回归系数。回归系数的优化算法包括岭回归估计、稳健回归估计以及主成分回归估计。另外，多元回归模型中常存在多重共线性的问题，利用岭回归以及主成分回归都可以消除多重共线性的问题。此外，通过主成分回归，可以包含更多的信息量（通过例子可以说明）。

在以上三种回归优化算法中，计算量都是非常大的，可否利用软件实现，这是一个非常实际的问题。这里着重介绍如何利用 SPSS 实现主成分回归估计，其他算法可以参考相关的统计书籍。

继续沿用多元回归的案例，按照常规的优化，模型最后定型为不包含"价格"因素的回归模型：

$$总评分 = 0.321 \times 便利 + 0.415 \times 质量 + 0.284 \times 服务$$

但若客户认为必须要包含"价格"因素进入模型，以讨论"价格"对商场满意度的影响，则需要采用主成分回归，不过这时包含的"价格"因素并非单纯的"价格"影响了，可能是综合了"价格"、"便利"、"质量"以及"服务"的部分信息，形成一个综合的因子。

采用主成分回归，首先必须对主成分分析有一定的了解。首先对"便利"、"质量"、"服务"和"价格"四个因素进行主成分分析，将四个因素分别组合成不同的因素。首先启动 SPSS 的因子分析模块：Analyze…—Data Rduction—Factor…，进入因子分析主对话框。

分别将"便利"、"价格"、"质量"和"服务"选入"Variables"对话框，然后点击"Extration…"对话框，默认方法是主成分分析：Principal components，在"Extract"对话框中，点击"Number of factors：",并指定要合并成 3 个主因子。

完成以上步骤后，点击"Continue"继续，回到因子分析主对话框，点击"Rotation"（旋转）对话框，在"Method"对话框中指定旋转方法为"方差最大法"；

至此主成分分析的主要步骤都完成了，分别是：①指定主成分分析方法以及主成分个数指定；②启动并指定旋转方法。

完成选择设置后，点击"Continue"回到主对话框，并在主成分主对话框中点击"OK"键按钮输出分析结果，如表 8-23 所示。变量旋转前后系数表分别如表 8-24、表 8-25 所示。

表 8-23 主成分分析方法变量解析方差

Total Variance Explained

Componer	Initial Eigenvalues			Extraction Sums of Squared Loading			Rotation Sums of Squared Loadings		
	Total	% of Variance	Cumulative%	Total	% of Variance	Cumulative %	Total	% of Variance	Cumulative%
1	3.053	76.326	76.326	3.053	76.326	76.326	1.469	36.731	36.731
2	.411	10.282	86.608	.411	10.282	86.608	1.227	30.673	67.405
3	.317	7.917	94.525	.317	7.917	94.525	1.085	27.120	94.525
4	.219	5.475	100.000						

Extraction Method：Principal Component Analysis.

表 8-24 各变量旋转前系数表

Component Matrix[a]

变量名	Component		
	1	2	3
便利	.852	.410	.304
价格	.893	-.263	-.168
质量	.878	.221	-.368
服务	.871	-.354	.246

Extraction Method：Principal Componet Analysis.

a. 3 components extracted.

表 8-25 各变量旋转后系数表

Rotated Component Matrix[a]

变量名	Component		
	1	2	3
便利	.324	.339	.875
价格	.714	-.589	-.195
质量	.300	.844	-.393
服务	.875	-.230	.355

Extraction Method：Principal Component Analysis.
Rotation Method：Varimax with Kaiser Normalization.
a. Rotation converged in 6 iterations.

从表 8-23 中可见，总共抽取 3 个主因子，解释总信息含量的 94.525%。在 Component Matrix 表中，可以看出三个主成分（Component）中，信息主要由第 1 主成分（Compont 1）体现，在"便利"、"价格"、"质量"和"服务"方面的得分要远高于第 2、第 3 主成分。在 Rotated Component Matrix 表中，可以看出经过方差最大化的旋转后，信息有所分离：第 1 主因子（Component 1）：主要体现了"价格"和"服务"方面的因素影响；第 2 主因子（Component 2）：主要体现了"质量"因素的影响；第 3 主因子（Component 3）：主要体现了"便利"因素的影响。

为这三个主成分分别命名如下：第 1 主因子——商品外部因素；第 2 主因子——商品内部因素（质量）；第 3 主因子——商场因素（便利）。

完成主成分分析后，需要对每个样本的三个因子得分进行计算，SPSS 可以轻松实现，只要在因子分析主对话框中点击"Score…"，进入"Factor Scores"对话框，勾选"Save as variables"，并在"Method"对话框中，点选"Regession"，指定运用回归方法计算各个样本的因子得分。点击"Continue"按钮，回到因子分析主对话框中，点击"OK"按钮输出分析结果。输出的分析结果同上，只是在数据录入窗口中多了三个变量，就是"fac1-1"、"fac2-1"、"fac3-1"，分别是主成分 1，2，3 的得分。到此，已完成了主成分回归的主成分分析步骤，接下来就可以进行回归分析了。这时，建立的回归模型就是"总评分"关于"fac1-1"、"fac2-1"、"fac3-1"的回归模型了。建立回归模型的操作同多元回归，在此略过。回归输出结果如表 8-26 至表 8-28 所示。

表 8-26　主成分分析后回归模型检验

Model Summary

Model	R	R Square	Adjusted R Square	Std. Error of the Estimate
1	.876[a]	.768	.751	7.41938

a. Predictors：(Constant)，REGR factor score 3 for analysis 1，REGR factor score 2 for analysis 1，REGR factor score 1 for analysis1.

表 8-27　主成分分析后回归分析方差检验

ANOVA[b]

Model		Sun of Squares	df	Mean Square	F	Sig.
1	Regression	7649.430	3	2549.810	46.320	.000[a]
	Residual	2311.983	42	55.047		
	Total	9961.413	45			

a. Predictors：(Constant)，REGR factor score 3 for analysis 1，REGR factor score 2 for analysis 1，REGR factor score 1 for analysis1.

b. Dependent Variable：总评分。

表 8-28 主成分分析后回归分析各变量系数及系数检验

Coefficients^a

Model		Unstandardized Coefficients		Standardized Coefficients	t	Sig.
		B	Std. Error	Beta		
1	(Constant)	80.543	1.094		73.628	.000
	REGR factor score 1 for analysis 1	6.519	1.106	.438	5.894	.000
	REGR factor score 2 for analysis 1	7.568	1.106	.509	6.842	.000
	REGR factor score 3 for analysis 1	8.380	1.106	.563	7.577	.000

a. Dependent Variable：总评分。

从以上回归输出结果可知，"总评分"关于"fac1-1"、"fac2-1"、"fac3-1"的主成分回归模型的 $R^2 = 0.876$，$F = 46.320$，方程的总体显著性检验值 $Sig.$ 为 0.000，说明方程回归效果非常显著。各个回归系数显著性检验值 $Sig.$ 均为 0.000，都通过显著性检验。至此，主成分回归模型已经建立，定型为：

总评分 = 80.54 + 6.519 × 商品外部因素 + 7.568 × 商品内部因素 + 8.380 × 商场因素

上述回归模型包含了所有因素的信息，可见"商场因素"对"总评分"的影响程度最大，其次是"商品的内部因素"，再次是"商品的外部因素"。单独的"便利"、"质量"、"价格"和"服务"因素已被综合。主成分回归分析法，在自变量较多时更加适用。

(6) 优化预测，回归模型与随机时间序列的组合应用。回归模型是可以与其他分析模型组合应用的，常常与时间序列组合应用，特别在优化预测方面更能互补长短，取得比较理想的效果。

在预测方面，由于回归模型考虑了其他因素对被研究对象的影响，所以在逻辑上比较合理，但在预测精度上则不甚理想。时间序列的优势在于可以比较精确的预测近期的发展。利用时间序列去修正回归模型的残差，特别是利用随机时间序列去修正，是比较理想的一种回归组合模型。

当实际值 Y 与回归理论值 y' 存在差异，把这个差异称为 ε。在古典回归假设里，ε 的和是等于 0 的，所以在回归模型里是省去 ε 项的。但实际情况很难满足 ε 的和等于 0，而且常常 ε 是比较大的。所以，有必要对 ε 进行矫正，以提高预测精度。利用随机时间序列进行矫正，本质上是对 ε 进行预测，ε 不再是可以忽略的一项。注意：该方法需要对随机时间序列 ARIMA 模型有一定的了解。

以下通过案例说明。

[例 8-7] 表 8-29 是 1993—2013 年某市 GDP 与固定资产总额情况，请预测该市 2014—2016 年 GDP 及固定资产投资总额。

表 8-29 1993—2013 年某市 GDP 及固定资产投资总额情况

年　份	GDP（亿元）y	固定资产投资总额（亿元）x
1993	1.96	0.15
1994	2.70	0.33
1995	4.96	1.13
1996	8.26	0.74
1997	13.12	1.44
1998	23.42	2.30
1999	39.02	3.29
2000	41.65	4.89
2001	55.90	4.04
2002	86.98	4.44
2003	115.66	4.58
2004	171.67	5.19
2005	236.66	5.80
2006	317.32	7.15
2007	449.29	14.32
2008	615.19	17.30
2009	795.70	17.35
2010	950.04	24.22
2011	1130.01	28.72
2012	1289.02	25.52
2013	1436.03	27.54

题解与结果说明：试通过回归、随机时间序列组合模型预测 2014—2016 年该市 GDP 值。

首先通过 SPSS 建立回归模型：

$$GDP = 43.943 \times 固定资产投资总额$$

各项检验指标如表 8-30 至表 8-32 所示：

表 8－30 回归模型检验

Model Summary

Model	R	R Square[a]	Adjusted R Square	Std. Error of the Estimate
1	.983[b]	.966	.964	111.81813

a. For regression through the origin (the no-intercept model), R Square measures the proportion of the variability in the dependent variable baout the origin explained by regression, This CANNOT be compared to R Square for models which include an intercept.

b. Predictors：外资。

表 8－31 回归分析方差检验

ANOVA[c,d]

Model		Sum of Squares	df	Mean Square	F	Sig.
1	Regression	7080964	1	7080964.284	566.328	.000[a]
	Residual	250065.9	20	12503.294		
	Total	7331030[b]	21			

a. Predictors：外资。

b. This total sum of squares is not corrected for the constant because the constant is zero for regression through the origin.

c. Dependent Variable：GDP。

d. Linear Regression through the Origin.

表 8－32 回归分析方差检验

Coefficients[a,b]

Model		Unstandardized Coefficients		Standardized Coefficients	t	Sig.
		B	Std. Error	Beta		
1	外资	42.943	1.805	.983	23.798	.000

a. Dependent Variable：GDP。

b. Linear Regression through the Origin.

从上述表格可知，回归模型通过 R，F 以及 T 检验。回归模型是有效的。由此，建立 ε 数列，$\varepsilon = y - y'$，数据如表 8－33 所示：

表 8-33　回归分析偏差结果

年　份	GDP（亿元）y	固定资产投资总额（亿元）x	y'	$y-y'$
1993	1.96	0.15	6.6004	-4.6366
1994	2.70	0.33	14.0167	-11.3155
1995	4.96	1.13	48.4486	-43.4910
1996	8.26	0.74	31.6879	-23.4306
1997	13.12	1.44	61.8126	-48.6914
1998	23.42	2.30	98.8254	-75.4093
1999	39.02	3.29	141.3908	-102.3686
2000	41.65	4.89	210.1344	-168.4893
2001	55.90	4.04	173.7013	-117.7998
2002	86.98	4.44	190.7927	-103.8120
2003	115.66	4.58	196.7189	-81.0624
2004	171.67	5.19	222.6910	-51.0245
2005	236.66	5.80	249.0195	-12.3565
2006	317.32	7.15	307.2119	10.1075
2007	449.29	14.32	615.0208	-165.7319
2008	615.19	17.30	742.7427	-127.5494
2009	795.70	17.35	745.2592	50.4358
2010	950.04	24.22	1040.2666	-90.2220
2011	1130.01	28.72	1233.1936	-103.1803
2012	1289.02	25.52	1096.0070	193.0120
2013	1436.03	27.54	1182.7524	253.2743

对该序列作散点图如图 8-4 所示：

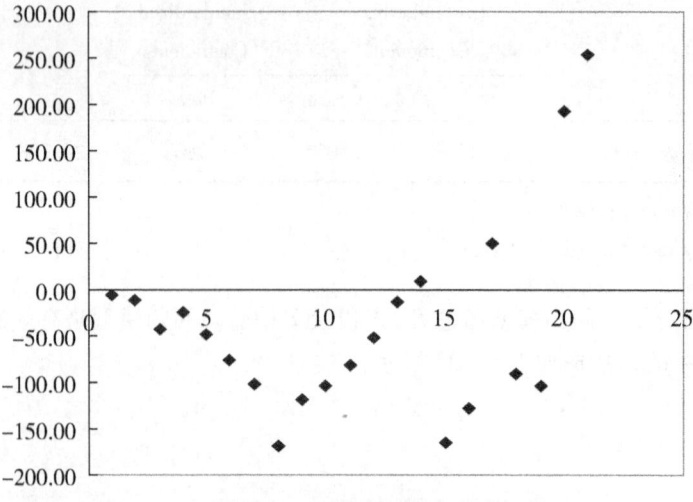

图 8-4　回归偏差散点图

对上述数列用随机时间序列模型表述,并对其进行预测。运行 SAS 的 ARIMA 模型,可直接输出分析结果以及预测数值。调用 SAS 的 ARIMA 模型命令语句如下:

data aa;/建立数据库 aa;/
input e;/输入变量 e;/
cards;/输入开始/
−4.63658
……
253.27426;
proc arima data = aa;/运行 ARIMA 模型/
identify var = e (1) nlag = 18/

运行 ARIMA 模块中 IDENTIFY 命令,指定最大阶数为 18 阶,identify 检测数据的平稳性,只有平稳的数列才可以建立 ARIMA 模型,以及预测。

本数列取 2 阶为平稳序列,验证请参考相关的时间序列。

estimate p = (1) q = (1) method = ml;/建立模型,指定模型 P = 1,q = 1,算法为极大似然法 ml/

estimate p = (1 2) q = (0) method = ml;/建立模型,指定模型 P = 1,2;q = 1,算法为极大似然法 ml/

estimate p = (2) q = (0) method = ml;/建立模型,指定模型 P = 2,q = 1,算法为极大似然法 ml/

estimate p = (2) q = (0) method = ml noint;/建立模型,指定模型 P = 2,q = 0,算法为极大似然法 ml,去除常数项/

run;/运行以上所有命令/

根据以上输出结果,指定的四个模型中,各自的 AIC、SBC 指标值如表 8 - 34 所示。

表 8 - 34 时间序列分析 AIC、SBC 指标

模 型	p	q	c 常数项	AIC	SBC
1	1	1	有	244	247
2	1	0	有	237	240
3	2	0	有	236	238
4	2	0	无	234	235

评价各个模型优劣程度,运用 AIC、SBC 指标进行比较,其中 AIC、SBC 指标越小越好。因此,模型 4 最优。调用完整的 SAS 命令语句如下:

proc arima data = aa;
　　identify var = e (1) nlag = 18;
estimate p = (2) q = (0) method = ml noint;
　　forcast out = bb;　　/运行预测命令 forcast,并将输出结果存入文件 bb/
proc print data = bb;/输出显示数列 bb/

根据 SAS 的输出结果，实际值与模型预测值对比如表 8-35 所示：

表 8-35　时间序列分析实际值与预测值

标识	实际值 ε	预测值 ε'	标识	实际值 ε	预测值 ε'
1	-4.637		13	-12.357	-66.893
2	-11.315	-4.637	14	10.107	-33.309
3	-43.491	-11.315	15	-165.732	-16.864
4	-23.431	-38.832	16	-127.549	-181.401
5	-48.691	-0.987	17	50.436	-4.897
6	-75.409	-62.684	18	-90.222	23.803
7	-102.369	-57.789	19	-103.18	-214.371
8	-168.489	-83.732	20	193.012	-5.068
9	-117.8	-149.685	21	253.274	202.051
10	-103.812	-71.679	22		46.673
11	-81.062	-139.169	23		4.639
12	-51.024	-90.819	24		148.748

曲线图如图 8-5 所示：

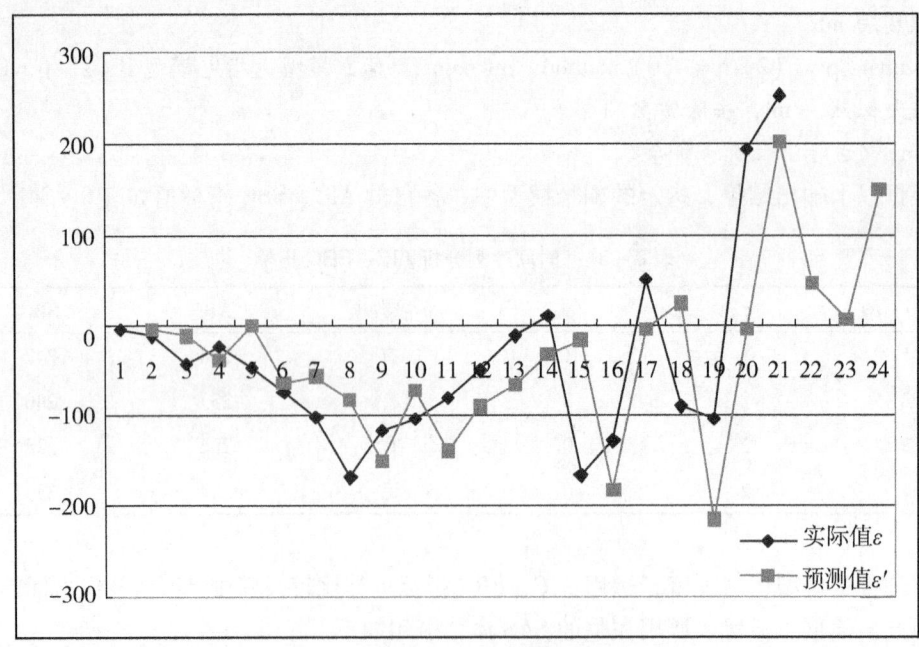

图 8-5　实际误差值与预测误差值线形图

可见，经过 ARIMA 模型模拟所得的时间序列模型基本能反映出 ε 的变化趋势，并对此作了预测，趋势先降后涨。根据对误差 ε 的预测结果，可以组合成回归随机时间序列组合模型，相关数据如表 8-36 所示：

表 8-36 回归——随机时间序列组合模型相关数据

标识	年份	GDP（亿元）y	固定资产投资总额（亿元）x	$y_1{'}$	实际值 $\varepsilon = y - y_1{'}$	预测值 ε'	$y_2{'} = y_1{'} + \varepsilon'$
1	1993	1.96	0.15	6.60	-4.64		6.60
2	1994	2.70	0.33	14.02	-11.32	-4.64	9.38
3	1995	4.96	1.13	48.45	-43.49	-11.32	37.14
4	1996	8.26	0.74	31.69	-23.43	-38.83	-7.14
5	1997	13.12	1.44	61.81	-48.69	-0.99	60.82
6	1998	23.42	2.30	98.83	-75.41	-62.68	36.15
7	1999	39.02	3.29	141.39	-102.37	-57.79	83.60
8	2000	41.65	4.89	210.13	-168.48	-83.73	126.40
9	2001	55.90	4.04	173.70	-117.80	-149.69	24.02
10	2002	86.98	4.44	190.79	-103.81	-71.68	119.11
11	2003	115.66	4.58	196.72	-81.06	-139.17	57.55
12	2004	171.67	5.19	222.69	-51.02	-90.82	131.87
13	2005	236.66	5.80	249.02	-12.36	-66.89	182.13
14	2006	317.32	7.15	307.21	10.11	-33.31	273.90
15	2007	449.29	14.32	615.02	-165.73	-16.86	598.16
16	2008	615.19	17.30	742.74	-127.55	-181.40	561.34
17	2009	795.70	17.35	745.26	50.44	-4.90	740.36
18	2010	950.04	24.22	1040.27	-90.23	23.80	1064.07
19	2011	1130.01	28.72	1233.19	-103.18	-214.37	1018.82
20	2012	1289.02	25.52	1096.01	193.01	-5.07	1090.94
21	2013	1436.03	27.54	1182.75	253.28	202.05	1384.80

上表列出了两个回归模型的理论值，分别是 $y_1{'}$ 和 $y_2{'}$，利用残差平方和，对两个模型进行比较，数值如表 8-37 所示：

表 8-37 回归模型与组合模型残差平方和对比

模　　型	残差平方和
回归模型 $y_1{'}$	250065.88
组合回归模型 $y_2{'}$	144489.57

通过比较残差平方和，可以看出回归—时间序列组合模型的残差平方和比回归模型要小 43%，优化效果还是很明显的。因此，应该采用回归—时间序列组合模型进行预测。

经计算，2014—2016 年该市固定资产投资资总额平均增长率为 11%，据此简单预测 2014—2016 年该市固定资产投资总额分别为：30.57 亿元、33.93 亿元与 37.67 亿元，并且 ε' 预测值分别为：46.67 亿元、4.64 亿元和 148.75 亿元。将以上数值代入回归—时间序列组合模型可得 2014—2016 年三年该市的 GDP 预测值分别为：1390.09 亿元、1495.83 亿元和 1803.97 亿元。

三、回归分析与模型优化的一些问题

一元回归模型是一种简单而有效的分析方法，通过一元线性回归可以很好地解释回归统计分析的思想及应用。它犹如一面镜子，告诉市场研究人员这一个因素是否是影响被研究现象的关键因素，并预测如果该因素发生变化后，被研究对象将如何发展。但是，回归模型只能发现这一个变量是否对对象有重要影响的，而不能告诉你如何去实施具体的措施。正如一元回归案例所示，如果发现了"便利性"对商场形象有显著影响，那就该继续在如何提高便利性方面做更为深入的研究。回归分析常常只是作为调研分析的开始，而不是调研分析的结束。

多元回归模型比一元回归更贴近实际情况。面对研究课题，市场研究人员通常会尽可能多地收集可能影响因变量的所有信息，然后逐一排除对因变量没有关系的变量，最后才建立回归模型。在条件允许的情况下，多元回归模型能从多个方面，对预测因变量的变化做更加有科学性合理的分析。但是，多元回归模型比一元回归模型面临更复杂的计算以及条件限制，完全满足古典假设的多元回归模型很难存在。比如，回归模型经常需要面对因素不显著、因素之间相互干扰的问题，因此，模型的优化对多元回归模型就显得尤为重要。

常用的模型优化方法有增加样本量、剔除无效因子、曲线模型直线化以及用因子分析去除因素之间的多重共线性问题等。在这四种方法中，增加样本量以及剔除无效因子是最直接的方法；对方程的多个因子进行对数处理能有效地对曲线模型进行线性化转换；最后的因子分析是较为复杂的变换方法，其主要原理是首先对众多因素进行因子分析，将相关性较大的因子进行合并，提炼出少数几个综合因子，这几个综合因子包含了绝大部分的原始信息，然后利用这几个综合因子的方程式计算每个变量的因子得分，最后建立因变量关于几个综合因子的回归模型，通过因子分析与多元回归模型的综合运用，可以有效解决多重共线性的问题。

【思考与练习】
1. 叙述相关分析的基本思想、基本步骤及存在的缺陷。
2. 概括相关分析的种类、不同种类相互之间的关系及各自使用的提前。
3. 叙述回归分析的基本思想及存在的缺陷。
4. 概括回归分析的种类、不同种类相互之间的关系及各自使用的提前。

5. 论述回归分析与相关分析之间的联系与区别。

6. 论述回归分析的步骤。

7. 回归分析常见的问题有哪些?

8. 概述回归分析优化的几种方法。

9. 以下是一位销售经理收集的员工年销售额与工龄的数据。

售货员	工龄（年）	销售额（万元）	售货员	工龄（年）	销售额（万元）
1	1	80	6	8	111
2	3	97	7	10	119
3	4	92	8	10	123
4	4	102	9	11	117
5	6	103	10	13	136

（1）用工龄作自变量，画出这些数据的散点图；

（2）求出在售货员工龄已知时，被用来预测他的年销售额的回归模型；

（3）利用估计回归模型，预测有9年工龄的一位售货员的年销售额。

10. 某餐厅的广告费用支出（万元）和收入（万元）的数据如下表所示。

广告费用（万元）	收入（万元）	广告费用（万元）	收入（万元）
1	19	10	52
2	32	14	53
4	44	20	54
6	40		

（1）利用最小二乘法，求出一条近似这两个变量之间关系的线性模型；

（2）在0.05显著性水平下，检验广告费支出和收入是否相关；

（3）为了作出关于预测值的残差图，利用（1）的结果，求出预测值；

（4）从残差分析中你能得出什么结论？你是应用这个模型，还是应该寻找一个更好的模型呢？

11. 在一项研究工作中，客户为了能预测用信用卡进行支付的数额，要求对消费者的特点进行研究。对于由50名消费者组成的一个样本，采集了有关年收入、家庭成员人数和年信用卡支付数额的统计资料如下表所示。

序号	家庭年收入（万元）	家庭成员数（个）	家庭信用卡支付数额（万元）	序号	家庭年收入（万元）	家庭成员数（个）	家庭信用卡支付数额（万元）
1	21.6	3	401.6	26	21.6	6	557.3
2	12.0	2	315.9	27	12.0	1	258.3

续表

序号	家庭年收入（万元）	家庭成员数（个）	家庭信用卡支付数额（万元）	序号	家庭年收入（万元）	家庭成员数（个）	家庭信用卡支付数额（万元）
3	12.8	4	510.0	28	19.2	2	386.6
4	20.0	5	474.2	29	13.6	5	358.6
5	12.4	2	186.4	30	26.8	4	503.7
6	22.0	2	407.0	31	20.0	2	360.5
7	14.8	1	273.1	32	26.8	5	534.5
8	16.0	2	334.8	33	22.0	6	537.0
9	26.4	4	476.4	34	20.8	2	389.0
10	20.4	3	411.0	35	24.8	3	470.5
11	10.0	3	420.8	36	25.6	2	415.7
12	19.2	4	421.9	37	8.8	3	357.9
13	10.8	1	247.7	38	11.6	4	389.0
14	13.2	2	251.4	39	15.6	2	297.2
15	26.0	3	421.4	40	14.0	1	312.1
16	25.2	4	496.5	41	15.6	4	418.3
17	16.8	6	441.2	42	21.6	3	373.0
18	8.4	2	244.8	43	9.2	4	412.7
19	17.6	1	299.5	44	10.8	2	292.1
20	14.8	5	417.1	45	10.4	7	460.3
21	24.8	6	567.8	46	24.4	2	427.3
22	8.4	3	362.3	47	12.0	2	306.7
23	22.0	7	530.1	48	8.8	4	307.4
24	16.8	2	302.0	49	18.4	4	482.0
25	16.4	7	482.8	50	26.4	4	514.9

（1）对以上数据进行描述统计分析和评述；

（2）首先利用家庭年收入作自变量，然后利用家庭成员人数作自变量，分别建立估计回归模型，看看哪一个自变量能更好地预测家庭年信用卡支付数额的变化，讨论估计结果。

（3）利用家庭年收入和家庭成员作自变量，建立估计的回归模型，讨论估计结果。

（4）对于家庭年收入为12万元的三口之家，预测该家庭的年信用卡支付数额是多少。

12. 下表是一家超市连锁店的20家分店的数据。

分店编码	年销售额（万元）	经过门店的日均车辆数（辆）	方圆2公里内的人口数（人）	方圆2公里内家庭的年平均收入（万元）
1	10089	61655	17880	26.09
2	6894	35236	13742	13.26
3	5355	35403	19741	7.30
4	8091	52832	23246	13.79
5	7335	40809	24485	10.29
6	7038	40820	20410	10.56
7	7497	49147	28997	9.53
8	5139	24953	9981	9.64
9	6228	40828	8982	21.23
10	9045	39195	18814	14.13
11	5301	34574	16941	8.11
12	6039	26639	13319	9.06
13	8127	55083	21482	15.63
14	6327	37892	26524	6.78
15	5004	24019	14412	6.26
16	5913	27291	13896	8.87
17	10881	53438	22444	19.43
18	8973	54835	18096	20.39
19	7596	32916	16458	11.39
20	7947	29139	16609	10.46

（1）根据相关分析，说明哪三个变量是预测销售的最好指标。

（2）以上各变量，对销售额进行回归分析，得出最优回归模型，并对回归分析的结果进行说明和解析。

第九章 属性数据分析

对于一个事物的判断,往往需要深层次的分析才能得到对事物本质的认识,而属性数据分析中的因子分析、聚类分析和判别分析是数据统计分析的高级分析工具。本章主要内容为:因子分析、聚类分析、判别分析的基本理论、基本思想、实现方法与使用过程。

第一节 因子分析

在市场研究中,为了系统、综合地分析问题,常常需要尽可能收集到比较完整的信息和数据,也就是说,对于一个样本需设定较多指标(变量)来获取全面的资料。但在对数据进行处理时,又希望获得简单、直观、有效的分析结果,因此就必须将较多的变量进行简化,并且尽可能地充分利用所有变量的信息,而因子分析方法就是可以达到这种目的的一种多元统计分析方法。因子分析是将多个变量转换为少数几个不相关的综合指标的一种分析方法,这里少数几个不相关的指标(变量)就是所谓的"因子",然后利用因子分析的结果进行进一步的分析和研究,如相关回归分析、假设检验分析、聚类分析等。因此,在市场研究中因子分析方法也是非常重要并普遍运用的分析方法之一。

一、因子分析的思想

1. 因子分析的特点

因子分析的特点综合起来主要有以下五个方面:第一,使变量简单化,即把多个变量简单转化为几个主要的因子;第二,把众多的具有许多重复交叉的变量转化成少数几个相互之间不相关的因子;第三,充分利用所有变量的信息,既使变量简单化,又充分利用到足够多的信息;第四,使研究者和管理者对研究对象具有更直观的认识和了解;第五,通过因子分析后,对研究者和管理者作进一步分析提供前提条件。

如在测量某企业的经济效益时,测量企业的利润率、固定资产利用率、流动资产周转率、职工劳动生产率等指标,为了综合评价企业经济效益,就需要通过因子分析来说明该企业经济效益情况是处于一个什么样的状态,在哪些综合性指标方面较具优势,对结果的最终描述是非常简单、直观、有效的。并且,通过因子分析还可以得出如果要提高企业的经济效益,重点是要改善企业哪些方面或者哪些指标对企业的经济效益具有更大的效用。

2. 因子分析的思想

因子分析的思想很简单，就是把多个变量转化为少数几个变量，起到简化变量的作用，其根本的原则是根据相关性大小把变量分组，使得同组内的变量间相关性很强，不同组的变量间的相关性非常低，从而把每个组当做一个因子，并对各个因子作出合理的解析和说明。

3. 因子分析的步骤

第一步，计算所有变量的相关矩阵，从矩阵和统计量来确认变量间的相关性；第二步，因子提取，根据要求或由系统默认来确定描述数据所需要的因子数及其计算方法；第三步，因子旋转，集中变换因子载荷量来使得各因子具有更好的解析；第四步，计算每个变量的因子得分，然后将他们用于其他的分析中。

二、因子分析的理论知识

下面对因子分析中碰到的一些理论知识和基本概念进行介绍。

1. 构造变量相关矩阵

假设有 n 个样本，每个样本测量了 p 项指标，由于事前为了获得较为完整的信息，因此在这 p 项指标中难免会出现交叉相关的情况，并且样本各指标值的单位和数量大小均有不同的情况，使很难利用这 p 项指标的信息区别这 n 个样本单位，因此引用因子分析的方法来找出少数几个指标，使他们尽可能地反映 p 项指标的信息，而且彼此间相互独立，其数学模型如下：

$$Z = AX$$

其中：Z 为因子向量；A 为因子变换矩阵；X 为原始变量向量。

因子分析的目的是要把系数矩阵 A 求出，理论上来说可以求出第 1 因子、第 2 因子……第 p 因子。

2. 因子提取

理论上，根据构造变量相关矩阵的结果，p 项指标就可以构造 p 个因子，但因子分析的思想是简化指标，因此在 p 个因子中，按照要求或采用系统默认值来提取主因子，这里涉及一个概念——贡献率（经济含义为该因子综合所有指标信息的能力），其中考虑的标准是各因子的方差贡献率，根据贡献率的大小排位，计算累计贡献率，一般来说，累积贡献率在 85% 或以上所对应的前 m 个因子即可作为的主因子，信息有部分损失，并且累积贡献率越小，保留原资料信息就越少。在因子分析中，在尽可能充分利用原始信息的前提下，m/p 越小说明此资料使用因子分析越合适。

3. 因子旋转

因子旋转的目的在于方便对主因子进行较好地解析，这里又涉及另外一个基本概念即因子载荷量（在因子分析中因子的载荷量就是该因子与所有变量的相关系数），在构造变量相关矩阵中，构造出来的载荷矩阵结构比较复杂，不易于主因子解析。因子旋转的思想是使得矩阵中各列系数向更小（0）或向更大（1）两极分化，但保持同一行中系数平方和不变。通过因子旋转，可求得较易对主因子的命名和解析，也就是说可以得到部分"高载荷量"的因子。进行正交变换可以保证变换后各因子仍正交，这是比较理想的情况。值得注意的是，因子的命名和解析带有主观的色彩，因人的不同，主因子的命名也有所不同，但是事物的本质使得各变量间的联系一般来说具有某种稳定性。

4. 因子得分

根据线形关系，可以计算出每个样本各个主因子的得分，这样便于对样本进行聚类分析或对问题作更进一步的分析研究。

三、案例分析

[例9-1]　某公司每年都要对员工进行综合评估，作为是否升职、调动等的考查标准。为此，该公司人事部制订了一个内部员工的调查计划，每年一次，调查采用普查的形式，调查方式是问卷调查，其中考核的指标为以下十个方面。

X_1：专业水平　　X_2：创新能力　　X_3：自信心　　X_4：理解能力

X_5：工作的积极性　X_6：诚信　　　　X_7：经验　　　X_8：洞察力

X_9：对同事的影响力　X_{10}：工作的适应能力

对公司的60名员工进行调查，并对每方面考核指标采用10分制打分，分值越高代表该员工在该方面表现越好，收集的数据见表9-1。现通过因子分析，结合各不同岗位的需要，对这60名员工进行相应的调整和安排。

表9-1　某公司60名员工评估得分表　　　　　　　　　　单位：分

员工序号	专业水平	创新能力	自信心	理解能力	积极性	诚信	经验	洞察力	影响力	适应能力
1	10	10	8	3	2	5	1	8	3	1
2	3	5	4	4	4	6	2	9	10	9
3	1	8	10	5	6	8	3	5	7	1
4	7	3	9	9	7	4	5	5	6	2
5	2	4	10	4	5	8	4	2	3	8
6	9	6	10	9	7	3	1	10	9	5
7	10	7	6	7	9	9	1	1	7	9
8	1	2	6	6	6	3	1	3	5	4
9	7	10	2	10	7	3	10	2	3	7
10	8	4	1	3	2	8	9	5	4	4
11	4	7	2	5	4	1	8	6	2	5
12	6	2	4	1	5	3	10	6	6	3
13	4	8	1	7	5	5	5	1	3	5

续表 9-1

员工序号	专业水平	创新能力	自信心	理解能力	积极性	诚信	经验	洞察力	影响力	适应能力
14	5	6	2	3	4	9	5	6	3	8
15	3	1	4	6	1	4	5	3	4	10
16	4	4	1	2	3	1	5	2	3	6
17	8	10	2	3	6	4	1	1	5	2
18	3	4	2	6	4	2	1	10	4	1
19	8	8	1	4	8	1	8	2	7	8
20	1	1	6	3	9	2	6	6	5	2
21	5	9	7	9	9	4	9	5	3	4
22	2	1	7	7	7	9	10	7	1	6
23	7	7	5	3	7	8	4	7	6	7
24	10	6	2	9	8	2	1	4	9	5
25	8	7	3	4	2	3	3	6	2	2
26	6	10	7	2	6	9	9	10	4	5
27	7	5	3	8	4	7	2	8	8	5
28	6	4	10	5	4	9	2	2	3	5
29	8	4	8	5	7	8	4	3	7	1
30	4	1	2	6	3	6	3	8	4	7
31	3	9	6	9	1	9	1	2	1	9
32	4	3	1	5	4	7	2	8	1	7
33	1	8	3	5	1	7	5	7	5	10
34	3	6	5	6	9	6	5	4	2	1
35	5	2	2	7	7	8	9	4	7	6
36	4	8	1	1	8	8	9	8	1	3
37	9	9	2	5	4	7	9	6	影响	8
38	3	8	10	3	5	9	6	9	9	9
39	7	4	1	8	4	9	4	2	1	9
40	10	4	2	7	9	1	2	1	4	5
41	10	4	7	10	4	4	10	3	10	2
42	3	6	3	3	4	4	7	5	2	3
43	5	5	2	4	4	5	10	3	2	7
44	9	6	9	2	6	7	6	7	10	9
45	8	3	6	3	7	4	9	6	1	9

续表 9-1

员工序号	专业水平	创新能力	自信心	理解能力	积极性	诚信	经验	洞察力	影响力	适应能力
46	5	8	4	7	5	4	1	3	3	2
47	4	9	6	8	8	8	9	6	5	7
48	9	9	3	3	1	6	10	3	6	8
49	1	2	8	10	1	3	3	7	1	6
50	4	6	4	6	9	9	4	7	5	8
51	7	9	8	1	2	10	5	1	6	4
52	6	3	3	2	4	3	8	4	2	8
53	10	2	4	4	9	2	3	1	4	6
54	9	1	3	4	4	4	3	4	8	7
55	5	8	1	5	9	2	10	3	2	5
56	3	10	7	8	2	7	8	9	9	10
57	9	3	1	1	8	7	9	6	7	5
58	10	4	6	2	2	1	4	9	10	9
59	2	2	4	9	5	3	5	10	7	10
60	1	4	4	1	7	2	2	2	5	3

分析：本案例需要进行变量的简单化，就是把众多的变量转化为少数几个主因子，因此要用到因子分析，从因子分析的原理和相关知识可知，最后要获得的是因子得分，这样才能对主因子进行解析和说明，下面就通过 SPSS 来实现其计算过程，并对结果进行分析说明。

题解：打开"某公司员工的评估得分.sav"数据库；调用因子分析模块，运行 Data Reduction/Factor，弹出因子分析主对话框，把要分析的 10 个变量都通过箭头按钮移入 "Variables:"列表中；点击 "Descriptives…" 按钮，弹出 "Descriptives" 子对话框，选中 "Initial solution"、"Coefficients" 和 "Significance levels" 选项，点击 "Continue" 返回主对话框；点击 "Extraction…" 按钮，弹出 "Extraction" 子对话框，在 "Method:" 选取 Principal components 方法（主成分分析法），在 Analyze 和 Display 下选中 "Correlation matrix" 和 "Unrotated factor solution" 选项，在 Extract 下的 "Eigenvalues over:" 后面输入 "0.8"（此选项是因子提取的标准，如输入 "0.8"，则就把 Eigenvalues 值大于 0.8 的因子作为主因子提取出来，即值越大，提取的主因子越少，但信息的损失也越多，系统默认值为 1），点击 "Continue" 返回主对话框；点击 "Rotation…" 按钮，弹出 "Rotation" 子对话框，在 Method（旋转方法）中选中 "Varimax"（方差最大化），在 Display 选中 "Rotated solution" 选项，点击 "Continue" 返回主对话框；点击 "Scores…" 按钮，弹出 "Scores" 子对话框，选中 "Save as variables" 和 "Display factor score coefficient matrix" 选项，在因子得分方法（Method）中选取 "Regression" 选项，点击 "Continue"返回主对话框;参数修改完成后,点击因子分析的主对话框中的"OK"按钮,就可以得到结果了,见表9-2至表9-8和图9-1。

表9-2 各指标相关分析矩阵

Correlation Matrix

	变量名称	专业水平	创新能力	自信心	理解能力	积极性	诚信	经验	洞察力	影响力	适应能力
Correlation	专业水平	1.000	.128	-.089	-.121	.110	-.098	.009	-.242	.327	-.028
	创新能力	.128	1.000	.048	-.014	-.022	.260	.118	-.038	.001	-.031
	自信心	.089	.048	1.00	.196	.017	.234	-.194	.129	.255	-.085
	理解能力	-.121	-.014	.196	1.000	.071	-.055	-.139	.005	-.004	.085
	积极性	.110	-.022	.017	.071	1.000	-.033	.101	-.154	.037	-.241
	诚信	-.98	.260	.234	-.055	-.033	1.00	.111	.077	-.044	.200
	经验	.009	.118	-.194	-.139	.101	.111	1.000	.001	-.059	.125
	洞察力	-.242	-.038	.129	.005	-.154	.077	.001	1.000	.138	.082
	影响力	.317	.001	.255	-.004	.037	-.044	-.059	.138	1.000	.187
	适应能力	-.028	-.031	-.085	.085	-.241	.200	.125	.082	.187	1.000
Sig.(1-taied)	专业水平		.164	.249	.178	.201	.229	.472	.031	.005	.416
	创新能力	.164		.357	.456	.433	.022	.185	.386	.497	.406
	自信心	.249	.357		.067	.448	.036	.069	.162	.025	.259
	理解能力	.178	.456	.067		.295	.338	.145	.485	.487	.260
	积极性	.201	.433	.448	.295		.401	.221	.121	.388	.032
	诚信	.229	.022	.036	.338	.401		.199	.281	.370	.063
	经验	.472	.185	.069	.145	.221	.199		.498	.326	.170
	洞察力	.031	.386	.162	.485	.121	.281	.498		.146	.268
	影响力	.005	.497	.025	.487	.388	.370	.326	.146		.076
	适应能力	.416	.406	.259	.260	.032	.063	.170	.268	.076	

表9-3 指标的共同度

Communalities

变量名称	Initial	Extraction
专业水平	1.000	.782
创新能力	1.000	.924
自信心	1.000	.779
理解能力	1.000	.940
积极性	1.000	.839

续表9-3

变量名称	Initial	Extraction
诚信	1.000	.849
经验	1.000	.793
洞察力	1.000	.879
影响力	1.000	.845

表9-4 解释总方差

Total Variance Explained

Component%	Initial Eigenvalues%			Extraction Sums of Squared Loading			Rotation Sums of Squared Loadings		
	Total	% of Variance	Cumulative %	Total	% of Variance	Cumulative %	Total	% of Variance	Cumulative %
1	1.588	15.881	15.881	1.588	15.881	15.881	1.393	13.926	13.926
2	1.434	14.336	30.217	1.434	14.336	30.217	1.286	12.865	26.791
3	1.425	14.254	44.470	1.425	14.254	44.470	1.260	12.597	39.388
4	1.256	12.560	57.030	1.256	12.560	57.030	1.201	12.005	51.393
5	1.012	10.120	67.150	1.012	10.120	67.150	1.187	11.869	63.262
6	.988	9.881	77.032	.988	9.881	77.032	1.111	11.107	74.369
7	.801	8.014	85.046	.801	8.014	85.046	1.068	10.677	85.046
8	.620	6.201	91.247						
9	.508	5.081	96.328						
10	.367	3.672	100.000						

Extraction Method: Principal Component Analysis.

表9-5 旋转前因子载荷量

Component Matrix[a]

变量名称	Component						
	1	2	3	4	5	6	7
专业水平	-.401	.401	.623	-.197	-2.01E-02	-.172	5.054E-02
创新能力	.107	-.137	.535	.477	-9.44E-02	-.321	.518
自信心	.569	.520	4.863E-03	.360	-.121	5.001E-02	-.197
理解能力	.272	.323	-.309	.181	.710	-8.76E-02	.350
积极性	-.395	.307	7.659E-02	.443	.233	.564	-.117
诚信	.515	-.286	.387	.436	-3.59E-04	-4.67E-02	-.400

续表 9-5

变量名称	Component						
	1	2	3	4	5	6	7
经验	-.138	-.524	.399	5.401E-02	.209	.523	.138
洞察力	.574	-7.38E-02	-.150	-.202	-.364	.446	.387
影响力	.246	.594	.480	-.389	-4.44E-02	.218	3.210E-02
适应能力	.435	-.266	.295	-.495	.502	-6.81E-02	-.162

Extraction Method: Principal Component Analysis.

a. 7 components extracted.

表 9-6 旋转后因子载荷量

Rotated Component Matrix^a

变量名称	Component						
	1	2	3	4	5	6	7
专业水平	.693	-5.10E-02	-.204	7.190E-03	-.412	-.172	.239
创新能力	3.858E-02	-1.62E-02	.151	9.682E-02	-1.97E-02	3.416E-02	.942
自信心	.227	-.225	.648	-.390	.229	.227	-1.88E-02
理解能力	-4.77E-02	2.364E-02	-1.67E-02	-9.46E-02	-4.95E-04	.963	3.097E-02
积极性	.155	-.729	.109	.388	-.214	.199	-.190
诚信	-.121	.181	.849	.157	-4.73E-02	-.121	.196
经验	-3.34E-02	8.652E-03	5.560E-03	.876	6.582E-02	-9.54E-02	.107
洞察力	4.080E-2	7.197E-02	2.685E-02	4.222E-02	.933	-1.50E-02	-3.00E-03
影响力	.883	7.073E-02	9.482E-02	-4.32E-02	.202	4.276E-02	-7.80E-02
适应能力	.186	.812	.178	.291	-3.42E-02	.190	-.171

Extraction Method: Principai Component Analysis.

Rotation Method: Varimax with Kaiser Normalization.

a. Rotation converged in 18 iterations.

表 9-7 因子得分系数矩阵

Component Score Coefficient Matrix

变量名称	Component						
	1	2	3	4	5	6	7
专业水平	.486	.009	-.153	-.033	-.280	-.112	.202
创新能力	.006	-.023	-.035	.025	.062	.107	.901
自信心	.142	-.205	.506	-.277	.107	.090	-.068

续表 9-7

变量名称	Component						
	1	2	3	4	5	6	7
理解能力	-.040	.051	-.120	.015	-.028	.896	.123
积极性	.117	-.578	.162	.397	-.113	.184	-.239
诚信	-.112	.104	.711	.089	-.164	-.162	.024
经验	.005	-.052	-.017	.742	.136	.010	.046
洞察力	.067	-.054	-.121	.103	.835	-.032	.079
影响力	.643	.032	.032	.012	.182	.014	-.086
适应能力	.140	.634	.128	.240	-.143	.197	-.211

Extraction Method: Principal Component Analysis.
Rotation Method: Varimax with Kaiser Normalization.
Component Scores.

表 9-8 因子得分协方差矩阵
Component Score Covariance Matrix

Component	1	2	3	4	5	6	7
1	1.000	.000	.000	.000	.000	.000	.000
2	.000	1.000	.000	.000	.000	.000	.000
3	.000	.000	1.000	.000	.000	.000	.000
4	.000	.000	.000	1.000	.000	.000	.000
5	.000	.000	.000	.000	1.000	.000	.000
6	.000	.000	.000	.000	.000	1.000	.000
7	.000	.000	.000	.000	.000	.000	1.000

Extraction Method: Principal Component Analysis.
Rotation Method: Varimax with Kaiser Normalization.
Component Scores.

结果说明：表 9-2 给出了原各变量的相关系数，从结果可以看出，许多变量间还是存在一定的相关性；表 9-3 给出了各个变量被提取的主因子的解释程度，从结果可以看出，解释程度均在 0.77 以上，因此这 10 个原始变量用这 7 个主因子来解释还是比较理想；表 9-4 给出了各因子的方差贡献率和累积方差贡献率，由于在前面的参数修改中，提取的标准是特征值（Eigenvalues）大于 0.8，因此提取了特征值大于 0.8 的 7 个主因子，从结果可以看出，这 7 个主因子解析的累积方差为 85%，说明这 7 个主因子提供了原始数据的足够信息；表 9-5 和表 9-6 给出了旋转前后各主因子的载荷量表，从前面的介绍中，提到是根据载荷量来解释主因子，因此有时候要使用旋转来使得载荷量向两极分化，从两个表的结果也可以看出，旋转后的载荷量表比旋转前效果要好。从旋转后的载荷量可知：因子 1 的解释为专业水平和影响力；因子 2 解释为积极性和适应能力；因子 3 解释为自信心和诚信；因子 4 解释为经验；因子 5 解释为洞察力；因子 6 解释为理解能力；因子 7 解释为创新能力（具体怎么解释可以根据自身的情况而定，这里只是简单的进行说明）。

图 9-1　各样本的因子得分数据情况

表 9-7 给出了因子的得分系数矩阵，各样本的因子得分可以根据因子得分系数来计算，在参数修改是选中了保存各样本的因子得分，见图 9-1 的结果就是各样本的因子得分数据情况图；表 9-8 给出了各因子之间的协方差情况，从结果可以看出，因子间存在非常明显的不相关。

综合分析：从因子分析的结果可以看出，由于提取的因子比较多，从理论上来说，效果不是特别好，但本案例的目的只是为了对因子分析有一个比较深入的了解，对公司员工的特长进行了解和分析，以便安排合适的岗位。下面来对该公司 60 名员工在提取的 7 个主因子的各个方面进行评价，为公司人力资源部提供员工调整的参考依据。

根据 SPSS 软件获得的各员工的因子得分结果，进行排序整理，给予每个样本在各个因子中的名次，具体数据见表 9-9：

表 9-9 各样本的因子得分及排序

序号员工	因子1		因子2		因子3		因子4		因子5		因子6		因子7	
	fac1_1	名次	fac1_2	名次	fac1_3	名次	fac1_4	名次	fac1_5	名次	fac1_6	名次	fac1_7	名次
1	0.18502	26	-0.67991	44	-0.24157	32	-2.19642	60	0.83415	12	-1.23866	55	2.3182	1
2	0.908	12	1.10762	8	0.23296	21	-0.42197	38	1.48851	7	-0.2555	34	-0.60085	43
3	-0.32869	34	-1.53274	56	1.72119	5	-1.19154	51	0.8012	13	-0.04403	28	0.55985	19
4	0.58644	20	-1.5218	55	0.16511	23	-0.60626	43	0.18914	27	1.24539	12	-0.55963	42
5	-0.41363	36	0.40056	21	1.81273	3	-0.57852	42	-0.13549	32	1.55687	5	-0.85707	47
6	1.98873	3	-0.95533	52	-0.0823	29	-1.20156	52	1.54145	6	1.53227	6	0.27047	22
7	1.3565	7	0.12221	25	1.47	8	-0.31676	34	-2.16461	60	0.89681	13	0.02162	31
8	-0.72005	43	-0.62932	41	-0.02953	27	-1.30085	54	-0.17099	34	0.45712	21	-1.51756	57
9	-0.23459	32	-0.00477	29	-1.15944	52	1.57768	4	-1.01981	51	2.08377	1	1.5826	3
10	-0.30867	33	0.60493	19	-0.28227	35	0.56216	19	-0.1966	36	-1.50628	56	0.21543	27
11	-0.9703	51	0.01473	28	-1.7138	60	0.52335	21	0.67206	18	0.08076	25	0.71676	16
12	0.31803	22	-0.76044	47	-0.6986	49	0.77348	15	0.77608	15	-1.6458	58	-1.00154	50
13	-0.96769	50	0.05321	26	-1.18847	53	0.9129	14	-0.92901	48	0.78952	15	0.9168	13
14	-0.71851	42	1.0392	9	0.56702	16	0.31617	23	-0.11641	31	-0.93858	50	0.13783	29
15	-0.68537	41	2.02262	2	-0.29453	36	-0.45126	40	-0.50077	40	0.28844	23	-1.53745	58
16	-0.8444	47	0.65153	17	-1.53118	58	-0.33825	35	-0.67467	47	-1.04712	52	-0.53107	41
17	0.12926	27	-0.82905	50	-0.81779	50	-1.15801	50	-1.34961	56	-0.83452	46	1.59138	2
18	-0.84864	48	-0.76742	48	-1.71102	59	-1.27249	53	1.88249	1	-0.05676	29	-0.00031	32
19	1.08267	9	-0.02629	31	-1.43758	55	1.34507	7	-0.93162	49	0.17223	24	0.41087	20
20	-0.51703	38	-2.00874	60	-0.19587	30	0.21935	24	0.98474	10	-0.48342	41	-1.96282	60

续表 9-9

序号	因子 1		因子 2		因子 3		因子 4		因子 5		因子 6		因子 7	
员工	fac1_1	名次	fac1_2	名次	fac1_3	名次	fac1_4	名次	fac1_5	名次	fac1_6	名次	fac1_7	名次
21	-0.33696	35	-1.53491	57	0.00819	26	1.07094	12	0.21735	26	1.77588	2	1.07745	12
22	-1.4429	58	-0.48625	38	1.49543	7	1.34054	8	0.55729	19	0.57759	16	-1.5734	59
23	0.62452	19	-0.10524	33	0.864	14	0.18674	27	0.25757	23	-0.67481	44	0.22927	26
24	1.70175	5	-0.53328	39	-1.4777	56	-0.53821	41	-0.6508	46	1.44381	7	0.25341	23
25	-0.56847	39	-0.13604	34	-1.42987	54	-1.30213	55	0.24675	24	-0.87844	47	1.29131	8
26	0.00041	28	-0.64926	42	1.19629	9	0.99242	13	1.58077	5	-1.10319	53	1.50352	5
27	0.73348	15	0.38106	23	-0.24542	33	-0.71043	45	0.734	16	0.57648	17	0.23805	25
28	-0.44081	37	-0.03851	32	1.91135	2	-1.58317	59	-1.16101	53	-0.30031	35	-0.4553	39
29	0.73821	14	-1.54533	58	1.19456	10	-0.79641	47	-0.64577	45	-0.43045	39	-0.32488	35
30	-0.6387	40	1.02768	10	-0.40336	40	-0.42741	39	0.69852	17	-0.06136	30	-1.24984	53
31	-1.60043	59	1.88059	3	1.09399	12	-1.46595	57	-1.19874	54	1.29385	9	1.24702	10
32	-1.36673	57	0.85185	13	-0.26692	34	-0.37435	37	0.36946	22	-0.36119	36	-0.63957	44
33	-0.83143	46	2.05957	1	0.20268	22	-0.02598	31	0.91663	11	0.04362	26	0.65142	18
34	-1.23109	54	-1.97362	59	0.36488	19	0.07434	28	-0.1995	37	0.31638	22	0.07628	30
35	0.18649	25	-0.02151	30	0.39094	18	1.44743	6	-0.38778	39	0.46408	20	-1.2224	52
36	-1.34058	56	-1.18547	54	0.14448	24	1.59473	2	0.78682	14	-1.55994	57	0.80864	15
37	1.42202	6	0.9949	12	-0.24019	31	1.20135	9	0.22848	25	-0.13622	32	1.32356	7
38	0.92436	11	0.44085	20	2.10438	1	0.20064	25	1.66924	4	-0.38912	37	0.19109	28
39	-1.04498	53	1.72162	4	0.3122	20	-0.07345	32	-1.81306	57	-0.07251	31	-0.24661	34
40	0.57314	21	-0.84069	51	-1.48766	57	-0.34204	36	-1.85489	58	0.83064	14	-0.50014	40

续表 9-9

序号 员工	因子1 fac1_1	名次	因子2 fac1_2	名次	因子3 fac1_3	名次	因子4 fac1_4	名次	因子5 fac1_5	名次	因子6 fac1_6	名次	因子7 fac1_7	名次
41	1.73307	4	-0.66273	43	-0.49072	42	0.1982	26	-0.15396	33	1.28442	10	0.23899	24
42	-1.30959	55	-0.4017	36	-0.65129	45	0.07048	29	0.38653	20	-0.87946	48	0.34583	21
43	-0.92289	49	0.65072	18	-0.45113	41	1.14477	11	-0.61947	44	-0.42674	38	-0.07672	33
44	2.06189	2	0.38739	22	1.59151	6	0.00519	30	-1.2581	55	-0.78149	45	-0.42734	38
45	-0.0904	29	0.04761	27	0.05775	25	1.19365	10	-0.1776	35	-0.45457	40	-0.99482	48
46	-0.80691	45	-0.71897	45	-0.63844	44	-1.40452	56	-0.55503	41	0.52294	19	1.09702	11
47	-0.10469	30	-0.4101	37	1.01638	13	1.45053	5	0.37528	21	1.34682	8	0.85073	14
48	0.62849	18	1.54639	6	-0.33349	38	0.69292	17	-0.58048	42	-0.92556	49	1.50585	4
49	-1.65141	60	0.76207	15	-0.32093	37	-1.49288	58	1.01067	9	1.59653	4	-0.786	45
50	-0.10696	31	-0.1824	35	1.14417	11	0.75752	16	0.1889	28	0.54743	18	-0.36311	36
51	0.1971	24	0.26453	24	1.76975	4	-1.07804	49	-1.07157	52	-1.8134	60	1.2722	9
52	0.86383	13	0.81735	14	-0.68868	48	0.63477	18	-0.03006	29	-0.64811	43	-0.99982	49
53	0.72482	16	-0.77371	49	-0.67406	47	-0.21764	33	-1.86089	59	-0.1884	33	-1.38229	55
54	1.24913	8	0.75068	16	-0.62979	43	-0.62996	44	-0.59575	43	-0.64656	42	-1.37082	54
55	-1.01086	52	-0.74634	46	0.55015	17	2.02061	1	-0.96138	50	-0.01417	27	0.66627	17
56	0.6986	17	1.54971	5	0.64887	15	0.54856	20	1.836	2	1.27024	11	1.35747	6
57	0.98656	10	-0.599	40	-0.06422	28	1.58769	3	-0.05677	30	-1.68818	59	-0.85141	46
58	2.32342	1	1.19582	7	-1.11019	51	-0.72721	46	1.35652	8	-1.02871	51	-0.39873	37
59	0.2035	23	1.00817	11	-0.66141	46	0.46301	22	1.77728	3	1.67532	3	-1.42991	56
60	-0.72509	44	-1.09427	53	-0.38152	39	-0.88353	48	-0.34168	38	-1.15566	54	-1.10578	51

第九章 属性数据分析

[例9-2] 某市企业协会对该市企业进行一个企业竞争力的评估,为进一步分析提供参考。评估选取了"质量/产品性能"、"财力支持"、"技术水平"、"销售网络"、"声誉/形象"、"相对成本"和"制造能力"7个指标。初次评估选取了该市40个企业,评估采用10分制,分数越高代表该企业在这一方面优势越强,收集的资料见表9-10,试通过SPSS统计软件进行因子分析,找出能够代表企业竞争力的综合性指标,并对该市企业竞争力进行整体评估。

表9-10 某市40家企业竞争力各方面指标的评估数据　　　　单位:分

企业	质量/产品性能	财力支持	技术水平	销售网络	声誉/形象	相对成本	制造能力
1	6.6	7.3	5.5	4.1	3.4	8.7	5.0
2	8.8	9.3	6.6	5.2	5.2	8.4	5.5
3	5.9	7.3	9.7	3.9	2.9	7.6	5.0
4	6.8	9.5	7.6	4.1	3.9	8.7	5.5
5	7.3	7.7	9.7	4.9	5.2	5.2	5.1
6	7.3	7.7	9.4	4.1	4.4	7.8	5.0
7	7.6	7.7	8.7	6.3	5.5	8.2	5.3
8	3.4	6.2	5.8	9.1	8.8	8.7	9.1
9	9.3	6.7	7.6	8.0	7.0	4.3	7.5
10	9.3	6.2	8.6	8.9	8.3	4.1	8.8
11	8.1	6.7	9.6	5.2	7.0	5.5	6.0
12	2.7	6.9	7.3	6.9	6.8	7.6	6.3
13	2.4	6.4	5.5	6.7	7.5	7.0	6.3
14	3.4	6.5	7.9	8.2	7.8	8.5	7.7
15	7.1	6.7	9.6	6.0	7.0	5.0	5.8
16	5.9	6.5	8.6	3.4	2.6	6.1	5.0
17	8.8	7.5	9.3	8.6	5.2	9.4	
18	4.6	8.5	6.2	9.5	8.8	6.6	9.6
19	5.4	9.5	6.3	6.9	8.0	7.6	7.2
20	4.4	8.5	5.6	7.4	5.5	8.5	6.7
21	5.6	9.9	5.5	8.4	8.8	8.1	8.9
22	4.6	8.5	5.6	4.5	4.4	8.7	5.1
23	6.3	6.4	5.6	7.8	7.0	8.2	6.9
24	3.2	8.1	6.7	7.6	8.0	4.4	9.1
25	5.6	8.9	6.6	9.8	9.1	5.8	10.0
26	4.1	10.4	7.6	3.9	3.9	4.3	5.0

续表9-10

企业	质量/产品性能	财力支持	技术水平	销售网络	声誉/形象	相对成本	制造能力
27	3.7	6.0	8.2	3.4	2.1	6.4	5.0
28	5.4	5.8	7.2	4.1	3.1	4.7	5.1
29	9.0	6.4	6.5	7.8	7.0	4.4	6.2
30	8.6	7.3	9.6	4.5	5.5	5.3	5.3
31	9.0	7.7	9.6	8.0	8.3	8.5	9.3
32	7.6	9.9	9.0	4.7	6.5	7.6	5.1
33	9.3	8.7	5.9	4.9	5.2	8.4	5.6
34	6.3	7.3	5.5	4.9	6.0	7.9	5.5
35	7.1	6.0	6.3	5.8	6.5	6.7	6.2
36	9.0	9.7	5.6	6.7	7.3	6.1	7.2
37	4.4	9.7	6.3	9.5	9.1	8.1	9.8
38	7.8	9.1	6.3	8.2	8.3	6.1	8.1
39	8.8	7.9	5.8	9.8	8.3	4.3	9.6
40	9.5	9.1	7.6	7.6	6.8	8.7	7.4

分析：该例和例9-1一样，需要找出能够代表"质量/产品性能"、"财力支持"等7个指标的一些综合性的、不具相关性的指标，以便能对这些企业竞争力进行一个比较简单、直观、有效的说明。下面通过SPSS中的因子分析来实现分析过程，并对结果进行说明。

题解：运行"企业核心竞争力指标.sav"数据库；调用因子分析模块，运行Data Reduction/Factor，弹出因子分析主对话框，把要分析的7个变量都通过箭头按钮移入"Variables："列表中；点击"Descriptives…"按钮，弹出"Descriptives"子对话框，选中"Initial solution"、"Coefficients"和"Significance levels"选项，点击"Continue"返回主对话框；点击"Extraction…"按钮，弹出"Extraction"子对话框，在"Method："选取Principal components方法，在Analyze和Display下选中"Correlation matrix"和"Unrotated factor solution"选项，点击"Continue"返回主对话框；点击"Rotation…"按钮，弹出"Rotation"子对话框，在Method（旋转方法）中选中"Varimax"，在Display选中"Rotated solution"选项，点击"Continue"返回主对话框；点击"Scores…"按钮，弹出"Scores"子对话框，选中"Save as variables"和"Display factor score coefficient matrix"选项，在因子得分方法（Method）中选取"Regression"（回归法）选项，点击"Continue"返回主对话框。参数修改完成后，点击因子分析的主对话框中的"OK"按钮，就可以得到结果了，见表9-11至表9-17。

表9-11 各变量间相关系数矩阵
Correlation Matrix

		质量/产品性能	财力支持	技术水平	销售网络	声誉/形象	相对成本	制造能力
Correlation	质量/产品性能	1.000	.084	.299	.022	.068	-.203	-.019
	财力支持	.084	1.000	-.209	.069	.152	.242	.152
	技术水平	.299	-.209	1.000	-.299	-.239	-.267	-.248
	销售网络	-.022	.069	-.299	1.000	.914	-.106	.932
	声誉/形象	.068	.152	-.239	.914	1.000	-.112	.869
	相对成本	-.203	.242	-.267	-.106	-.112	1.000	-.120
	制造能力	-.019	.152	-.248	.932	869	-.120	1.000
Sig. (1-tailed)	质量/产品性能		.303	.031	.447	.339	.104	.453
	财力支持	.303		.097	.335	.174	.066	.175
	技术水平	.031	.097		.031	.069	.048	.061
	销售网络	.447	.335	.031		.000	.258	.000
	声誉/形象	.339	.174	.069	.000		.245	.000
	相对成本	.104	.066	.048	.258	.245		.230
	制造能力	.453	.175	.061	.000	.000	.230	

表9-12 各因子解释总方差
Total Variance Explained

Component	Initial Eigenvalues			Extraction Sums of Squared Loading			Extraction Sums of Squared Loading		
	Total	% of Variance	Cumulative	Total	% of Variance	Cumulative	Total	% of Variance	Cumulative
1	2.956	42.232	42.232	2.956	42.232	42.232	2.925	41.789	41.789
2	1.569	22.408	64.639	1.569	22.408	64.639	1.388	19.528	61.614
3	1.094	15.630	80.269	1.094	15.630	80.269	1.306	18.655	80.269
4	.632	9.028	89.298						
5	.574	8.198	97.496						
6	.128	1.829	99.325						
7	727E-02	.675	100.00						

Extraction Method: Principal Component Analysis.

表9-13 指标的共同度

Communalities

变量名称	Initial	Extraction
质量/产品性能	1.000	.787
财力支持	1.000	.792
技术水平	1.000	.627
销售网络	1.000	.955
声誉/形象	1.000	.911
相对成本	1.000	.628
制造能力	1.000	.920

Extraction Method: Principal Component Analysis.

表9-14 旋转前的因子载荷量

Component Matrix[a]

变量名称	Component		
	1	2	3
质量/产品性能	$-8.41E-03$	.578	.673
财力支持	.214	$-.417$	.757
技术水平	$-.397$	.671	.136
销售网络	.969	.101	$-7.53E-02$
声誉/形象	.946	.122	$2.692E-02$
相对成本	$-8.37E-02$	$-.760$	.207
制造能力	.954	$8.819E-02$	$-3.88E-02$

Extraction Method: Principal Component Analysis.

a. 3 components extracted.

表9-15 旋转后的因子载荷量

Rotated Component Matrix[a]

变量名称	Component		
	1	2	3
质量/产品性能	$5.635E-02$	.872	.154
财力支持	.129	.144	.869
技术水平	$-.299$	.637	$-.362$
销售网络	.975	$-6.21E-02$	$-9.70E-03$

续表 9-15

变量名称	Component		
	1	2	3
声誉/形象	.953	2.144E-02	5.309E-02
相对成本	-.199	-.441	.627
制造能力	.958	-4.69E-02	2.447E-02

Extraction Method: Principal Component Analysis.
Rotation Method: Varimax with Kaiser Normalization.
a. Rotation converged in 4 iterations.

表 9-16 因子得分表
Component Score Coefficient Matrix

变量名称	Component		
	1	2	3
质量/产品性能	.033	.674	.241
财力支持	.013	.231	.707
技术水平	-.074	.419	-.188
销售网络	.336	-.026	-.056
声誉/形象	.327	.045	.007
相对成本	-.104	-.247	.447
制造能力	.328	-.010	-.026

Extraction Method: Principal Component Analysis.
Rotation Method: Varimax with Kaiser Normalization.
Component Scores.

表 9-17 各主因子的相关系数
Component Score Covariance Matrix

Component	1	2	3
1	1.000	.000	.000
2	.000	1.000	.000
3	.000	.000	1.000

Extraction Method: Principal Component Analysis.
Rotation Method: Varimax with Kaiser Normalization.
Component Scores.

结果说明：表 9-11 给出了参与因子分析的 7 个变量间的相关系数，并进行了相关性检验，结果表明部分变量间存在一定的相关性；表 9-12 给出了各因子解释总方差的情况，按照系统的默认值，提取了 3 个主因子，分别为主因子 1 (fac1_1)、主因子 2

(fac1_2)、主因子3(fac1_3);表9-13给出了原始变量经过因子分析后,参与分析的变量被利用的信息的程度,共同度均在0.62以上,说明信息被利用度较好;表9-14和表9-15给出了旋转前和旋转后各主因子的因子载荷量情况,可以看出,旋转后的载荷量表比旋转前效果要好。从旋转后的载荷量可以对各主因子进行解释,各主因子1、主因子2和主因子3分别可以解释为企业的其他辅助能力、产品本身的竞争力和企业的财务流动能力;表9-16给出了因子的得分系数矩阵,各企业的因子得分可以根据因子得分系数来计算,在参数修改时选择保存各企业的因子得分,见图9-2;表9-17给出了因子分析后提取的3个主因子间的相关系数矩阵表,结果说明提取后的3个主因子间存在明显的不相关。

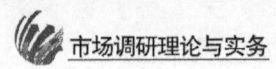

图9-2 因子分析后个样本的因子得分情况

综合分析: 从因子分析的结果可以看出,本案例提取的因子比较少,从理论上来讲,效果比较理想,下面再对该市40个企业在提取的3个主因子的各个方面进行综合评价,为企业协会进一步分析提供的参考依据。

根据SPSS软件获得的各企业的因子得分结果,进行排序整理,给予每个企业在各个因子中的名次,见表9-18。

表9-18 各企业的因子得分及其排名

企业序号	因子1		因子2		因子3		企业序号	因子1		因子2		因子3	
	fac1_1	排名	fac1_2	排名	fac1_3	排名		fac1_1	排名	fac1_2	排名	fac1_3	排名
1	-1.26757	37	-0.87382	32	0.57692	13	21	1.1141	8	-0.6007	27	1.53009	2
2	-0.67873	28	0.54756	15	1.64479	1	22	-1.0443	32	-1.2539	35	0.97019	10
3	-1.52746	39	0.22696	19	-0.32644	23	23	0.30645	17	-0.9994	34	-0.2069	21

续表 9-18

企业序号	因子1 fac1_1	排名	因子2 fac1_2	排名	因子3 fac1_3	排名	企业序号	因子1 fac1_1	排名	因子2 fac1_2	排名	因子3 fac1_3	排名
4	-1.16953	35	0.16382	20	1.50938	3	24	1.01565	9	-0.785	29	-0.8656	31
5	-0.7886	31	1.14771	7	-0.64112	25	25	1.68992	2	-0.1352	23	0.16607	18
6	-1.22354	36	0.65811	14	0.13897	19	26	-1.0467	33	0.14625	21	0.475	14
7	-0.61008	26	0.49302	16	0.31013	16	27	-1.6358	40	-0.9405	33	-1.4073	38
8	1.14472	7	-1.96463	39	-0.59114	24	28	-1.155	34	-0.439	26	-1.6863	40
9	0.65787	12	1.15121	6	-1.05216	35	29	0.41647	15	0.69385	13	-1.0574	36
10	1.22516	6	1.38135	3	-1.53887	39	30	-0.7533	30	1.45763	2	-0.6582	26
11	-0.28681	24	1.18395	4	-1.00464	33	31	0.84768	11	1.15784	5	0.34427	15
12	-0.08531	21	-1.48065	38	-0.69331	27	32	-0.7058	29	1.09669	8	1.33304	6
13	0.11265	19	-2.05109	40	-0.92971	32	33	-0.6731	27	0.41069	18	1.47446	5
14	0.47899	13	-1.30304	36	-0.70534	28	34	-0.5706	25	-0.8011	30	0.30033	17
15	-0.1756	23	0.93463	10	-1.27603	37	35	-0.1685	22	-0.3732	24	-0.7701	30
16	-1.5158	38	0.01268	22	-1.02144	34	36	0.43985	14	0.77553	11	1.30783	7
17	1.34911	5	1.50069	1	-0.7132	29	37	1.45706	4	-0.8073	31	1.14496	8
18	1.46362	3	-0.75646	28	0.12368	20	38	0.96371	10	0.48185	17	0.71269	12
19	0.39735	16	-0.42483	25	1.11874	9	39	1.78985	1	0.7162	12	-0.3167	22
20	-0.06996	20	-1.30809	37	0.79244	11	40	0.2818	18	0.95958	9	1.48783	4

[例9-3] 某商场想了解居民对商场举办促销活动的评价，分别考查的综合指标为"活动主题"、"活动形式"、"活动的宣传渠道"等，以便针对消费者的情况推出更适合商圈的促销活动。调查采用入户抽样调查的方式，以问卷调查的形式成功调查了居住在该商场商圈内的20位居民。调查采用心理描述测试法，找出有关促销或主题、促销方式、获得方式、活动宣传渠道、居民参与活动的主要目的、促销活动的重要性等内容的陈述，请被访者对这些句子进行打分，打分采用10分制，分数越高，代表同意程度越高。各项测试语句为：

A. 我喜欢主题鲜明的促销活动

B. 活动主题可有可无，只要容易参与就行

C. 促销活动应简单易懂，让人一看就知道活动的内容

D. 我已经持有或希望持有商场的会员卡/积分卡

E. 我喜欢抽奖的促销活动

F. 我会参加商场举行的商品拍卖会

G. 我喜欢商场搞一些赠送购物券或现金券的促销活动

H. 我关注商场举办的促销活动，并愿意参与

I. 我乐意通过媒体（如电视、报纸）获得商场促销活动的有关信息

J. 我希望通过商场派发的宣传单和营业员的介绍来获得商场促销活动的信息

K. 我参加商场的促销活动是因为能获得一些物质上的奖励或觉得比较实惠

L. 丰富我的业余生活是我参加商场活动的主要目的

M. 商场应多举办一些促销活动

N. 商场不应该在促销活动上花太多的精力,而应该把精力集中在改善商品质量、商品价格等更实在的事情上

O. 在事先不知道而中途看到商场举办活动时,我会放下手头上不十分紧急的事,去参与其中

P. 促销活动的时间不应太长,更重要的是活动的新颖

收集的数据见表9-19,试通过SPSS统计分析软件对这20名居民进行因子分析,找出影响居民对促销活动的几个综合性因子。

表9-19 居民对某商场举办促销活动的评分

居民序号	语句1	语句2	语句3	语句4	语句5	语句6	语句7	语句8	语句9	语句10	语句11	语句12	语句13	语句14	语句15	语句16
1	7.3	8.0	7.1	7.7	7.2	7.2	7.0	7.6	9.6	9.9	9.2	9.7	8.9	9.9	9.6	9.7
2	7.8	8.7	7.2	8.4	7.5	8.1	7.5	7.1	9.0	9.0	8.0	9.4	8.3	9.1	8.7	8.2
3	7.2	7.4	7.1	7.5	7.2	7.1	7.0	7.0	7.1	7.3	7.1	7.8	7.1	7.3	7.0	7.0
4	7.3	8.4	7.2	7.9	7.5	8.5	7.3	7.1	9.9	9.9	9.4	9.7	9.3	10.0	9.8	9.5
5	7.7	7.8	7.2	8.4	7.6	7.4	7.1	7.1	9.6	9.5	9.5	9.6	8.7	10.0	9.3	7.6
6	7.3	7.6	7.2	8.1	7.3	7.2	7.0	7.0	7.2	7.8	7.2	8.0	7.3	7.1	7.0	7.0
7	8.3	8.3	7.7	8.5	7.8	7.2	7.8	7.8	9.5	9.5	9.2	9.9	9.3	9.9	9.9	10.0
8	9.6	9.8	9.3	9.8	8.8	9.9	9.4	10.0	8.5	8.8	7.3	9.0	7.6	8.7	7.1	8.9
9	9.1	8.8	8.6	9.1	7.8	9.3	8.5	8.5	7.9	9.1	7.5	8.9	7.5	8.6	8.1	7.6
10	9.5	9.7	9.0	9.6	8.9	9.8	9.2	10.0	9.9	9.7	8.8	9.9	8.7	9.7	9.5	7.7
11	7.8	8.5	8.3	9.1	8.0	9.5	7.6	7.9	9.5	9.9	8.7	9.7	9.1	9.9	9.5	9.9
12	8.6	9.0	8.3	9.1	7.9	8.3	8.7	8.8	8.6	8.7	8.6	9.2	7.5	7.8	7.4	9.5
13	8.5	9.1	8.1	8.7	8.0	8.3	8.3	8.5	7.8	7.8	7.0	8.6	7.4	7.5	7.1	7.2
14	9.2	9.1	8.0	9.4	8.5	9.6	8.6	8.9	9.7	9.9	9.0	9.7	9.2	10.0	9.6	9.4
15	8.2	8.5	7.9	8.7	8.0	8.3	7.5	8.2	8.1	9.3	8.5	8.5	7.9	8.1	8.0	7.4
16	7.0	7.5	7.1	7.4	7.1	7.1	7.0	7.7	7.8	8.4	7.2	8.1	7.4	7.8	7.1	7.9
17	9.7	9.9	9.1	9.7	9.0	10.0	9.6	9.9	9.5	7.5	8.8	7.9	8.6	7.7	8.9	
18	8.8	9.9	9.8	9.9	9.6	10.0	9.6	9.9	8.7	9.7	9.5	9.8	9.3	9.8	9.1	9.9
19	8.6	9.4	8.2	9.5	8.7	9.8	8.3	9.5	7.9	8.3	7.4	8.6	7.5	7.7	7.3	7.8
20	8.8	9.0	7.9	8.5	8.1	9.3	8.0	9.8	8.2	9.1	8.2	9.0	7.8	8.5	8.1	8.2

表 9-20 各语句的相关系数矩阵

Correlation Matrix

	变量名称	主题	易参与	简单易懂	抽奖	会员卡/积分卡	购物券/现金券	拍卖会	关注	媒体/电视,报纸	宣传单/营业员介绍	物质奖励/实惠	丰富业余生活	促销活动多	商品本身	对自己的重要性	时间短/创新
Correlation	主题	1.000	.909	.917	.903	.924	.868	.945	.889	.121	.209	.002	.229	.048	.168	.021	.209
	易参与	.909	1.000	.875	.916	.921	.897	.892	.867	.158	.222	-.019	.276	.082	.154	.025	.233
	简单易懂	.917	.875	1.000	.896	.907	.875	.949	.873	.081	.177	-.042	.173	.032	.150	-.020	.221
	抽奖	.903	.916	.896	1.0	.922	.876	.859	.790	.129	.189	-.038	.247	.065	.131	.004	.170
	会员卡/积分卡	.924	.921	.907	.922	1.000	.915	.936	.903	.191	.214	.056	.248	.129	.198	.052	.257
	购物券/现金券	.868	.897	.875	.876	.915	1.000	.891	.850	.201	.281	.038	.293	.150	.238	.102	.317
	拍卖会	.945	.892	.949	.859	.936	.891	1.000	.900	.107	.169	-.029	.157	.036	.167	-.017	.215
	关注	.889	.867	.873	.790	.903	.850	.900	1.000	.029	.123	-.060	.115	-.037	-.073	-.078	.133
	媒体/电视,报纸	.121	.158	.081	.129	.191	.201	.107	.029	1.000	.927	.925	.956	.967	.974	.944	.705
	宣传单/营业员介绍	.209	.222	.177	.189	.214	.281	.169	.123	.927	1.000	.872	.939	.902	.941	.913	.671
	物质奖励/实惠	.002	-.019	-.042	-.038	.056	.038	-.029	-.060	.925	.872	1.000	.879	.947	.926	.953	.579
	丰富业余生活	.229	.276	.173	.247	.248	.293	.157	.115	.956	.939	.879	1.000	.922	.946	.931	.647
	促销活动多	.048	.082	.032	.065	.129	.150	.036	-.037	.967	.902	.947	.922	1.000	.947	.969	.702
	商品本身	.168	.154	.150	.131	.198	.238	.167	-.073	.974	.941	.926	.946	.947	1.00	.947	.671
	对自己的重要性	.021	.025	-.020	.004	.052	.102	-.017	-.078	.944	.913	.953	.931	.969	.947	1.000	.602
	时间短/创新	.209	.233	.221	.170	.257	.317	.215	.133	.705	.671	.579	.647	.702	.671	.602	1.000

续表 9-20

变量名称	主题	易参与	简单易懂	抽奖	会员卡/积分卡	购物券/现金券	拍卖会	关注	媒体/电视、报纸	宣传单/营业员介绍	物质奖励/实惠	丰富业余生活	促销活动多	商品本身	对自己的重要性	时间短/创新
主题		.000	.000	.000	.000	.000	.000	.000	.306	.188	.497	.166	.421	.239	.465	.188
易参与	.000		.000	.000	.000	.000	.000	.000	.253	.173	.469	.120	.366	.259	.458	.161
简单易懂	.000	.000		.000	.000	.000	.000	.000	.367	.228	.431	.233	.446	.263	.467	.174
抽奖	.000	.000	.000		.000	.000	.000	.000	.294	.212	.437	.147	.393	.292	.494	.237
会员卡/积分卡	.000	.000	.000	.000		.000	.000	.000	.210	.182	.408	.146	.294	.201	.414	.137
购物券/现金券	.00	.000	.000	.000	.000		.000	.000	.198	.115	.438	.105	.264	.156	.334	.087
拍卖会	.000	.000	.000	.000	.000	.000		.000	.326	.238	.452	.254	.440	.241	.472	.181
Sig. (1-tailed) 关注	.000	.000	.000	.000	.000	.000	.000		.452	.303	.401	.315	.439	.380	.372	.289
媒体/电视、报纸	.306	.253	.367	.294	.210	.198	.326	.452		.000	.000	.000	.000	.000	.000	.000
宣传单/营业员介绍	.188	.173	.228	.212	.182	.115	.238	.303	.000		.000	.000	.000	.000	.000	.001
物质奖励/实惠	.497	.469	.431	.437	.408	.438	.452	.401	.000	.000		.000	.000	.000	.000	.004
丰富业余生活	.166	.120	.233	.147	.146	.105	.254	.315	.000	.000	.000		.000	.000	.001	.001
促销活动多	.421	.366	.446	.393	.294	.264	.440	.439	.000	.000	.000	.000		.000	.000	.000
商品本身	.239	.259	.263	.292	.201	.156	.241	.380	.000	.000	.000	.000	.000		.000	.001
对自己的重要性	.465	.458	.467	.494	.414	.334	.472	.372	.000	.000	.000	.000	.000	.000		.003
时间短/创新	.188	.161	.174	.237	.137	.087	.181	.289	.000	.001	.004	.001	.000	.001	.003	

表 9-21 解释总方差

Total Variance Explained

Component	Initial Eigenvalues			Extraction Sums of Squared Loadings			Rotation Sums of Squared Loadings		
	Total	% of Variance	Cumulative %	Total	% of Variance	Cumulative %	Total	% of Variance	Cumulative %
1	8.191	51.194	51.194	8.191	51.194	51.194	7.337	45.856	45.856
2	6.273	39.203	90.397	6.273	39.203	90.397	7.127	44.541	90.397
3	.517	3.234	93.631						
4	.266	1.664	95.295						
5	.165	1.034	96.329						
6	.151	.942	97.270						
7	.130	.815	98.086						
8	.141E-02	.509	98.595						
9	.075E-02	.442	99.037						
10	.872E-02	.367	99.404						
11	.600E-02	.288	99.691						
12	.654E-02	.166	99.857						
13	.152E-02	7.197E-02	99.929						
14	.153E-03	3.846E-02	99.968						
15	.124E-03	1.952E-02	99.987						
16	.047E-03	1.279E-02	100.000						

Extraction Method: Principal Component Analysis.

表 9-22 旋转前因子载荷量

Component Matrix^a

Variable	Component	
	1	2
主题	.762	-.591
易参与	.767	-.570
简单易懂	.737	-.611
抽奖	.737	-.582
会员卡/积分卡	.796	-.560
购物券/现金券	.797	-.509
拍卖会	.747	-.614

续表 9-22

Variable	Component	
	1	2
关注	.676	-.639
媒体/电视、报纸	.705	.689
宣传单/营业员介绍	.738	.610
物质奖励/实惠	.574	.766
丰富业余生活	.758	.604
促销活动多	.653	.735
商品本身	.725	.661
对自己的重要性	.607	.767
时间短/创新	.620	.405

Extraction Method: Principal Component Analysis.

a. 2 components extracted.

表 9-23　旋转后因子载荷量

Rotated Component Matrix[a]

Variable	Component	
	1	2
主题	.962	6.871E-02
易参与	.952	8.674E-02
简单易懂	.957	3.644E-02
抽奖	.937	5.827E-02
会员卡/积分卡	.967	.114
购物券/现金券	.933	.153
拍卖会	.966	4.090E-02
关注	.930	-2.49E-02
媒体/电视、报纸	6.497E-02	.984
宣传单/营业员介绍	.143	.947
物质奖励/实惠	-8.31E-02	.953
丰富业余生活	.161	.955
促销活动多	-3.77E-03	.983
商品本身	9.925E-02	.976
对自己的重要性	-5.96E-02	.976
时间短/创新	.191	.716

Extraction Method: Principal Component Analysis.

Rotation Method: Varimax with Kaiser Normalization.

a. Rotation converged in 3 iterations.

第九章　属性数据分析

表 9 – 24　主因子得分矩阵

Component Score Coefficient Matrix

Variable	Component	
	1	2
主题	.132	-.008
易参与	.130	-.005
简单易懂	.132	-.013
抽奖	.129	-.009
会员卡/积分卡	.132	-.002
购物券/现金券	.127	.005
拍卖会	.133	-.012
关注	.129	-.021
媒体/电视、报纸	-.009	.139
宣传单/营业员介绍	.002	.133
物质奖励/实惠	-.029	.138
丰富业余生活	.005	.133
促销活动多	-.019	.140
商品本身	-.004	.138
对自己的重要性	-.026	.141
时间短/创新	.013	.099

Extraction Method：Principal Component Analysis.

Rotation Method：Varimax wiht Kaiser Normalization.

Component Scores.

表 9 – 25　因子共同度

Communalities

Variable	Initial	Extraction
主题	1.000	.930
易参与	1.000	.913
简单易懂	1.000	.917
抽奖	1.000	.882
会员卡/积分卡	1.000	.948
购物券/现金券	1.000	.894
拍卖会	1.000	.935
关注	1.000	.866
媒体/电视、报纸	1.000	.972

续表 9-25

Variable	Initial	Extraction
宣传单/营业员介绍	1.000	.918
物质奖励/实惠	1.000	.916
丰富业余生活	1.000	.939
促销活动多	1.000	.966
商品本身	1.000	.962
对自己的重要性	1.000	.957
时间短/创新	1.000	.549

Extraction Method: Principal Component Analysis.

结果说明:

表 9-20 给出了参与因子分析的 16 个变量间的相关系数,并进行了相关性检验,结果表明部分变量间存在很高的相关性;表 9-21 给出了各因子解释总方差的情况,按照系统的默认值(特征值 Eigenvalues 大于 1 的因子就提取为主因子),提取了 2 个主因子,分别为主因子 1 (fac1_1) 和主因子 2 (fac1_2),并且累积解析原始变量的 90% 以上的方差,说明损失的信息量很小;表 9-22 和表 9-23 给出了旋转前和旋转后各主因子的因子载荷量情况,从结果可以看出,旋转后因子载荷量均比较向两极分化,旋转后的载荷量表比旋转前效果要好。从旋转后的载荷量可以对各主因子进行解释,各主因子 1 和主因子 2 可以解释为活动主题与形式和活动渠道与利益点;表 9-24 给出了因子的得分系数矩阵,各居民的因子得分可以根据因子得分系数来计算,在参数修改时选取保存各居民的因子得分;表 9-25 给出了原始变量经过因子分析后,参与分析的变量被利用的信息的程度,与解释总方差表说明的问题是一致的。从结果可以看出,除了变量"时间短/创新"的共同度为 0.549 外,其他变量的共同度均在 0.9 以上,说明信息被利用度较好。

由于原始变量中,有较多的变量间存在较强的相关性,因此提取的主因子也就比较少,也就是说只要用少数几个主因子就能够代表原始 16 个变量的信息。整体来说,提取的效果是比较好的。

第二节 聚类分析

在竞争越来越激烈的社会中,人们越来越认识到市场分类的重要性,并且在人类认识世界的过程中,分类一直是一种很重要的分析方法。所谓分类,就是要把性质相近的经济现象或事物归为一类,在大量复杂的经济特征中找出它们之间存在的规律性,以便对现象或事物有一个更深入、更清楚的了解。而聚类分析方法正是可以定量地对经济现象或事物进行分类的一种多元统计分析方法。聚类分析和因子分析一样,也是很重要的、普遍运用的分析方法。

一、聚类分析的思想

聚类分析是根据事物本身的特征研究个体分类的方法,其基本思想是同一类中的个体相似性较大,而不同类中的个体差异较大。于是,根据一批样本的多个观测指标,按照研究的目的找出能够度量样本之间相似度的统计量,并以此为依据,将所有样本单元分别聚合到不同的类中。根据分类的对象不同,可以将聚类分为样品聚类和变量聚类。

1. 样品聚类

样品聚类是对每个样本单元(CASE)进行聚类的一种分析方法,即将要考虑的指标变量作为观测对象进行调查,收集各观测对象的相关特征,然后将各个观测对象按照各指标变量进行分类。如在某项消费者消费习惯的研究中,要考虑的指标是对两种同类产品的喜欢程度进行评分(10 分制),观测的结果见图 9-3,每个点表示每个观测对象对这两种同类产品评价所处的位置,任意两点之间的距离就表示两个观测对象的相似程度(距离越近,越相似),根据样品聚类方法,可以将这些观测对象分为 3 组。

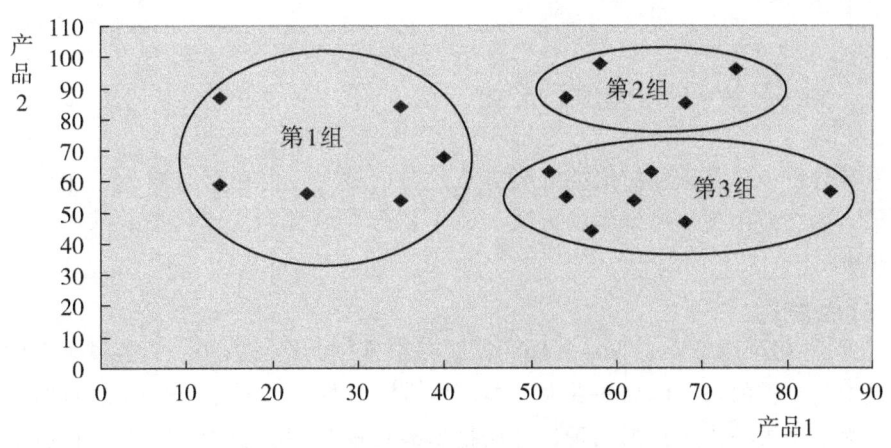

图 9-3 居民对两种同类产品的评分散点图

第 1 组:这组居民对产品 1 的评价比较低,而对产品 2 的评价比较高;第 2 组:这组居民对两产品的评价均比较好;第 3 组:这组居民对产品 1 的评价比较好,对产品的评价比较低。

这个例子仅仅是用来说明样品聚类的一个原理,不代表任何经济意义。应该注意的是,在不同的研究目的中,必须要选用不同的指标变量作为分类的依据,如在消费者研究中,研究消费者的消费习惯和生活形态就必须使用不同的指标变量来进行分类,在对啤酒的分类中,成分的分类和价格的分类的两种研究也必须使用不同的指标变量来进行分类等。

2. 变量聚类

由于反映事物特点的变量有很多,常常要根据所研究的问题选择部分变量对事物进行某一方面的研究，而有时候又很难找到比较合适的变量，为了保证能收集到较完整的资料而不影响问题的深入研究，因此必须要给出比较多的指标变量进行描述，收集到资料后，再对这些资料中的较多变量进行筛选和简化（注意：这里说的简化和因子分析中的简化概念是不一样的），找出彼此独立的、具有很强代表性的指标变量，从而对问题再做进一步的研究和分析，这种聚类方法就是变量聚类。如在多元回归分析中，由于有些自变量的共线性导致分析结果不能真正反映自变量对因变量的影响；在研究居民的生活质量中，考虑的指标有收入水平、学历水平、住房水平等指标，这些指标或多或少地存在相关性，从而对分类研究产生影响。

3. 变量聚类与因子分析的联系和区别

前一节中介绍了因子分析的目的和分析方法，本节中变量聚类的思想、目的与因子分析有很多相似的地方，但在实际运用中，它们之间还有较大的区别（有关变量聚类和因子分析的联系和区别在这里不作具体说明，相关知识可以参考其他书籍）。但无论是哪种分析，所得出的结果都是为了某种目的而做的，因此只有在实际的研究分析中，根据自身的具体情况选用不同的方法，或两者兼用。

在聚类分析中，样品聚类比变量聚类在许多方面较具优势，因此本书重点介绍样品聚类的使用。

二、聚类分析的基本理论

在聚类分析中，常碰到的聚类分析方法是分层聚类，但在有时候为了能快速地得到处理结果，还会使用到快速聚类的方法，以下是分层聚类和快速聚类的基本理论、聚类过程和步骤。

1. 分层聚类

分层聚类（Hierarchical Cluster Analyze）是最常用的聚类方法，聚类过程有两种：第一种，把参与聚类的每个样品各视为一类，然后根据两类之间的距离或相似性逐步合并，直到合并为一个大类为止；第二种，开始把所有样品都视为属于一大类，然后根据距离或相似性逐层分解，直到参与聚类的样品自成一类为止。

无论哪种方法，其聚类的实质是一样，即把相近的样品聚为一类，而以上两种过程是方向相反的两种聚类过程。

分层聚类的步骤为：①选择分析变量；②数据标准化，目的在于消除各变量间由于计量的不同而导致距离或相似系数的计算结果有较大的偏差，而难以比较（如计量相同则不需要进行数据标准化）；③选择距离或相似系数的计算方法和计算公式，计算所有样品两两间的距离和相似系数，生成距离矩阵或相似矩阵；④选择聚类方法，将距离最近的两个样品合并成一类；⑤输出聚类分析结果；⑥根据研究对象和研究的要求，按某种分类标准或分类原则，得出最终的分类结果。

2. 快速聚类

快速聚类（K-Means Cluster）是在聚成的类数已知时使用，使用快速聚类过程可以很快将观测对象分到各类中去，其特点是处理速度快、占用内存少，适合大样本的聚类分析。快速聚类的过程是：由于事先给予了聚类的类数，假设为 m 类，那么系统就会选择 m 个观测对象作为聚类的初始观测对象，n 个变量组成 n 维空间，每个观测值在 n 维空间中是一个点，那这 m 个初始观测对象就是 m 个聚类中心点，然后按照距这几个类中心的距离最小的原则把观测对象分派到各个聚类中心所在的类中去，形成第一次迭代（Iterate）m 类；根据组成的每一类的观测对象计算各变量均值，每一类中的 n 个均值 n 维空间中又形成 m 个点，就形成了第二次迭代 m 类，按照这种方法依次迭代下去，直到达到指定的迭代次数或达到终止迭代的要求时，迭代停止，聚类过程结束。

快速聚类的步骤为：①选择分析变量，并对数据进行标准化；②指定聚类数目 m（要聚成的类数）；③系统选择 m 个样品作为聚类中心，按照距这几个类中心的距离最小的原则把观测对象分派到各个聚类中心所在的类中去，形成第一次迭代 m 类；④计算每类中的所有变量的均值，作为第二次迭代的聚类中心；⑤重复步骤3和步骤4，直到达到指定的迭代次数或达到终止迭代的条件时，聚类过程结束；⑥输出快速聚类的分析结果；⑦根据研究对象和研究的要求，按某种分类标准或分类原则，得出最终的分类结果。

三、案例分析

[例9-4] 某公司想进入一个商圈开超市，为了使该店开得比较成功，并做到差异化经营，先对该商圈内的居民进行一次调查，并选取了以下指标进行观测，共收集到20个样本单元数据，见表9-26，试通过SPSS对这些样本单元进行聚类分析，参与分析的变量为质量、环境、便利、低价、品类、服务、信誉7个指标（评介为100分制），根据以往的经验，一般居民在这些方面的要求一般可分成五类，因此本案例也假设聚成的类数为五类。

表9-26 商圈内居民的一些情况

序号	性别	月收入（元）	月支出（元）	年龄（岁）	质量	环境	便利	低价	品类	服务	信誉
1	男	1500	500	45	60	55	88	54	55	40	41
2	女	1700	450	35	50	77	55	62	54	20	98
3	男	2000	600	23	80	62	22	54	87	35	96
4	男	3000	1000	35	35	91	66	58	98	12	97
5	女	5000	2000	55	62	67	55	52	63	23	65
6	女	4000	2002	30	49	32	44	14	87	24	81
7	女	3000	1150	27	16	58	99	35	84	25	85
8	男	3500	2000	30	52	64	66	69	12	26	62
9	女	7000	2000	35	100	52	33	32	23	33	34
10	男	4000	1000	48	55	28	25	64	63	32	57
11	女	4000	1500	47	65	29	78	57	44	36	43

续表 9-26

序号	性别	月收入（元）	月支出（元）	年龄（岁）	质量	环境	便利	低价	品类	服务	信誉
12	男	5000	2000	26	85	27	96	69	34	21	46
13	女	1800	500	20	20	34	35	24	56	25	51
14	女	1800	450	25	48	60	90	40	68	80	57
15	女	3000	600	32	80	59	57	68	85	87	90
16	男	4000	1200	48	58	68	78	85	57	50	40
17	女	7800	2500	25	85	85	85	74	96	52	41
18	男	6000	2560	41	51	24	57	68	47	19	26
19	女	5200	3000	24	78	35	16	14	59	36	34
20	男	2000	1000	32	25	24	15	35	54	21	36

分析：从案例的要求来看，要对样本单元进行聚类分析，并且聚成的类数也已知，因此使用的聚类方法为快速聚类法。

题解：打开"消费者购物习惯数据.sav"数据库；调用快速聚类模块，运行快速聚类分析（K-Means Cluster）程序，弹出快速聚类主对话框，把要分析的变量（商品质量、商场环境、购物便利、品类齐全、商场服务、商场信誉）通过箭头按钮移入"Variables:"列表中，在"Number of Clusters:"（聚成的类数）后面输入"5"，在分析方法（Method）中选中"Iterate and classify"；点击"Options…"按钮，弹出快速聚类分析"Options"子对话框，在"Statistics"下全选中，点击"Continue"返回快速聚类主对话框；其他默认，点击快速聚类主对话框中的"OK"按钮，就可以得到快速聚类的分析结果，见表 9-27 至表 9-32。

表 9-27　初始聚类中心变量值

Initial Cluster Centers

Variable	Cluster				
	1	2	3	4	5
商品质量	85.00	50.00	100.00	85.00	25.00
商场环境	27.00	77.00	52.00	85.00	24.00
购物便利	96.00	55.00	33.00	85.00	15.00
商品低价	69.0	62.0	32.0	74.0	35.0
品类齐全	34.00	54.00	23.00	96.00	54.00
服务质量	21.00	20.00	33.00	52.00	21.00
商场信誉	46.00	98.00	34.00	41.00	36.00

表9-27 各样本所属类别及距离

Cluster Memvership

Case Number	Cluster	Distance	Case Number	Cluster	Distance
1	1	29.395	11	1	15.932
2	2	28.225	12	1	33.732
3	2	52.629	13	5	23.648
4	2	35.962	14	4	39.506
5	2	30.900	15	4	46.949
6	5	43.084	16	4	37.352
7	2	56.180	17	4	39.550
8	1	43.493	18	1	35.741
9	3	25.937	19	3	25.937
10	5	35.662	20	5	30.818

表9-28 迭代过程中类中心的变化量

Iteration History[a]

Iteration	Change in Cluster Centers				
	1	2	3	4	5
1	31.348	22.279	25.937	39.550	30.818
2	10.873	12.171	.000	.000	.000
3	.000	.000	.000	.000	.000

a. Convergence achieved due to no or small distance change. the maximum distance by which any center has changed the is .000. The current iteration is 3. The minimum distance between initial centers is 81.222.

表9-29 最终的类中心的变量值

Final Cluster Centers

Variable	Cluster				
	1	2	3	4	5
商品质量	62.60	48.60	89.00	67.75	37.25
商场环境	39.80	71.00	43.50	68.00	29.50
购物便利	77.00	59.40	24.50	77.50	29.75
商品低价	63.40	52.20	23.00	66.80	34.30
品类齐全	38.40	77.20	41.00	76.50	65.00
服务质量	28.40	23.00	34.50	67.25	25.50
商场信誉	43.60	88.20	34.00	57.00	56.25

表9-30 最终的类中心间的距离

Distances between Final Cluster Centers

Cluster	1	2	3	4	5
1		71.613	72.355	63.038	68.608
2	71.613		94.018	62.024	65.025
3	72.355	94.018		92.934	64.655
4	63.038	62.024	92.934		87.319
5	68.608	65.025	64.655	87.319	

表9-31 快速聚类中的方差分析

ANOVA

Variable	Cluster		Error		F	Sig.
	Mean Square	df	Mean Square	df		
商品质量	1142.575	4	350.127	15	3.263	.041
商场环境	1434.662	4	179.087	15	8.011	.001
购物便利	2193.137	4	353.430	15	6.205	.004
商品低价	1113.825	4	220.500	15	5.051	.009
品类齐全	1422.300	4	310.333	15	4.583	.013
服务质量	1364.775	4	118.097	15	11.556	.000
商场信誉	1686.313	4	275.250	15	6.126	.004

The F tests should be used only for descriptive purposes because the cluster been chosen to maximize the differences among cases in different clusters. T observed significance levels are not corrected for this and thus cannot be interpreted as tests of the hypothesis that the cluster means are equal.

表9-32 快速聚类各类的样本单元数

Number of Cases in each Cluster

Cluster	1	5.000
	2	5.000
	3	2.000
	4	4.000
	5	4.000
Valid		20.000
Missing		.000

分析说明：表9-26和表9-29给出了初始聚类中心变量值和最终聚类中心变量值，初始的聚类中心变量值是第一次迭代前的聚类中心变量值；表9-27给出了各样本单元的所属类别和离聚类中心的距离值；表9-28给出了每次迭代结束后各类与初始聚类中心的

距离，根据设定的参数（本案例是系统默认值）可以设定迭代最大次数和迭代的终止条件；表9-30给出了聚类结束后各类之间的距离值，从绝对值来看，距离均比较大，在60以上；表9-31给出了各变量通过聚类后在各类间的差异程度，从方差分析结果可以看出，各个变量对聚类分析的结果均具有显著性的差异，说明分类的结果比较理想；如果有某个变量对于聚类分析的聚类结果无显著性差异，说明该变量对于区别各类无明显的不同，应该剔除该变量，重新进行聚类分析；表9-32给出了聚类后各类的样本单元数。

综合分析：从以上分析结果可以看出，各个变量对聚类分析结果均具有显著性差异，表明参与聚类分析的各个变量能很好地区分分类间的差异，聚类分析效果比较好；从表9-27和表9-32可以得出各样本单元属于哪一类和各类的样本单元数，对于再做进一步的分析提供了前提条件，如可以根据聚类分析的结果对聚类后的五类进行描述性分析，分析其规模、各类对各个变量的平均得分情况等。以下是各类在不同变量中的平均得分情况，见图9-3。

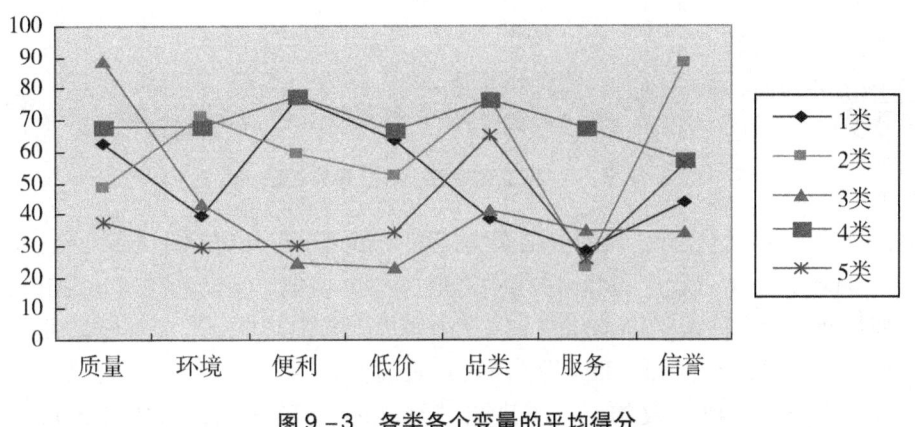

图9-3 各类各个变量的平均得分

[**例9-5**] 同样使用例9-4的数据，但本次聚类参与的指标为收入、支出、年龄三个指标，数据见表9-26，试通过SPSS对这些样本单元进行聚类分析，目的在于了解商圈内各类居民的收支水平和年龄等指标的综合情况，以便选取对自身更有利的类别作为自己的核心目标顾客群，并作出相应的市场反映。

分析：根据不同的研究目的可以选取不同的指标变量进行聚类分析，本例参与的指标与例9-4不同，本例的指标属于比较实际的东西，而例9-4属于人的一种看法和态度问题，当然两者也具有很大的相关性。本例与例9-4有个特别大的区别就是本例参与的指标变量的计量单位不一致，并且也有很大的差异，如收入总是大于支出，因此在进行聚类之前，要对数据进行标准化处理；由于本例事先不知道要聚成的类数，因此通过聚类分析中的分层聚类法来实现分析、计算过程，可给出分析结果并做说明。

题解：运行SPSS，打开"消费者购物习惯数据.sav"数据库，先对数据进行标准化，运行"Descriptive Statistics/Descriptives…"程序，弹出"Descriptive"主对话框，把"收入"、"支出"、"年龄"三变量通过箭头移入"Variables："列表中，并选中"Save standardized values savariables"选项（在新变量中保存标准值）；其他默认，点击"OK"

按钮，就可以得到三变量的标准化结果，见图 9－4（新变量在原始变量前加上符号 "z"）。

图 9－4　标准化后三个新变量的数据

现在开始进行聚类分析，调用分层聚类模块（Hierarchical Cluster Analyze）；运行 Hierarchical Cluster Analyze 程序，弹出分层聚类主对话框，把 "z 收入"、"z 支出"、"z 年龄" 三变量通过箭头移入 "Variable（s）:" 列表中，选中 "Case"（对样品进行聚类分析）、"Statistics"（统计）和 "Plots"（图表）三选项。

对各选项进行参数修改如下：①点击 "Statistics…" 按钮，选中 "Range of solutions:" 选项，并在类数输入 "3" 和 "5"（说明显示分 3 类、4 类、5 类的聚类结果表）；②点击 "Plots…" 按钮，选中 "Dendrogram" 选项（要求做出树形图）；③点击 "Save…" 按钮，选中 "Range of solutions:" 选项（说明保存聚类结果分别为 3 类、4 类、5 类的样本单元所属类的情况）；④点击 "Continue" 按钮，返回分层聚类分析主对话框，其他参数取默认选项，点击 "OK" 键就可以得到分层聚类的分析结果，见表 9－33、表 9－34 和图 9－5。

表 9－33　参与聚类分析的样本单元情况表及分层聚类的分析方法

Case Processing Summary[a,b]

	Cases					
	Valid		Missing		Total	
N	Percent	N	Percent	N	Percent
20	100.0	0	.0	20	100.0

a. Squared Euclidean Distance used.
b. Average Linkage (Between Groups).

表9-34 分层聚类分析结果

（分为3类、4类、5类时各样本单元的所属类别）

Cluster Membership

Case	5 Clusters	4 Clusters	3 Clusters	Case	5 Clusters	4 Clusters	3 Clusters
1	1	1	1	11	2	2	2
2	1	1	1	12	3	3	3
3	1	1	1	13	1	1	1
4	1	1	1	14	1	1	1
5	2	2	2	15	1	1	1
6	3	3	3	16	2	2	2
7	1	1	1	17	5	4	3
8	3	3	3	18	4	4	3
9	4	4	3	19	3	3	3
10	2	2	2	20	1	1	1

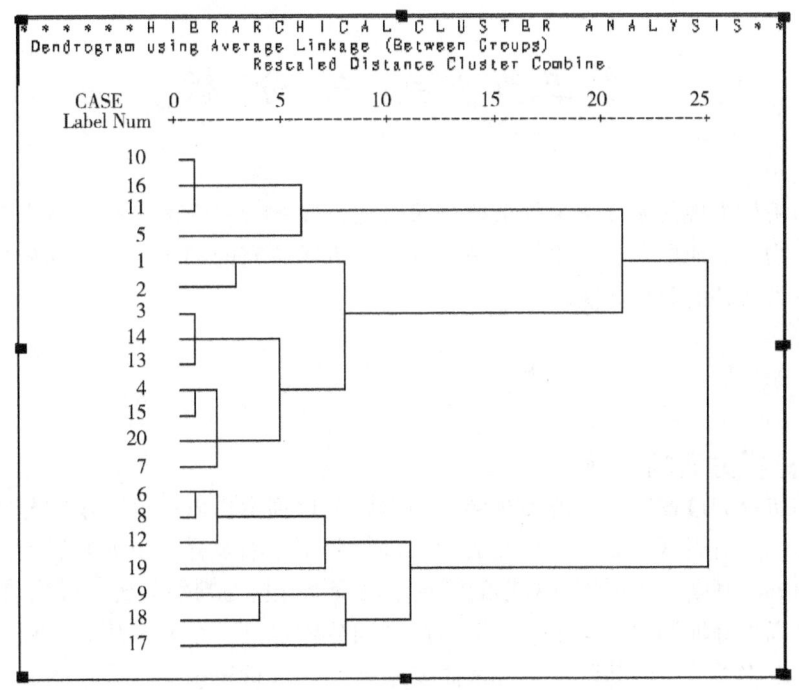

图9-5 分层聚类结果的树形图

结果说明：表9-33给出了参与聚类分析的样本单元情况，可以看出，所有样本单元均参与了本次的分层聚类；表9-34给出了聚成3类、4类、5类的样本单元所属情况；图9-5给出了分层聚类的聚类结果图（重新标定到25），它反映了聚类全过程的聚类情况，从这个聚类结果图，可以根据研究目的和实际情况来决定分类的类数。

综合分析：从以上分析结果可以看出，可以根据研究的目的和聚类结果的树形图来决定合适的类数，并做进一步的分析，如可以根据聚类结果的树形图选择聚成的类数为3类，就可以进行简单的描述性分析，分析其规模、各类对各个变量（标准化后的新变量）的平均得分情况等，以下是各类在不同变量中的平均得分情况，见图9-6。

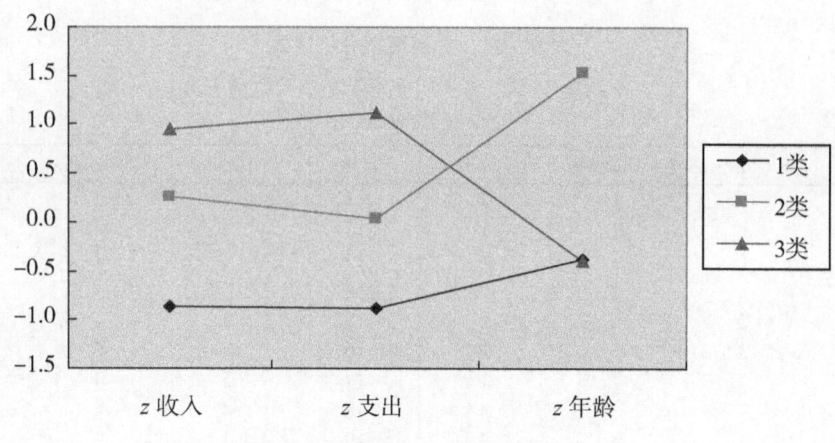

图 9-6　各类各个变量的平均得分

第三节　判别分析

判别分析作为现代统计学中的重要分析方法，在社会科学的各个领域中都有广泛的运用，如生物学、地质学、气象学、医学等，在市场研究的领域中，判别分析也是一种重要的、不可或缺的分析方法。

一、判别分析的思想

1. 在分类方面的运用

在市场研究的过程中，常需要对样本的归属进行判定，以作进一步的分析，如市场细分就需要经常对表现模糊样本单元的归属进行判定。涉及样本单元归属的问题，除了可用定性的方法判断，还可依据数据的测定采用聚类分析与判别分析。根据前面的介绍，聚类分析可以很好地测定样本单元类型，而判别分析也是一个非常优秀的样本单元归属判定方法，在聚类分析的基础上，常常需要结合判别分析得出更为确定的分类结果，而且判别分析可以用在预测消费者行为上。因此，分类与预测是判别分析在市场研究中的重要分析方法。

2. 对模糊表达的判断

在判断消费者购买行为的分析过程中，消费者通常表现出来的"是"、"否"并非消费者的本意，比如当消费者回答"可能会买"或者"也许会去"等回答的情况下，很有可能是不会买或者不会去。如何界定这些模糊回答的实际意图，就需要用到判别分析。除此之外，判别分析还有多种用法，但最主要的作用是对模糊的现象进行判断，给出明确的归属。

3. 判别分析与聚类分析的区别

判别分析常常与聚类分析同时使用，判别分析与聚类分析在使用时有以下区别：

（1）判别分析与聚类分析的分析目的同样集中在如何通过数据区分事物的类别上，但聚类分析是根据所测定的数据，直接将样本单元进行分析的分析方法，而判别分析则在分析分类计算中，并不是直接对数据进行分类，而是通过判定"对"、"错"将样本单元进行分类。如果说聚类分析是直接将事物进行分类的方法，那么判别分析就是将事物进行间接分类的方法。

（2）判别分析与聚类分析还有一个区别，判别需要使用者对样本单元事先作出判断，给定一个类别（尽管这个判断是错误的，这与判别结果无关），分析结果会给出一个判断值，告诉使用者判断是否正确，并且给出建议的答案。因此，判别分析是在已知分类的基础（该分类基础必须是正确的）上对样本单元的初步类别判断（该判断可随意指定）进行判别。而聚类分析是不需要事先的分类基础。

（3）判别分析除了与聚类分析一样可以用于分类外，还可以用于预测上。这是基于事先对事物的变化有正确的分类基础，通过测定样本的数据而对总体的发展趋势进行预测。这是聚类分析所不具备的。比如，在判断消费者是否会购买该商品时，就需要通过收集消费者对这个产品各方面的评价，基于通常情况下消费者会购买产品的评分标准，通过判别分析判断该消费者会否购买该产品。

二、判别分析的数学原理

判别分析基于原有的分类结果，通过数学表达式将分类依据表现出来，对待判样本单元的特征进行测定，代回该数学表达式得出该样本的分类结果。这里所说的分类并不仅仅指将总体分成各个子集合的过程，也包括总体的发展趋势，如：升、降；是、否；高、中、低等情况。

从不同的角度对样本单元进行判断，有不同的判别结果，因此有不同的判别方法。常用的判别分析方法有距离判别、费歇尔判别、贝叶斯判别三种。

1. 距离判别

距离判别是通过计算一个待判样本单元 $X_i(i=1,2,\cdots,n)$ 到总体 $G_i(i=1,2,\cdots,m)$ 的距离 $D_i(i=1,2,\cdots,m)$，若到 G_i 的距离 D_i 最小，则表明 X_i 属于总体 G_i。若 X_i 到各个总体的距离均相等，则判别结果是待判，需要做进一步分析。距离判别分析有马氏距离判别法与欧氏距离判别法，其中马氏距离判别法运用较为普遍。

2. 费歇尔判别

费歇尔判别是基于费歇尔准则来评选判别函数，首先需要假定判别函数，再求出判别函数的值，将总体与总体之间尽可能分开，然后再选择合适的判别规则，将待判的样品进行分类判别。

3. 贝叶斯判别

贝叶斯判别法与距离判别法、费歇尔判别法不同，距离判别法与费歇尔判别法不考虑总体之间出现的概率大小，也不考虑错判之后的信息损失，而贝叶斯判别法则是考虑了这两个因素的一种判别方法。

三、案例分析

[例9-6] 一次调查收集了20名消费者的年龄、月收入、月支出以及某类产品的月支出情况，通过聚类分析分成两类消费者，分别标注为1，2，数据见表9-35。

表9-35 20名消费者基本情况

序号	性别	年龄	月收入（元）	月支出（元）	某类产品月支出（元）	类别
1	1	26	3300	2500	100	2
2	1	27	2200	1800	50	2
3	2	33	3500	1900	0	2
4	1	45	4500	3300	100	?
5	2	24	2500	2000	30	2
6	1	30	6000	3000	150	1
7	1	25	7500	4000	100	1
8	2	40	5000	4000	120	1
9	2	35	4000	2800	60	2
10	2	32	6500	3200	0	1
11	1	23	4000	2500	0	2
12	1	36	2800	1800	40	2
13	1	40	3200	1500	100	2
14	2	30	2500	1500	60	2
15	1	55	1850	800	0	?
16	2	26	3000	2000	50	2
17	1	24	1500	500	30	2
18	2	23	1800	300	20	2
19	1	27	1500	1300	0	2
20	1	26	1200	1000	10	?

聚类分析的变量包括：月收入、月支出、某类产品月支出。其中，第4号、15号、20号消费者的分类结果不明确，属于孤立样本单元，试运用判别分析法判断第4号、15号、20号样本的类别。

分析：从该问题可知，已使用聚类分析对调查结果进行了分析，每个样本单元的分类特征数据也有，同时给出了初步的分类结果。但对聚类分析的分类结果有疑问，运用判别分析的前提已有，可以运用判别分析进行计算。

题解：运行SPSS软件，将"年龄"、"月收入"、"月支出"、"某类产品月支出"4个变量的数据输入SPSS中，并预先指定第4号、15号、20号消费者的分类分别为1，1，1，运行判别分析模块；然后将初步分类结果"Cluster Number of Case［qcl.1］"点选入"Grouping Variable"对话框中，接着"Define Range…"变为可选，再点击"Define Range…"按钮，弹出定义分组的范围，在MIN对话框中输入"1"，在"MAX"对话框中输入"2"，表示判别分析在组1至组2范围内进行判定；点击"Continue"，将"月收入"、"月支出"以及"目标支出"三个变量分别拖入"Independents"对话框中；点击"Save…"按钮，在"Predicted group membership"前打"√"，表示在数据输入窗口中显示判别分析的分组结果；然后点击"Continue"按钮，回到主对话框，点击"Classify…"按钮，打开

"Classification"对话框,在"Display"对话框中激活"Casewise results"选项,显示各个样本单元的判别分类结果;最后点击"Continue"按钮回到主对话框,再点击"OK"按钮输出分析结果。输出表格较多,本节挑选几个核心的表进行介绍,详见表9-36。

表9-36 判别分析特征值

Eigenvalues

Function	Eigenvalue	% of Variance	Cumulative %	Canonical Correlation
1	2.632[a]	100.0	100.0	.851

a. First 1 canonical discriminant functions were used in the analysis.

表中为一个判别函数的特征值(Eigenvalue)、占总方差的百分比(% of Variance)、累计百分比(Cumulative%)以及正相关系数(Canonical Correlation)。本例结果显示只有一个判别函数,因为只需要分成两组,因此只需要一个判别函数即可。该判别函数的特征值是2.632,正相关系数是0.851,其余是100%。

- Wilks' Lambda 表

表9-37 判别分析 Wilks' Lambda 表

Wilk' Lambda

Test of Function (s)	Wilks'Lambda	Chi-square	df	$Sig.$
1	.275	21.281	3	.000

表9-37 中显示 Wilks's Lambda 值、卡方值(Chi-square)、自由度(df)以及显著性检验 $Sig.$。若显著性检验值小于0.05,则表示该各组的均值不等,拒绝原假设。本例结果显示分组效果明显,显示各组均值差异程度的 Sig 值为0.000,表示各组均值不等。

- 标准化函数系数表

表9-38 判别分析标准化函数系数

Standardized Canonical Discriminant Function Coefficients

	Function
	1
月收入	.833
月支出	.126
目标支出	.271

表9-38显示了判别函数的各个系数,根据该表可以得到本例判别函数为:

$$f = 0.833 * 月收入 + 0.126 * 月支出 + 0.271 * 目标支出$$

- 个数统计量表

个数统计量表是判别结果的最重要的部分,在该表内,标注"**"号的表示错判的个案。

该表内显示本案例有第9、第11、第15、第20四个样本的分组错误,建议分类结果分别为第1组、1组、2组、2组。见表9-39:

表9-39 判别分析结果
Casewise Statistics

	Case Number	Actual Group	Predicted Group	Highest Group $p(D>d\|G=g)$ p	df	$p(G=g\|D=d)$	Squared Mahalanobis Distance to Centroid	Second Highest Group Group	$p(G=g\|D=d)$	Squared Mahalanobis Distance to Centroid	Discriminant Scores Function 1
Original	1	2	2	.691	1	.569	.158	1	.431	.715	-0.38
	2	2	2	.725	1	.770	.124	1	.230	2.542	-.787
	3	2	2	.655	1	.554	.200	1	.446	.633	.012
	4	1	1	.941	1	.664	.006	2	.336	1.365	.733
	5	2	2	.861	1	.729	.031	2	.271	2.011	-.611
	6	1	1	.347	1	.874	.883	2	.126	4.763	1.747
	7	1	1	.063	1	.956	3.467	2	.044	9.637	2.670
	8	1	1	.794	1	.750	.068	2	.250	2.261	1.069
	9	2	1*	.669	1	.560	.183	2	.440	.663	.380
	10	1	1	.256	1	.899	1.292	2	.101	5.660	1.944
	11	2	1*	.634	1	.545	.227	2	.455	.587	.331
	12	2	2	.978	1	.676	.001	1	.324	1.475	-.407
	13	2	2	.735	1	.587	.115	1	.413	.816	-.096
	14	2	2	.883	1	.722	.022	1	.278	1.932	-.582
	15	1	2*	.540	1	.823	.376	1	.177	3.444	-1.048
	16	2	2	.869	1	.638	.027	1	.362	1.162	.270
	17	2	2	.416	1	.856	.661	1	.144	4.224	-1.248
	18	2	2	.531	1	.825	.392	1	.175	3.490	-1.061
	19	2	2	.399	1	.961	.711	1	.139	4.350	-1.278
	20	1	2*	.304	1	.886	1.054	1	.114	5.150	-1.462

*. Misclassified case.

分析结果综述：本案例大部分采用 SPSS 中的默认设置进行分析，从判别结果看，聚类分析的大部分分类结果是正确的，判别分析也对待判的样本给出了判别结果。注意到判别分析除给出待判的样本单元的判别结果外，在第 9、11 号两个样本的判别结果显示分类错误，建议两个样本都应该是第 1 组，而非聚类分析结果的第 2 组。

[**例 9 – 7**] 为了研究消费者对新商品（未上市）的评价，针对同类产品的 20 个商品对商场内 15 名顾客进行了调查，记录了每名被访者对这 20 种商品的品牌、价位、质量、颜色、款式、售后服务的评分（10 分制，分数越高表示评价越好）以及购买情况，取每位顾客对这 20 个同类商品每项的平均评分，见表 9 – 40。试分析：①顾客对现有商品的评价；②根据现有商品的评价，对新商品作出评价。

表 9 – 40 20 种产品同类各项指标平均评分值

产品	品牌	价位	质量	颜色	款式	售后服务	产品	品牌	价位	质量	颜色	款式	售后服务
1	9	6	8	8	6	7	11	3	5	4	6	4	4
2	2	3	6	3	2	5	12	8	6	4	3	5	4
3	5	5	5	5	5	5	13	8	2	1	2	5	3
4	7	6	9	7	6	1	14	2	8	8	9	2	8
5	3	3	3	3	3	3	15	9	8	4	2	1	4
6	9	3	8	9	7	2	16	8	9	2	3	2	1
7	4	6	5	2	1	7	17	7	6	2	1	3	5
8	9	6	5	1	6	7	18	7	9	8	7	4	6
9	8	6	2	1	4	6	19	2	8	6	4	3	9
10	5	3	8	6	7	1	20	4	5	5	4	6	6

表 9 – 41 15 位顾客对同类产品各项指标的评价

顾客	品牌	价位	质量	颜色	款式	售后服务
1	6	5	6	6	5	5
2	7	3	7	6	6	2
3	2	5	6	8	5	2
4	3	6	2	9	1	4
5	2	1	3	7	2	2
6	4	1	3	2	9	7
7	6	2	3	6	8	2

续表 9-41

顾客	品牌	价位	质量	颜色	款式	售后服务
8	1	5	5	7	9	1
9	3	2	2	7	4	2
10	1	3	8	6	3	4
11	2	4	2	3	2	2
12	6	2	7	9	3	9
13	5	6	1	2	2	5
14	7	9	1	2	9	3
15	5	2	2	5	3	2

分析：表 9-40、表 9-41 提供了两批数据，分别是 20 个商品的平均评分以及 15 位顾客对同类商品的评分。关于顾客对新商品的评价，可以直接算出访问者对新商品评价的平均分而得出，但是还不够明确。因为在顾客眼中，商品有几类而不是几个，比如名牌高价、中档优质或者低档低价等类别概念，对于新商品而言，只能根据现有商品的评价对其进行评价。因此，分析思路是：将 15 位顾客对新品的评价求出平均值，看出顾客对新商品的总体评价；根据聚类分析，对 20 个商品进行聚类。增加新品的各项平均分，用判别分析对新品的类别进行判断。

题解：首先，根据 15 名顾客对新商品的评价，计算平均分如表 9-42 所示。

表 9-42 15 位顾客对该新产品的评价平均值

顾客	品牌	价位	质量	颜色	款式	售后服务
平均	4	4	4	6	5	3

将 20 个商品的平均得分输入 SPSS，建立"品牌"、"价位"、"质量"、"款式"、"售后服务"5 个变量，调用快速聚类分析模块"K. Means Cluster…"，输入聚类个数"3"，并输出 ANOVA 分析表，得到 ANOVA 分析如表 9-43 所示：

表 9-43 方差分析结果

ANOVA

Variable	Cluster		Error		F	Sig.
	Mean Square	df	Mean Square	df		
品牌	32.288	2	3.331	17	9.693	.002
价位	3.587	2	4.434	17	.809	.462
质量	42.025	2	1.676	17	25.068	.000
颜色	43.600	2	2.765	17	15.770	.000
款式	14.525	2	2.397	17	6.060	.010
售后服务	18.537	2	4.066	17	4.559	.026

The F tests should be used only for descriptive purposes because the clusters have been chosen to maximize the differences among cases in different clusters. The observed significance levels are not corrected for this and thus cannot be interpreted as tests of the hypothesis that the cluster means are equal.

从表 9-43 可见,"价位"变量的 Sig 值是大于 0.05,表示其对于分组的贡献不显著,将其剔除后,从新运行程序。经过两次筛选,剔除两个变量:"售后服务"与"价位",得到最终的 ANOVA 表分析如表 9-44 所示:

表 9-44 方差分析优化结果

ANOVA

Variable	Cluster		Error		F	Sig.
	Mean Square	df	Mean Square	df		
品牌	50.334	2	1.208	17	41.675	.000
质量	41.696	2	1.715	17	24.311	.000
颜色	45.071	2	2.592	17	17.391	.000
款式	12.436	2	2.643	17	4.705	.024

The F tests should be used only for descriptive purposes because the clusters have been chosen to maximize the differences among cases in different clusters. The observed significance levels are not corrected for this and thus cannot be interpreted as tests of the hypothesis that the clustet means are equal.

各组在各变量的最终聚类中心值如表 9-45 所示:

表 9-45 聚类分析聚类中心值

Final Cluster Centers

Variable	Cluster		
	1	2	3
品牌	6.80	3.13	8.14
质量	8.20	5.25	2.86
颜色	7.40	4.50	1.86
款式	6.00	3.25	3.71

通过聚类中心值可见,第一类的商品特征是:品牌、质量、颜色、款式四项评分差别不大,消费者认为该商品是各方面都较好的一组;第二类的商品特征是:品牌、质量、颜色、款式四项评分都偏低的一组,消费者认为该商品各方面都较差;第三类的商品特征是:品牌得分很高,质量、颜色、款式得分都偏低的一组,消费者认为该类商品除了牌子比较响亮外,其余方面都不怎么好的商品见表 9-46、表 9-47。

表 9-46 聚类分析各组的样本单元数

Number of Cases in each Cluster

Cluster	1	5.000
	2	8.000
	3	7.000
Valid		20.000
Missing		.000

表9-47 每个样本单元的归属

商品	品牌	价位	质量	颜色	款式	售后服务	类别
1	9	6	8	8	6	7	1
4	7	6	9	7	6	1	1
6	6	3	8	9	7	2	1
10	5	3	8	6	7	1	1
18	7	9	8	7	4	6	1
2	2	3	6	3	2	5	2
3	5	5	5	5	5	5	2
5	3	3	3	3	3	3	2
7	4	6	5	2	1	7	2
11	3	5	4	6	4	4	2
14	2	8	8	9	2	8	2
19	2	8	6	4	3	9	2
20	4	5	5	4	6	6	2
8	9	6	5	1	6	7	2
9	8	6	2	1	4	6	3
12	8	6	4	3	5	4	3
13	8	2	1	2	5	3	3
15	9	8	4	2	1	4	3
16	8	9	2	3	2	1	3
17	7	6	2	1	3	5	3

将20个商品以及1个新品的数据输入SPSS，新品编号21，初定类别是第1类商品。见图9-7：

运行判别分析，输出判别结果如表9-48至表9-50所示（节选）：

表9-48 判别分析 Wilks' Lambda 表

Wilks' Lambda

Test of Function (s)	Wilks' Lambda	Chi-square	df	Sig.
1 through 2	.053	48.598	8	.000
2	.341	17.740	3	.000

第九章 属性数据分析

图 9-7 判别分析数据录入结果

表 9-49 判别分析标准化函数系数

Standardized Canonical Discriminant Function Coefficients

Variable	Function	
	1	2
品牌	-.894	.497
质量	.543	.231
颜色	.275	.518
款式	.177	.399

表 9-50 判别分析个数统计量表
Casewise Statistics

			Highest Group				Second Highest Group			Discriminant Scores	
Case Number	Actual Group	Predicted Group	$p(D>d\|G=g)$		$p(G=g\|D=d)$	Squared Mahalanobis Distance to Centroid	Group	$p(G=g\|D=d)$	Squared Mahalanobis Distance to Centroid	Function 1	Function 2
			p	df							
1	1	1	.093	2	.999	4.740	3	.001	19.664	-.555	3.403
2	2	2	.411	2	1.000	1.779	1	.000	20.656	2.547	-2.357
3	2	2	.209	2	.540	3.129	1	.458	3.457	.690	.112
4	1	1	.891	2	.999	.231	2	.001	13.770	1.079	2.415
5	2	2	.401	2	.999	1.829	1	.001	16.682	.885	-2.145
6	1	1	.490	2	.999	1.428	2	.001	15.795	1.916	2.762
7	2	2	.213	2	.998	3.097	3	.001	16.158	.457	-2.270
8	3	3	.616	2	1.000	.969	1	.000	16.468	-2.807	.684
9	3	3	.883	2	1.000	.250	1	.000	26.097	-3.343	-.666
10	1	1	.482	2	.935	1.460	2	.065	6.795	2.128	1.382
Original 11	2	2	.908	2	.980	.193	1	.020	7.984	1.862	-.772
12	3	2	.508	2	.996	1.356	1	.004	12.501	-2.191	.530
13	3	3	.932	2	1.000	.141	1	.000	24.623	-3.407	-.239
14	2	2	.030	2	.977	7.044	1	.023	14.587	4.278	-.111
15	3	3	.875	2	1.000	.268	1	.000	26.481	-3.537	-.391
16	3	3	.954	2	1.000	.094	2	.000	24.271	-3.219	-.517
17	3	3	.551	2	1.000	1.192	2	.000	21.061	-2.725	-1.322
18	1	1	.850	2	.994	.325	2	.006	10.704	.509	1.767
19	2	2	.533	2	1.000	1.260	1	.000	16.975	2.830	-1.782
20	2	2	.616	2	.902	.968	1	.098	5.398	1.357	-.368
21	1	2**	.453	2	.791	1.584	1	.209	4.246	1.244	-.116

**. Misclassified case.

分析结果：根据 Wilks' Lambda 表，可以推翻原假设，认为各组分类明显，各组均值差异显著；

根据标准化函数系数表，得到两个判别函数分别是：

$f_1 = .0.894 * 品牌 + 0.543 * 质量 + 0.275 * 颜色 + 0.177 * 款式$

$f_2 = 0.497 * 品牌 + 0.231 * 质量 + 0.518 * 颜色 + 0.399 * 款式$

个数统计量表显示第 21 号样本的类别归类错误，原计划是第 1 类，判别结果显示应归为第 2 类。

【思考与练习】

1. 浅释因子分析的特点、基本思想与步骤。
2. 为什么说因子分析和聚类分析是普遍运用的重要的分析方法？
3. 概述因子分析中因子旋转的基本思想。
4. 综述聚类分析的基本思想、基本分类及各类聚类方法的原理。
5. 概述变量聚类方法与因子分析方法的联系与区别。
6. 概述判别分析与聚类分析的区别与联系。
7. 论述判别分析的运用领域及局限性。
8. 简述判别分析的数学原理及判别分析的几种判别方法。
9. 某公司欲招聘一批新员工，为了了解他们的知识水平、交际能力、自信心、适应性、团队合作及应变能力等，人力资源部指定了 15 个方面考核指标，即：

X_1：申请书形式　　X_2：外貌　　　　X_3：专业能力　　X_4：讨人喜欢能力
X_5：自信程度　　　X_6：洞察力　　　X_7：诚实　　　　X_8：推销能力
X_9：经验　　　　　X_{10}：驾驶汽车本领　X_{11}：志向　　　X_{12}：理解能力
X_{13}：潜在能力　　X_{14}：工作投入程度　X_{15}：适应性

对 48 名应聘者进行面试，并对每一方面考核指标按 10 分制打分，分数越高表示能力越强，面试结果见下表。根据收集到的数据用 SPSS 先进行因子分析，然后再进行聚类分析，综合评价 48 名应聘者，以便给予适当的工作岗位安排。

No	X_1	X_2	X_3	X_4	X_5	X_6	X_7	X_8	X_9	X_{10}	X_{11}	X_{12}	X_{13}	X_{14}	X_{15}
1	6	7	2	5	8	7	8	8	3	8	9	7	5	7	10
2	9	10	5	8	10	9	9	10	5	9	9	8	8	8	10
3	7	8	3	6	9	8	9	7	4	9	9	8	6	8	10
4	5	6	4	5	6	5	9	2	8	7	5	8	8	7	7
5	6	8	8	8	4	4	9	2	8	5	5	8	8	7	7
6	7	7	9	6	8	7	10	5	9	6	5	8	6	6	6

续表

No	X_1	X_2	X_3	X_4	X_5	X_6	X_7	X_8	X_9	X_{10}	X_{11}	X_{12}	X_{13}	X_{14}	X_{15}
7	9	9	8	8	8	8	8	8	10	8	10	8	9	8	10
8	9	9	9	8	9	9	8	8	10	9	10	9	9	9	10
9	9	9	7	8	8	8	8	5	9	8	9	8	8	8	10
10	4	7	10	2	10	10	7	10	3	10	10	10	9	3	10
11	4	7	10	0	10	8	3	9	5	9	10	8	10	2	5
12	4	7	10	4	10	10	7	8	2	8	8	10	10	3	7
13	6	9	8	10	5	4	9	4	4	4	5	4	7	6	8
14	8	9	8	9	6	3	8	2	5	2	6	6	7	5	6
15	4	8	8	7	5	4	10	2	7	5	3	6	6	4	6
16	6	9	6	7	8	9	8	9	8	8	7	6	8	5	10
17	8	7	7	7	9	5	8	6	6	7	8	6	6	7	8
18	6	8	8	4	8	8	6	4	3	3	6	7	2	6	4
19	6	7	8	4	7	8	5	4	4	2	6	8	3	5	4
20	4	8	7	8	8	9	10	5	2	6	7	9	8	8	9
21	3	8	6	8	8	8	10	5	3	6	7	8	8	5	8
22	9	8	7	8	9	10	10	10	3	10	8	10	8	10	8
23	7	10	7	9	9	9	10	10	3	9	9	10	9	10	8
24	9	8	7	10	8	10	10	10	2	9	7	9	9	10	8
25	6	9	7	7	4	5	9	3	2	4	4	4	4	5	4
26	7	8	7	8	5	4	8	2	3	4	5	6	5	5	6
27	2	10	7	9	8	9	10	5	3	5	6	7	6	4	5
28	6	3	5	3	5	3	5	0	0	3	3	0	0	5	0
29	4	3	4	3	3	0	0	0	0	4	4	0	0	5	0
30	4	6	5	6	9	4	10	3	1	3	3	2	2	7	3
31	5	5	4	7	8	4	10	3	2	5	5	3	4	8	3
32	3	3	5	7	7	9	10	3	2	5	3	7	5	5	2
33	2	3	5	7	7	9	10	3	2	2	3	6	4	5	2
34	3	4	6	4	3	3	8	1	1	3	3	3	2	5	2
35	6	7	4	3	3	0	9	0	1	0	2	3	1	5	3
36	9	8	5	5	6	6	8	2	2	2	4	5	6	6	3
37	4	9	6	4	10	8	8	9	1	3	9	7	5	3	2
38	4	9	6	6	9	9	7	9	1	2	10	8	3	5	2
39	10	6	9	10	9	9	9	9	9	9	8	10	10	10	10

续表

No	X_1	X_2	X_3	X_4	X_5	X_6	X_7	X_8	X_9	X_{10}	X_{11}	X_{12}	X_{13}	X_{14}	X_{15}
40	10	6	9	10	9	10	10	10	10	10	10	10	10	10	10
41	10	7	8	0	2	1	2	0	10	2	0	3	0	0	10
42	10	3	8	0	1	1	0	0	10	0	0	0	0	0	10
43	3	4	9	8	2	4	5	3	6	2	1	3	3	3	8
44	7	7	7	6	9	8	8	6	8	8	10	8	8	6	5
45	9	6	10	9	7	8	10	2	1	5	5	7	8	4	5
46	9	8	10	10	7	9	10	3	1	5	7	9	9	4	4
47	0	7	10	3	5	0	10	0	0	2	2	0	0	0	0
48	0	6	10	1	5	0	10	0	0	2	2	0	0	0	0

10. 某大学用学生的大学平均分（GPA）和研究生管理才能测验分（GMAT）帮助招生人员录取研究生，86 名学生 GPA 和 GMAT 的得分情况见下表。要求：①请用聚类分析方法将下表中的 86 名学生分为三类，G1——录取，G2——不录取，G3——未定；②如果第 87 位学生的大学平均分（GPA）和研究生管理才能测验分（GMAT）分别为 3.2 和 528，试用判别分析判断其类别，帮助招生人员录取。

No	GPA	GMAT	No	GPA	GMAT	No	GPA	GMAT	No	GPA	GMAT
1	2.96	596	23	3.33	565	45	2.46	509	67	2.89	485
2	3.14	473	24	3.4	431	46	2.63	504	68	2.8	444
3	3.22	482	25	3.38	605	47	2.44	336	69	3.13	416
4	3.29	527	26	3.26	664	48	2.13	408	70	3.01	471
5	3.69	505	27	3.6	609	49	2.14	469	71	2.79	490
6	3.46	693	28	3.37	559	50	2.55	538	72	2.89	431
7	3.03	626	29	3.8	521	51	2.31	505	73	2.91	446
8	3.19	663	30	3.76	646	52	2.41	489	74	2.75	546
9	3.63	447	31	3.24	467	53	2.19	411	75	2.73	467
10	3.59	588	32	2.54	446	54	2.35	321	76	3.12	463
11	3.3	563	33	2.43	425	55	2.6	394	77	3.08	440
12	3.4	553	34	2.2	474	56	2.55	528	78	3.03	419
13	3.5	572	35	2.36	531	57	2.72	399	79	3.00	509
14	3.78	591	36	2.57	542	58	2.85	381	80	3.03	438
15	3.44	692	37	2.35	406	59	2.9	384	81	3.05	399
16	3.48	825	38	2.51	412	60	2.86	494	82	2.85	483
17	3.47	552	39	2.51	458	61	2.85	496	83	3.01	453

续表

No	GPA	GMAT	No	GPA	GMAT	No	GPA	GMAT	No	GPA	GMAT
18	3.35	520	40	2.36	399	62	3.14	419	84	3.03	414
19	3.39	534	41	2.36	482	63	3.28	371	85	3.04	446
20	3.28	523	42	2.66	420	64	2.89	447	86	3.5	602
21	3.21	530	43	2.68	414	65	3.15	313			
22	3.58	564	44	2.48	533	66	2.5	402			

第十章　调研报告的撰写

市场调研报告是市场调研的终点，是调查项目中最后一个环节，是市场调研成果的集中表现，因此调研报告的质量直接影响着整个调研工作的质量。本章主要内容为：书面报告的重要性、写作要求及步骤、基本格式、写作要求与写作方法、写作注意事项，以及口头报告的制作。

第一节　书面报告的制作

市场调研报告的呈递方式主要有两类，书面方式和口头汇报方式。本节主要介绍书面报告的相关知识，口头汇报的相关内容将在第二节介绍。

一、书面报告的重要性

在市场调研项目基本完成以后，写作人员应当考虑撰写市场调研报告。提供一份完整的高质量的市场调研报告是市场调研的终点。调研报告是整个调研过程最重要的部分，通常是评价整个调研过程工作质量的一个重要标准。不管调研过程的其他各步骤工作如何成功，如果调研报告质量太差，则将意味着整个调研工作的失败或成效太低，因为决策者或调研委托者只对反映调研结果的报告感兴趣，他们往往通过调研报告来判断整个市场调研工作的优劣。因此，写作人员在完成前面的调研工作以后，必须写出反映真实状况的、优质的调研报告。

报告写作者的困难在于报告必须为多种读者而作。对于生产主管来说对报告的讨论可能在于技术方面；而对于营销人员来说，更多的是关注于市场和竞争对手等非技术面。写作人员必须充分认识到各种不同的潜在可能性均会发生，因此必须使用大量的技巧来使之得到统一，有时甚至需要准备几个不同的报告，以满足不同阅读对象的需要。

二、书面报告的基本要求

尽管一个报告必须以技术和非技术两个方面去满足不同读者的需要，因此对于调研书面报告，就有一定的写作标准和写作要求，特定的标准和要求能使报告增加与读者沟通的可能性，特别是报告必须完整、准确、清楚和简明。书写报告的基本要求有以下四点。

1. 完整性

一份完整的报告应当是为读者提供他们能懂得的所有信息，这意味着作者必须不断询问自己是否安排的每一个问题都能得到解释。什么抉择被检验？发现什么？而一个不完整的报告意味着阻挠和推迟营销决策行动，随之而来的是补充的报告。

调研报告的写作者往往存在着一种不舍去任何资料的心态。一方面，报告可能由于过简或过繁而不完整，可能忽略了必要的定义和简短的解释；另一方面，可能由于报告长度而非深度变得使人难以接受。然而，这些信息的陈述可能使读者不能获得主要的内容，如果一份报告长得可怕，这将大大降低读者去理解其内容的兴趣和积极性。

因此，读者是决定完整性的关键，他们的兴趣和能力决定了什么解释需要加上，什么判断可以省略。一般来说，细节的数量应与使用者的数量相适应。

2. 准确性

起草调研报告之前的所有调研步骤都要确保调研所得信息的可信性和有效性。但是，为了能准确地向委托者提供调研成果，报告起草者要精心准备，对数据的粗心大意、不合逻辑的推理、不合语法和习惯的表述，这些都会降低报告的准确性。因为报告的读者通常只是快速浏览一下报告，然后就根据报告的组织方式和书写规范与否对准确性作出判断，而不会去仔细推敲方法设计是否得当。

报告的准确性首先要注意用词准确，每个概念都有特定的内涵和外延。在选用词语时，要准确地把握住概念，做到词义相符。

准确性还表现在资料的准确性和逻辑的正确性两个方面。调研报告的写作不要像文学作品那样运用夸张、拟人、借代、比喻等修辞手法，要避免带有感情色彩的语言。如商务调研报告在时间用语上要注意使用绝对表示法，尽可能避免相对表示法，提到当年发生的事，不要写"今年"，而要写成"2014年"。

在以中文书写的调研报告中，使用数字，应该按照国家的规范用法。对于社会经济统计数据，直接取自正规出版物的数字，可以按原有数位的详尽程度引用；取自初级资料而又经过运算的，其结果的数位详尽程度不必超过调查问卷中的数位详尽程度；对于不同来源的数据综合测算的结果，其数位的详尽程度以来源数据中最低的为准。

3. 明确性

明确性比其他任何写作要求更容易遭到破坏。明确性依赖于清楚、有逻辑的思考和准确的表达。当基本逻辑混乱、表达不准确时，读者将对报告理解不透，他们可能不得不去猜测。

4. 简洁性

报告必须完整、简明。这意味着报告的写作者在保证报告完整的前提下必须选择有价值的信息，做到有的放矢。写作人员必须避免使读者面对所有的信息资料，而应将有价值的重要信息展现到读者面前，如果有些材料对主题无直接关系，可省略。报告的写作者还应避免对人们已熟知的方法大加讨论，即便材料是合适的，也应该简明扼要。

三、书面报告的写作步骤

市场调研报告的书写顺序与其文体结构的顺序正好相反,即从准备有关的图表和附件入手,进而草拟报告正文,最后再撰写调研报告摘要,见图 10-1。

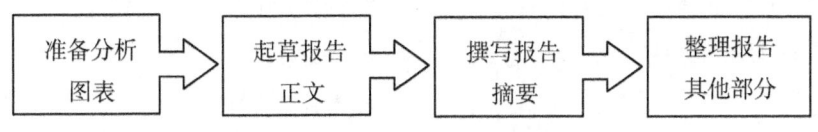

图 10-1　调研报告书写步骤

在草拟调研报告正文之前,调查人员应对报告的文体结构、章节、段落有一个大概的写作思考框架,这需要反复思考和构思才能形成。在写作时要条理性、系统性地集中阐明市场调研结论及其论据,注意突出重点,避免平铺直叙、面面俱到。报告初稿形成后应进行认真审查,仔细修改,使报告更加完整、简洁。

四、书面报告的基本格式和内容

市场调研报告的任务表现为两个方面:一方面,说明市场调研的结果;另一方面,说明市场调研的过程。前者使报告阅读者清楚地了解本项市场调研得出的基本结论,后者可证明所得出调查结论的可信度。

尽管每一篇调研报告会因项目和读者的不同而有不同的写法,但调研报告的格式有通常的规定,这些常规项是报告的写作者在长期实践中逐渐形成的,它们就一篇调研报告应该包含哪些内容、按什么顺序安排这些内容提出的指导性意见。当然,常规并非一成不变的死套子,许多公司在其业务实践中都形成了具有自己特点的报告格式,不同的专著或教科书也会对报告格式提出不同的建议。本书列出的写作格式只作为一种建议,供写作者在报告写作时参考之用。

一份完整的调研报告可分为三大部分:前文、正文和结尾,它们又各自包含一些内容,具体见表 10-1。

表 10-1　调研报告的基本结构

前文	分析与结果
标题页	1. 一般性地介绍分析类型
1. 标题	2. 表格与图形
2. 客户(委托人)	3. 解释性的内容
3. 调研公司	结论与建议
4. 日期	调查方法

续表 10-1

内容目录	1. 研究类型
1. 章节标题和副标题，并附页码	2. 调研方法
2. 表格目录：标题与页码	3. 抽样方法
3. 图形目录：标题与页码	4. 实地工作
4. 附录：标题与页码	5. 分析方法
报告导读	6. 其他相关内容
1. 报告摘要	调查局限
2. 报告内容分述	1. 样本规模的局限
3. 阅读导引	2. 样本选择的局限
介绍	3. 其他局限（抽样框误差、分析等）
1. 实施调研的背景	
2. 参与人员及其概要	结尾
3. 致谢	附录
正文	1. 调查问卷
执行性概要	2. 技术性附录（统计分析结果的详细阐释或计算过程）
1. 目标的简要陈述	
2. 调研方法的简要陈述	3. 其他必要的附录，如调查所在地的地图等
3. 其他相关信息	

下面对表 10-1 进行阐述。

1. 前文

（1）标题页。标题页包括的内容有报告的题目、报告的提供对象（客户或委托人）、报告的撰写者所在的调研公司和发布（提供）的日期。

对企业内部调研，报告的提供对象是企业某高层负责人或董事会，报告的撰写者是内设调研机构或部门；对于社会调研服务，报告的提供对象是调研项目的委托方，报告的撰写者是提供调研服务的调研咨询公司。在后一种情况下，有时还需要写明双方的地址、项目组成员及职务，属于保密性质的报告，要列明报告提供对象的单位或机构。

（2）内容目录。

a. 章节标题和副标题。除了只有几页纸的调研报告之外，一般的调研报告都应该编写章节标题和副标题，以便读者查阅特定内容。标题和副标题包含报告所分章节及其相应的起始页码，通常只编写两至三个层次的目录，较短的报告也可以只编写第一层次的目录。

b. 图形和表格目录。如果报告含有图和表，那么需要在目录中包含一个图表目录，目的是为了帮助读者很快找到对一些信息的形象解释。因为图形和表格是独立的数字编号，因此，在图表目录中，可能既有图1也有表1，列出每一图表的名称，并按在报告中出现的次序排列，同时也带有图表的页码。

c. 附录目录。有些报告会在报告的后面附有较为详尽而又不是特别重要的内容，这些材料可能只为某些读者感兴趣，或者它们与调研没有直接的关系，而只有间接的关系。同样，在目录中也应该包含一个附录目录，目的是为了帮助那些对附录内容感兴趣的读者很快找到对应的信息。

（3）报告导读。报告导读不同于目录，导读不是报告正文各章节的等比例浓缩，而是对目录更为详细的介绍说明，内容更为深入、更有针对性。

a. 报告摘要。摘要是报告的缩影，作者要仔细斟酌哪些东西是足够重要的，需要在摘要中写明。摘要的撰写是在报告正文完成之后。

摘要通常包括四个方面内容。首先，要申明报告的目的，包括重要的背景情况和项目的具体目的；其次，要给出最主要的结果，有关每项具体目的的关键结果都须写明；再次是调研的结论，结论是建立在发现结果基础上的观点，和对于结果含义的解释；最后是建议，或者提议采取的行动，这是以结论为基础提出的。在有些情况下，报告的阅读者希望在报告中看到建议，而是否在摘要中包括建议需要依报告的特定情况而定。

b. 报告内容分述与阅读导引。报告的目录只是把标题进行简单浓缩，而报告的内容分述是对报告目录的一个深化，更为详尽、更有针对性地将各部分的核心内容通过简短的语言给予体现。

阅读导引是对报告各部分的功能进行描述，与报告内容分述不同的是，报告内容分述是将报告内容摘取，而阅读导引主要是对告诉读者阅读了报告的各个部分可以获取的内容和信息，即对报告内容的延伸。

（4）介绍。报告介绍部分通常包括三个方面。首先，说明本次调研实施的背景，为什么要进行本次调研？希望本次调研能解决什么样的问题或达到什么样的目的？其次，列出本次调研项目的参与人员及其情况，任何一个调研项目都需要成立一个项目组，并说明项目组成员及在本次项目组中的工作职责。最后，要有一个简短的致谢，感谢为本次项目的成功做出贡献和给予帮助的人。

对于报告的介绍部分，有些方面视具体情况而作适当的调整和删除。

2. 正文

正文包括执行性摘要、分析与结果、结论与建议、调查方法和调查局限。

（1）执行性摘要。执行性摘要主要包括本次调研目标和调研方法的简要陈述等信息。由于许多读者也许只能读到书面报告，执行性摘要变得尤其重要，此摘要主要内容包括：为什么要调研？如何开展调研？执行性摘要与报告导读一样，是让读者能较为快速地了解本次调研使用的调研方法等内容和信息。

（2）分析与结果。结果在正文中占较大篇幅。这部分报告应按某种逻辑顺序提出紧扣调研目的的一系列项目发现。发现结果可以以叙述形式表述，以使得项目更为可信，不可过分吹嘘。在讨论中可以配合一些总括性的表格和图形，这可以避免枯燥无味的、不易建立起总括印象的大块文字叙述，详细和深入分析的图表宜放在附录中。

（3）结论与建议。调研报告正文的最后部分是有关结论和建议。正如前面已经提及的，结论是基于调研结果的意见，而建议是提议应采取的行动。正文中对结论和建议的阐述应该尽可能详细，而且要辅以必要的论证。

（4）调查方法。如何阐明所用的调研方法是一件不太轻松的事，因为对技术问题的解释必须能为读者所理解。在这里对所使用的一些材料不必详列，详细的材料可以放在附录中。

调研方法部分要阐明以下五个方面：①研究类型。说明所开展的项目是属于探索性调研、描述性调研，还是因果性调研，以及为什么适用于这一特定类型调研。②调研方法。所采集的是初级资料还是次级资料，结果的取得是通过调查、观察，还是实验，所用调查问卷或观察记录表应编入附录。③抽样方法。目标总体是什么，抽样框如何确定，是什么样的样本单位，它们如何被选取出来。对以上问题的回答依据及相应的运算须在附录中列明。④实地工作。启用了多少名访问员、什么样的实地工作人员，对他们如何培训、如何监督管理、如何实地检查。这一部分对于最终结果的准确程度十分重要。⑤分析方法。说明所使用定量分析方法和理论分析方法，但注意不要与后面的发现内容相重。

（5）调查局限。完美无缺的调研是难以做到的，所以必须指出调研报告的局限性，诸如调研过程中的无回答误差和抽样程序存在的问题等，调研报告局限性是为了给出客观评价调研成果的基础。在报告中，将成果加以绝对化，不承认它的局限性和应用前提，不是客观的态度，当然，也没有必要过分强调它的局限性。

3. 结尾

报告的结尾主要是报告的附件部分，主要包括调查问卷、较为详细的图表和分析表格、较为详细的技术型说明、较为详细的统计分析方法的说明、调研项目使用的过渡性的文件及资料等。

五、书面报告的写作方法

1. 图表使用

调研报告的撰写要充分利用各类图表的功能。因为，图表不仅可以向阅读者提供一个简明、系统的资料，而且可以使阅读者迅速利用图表进行直观的对比和分析，一目了然地了解调查工作的成果。图表相对文字而言，在说明市场现象某种数量关系及其变化趋势等问题上，可以收到更为明显的效果。

2. 调研报告撰写中容易出现的问题

在调研报告的撰写过程中，写作者容易出现以下一些问题：

（1）解析不充分。某些调研者只是简单地重复一些图表中的数字，而不进行任何解释性说明，尽管大多数人能够读懂图表，可读者仍把解释资料意义的工作当作写作者应有的责任。

（2）调研主题不突出。偏离主题的文字或资料较多，主次不分。

(3) 文体结构安排不当。结构层次不清，线路混乱，没有写作提纲的平铺直叙。

(4) 论据不够充分。市场调研资料不足，或对市场调研过程的说明不够充分。

(5) 定量分析不足或过量。主要表现为数据和图表的过多或不足。

(6) 资料使用不当。对数据资料的理解或解释不当。

(7) 调研数据单一。某些报告的写作者过多地把精力放在单一统计数据上，并以此给客户提出某些单一的意见，而事实上并不能从某单一数据看出规律，也不存在某一个预先确定好的一个标准。过度依赖调查数据有时会错失良机，在某些情况下会导致决策失误。

(8) 使用了虚张声势的图表。一图抵千言，但一张糟糕的图表不仅毫无作用，而且还会产生误导。有些报告把图表过度夸张化，而并没有履行图表的使命，偏离调研报告的写作原则和调研报告的实际作用。

六、书面报告的注意事项

撰写调研报告的过程中会遇到一些常见的错误和问题，对此，应牢记并在写作过程中尽量避免。

(1) 应该把报告的式样与委托人的需要联系起来，比如制作两种（或多种）版本的调研报告。其中一种版本有详细的技术数据，以满足专业技术人员的要求；另一种版本主要是为了满足商业管理的需要，可能对技术方面的讨论不太彻底，而是更多地集中在调查结果的商业运用上。如果仅仅制作一种版本，或许就应该在附录中对技术词汇进行准确的界定。

(2) 调研报告应该用清楚的、符合语法结构的语言表达。

(3) 调研报告中的图表应该有标题，对计量单位应清楚地加以说明，并且如果采用了已公布的资料，应该注明资料来源。

(4) 是否在正文中穿插图表，应根据是否有利于写作者的爱好而定。对于过长的表格，可在调研报告中给出它的简表，详细的数据列在附录中。

(5) 调研者应该对印刷的式样和调研报告的装订进行检查，也应对提交给委托人的调研报告的册数进行检查。

(6) 委托者常常发现，调研者在高级经理会议上对主要的调查结果做一种正式的报告对他们是有利的，因此调研者在接受调研委托之前就应该对这类事情进行核实。调研报告的小册子最好是在会议之前就分发下去，以便经理们有机会对调查结果进行仔细审查从而提出问题。

(7) 调研过程的最后阶段涉及了信息传播方面的专门技能，调研报告的内容和形式都应满足特定委托人的要求。报告的格式、印刷和装订值得高度重视，因为这将有助于理解报告的内容以及提高报告的有效性。

(8) 调研报告应该在一个有逻辑的框架中陈述调研结果。

第二节 口头报告的制作

大多数服务对象或专家都希望能听到调研报告的口头汇报,这种汇报可以达到多重目的。首先,它可以将多个与本次调研的相关群体聚集在一起,使其熟悉调研目标和调研方法;其次,通过口头汇报服务对象或专家可以从汇报中得到一些新发现;最后,口头汇报还能突出强调调研结论。因此,口头汇报是实现有效沟通的一种重要方式。

一、口头报告的重要性及特点

相对书面报告而言,口头报告是一种直接沟通方式,它更能突出强调市场调研的结论,使相关人员对市场调研的主题意义、论证过程有一个清晰的认识。对于一项重要的市场调研报告,口头报告是唯一的一种交流途径,它可以帮助调研组织者实现多重的目的。

口头报告的优点有三:
一是时间短,见效快,节省决策者的时间与精力;
二是听取者对报告的印象深刻;
三是口头汇报后可以直接进行沟通和交流,提出疑问,并做出解答等。

二、口头报告的制作

在进行口头报告之前,市场调研人员要进行两个方面的充分准备:

对报告内容的准备。它要求根据口头报告时间的长短来取舍、安排和控制汇报的内容。在考虑报告的内容时,应该充分注意到听众的特点与偏好,以说服听众、得到听众的认可,这是报告的基本目标;同时可以利用现代化的交流手段,将报告的主体部分,如:主题、结论、图表等,制作成各种可视性资料。

对报告辅助材料的准备。它可以是一份纲要,也可以是调研报告全文,一般在口头报告之前应先行发给相关人员。欲使自己的调研报告达到某种应有的效果,应注意报告沟通方式的郑重性。

有效的口头汇报应以听众为核心展开,汇报者不仅要充分考虑听众的偏好、态度、偏见、教育和文化背景等因素,而且还应注意相关的词语、概念的表述。因此,仅有良好的口头汇报的内容是远远不够的,良好的口头汇报过程也是汇报成功的关键。下面分别从材料的准备和口头汇报过程来说明口头汇报的主要内容。

1. 口头报告前材料的准备

口头报告前应做好以下四种资料的准备工作。

(1)汇报提纲。汇报提纲应该向每位听众提供一份,包括简要介绍报告的主要部分及重大的研究成果。它不应包含统计图表，应留下足够的空白处供听众做笔记或作简要评论。

（2）视觉辅助。可视化国内目前流行的方式是应用 PowerPoint 软件包来作为可视化的提供媒介。该软件允许研究人员运用各种格式制作幻灯片，包括动画效果。然后通过手提电脑或任何多媒体平台将它投射于屏幕上。口头汇报时应该在很大程度上通过可视化媒介来展示研究成果，图、表等在关键部分应尽可能地被运用。在用图表时，应该通过选择不同色彩提高人们对感兴趣部分的注意力，摘要、结论和建议也应尽可能的可视化。

（3）执行性摘要。应向每位听众提供一份摘要的复印件。这种方法让每位参加者预先了解主要内容，而让他们在参与会议时避免埋头记大量的笔记。

（4）最终报告的复印件。最终报告的复印件是研究成果的书面证明。它让每个人清楚，在口头报告中许多细节都被省略掉了。如果条件许可，在口头汇报的尾声阶段，应该让感兴趣的人得到一份最终报告。

2. 口头汇报

口头汇报和书面报告的原则一样，要针对报告服务的对象确定其内容和形式。调研中的技术问题要在口头汇报中进行说明，但过多强调调研中技术问题的做法往往不受欢迎。报告的听众希望在有限的会议时间内听取调研的主要发现、结论和建议，调研方法的说明只是让听众不要对调研的主要发现、结论和建议产生不信任，如果他们中有人对技术问题感兴趣，可以在会后去阅读书面报告。

良好的口头汇报还应在汇报最后留出时间供听众提问，并对此展开讨论。

三、口头报告的注意事项

在口头报告具体内容的准备上，汇报人员应该围绕以下六个问题进行：
（1）这些数据背后的真正含义是什么？
（2）它们对目前有什么样的影响？
（3）能从这些数据中获得什么样的信息？
（4）在现有的条件下，需要做什么？
（5）将来如何才能进一步提高对这类问题的研究水平？
（6）如何能使这些类似的信息更加有效地运用？

在口头汇报过程中，切忌照事先写好的发言稿宣读，而应该使用口语化的、简明的词句表达调研成果；要交代清楚所要讲的几个问题，时不时注意提醒听者当前进入第几个问题；对于重点内容，要放慢说话速度，甚至可以重复。

在汇报时，汇报者还应做好答辩的准备。当然，这不是消极的应答和解释，而是要充满自信，富有渲染力和说服力。即使是最可靠、最有效的调研成果，如果不能使以结论为基础，而使应该采取相应行动的管理者们相信其重要性，也是毫无价值的。

【思考与练习】

1. 简述书面报告的重要性及写作步骤。
2. 概述书面报告写作的基本要求。
3. 论述书面报告的基本格式和内容。
4. 为什么说市场调研报告摘要的编写十分重要？
5. 为什么在市场调研结果报告中要详细说明市场调研过程与方法？
6. 书面报告的写作方法主要体现在哪些方面？
7. 撰写书面报告应注意哪些方面的问题？
8. 口头汇报需要作哪些方面的准备？
9. 口头汇报与书面报告相比有哪些优势和特点？

综合案例

案例1 市场占有率的计算及分析
——某商场市场占有率实例分析

了解商场门店及竞争对手在商圈内的市场占有率，无疑对公司的决策、门店的经营管理等都是非常重要的。本案例将以实例介绍，如何用调查所得到的数据计算商场门店及竞争对手的市场占有率。

一、基本原理

产品的市场占有率，是该产品的销售额与同类产品的销售总额之比，而门店的市场占有率是指门店销售额占市场零售总额之比。

$$商场市场占有率 = \frac{该商场销售总额}{市场零售总额}$$

但获得其他商场的销售额存在较大的困难，而且不能控制数据的可靠性，因此这种计算方法是在具备特殊条件之后使用的。因此，可采取另外一种计算方法：

$$商场市场占有率 = \frac{消费者在该商场的支出}{消费者各商场的支出总额}$$

其次，市场占有率（Share）还隐藏着三个有价值的指标——"渗透率"（Penetration）、"忠诚度"（Loyalty）及"消费性支出指数"（Spending Index）。

渗透率（Penetration），指有多少消费者在该商场购买过商品。比如商圈内有1 0000万人，曾经到过A商场购物的有5000人，则A商场的渗透率为50%。计算公式如下：

$$渗透率 = \frac{在该商场购买过商品的人数}{商场总人数}$$

忠诚度（Loyalty），指顾客在该商场的消费支出与顾客在所有商场消费支出总额之比。当商场的渗透率达到100%时，忠诚度等于市场占有率。计算公式如下：

$$忠诚度 = \frac{顾客在该商场的支出}{顾客在所有商场的消费支出}$$

消费性支出指数（Spending Index），指该商场的顾客平均支出与商圈的总体消费者平均支出之比，反映了该商场顾客的支出水平。当商场渗透率为100%时，消费性支出指数为100——即平均水平。计算公式如下：

$$消费性支出指数 = \frac{顾客平均消费支出}{所有消费者平均支出}$$

市场占有率与三者的关系是：

$$市场占有率 = 渗透率 \times 忠诚度 \times 消费性支出指数$$

二、数据获得与录入格式

通过调查，可以获得消费者在各个商场的消费支出具体数额。由于调查常常是大量的数据，这里仅列出 4 个样本单位的数据。整理如表 1 所示：

表 1

商场\支出 顾客	A 商场	B 商场	C 商场	合 计
1	10	20	10	40
2	10	30		40
3		20	10	30
4		5		5
合 计	20	75	20	115

在实际操作过程中，可以通过 Excel 录入，并方便地进行计算。

三、指标计算

对于 A 商场：

$$渗透率 = \frac{2}{4} \times 100\% = 50\%$$

$$忠诚度 = \frac{10+10}{40+40} \times 100\% = 25\%$$

$$消费性支出指数 = \frac{\frac{40+40}{2}}{\frac{115}{4}} \times 100\% = 139\%$$

$$市场占有率 = \frac{2}{4} \times \frac{10+10}{40+40} \times \frac{\frac{40+40}{2}}{\frac{115}{4}} = \frac{20}{115} = 17.4\%$$

同理，可以计算出 B、C 商店的指标，整理如表 2 所示：

表2　　　　　　　　　　　　　　　　　　　　　　　单位:%

商　　场	A	B	C
渗透率	50.0	100.0	50.0
忠诚度	25.0	65.2	28.5
消费性支出指数	139	100	121
市场占有率	17.4	65.2	17.4

四、分析及结论

由上表可见，三家商场中，B商场的市场占有率最高，达65.2%，A、C商场的市场占有率同为17.4%。

B商场市场占有率高，表现在商圈内的渗透率以及顾客的忠诚度遥遥领先竞争对手A、C，B商场应该采取维持现有的市场份额的策略；A、C商场在顾客的忠诚度以及商圈的渗透率都低于B商场，但A、C商场的顾客消费性支出要高于B商场，说明A、C的顾客的支出水平要比B商场的高，即高于平均水平。A、C商场要提高市场占有率：第一步，A、C商场顾客的忠诚度亟须提高，建议A、C商场开展一项专门针对顾客忠诚度的营销调查，找出顾客忠诚度低的原因，提高顾客忠诚度，同时应该维持目前顾客高支出的优势；第二步，采取措施扩大渗透率。

案例2　市场占有率的预测
——马尔可夫链在市场研究中的应用

一、基本原理

马尔可夫链的基本原理是：本期市场占有率仅取决于上期市场占有率及转移概率。转移概率，又称转移概率矩阵，表示消费者下一期选择各个商场的概率。

马尔可夫链的计算公式如下：

$$初始市场占有率\ S^0 = (P_1^{(0)}\ P_2^{(0)}\ \cdots\ P_n^{(0)})$$

$$转移概率\ p = \begin{pmatrix} p_{11} & p_{12} & \cdots & p_{1n} \\ p_{21} & p_{22} & \cdots & p_{2n} \\ \cdots & \cdots & \cdots & \cdots \\ p_{n1} & p_{n2} & \cdots & p_{nn} \end{pmatrix}$$

则第K期的市场占有率 S^k

$$S^k = S^0 \times p^k = (P_1^{(0)}\ P_2^{(0)}\ \cdots\ P_n^{(0)}) \begin{pmatrix} p_{11} & p_{12} & \cdots & p_{1n} \\ p_{21} & p_{22} & \cdots & p_{2n} \\ \cdots & \cdots & \cdots & \cdots \\ p_{n1} & p_{n2} & \cdots & p_{nn} \end{pmatrix}^k$$

即，第 K 期的市场占有率等于初始占有率与 K 步转移概率矩阵的乘积。

二、案例分析

1. 问题

已知本月商圈内 A、B、C 三家商场的市场占有率分别为 40%、30% 和 30%，且过去顾客的流动情况如表 1 所示：

表1　　　　　　　　　　　　　　　　单位:%

下期＼本期	A	B	C
A	40	30	30
B	60	30	10
C	60	10	30

预测未来 3 个月后三家商场的市场占有率变化情况。

2. 求解

根据马尔可夫链的公式，$S^0 = (0.4\ 0.3\ 0.3)$，

$$\text{其转移概率矩阵 } p = \begin{pmatrix} 0.4 & 0.3 & 0.3 \\ 0.6 & 0.3 & 0.1 \\ 0.6 & 0.1 & 0.3 \end{pmatrix}$$

则三个月后的市场占有率为：

$$S^3 = S^0 \times p^3 = (0.4\ 0.3\ 0.3) \begin{pmatrix} 0.4 & 0.3 & 0.3 \\ 0.6 & 0.3 & 0.1 \\ 0.6 & 0.1 & 0.3 \end{pmatrix}^3$$

$$= (0.50\ 0.25\ 0.25)$$

3. 结论

三个月后，预测 A、B、C 三家的市场占有率分别为 50%、25% 和 25%。A 商场的市场占有率提升 10%，B、C 商场的市场占有率均下跌 5%。即 B、C 商场均有 5% 的销售转移到 A 商场。

三、终极市场占有率

如果市场的顾客流动趋向长期稳定下去，则经过一段时期的市场占有率，将会出现

稳定的平衡状态。所谓稳定的平衡状态，就是顾客（或用户）的流动将对市场占有率不起作用。即各商场丧失的顾客与争取到的顾客相抵消。此时的市场占有率称为终极市场占有率。

了解终极市场占有率，必须了解标准概率矩阵。标准概率矩阵定义为：

如果 p 为概率矩阵，且存在 $M > 0$，使 P^M 中诸元素皆非负非零。则称 p 为标准概率矩阵。若 p 是标准概率矩阵，则必定存在非零行向量 $a = (x_1, x_2, \cdots, x_n)$，使得 $ap = a$，a 称为 p 的平衡向量。

标准概率矩阵的这一性质很有价值。因为在市场占有率预测中，用户转移概率矩阵恰好是标准概率矩阵，当 p 稳定不变时通过多步转移后市场占有率将达到平衡状态。此时各商场的市场占有率不再发生变化。a 表示终极市场占有率。

如本例中的转移概率矩阵 p 是标准概率矩阵，则长期的市场占有率将趋向稳定状态。

设　$a = (x_1, x_2, \cdots, x_n)$

根据标准概率矩阵的性质，有 $ap = a$

即　$(x_1, x_2, x_3) \begin{pmatrix} 0.4 & 0.3 & 0.3 \\ 0.6 & 0.3 & 0.1 \\ 0.6 & 0.1 & 0.3 \end{pmatrix} = (x_1, x_2, x_3)$

又有 $x_1, x_2, x_3 = 1$

于是得线性方程组

$$\begin{cases} x_1 = 0.4x_1 + 0.6x_2 + 0.6x_3 \\ x_2 = 0.3x_1 + 0.3x_2 + 0.1x_3 \\ x_3 = 0.3x_1 + 0.1x_2 + 0.3x_3 \\ x_1 + x_2 + x_3 = 1 \end{cases}$$

解之得：　$x_1 = 0.5$　　$x_2 = 0.25$　　$x_3 = 0.25$

因此，三个月后的市场占有率是终极市场占有率。即当 A 商场的市场占有率达 50%，B 商场达 25%，C 商场达 25% 时，商圈内三家商场的市场占有率趋于稳定。

四、补充说明

运用马尔可夫链预测市场占有率的变化趋势，非常有价值，计算也不复杂，但马尔可夫链的运用需要注意以下四个问题。

1. 注意前提假设

据马尔可夫链的基本原理可知，影响下一期或未来几期的结果，只与初始概率和转移概率有关，与前期概率没有关系。也就是说，如果你在第二期预测第三期的结果，则第三期与第一期是没有关系的。但实际生活中常常不能忽略这种连续影响的关系，比如涉及某些与时间关系、季节关系相当密切的产品、行业，在运用马尔可夫链时就必须谨慎。

2. 正确的初始概率与转移概率

正确的市场占有率与转移概率是必须的。市场占有率的计算源于调查所获得的数据，通过抽样设计与控制，能有效保证市场占有率的估算。而对于转移概率，调查时就必须小心，因为这是衡量顾客从一家商场流向另外一家商场的概率，即顾客在从一家商场到其他各家商场购物的概率大小。通过长期的数据解释顾客转移概率是合适的做法，因为被访者可能由于一时的冲动或被误导而向研究人员提供错误的选择。

3. 终极市场只是相对的

市场永远是在变化的，没有不变的市场，更没有不变的市场占有率。从理论上可以达到的情况，比如上文所说的 A 商场，其市场占有率达 50%，而实际上可能永远都无法达到或者无法保持。

4. 马尔可夫链的运用是广泛的

马尔可夫链计算简单且实用，不仅可以运用于市场占有率的预测，也可以运用于投资分、险评估等方面。

案例 3　通过聚类分析实现市场细分
——根据消费习惯对消费者进行分类

市场细分通常不能只考虑一个因素，通常进行市场细分需考虑多个因素。通过聚类分析，能较为科学地根据所掌握的数据进行市场细分。下面以某市场调查数据为例，说明如何运用聚类分析对市场进行细分。

一、所需收集的数据

考虑市场细分，通常需考虑消费者的背景资料、购买习惯以及消费观念三个因素。本例所收集的数据列举如下：

背景资料：
性别、年龄、收入、支出。

购物习惯：
购物频率、购物地点。

消费观念：
偏好超市、偏好时尚、偏好环境、偏好便利、偏好低价、偏好品类、偏好服务、偏好信誉、偏好促销、偏好质量。

以上数据，通过设计调查问卷可以实现。获得数据后，通过 SPSS 录入分析，各因素变量在 SPSS 中的定义如下：

各因素的录入结果如表 1 所示。

表 1

序号	性别	收入(元)	支出(元)	年龄(岁)	购物频率	购物地点	偏好超市	偏好时间	偏好环境	偏好便利	偏好低价	偏好品类	偏好服务	偏好信誉	偏好促销	偏好质量
1	1	1500	500	45	4	4	25	60	55	88	54	55	40	41	25	100
2	2	1700	450	35	3	1	75	50	77	55	62	54	20	98	60	90
3	1	2000	600	23	4	1	35	80	62	22	54	87	35	96	23	68
4	1	3000	1000	35	2	2	65	35	91	66	58	98	12	97	36	97
5	2	5000	2000	55	3	3	50	62	67	55	52	63	23	65	39	85
6	2	4000	2002	30	5	3	80	49	32	44	14	87	24	81	58	68
7	2	3000	1150	27	6	4	90	16	58	99	35	84	25	85	46	92
8	1	3500	2000	30	2	2	100	52	64	66	69	12	26	62	21	64
9	2	7000	2000	35	1	2	25	100	52	33	32	23	33	34	54	67
10	1	4000	1000	48	5	4	60	55	28	25	64	63	32	57	69	54
11	2	4000	1500	47	3	3	75	65	29	78	57	44	36	43	57	89
12	1	5000	2000	26	3	1	44	85	27	96	69	34	21	46	85	87
13	2	1800	500	20	2	2	33	20	34	35	24	56	25	51	54	84
14	2	1800	450	25	5	1	58	48	60	90	40	68	80	57	62	59
15	2	3000	600	32	4	2	67	80	59	57	68	85	87	90	60	61
16	1	4000	1200	48	2	3	57	58	68	78	85	57	50	40	15	38
17	2	7800	2500	25	1	3	84	85	85	85	74	96	52	41	46	67
18	1	6000	2560	41	3	4	56	51	24	57	68	47	19	26	28	58
19	2	5200	3000	24	6	4	74	78	35	16	14	59	36	34	59	36
20	1	2000	1000	32	4	1	25	25	24	15	35	54	21	36	63	25

二、确定细分因素

背景资料、消费习惯以及消费观念共 16 个因素,并不是每个因素都对市场细分的产生积极影响。个别因素只会模糊各消费群体之间的差别,对于这类因素,在划分的时候应该给予剔除,重新选择合适的因素组合进行细分。如何选择合适的因素,如何知道哪些因素对市场细分有积极的影响?SPSS 中的快速聚类分析可以提供明确的答案。

1. 调用分析模块

快速聚类分析位于 SPSS 主菜单中的 Analyze / Classify / K‑Means Cluster... 中,实例如图 1 至图 3 所示。

图 1

图 2

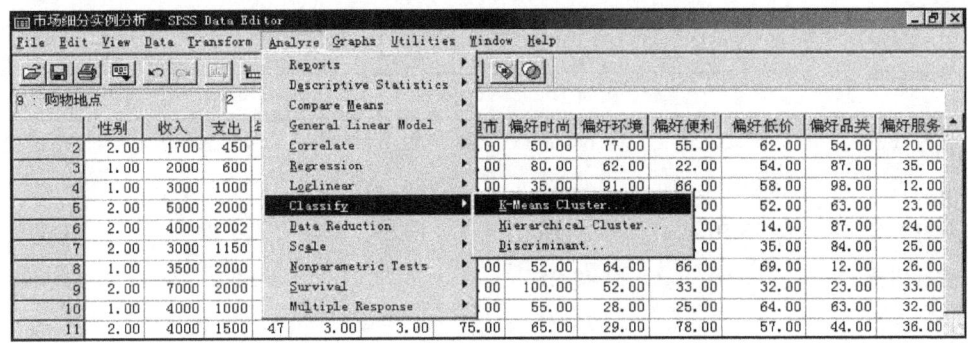

图 3

2. 选择分析因素

调用分析模块后，需选择分析因素，首先消费观念因素全部考虑。因此，将左方框中的因素依次调入图中"Variable"中，如图 4 所示。

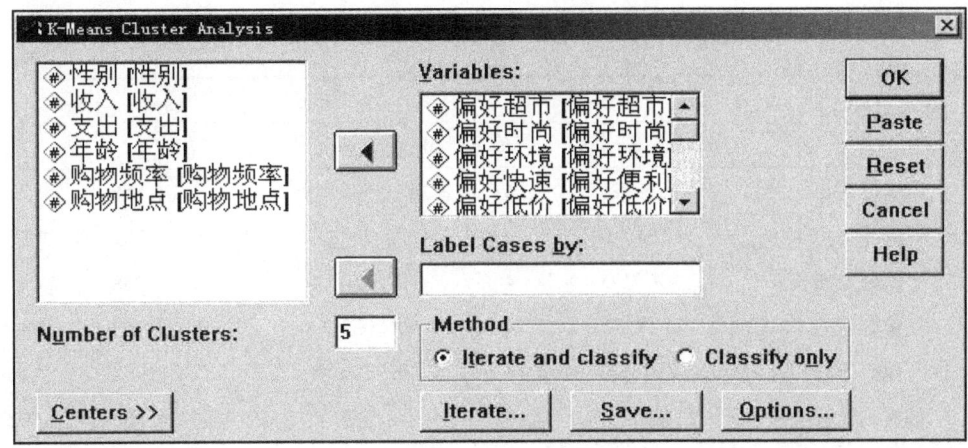

图 4

其次，在"Number of Clusters"空格中输入指定的细分类数，本文指定分五类，并在 Options 菜单内勾选"ANOVA TABLE"，然后点击"Continue"、"OK"按钮，SPSS 会输出分析结果至"Out Put"窗口，如表 2 所示。

表 2

Variable	Cluster				
	1	2	3	4	5
偏好超市	42.25	65.75	61.00	77.50	48.00
偏好时尚	77.50	55.75	73.25	37.50	44.50
偏好环境	40.75	55.75	66.50	64.50	30.25
偏好快速	73.75	64.00	63.50	66.00	22.75

续表3

Variable	Cluster				
	1	2	3	4	5
偏好低价	53.00	68.50	59.00	42.25	34.25
偏好品类齐全	39.00	44.75	84.00	80.75	58.00
偏好服务	32.50	29.50	63.50	20.25	28.50
偏好信誉	41.00	48.25	71.00	90.25	44.50
偏好促销	55.25	25.75	47.75	50.00	61.25
偏好质量	85.75	61.25	63.75	86.75	49.75

3. 分析结果

在 Out Put 窗口内输出统计数据及图表。在未确定细分的因素时，需关注表格 ANOVA。本案例 ANOVA 分析运行结果如表3所示。

表3

因素	Cluster		Error		F	Sig.
	Mean Square	df	Mean Square	df		
偏好超市	793.325	4	427.500	15	1.856	.171
偏好时尚	1219.925	4	329.500	15	3.702	.027
偏好环境	979.175	4	300.550	15	3.258	.041
偏好快速	1620.875	4	506.033	15	3.203	.043
偏好低价	730.575	4	322.700	15	2.264	.111
偏好品类齐全	1675.675	4	242.767	15	6.902	.002
偏好服务	1108.450	4	186.450	15	5.945	.005
偏好信誉	1770.375	4	252.833	15	7.002	.002
偏好促销	727.250	4	239.267	15	3.039	.051
偏好质量	1052.800	4	282.383	15	3.728	.027

The F tests should be used only for descriptive purposes because the clusters have been chosen to maximize the differences among cases in different clusters. The observed significance levels are not corrected for this and thus cannot be interpreted as tests of the hypothesis that the cluster means are equal.

在表3内由左向右分别为 Cluster，Error，F，Sig. 共四列。每一行分别对应一个因素的值。比如"偏好超市"这一因素，其对应的 Cluster 值为 793.325，自由度 df 为 4，对应 Error 值为 427.500，自由度为 15，对应的 F 值为 1.856，对应的 Sig 值为 .171。

其中：$F = \dfrac{\text{Cluster Meansquare}}{\text{Error Meansquare}} = \dfrac{793.325}{427.500} = 1.856$

因为 F 值 1.856 小于 $\alpha = 0.05$，自由度分别为 4，15 时的 F 临界值 3.06，则不通过

F 检验。(或者说对应的 P 为 .171，大于给定的对应的 α 值 0.05，因此不通过显著性检验)。在 SPSS 输出结果中，当 Sig 值小于 0.05 时，认为该因素对于分类的贡献是显著的，反之不显著。可见上表 $Sig.$ 列内的"偏好超市"、"偏好低价"、"偏好促销"三因素的 Sig 值即 P 值大于 0.05，则认为这三个因素对于分类的作用不明显。对这三个因素剔除后，在运行一遍可得新的 ANOVA 表，如表 4 所示：

表 4 ANOVA

因素	Cluster		Error		F	$Sig.$
	Mean Square	df	Mean Square	df		
偏好时尚	546.563	4	509.063	15	1.074	.404
偏好环境	1434.862	4	179.033	15	8.014	.001
偏好快速	2357.096	4	309.708	15	7.611	.001
偏好品类齐全	1311.058	4	339.998	15	3.856	.024
偏好服务	1372.346	4	116.078	15	11.823	.000
偏好信誉	1572.446	4	305.614	15	5.145	.008
偏好质量	1349.000	4	203.397	15	6.632	.003

The F tests should be used only for descriptive purposes because the clusters have been chosen to maximize the differences among cases in different clusters. The observed significance levels are not corrected for this and thus cannot be interpreted as tests of the hypothesis that the cluster means are equal.

从分析结果可见，"偏好时尚"也应被剔除。

剔除后，再一次运算可得：这次确定了 6 个因素皆为主要的分类因素，每个因素对于分类的贡献都有显著的影响。

三、解释细分结果

1. 特征指标解释

确定了细分因素后，需对每一类的特征进行解释。在运行结果内，需关注以下两个表格，分别为"Final Cluster Centers"和"Number of Case in Each Cluster"，本例结果如表 5 所示：

表 5

因素	Cluster		Error		F	$Sig.$
	Mean Square	df	Mean Square	df		
偏好环境	1284.508	4	219.128	15	5.862	.005
偏好快速	2528.708	4	263.944	15	9.580	.00
偏好品类齐全	1500.112	4	289.583	15	5.180	.008
偏好服务	1374.762	4	115.433	15	11.910	.000

续表5

因素	Cluster Mean Square	df	Error Mean Square	df	F	Sig.
偏好信誉	1921.833	4	212.444	15	9.046	.001
偏好质量	1203.383	4	242.228	15	4.968	.009

The F tests should be used only for descriptive purposes because the clusters have been chosen to maximize the differences among cases in different clusters. The observed significance levels are not corrected for this and thus cannot be interpreted as tests of the hypothesis that the cluster means are equal.

表6

因素	Cluster				
	1	2	3	4	5
偏好环境	43.75	32.83	53.67	75.33	68.00
偏好快速	82.00	30.17	40.33	73.33	77.50
偏好品类齐全	36.25	50.33	79.00	78.67	76.50
偏好服务	30.75	27.67	27.33	19.00	67.25
偏好信誉	48.00	39.67	80.67	93.33	57.00
偏好质量	85.00	54.00	73.67	93.00	56.25

表6 "Final Cluster Centers" 给出每一类结果的最终聚类中心。聚类中心就是每类消费群的特征。比如从第1类消费群的聚类中心值，可以看到其"偏好快速"、"偏好质量"得分最高，其次是"偏好环境"及"偏好信誉"，得分最低的是"偏好品类齐全"和"偏好服务"。说明第1类消费群体最注重"快速"以及"质量"，对"品类齐全"和"商场服务"要求最低。假设确定目标市场是"1"类市场，这一类消费群就是其目标顾客，就必须迎合其"快速"以及在"商品质量"上的追求。

再比如第4类消费群，这部分消费群对绝大部分指标的要求都很高，是最为挑剔的顾客，唯独对商场的服务要求很低。

表7

Cluster	1	4.000
	2	6.000
	3	3.000
	4	3.000
	5	4.000
Valid		20.000
Missing		.000

表 7 "Number of Case in Each Cluster" 给出了每一类消费群的样本数量。表内可见第 1 类消费群有 4 个样本单元,第 2 类消费群有 6 个样本单元,总样本单元数 Valid 显示 20.000。市场研究人员可以据此计算各消费群在商圈内的大概人口规模,对于分析各子市场的市场规模非常重要。

2. 非特征值解释

以上只是解释了各子市场的特征,对于其他非特征因素并非不重要,这些因素只是对区分消费群作用不明显,但并不是说各类消费群在这些非特征因素方面都具有相同、相近的指标值。比如"性别"这一背景资料,不可能出现 5 个等级,但有可能某个消费群的性别特征比较明显。如何计算这些非特征因素在各类消费群的指标值呢? SPSS 可以协助实现。只需在 K-Means Cluster Analys 主窗口中点击"Save..."按钮,勾选"Cluster Menbership"就可以实现,系统会在输出分析结果的同时,在录入窗口内显示一列"QCL -1",标注每个样本单元所属的类别。

四、补充说明

1. 子市场数的指定

本例一开始就指定将样本总体分成五类,实际上在研究过程中,市场研究人员可以按需要选择细分的类数,比如二类、三类、四类等。一般情况下,开始分类时应该以类别较多为好,可以选择五类以上,然后通过分析结果,判断分五类是否特征明显,是否适合需要。比如某些重要指标对公司的决策非常重要,必须包含,就需要跟实际情况结合起来,在包含该因素的前提下,尽量将总体分割。比如"偏好低价"与"偏好质量"这两个因素,超市需要确定哪些顾客是求廉的,哪些顾客是求质的,各有多大市场,因此,在分类时就必须调整分类的数目,以达到既能明显地分割市场,又不至于丢失重要因素。

2. 分析方法的指定

以上分析方法基本上选用系统默认的方法进行计算,如市场研究人员认为分析结果不尽合理或者不符合实际情况,可以调用 SPSS 的 Hierarchical Cluster 分析程序,调整 Method 以及其他分析选项,以得到不同的分析结果。Hierarchical Cluster 是通用的聚类分析法,比快速聚类分析法有更多的高级功能,比如可指定聚类方法、距离计算方法、输出的图形等,除此之外还能对变量进行聚类,称为 Q 型聚类,将表现相近的变量合并为一类,Q 型聚类也是一种筛选分类指标的方法。

通过 Hierarchical Cluster 分析输出的图形可以直观地观察样本被合并的过程,市场研究人员可以根据研究的需要不断调整细分的类别。某些样本总体并不能细分成指定的类别,比如分四类,通过图形可以直观的判断,这是快速聚类法所不具备的。

3. 分析因素的选择

选择分析的因素会直接影响市场划分的结果。对于分析消费群体,传统的人口学划分方法和角度已经不能适应企业指定营销策略的需要。比如按性别、年龄划分的结果,每一类消费群所具有的消费观念并不一样,即同一类消费群对企业的营销策略反映不一致，这对于企业制定营销策略的参考价值显然很低。所以，细分市场应该选择消费观念方面的因素进行细分，至于年龄、性别、职业等背景资料则可在划分完毕后再进行统计。市场研究人员也可以通过增加、剔除某些分析因素来达到更好（子市场之间差异更明显）的细分效果。

4. 确定目标市场

在细分市场工作完毕后，就必须确定目标市场。确定目标市场的过程，必须对每个子市场进行分析。

确定哪个子市场成为目标市场，应该从以下四个方面考虑，即可测量性、可盈利性、可接近性和易反应性。

- 可测量性即指消费群可测算，能对该市场规模有较准确的估计。
- 可盈利性即指进入该市场，能获得较为丰厚的汇报，或者进入该市场，比进入其他市场有更多的回报。
- 可接近性即指有能力进入该市场，与竞争对手展开竞争，获得一定市场份额。
- 易反应性即指构成该市场的目标顾客群对营销策略有独特的反应，如果其对营销策略的反应与其他消费群的反应一致，则没有必要单独划分成一类市场。

案例4　正交试验设计在市场研究中的应用
——消费者最喜欢的洗发水

要了解正交试验设计，首先需要了解试验设计的含义。在生产实践中，离不开试验，人们为了节约试验的次数和成本，必须对试验进行合理的安排，就是有效地对试验进行设计。而正交试验设计就是通过正交表来安排试验次数和顺序的试验设计方法，试验设计广泛应用于工业、制造业和商业领域，在市场研究中，被称为"交互分析"。

一、基本原理

在实际研究过程中发现，消费者购买产品时不仅仅是考虑商品的一个因素，通常是结合诸多因素进行决策。如果影响消费者购买某个产品有2个因素，比如价格和质量，每个因素又有3个水平，比如价格分别有2元、4元、6元，质量有A级、B级、C级。要完全了解消费者最喜欢哪种价位和哪种质量档次的产品组合，以及哪个因素（价格、质量）对购物的影响最大，这需要让消费者评价$3^2=9$种产品才能实现；如果因素增加到4个、水平数增加到3个，则需要让消费者评价$3^4=81$种产品才能实现。这种做法大大限制了消费者的作答可能性，通常会遭到拒绝。如果通过试验设计的安排，在4个因素3个水平的情况下，只需要让消费者评价9种产品即可。由此可见，试验设计能大大减少向消费者询问的次数，同时又不会影响试验的结果，而且能评估各个因素的重要程度，并给出最优方案即最优的产品组合，这就是试验设计（或者说是"交互分析"）的最大优点。

二、案例介绍

以下通过实际案例介绍正交试验设计的运用。

1. 确定因素以及水平数

为研究消费者喜欢哪种洗发水,某公司组织了一次消费者调查。调查设计时,考虑了影响顾客购买洗发水的3个因素,分别是"价位"、"规格"、"功效",对每一个因素分别指定3个水平,如表1所示。

表1

水平＼因素	价位（元）	规格（mL）	功效
1	10～20	250	去头屑
2	21～30	400	营养滋润
3	31～40	600	治疗功效

研究"价位"、"规格"、"功效"中哪个因素对消费者购买决定的影响最大,并且给出消费者最喜欢的洗发水产品组合。

2. 选用合适的正交表

这是一个3个因素3个水平的试验设计,可选用$L_9(3^4)$正交表安排试验次序和组合。$L_9(3^4)$正交表,表示可以最多满足4个因素,每个因素有3个水平的试验要求,需要试验的次数是9次。该正交表如表2所示。

表2

试验号＼列号	1	2	3	4
1	1	1	1	1
2	1	2	2	2
3	1	3	3	3
4	2	1	2	3
5	2	2	3	1
6	2	3	1	2
7	3	1	3	2
8	3	2	1	3
9	3	3	2	1

3. 构造问题

按正交表安排各因素及各水平如表 3 所示。

表 3

序号	价位（元）	规格（mL）	功效
1	10～20	250	去头屑
2	10～20	400	营养滋润
3	10～20	600	染发专用
4	21～30	250	营养滋润
5	21～30	400	染发专用
6	21～30	600	去头屑
7	31～40	250	染发专用
8	31～40	400	去头屑
9	31～40	600	营养滋润

请顾客对以上 9 种洗发水进行评分，0～100 分，0 分表示最不喜欢，100 分表示最喜欢，分数越高表示越有可能购买。

4. 数据收集

在实际调查过程中，产生的数据量是巨大的，可用 Excel 进行整理和计算。这里只选取 3 个样本的评分值进行计算，说明正交试验设计的算法，表格设置以及数据如表 4 所示：

表 4

序号	价位（元）	规格（mL）	功效	样本1	样本2	样本3	合计
1	10～20	250	去头屑	60	70	20	150
2	10～20	400	营养滋润	40	20	30	90
3	10～20	600	染发专用	30	10	50	90
4	21～30	250	营养滋润	40	20	50	110
5	21～30	400	染发专用	20	10	20	50
6	21～30	600	去头屑	10	0	10	20
7	31～40	250	染发专用	50	0	0	50
8	31～40	400	去头屑	10	0	0	10
9	31～40	600	营养滋润	10	0	30	40

5. 计算各因素、各水平数的得分

获得数据后，最关键的步骤是计算各因素以及各水平数的得分情况。现以"价位"为例子，说明各水平数权重的算法。

分析因素：价位

（1）第 1 水平：10～20 元。

将"10～20 元"对应的"合计"分数加总，得 K_1。

$K_1 = 150 + 90 + 90 = 330$

然后对 K_1 取简单平均值，得 k_1。

$k_1 = 330/3 = 110$

（2）第 2 水平：21～30 元。

将"21～30 元"对应的"合计"分数加总，得 K_2。

$K_2 = 110 + 50 + 20 = 180$

然后对 K_2 取简单平均值，得 k_2。

$k_2 = 180/3 = 60$

（3）第 3 水平：31～40 元。

将"31～40 元"对应的"合计"分数加总，得 K_3。

$K_3 = 50 + 10 + 40 = 100$

然后对 K_3 取简单平均值，得 k_3。

$k_3 = 100/3 = 33$

至此，已将因素 1"价位"的各个水平数得分值算出，同理，可将"规格"、"功效"两因素的得分值算出，列表如表 5 所示。

表 5

项目	价位（元）	规格（mL）	功效
K_1	330	310	180
K_2	180	150	240
K_3	100	150	190
$k_1 = K_1/3$	110	103	60
$k_2 = K_2/3$	60	50	80
$k_3 = K_3/3$	33	50	63

然后分别对"价位"、"规格"和"功效"对应的 k 值分别求极差（最大值减最小值），得表 6：

表 6

K	价位（元）	规格（mL）	功效
$k_1 = K_1/3$	110	103	60
$k_2 = K_2/3$	60	50	80
$k_3 = K_3/3$	33	50	63
极差	77	53	20
权重	51%	35%	13%

6. 结论

由表6可见,"价位"的权重最高,其次是"规格",再次是"功效",说明消费者在购买洗发水产品时,影响其购物决定的因素依次是"价位"、"规格"和"功效"。

其中,"价位"得分最高的第1水平:10~20元;"规格"得分最高的是第1水平:250 mL;"功效"得分最高的是第2水平:"营养滋润"。即消费者最喜欢的洗发水是:10~20元、250 mL、有"营养滋润"功效的洗发水。

三、补充说明

以上是选用了L9(3^4)正交表进行分析的全过程,在操作过程中还需要注意以下三点:

1. 正确确定因素个数以及水平数

由于实际问题可能非常复杂,影响消费者作出购买决定的因素可能很多,要确定真正影响消费者购买行为的因素并不容易。如上文所示,虽然确定了最优方案,但有可能由于宣传、产品包装形象、促销活动的方式问题等导致消费者拒绝购买该种产品。因此,必须正确确定因素的个数,尽量精选影响因素。

对于水平数,有些影响因素并不能简单地划分等级或者水平数,比如产品的形象问题,千变万化,不是三四个水平可以划分清楚的。但是,以上并不能否定正交试验设计在市场研究中的积极作用。为了确定正确的影响因素以及每个因素的水平个数,可以通过其他调查方式获得,运用因子分析、聚类分析等统计方法能更加科学地进行界定。

2. 正确选择正交表

正交表到目前为止没有完全穷尽,正交表是正交试验设计的灵魂,一般关于试验设计的书籍都会作详尽的说明,并且会列出常用的正交表。建议各位读者有兴趣的可以继续深入了解。以本文选用的L9(3^4)正交表为例,正确选用正交表需注意因素及水平数的个数问题,当每个因素的水平数不一致时,还必须选用混合正交表,或者虚拟水平正交表,必要时还需要重新构造一个新的正交表。

3. 关于最优方案

由于最优方案是从理论上得出的,并未经过实践的检验,市场研究人员可以持续对最优方案的表现进行观测,次优方案有时更适合当地市场。

参 考 文 献

［1］马连福主编．现代市场调查与预测［M］．北京：首都经济贸易大学出版社，2002．
［2］龚曙明，杨满昌主编．市场调查·预测·决策［M］．长沙：湖南科学技术出版社，1995．
［3］樊志育．市场调查［M］．上海：上海人民出版社，1995．
［4］魏炳麒主编．市场调查与预测［M］．大连：东北财经大学出版社，2005．
［5］周思勤，刘红霞主编．市场调查与预测［M］．北京：科学出版社，2005．
［6］李桂荣主编．市场调查与预测［M］．北京：经济管理出版社，2004．
［7］彭代武，肖宪标主编．市场调查·商情预测·经营决策［M］．北京：经济管理出版社，2002．
［8］张国旺主编．市场营销调查与预测［M］．北京：首都经济贸易大学出版社，2002．
［9］岑咏霆主编．市场调查技术［M］．北京：高等教育出版社，2000．
［10］贾俊平，等，编著．市场调查与分析［M］．北京：经济科学出版社，1999．
［11］张华，等，编著．市场调查与预测 110 方法和实例［M］．北京：中国国际广播出版社，2000．
［12］金勇进，蒋妍，李序颖编著．抽样技术［M］．北京：中国人民大学出版社，2002．
［13］Carl McDaniel, Roger Gates, 当代市场调研［M］．范秀成，等，译．北京：机械工业出版社，2000．
［14］李小勤．市场调查的理论与实务［M］．广州：暨南大学出版社，1999．
［15］（美）李安．布兰肯西普，等．市场调研方案［M］．林文平，等，译．北京：中国城市出版社，2002．
［16］袁方主编．社会调查原理与方法［M］．北京：高教教育出版社，2000．
［17］袁卫，庞浩，曾五一主编．统计学［M］．北京：高等教育出版社，2000．
［18］倪加勋，等，编著．应用统计学［M］．北京：中国人民大学出版社，1993．
［19］李同泽．市场研究方法与技巧［M］．北京：中国经济出版社，2002．
［20］郭志刚编著．社会统计分析方法：SPSS 软件应用［M］．北京：中国人民大学出版社，1999．
［21］卢纹岱编著．统计分析软件—SPSS FOR WINDOWS——从入门到精通［M］．北京：电子工业出版社，2000．
［22］（美）奇兹诺尔 P M．营销调研［M］．北京：中信出版社，1998．
［23］王静主编．现代市场调查［M］．北京：北京经济学院出版社，1996．
［24］孙永波主编．市场调研（查）与预测［M］．北京：中国物资出版社，2002．

[25] 袁岳．市场调查手册［M］．杭州：浙江人民出版社，2002．
[26] （美）伊恩·布雷．市场调查宝典——问卷设计［M］．上海：上海交通大学出版社，2005．
[27] 郭强．问卷设计手册［M］．北京．中国时代经济出版社，2004．
[28] 陈殿阁．市场调查与预测［M］．北京：清华大学出版社，2004．
[29] 李桂荣．市场调查与预测［M］．北京：经济管理出版社，2004．
[30] 范伟达．市场调查课程［M］．上海：复旦大学出版社，2002．
[31] 韩德昌．市场调查与预测［M］．天津：天津大学出版社，2004．
[32] 朱胜．市场调查方法与应用［M］．北京：中国统计出版社，2004．
[33] 暴奉贤，韩兆洲，郭海华主编．市场调研和预测方法［M］．广州：暨南大学出版社，1997．
[34] 陈殿阁．市场调查与预测［M］．北京：清华大学出版社、北方交通大学出版社，2004．
[35] 郭毅，梅清豪．市场调研［M］．北京：电子工业出版社，2003．
[36] 李灿，辛玲．调查问卷的可信度与有效度的评价方法研究［J］．中国卫生统计，2008，22（5）．
[37] 李国强，苗杰．市场调查与市场分析［M］．北京：中国人民大学出版社，2005．
[38] 廖进球，李志强．市场调查与预测［M］．长沙：湖南大学出版社，2009．
[39] 刘玉洁，周鹏．市场调研与预测［M］．大连：大连理工大学出版社，2004．
[40] 宋思根．市场调研［M］．北京：电子工业出版社，2009．
[41] 魏炳麒主编．市场调查与预测［M］．大连：东北财经大学出版社，2006．
[42] 许以洪，熊艳．市场调查与预测［M］．北京：机械工业出版社，2010．
[43] 许以洪，严辉武，杨卫丰，周爱香．市场营销调研［M］．武汉：武汉大学出版社，2006．
[44] 周宏敏．市场调研案例教程［M］．北京：北京大学出版社、中国农业大学出版社，2007．
[45] 张灿鹏，郭砚常．市场调查与预测［M］．北京：清华大学出版社，2008．
[46] 陈启杰．市场调研与预测［M］．2版．上海：上海财经大学出版社，2006．
[47] 龚曙明．市场调查与预测［M］．北京：清华大学出版社，北京交通大学出版社，2005．
[48] 朱建平，范宵文．Excel在统计中的应用［M］．北京：清华大学出版社，2007．
[49] 全洪臣．市场调研原理与应用［M］．大连：东北财经大学出版社，2008．
[50] 韩德昌，李桂华，刘立雁．市场调查与预测教程［M］．北京：清华大学出版社、北京交通大学出版社，2008．
[51] 刘秋华，欧邦才．市场调查与预测［M］．北京：中国社会科学出版社，2004．
[52] 陈一君．市场调查与预测［M］．成都：西南交通大学出版社，2009．
[53] 李灿主编．市场调查与预测［M］．北京：清华大学出版社，2012．
[54] 许以洪，熊艳主编．市场调查与预测［M］．北京：机械工业出版社，2011．